Tantra iluminado

La filosofía, historia y práctica de una tradición atemporal

Tantra iluminado

LA FILOSOFÍA, HISTORIA Y PRÁCTICA
DE UNA TRADICIÓN ATEMPORAL

Primera edición en español

-Christopher D. Wallis-

con ilustraciones de Ekabhūmi Ellik

MATTAMAYŪRA PRESS

Mattamayūra Press
4730 Holiday Dr., Unit 301
Boulder, CO 80304
www.tantrikinstitute.org

10 9 8 7 6 5 4 3 2 1

Library of Congress Control Number: 2022901966

Arte de portada: Greg R. Perkins
Diseño editorial: Chris Todd
Indexación: Eve Rickert
Illustraciones: Ekabhūmi Ellik

Traducción: Cristina Bojórquez-Espinosa
Editor en jefe: Javier Ledesma Grañén
Asistencia editorial: Lina Gómez

www.alademosca.mx

Impreso en los Estados Unidos de América · Printed in the USA

Contenido

CONCLUSIÓN

Invocación no dualista a la Divinidad

Ātmā tvaṃ Girijā matiḥ sahacarāḥ prāṇāḥ śarīraṃ gṛham
Pūjā te viṣayopabhoga-racanā nidrā samādhi-sthitiḥ |
Sañcāraḥ padayoḥ pradakṣiṇa-vidhiḥ stotrāṇi sarvā giraḥ
Yad-yat karma karomi tat-tad-akhilaṁ Śambho tavārād-hanam ||

Ātmā tvam	Tú eres mi ser, mi núcleo, mi esencia.
Girijā matiḥ	La Diosa es mi mente.
sahacarāḥ prāṇāḥ	Mis *prāṇas* son Tus sirvientes.
śarīraṃ gṛham	Mi cuerpo es Tu templo.
pūjā te viṣayopabhoga-racanā	El disfrute de los objetos de los sentidos es mi forma de venerarte.
nidrā samādhi-sthitiḥ	Mi sueño es tu estado de *samādhi*.
Sañcāraḥ padayoḥ	A donde sea que mis pasos me lleven,
pradakṣiṇa-vidhiḥ	estoy realizando *pradakṣiṇa* para ti.
stotrāṇi sarvā giraḥ	Todas mis palabras son himnos para alabarte.
Yad-yat karma karomi	Todas mis acciones,
tat-tad-akhilaṁ	las realizo para adorarte,
śambho tavārādhanam	¡Oh Señor Benevolente!

Jaya jaya Karuṇābdhe Śrī Mahādeva Śambho!

¡Salve! ¡Salve! ¡Oh océano de compasión! ¡Oh reverenciada Gran Divinidad! ¡O Señor Benevolente!

Dedicaciones y bendiciones

Namaste, te saludo con reverencia

Saludo con reverencia al Gran Ser que habita dentro de ti.

Saludo con reverencia a la divina Luz de la Consciencia que se manifiesta en este universo entero de formas tangibles e intangibles, que hace posible toda experiencia y que resplandece en la forma de sabiduría verdadera, la intuición espontánea y gozosa de la naturaleza luminosa de su ser.

Que todo aquello que en apariencia obstaculiza el desarrollo del camino y la culminación de esta labor se disuelva mediante la comprensión de que los obstáculos no están separados de la Consciencia, que son también el Camino y son la Labor.

Que el sumergirte en el océano nectáreo de las enseñanzas tántrikas te ayude en la travesía hacia el despertar a tu propia naturaleza verdadera, y que con júbilo te eleve mucho más allá de lo que tu mente jamás pensó que fuera posible, a un mundo de maravillas nuevo y expansivo.

Que al conocer a tu propio Ser puedas hacer que resplandezca la sublime Luz de la Consciencia y que esta luz llegue a todos los seres. Que te conviertas en una manifestación de la gracia divina en este mundo, para el beneficio de todos los seres.

Este libro está dedicado a ti.

¡Que todos los seres sean libres! ¡Que todos los seres sean libres! ¡Que todos los seres sean libres!

Hariḥ Oṃ Tat Sat

Agradecimientos

Mi gratitud hacia mis gurúes y una breve semblanza de mi vida

Antes que nada, quiero agradecer a todos quienes hicieron posible —en el sentido más amplio de la palabra— la realización de este libro, lo cual implica la inclusión de una breve autobiografía. Swāmī Muktānanda ("Bābā") fue quien hizo una labor mayor que la de ninguna otra persona en el siglo XX por difundir las enseñanzas del tantra shivaíta en Occidente; desde incorporarlas a su propia enseñanza,[1] hasta convertirse en una voz influyente para que casas editoriales importantes (específicamente Motilal Banarsidass en la India y SUNY Press en los Estados Unidos) sacaran a la luz algunos de los textos principales del shivaísmo de Cachemira. Cuando yo tenía ocho años de edad, mi padre me llevó a Santa Mónica a conocer a Bābā, lo cual me causó una profunda impresión.

A la edad de 16 años, mi madre me llevó a conocer a la sucesora de Bābā, Swāminī Chidvilāsānandā (mejor conocida como Gurumayī); ella me otorgó la iniciación *śaktipāt*, un suceso que cambió para siempre el rumbo de mi vida. La experiencia de estudiar y practicar en el *āshram* de Gurumayī (hasta la edad de 24 años) y el recibir sus sublimes enseñanzas, hicieron que comenzara a enamorarme de los textos del shivaísmo a los que ella hacía referencia. En el *āshram* de la región de los Catskills conocí a dos grandes eruditos y practicantes del tantra: Paul Muller-Ortega y Douglas Brooks.

El contacto con estos dos académicos me llevó a tomar la decisión de enrolarme en la universidad para estudiar esta tradición a tiempo completo. La instrucción y amorosa tutoría que recibí tanto de Muller-Ortega como de Brooks durante mi estancia en la Universidad de Rochester significaron para mí un cimiento invaluable. Al no haber un programa de posgrado en sánscrito en la Universidad de Rochester, mi siguiente paso fue asistir a la Universidad de California en Berkeley, donde cursé gramática del sánscrito con dos grandes maestros en la materia: Robert Goldman y Sally Sutherland-Goldman. También estuve un año en la Universidad de California en Santa Bárbara, donde estudié con David Gordon White. Sin embargo, el punto de inflexión de mi formación académica ocurrió cuando me inscribí en la maestría en Filosofía del programa de Religiones Clásicas de la India en la Universidad de Oxford, en el Reino Unido. Ahí tuve la fortuna de estar bajo la tutoría (muchas veces en sesiones de uno a uno) del mayor erudito viviente del tantra shivaíta y uno de los mejores sanscritistas del mundo: Alexis J. G. S. Sanderson, profesor de Religiones y Ética Orientales del All Souls College, auspiciado por la Fundación Spalding.

De vuelta en la Universidad de California en Berkeley, tuve la enorme bendición de tener como profesor visitante a uno de los estudiantes más destacados del profesor Sanderson: el doctor Somadeva Vasudeva, cuyos conocimientos en literatura sánscrita y en yoga tántriko shivaíta alcanzan una envergadura que va más allá de mi comprensión. Mucho he aprendido de este gran académico y excepcional ser humano (*nota bene:* en este libro utilizo la grafía "tántriko", que se deriva del adjetivo sánscrito *tāntrika*, por ser más correcta que la forma más anglicista "tántrico").

Este libro se debe sobre todo al profesor Sanderson, cuya influencia puede advertirse en casi cada una de sus páginas (en especial en lo que concierne a la sección de historia). Su ejemplo formó mi ideal de integridad intelectual, que conlleva la búsqueda infatigable de la verdad como parte de una comunidad de académicos involucrados en un estudio longitudinal que prioriza el campo de estudio como un todo por encima de la gloria personal. Él me enseñó el valor de admitir cuando no sé algo, o de sacrificar mi plan personal y mi sentir acerca de cómo me gustaría que fueran las cosas, con el fin de darle deferencia a la verdad, así como a esforzarme por ser el mediador más transparente que puedo al trasmitir las palabras e ideas de los antiguos maestros a los estudiantes del presente. Me inclino ante el vasto océano de su conocimiento. No estoy del todo seguro de que él vaya a aprobar la síntesis de erudición histórica y teología constructiva que este libro presenta (ver el prólogo). Al tomar estas antiguas enseñanzas espirituales y volverlas relevantes para la vida y necesidades de los buscadores espirituales modernos (mi comunidad y mi alumnado), me he esforzado por no distorsionarlas; si acaso lo he hecho de forma inadvertida, ofrezco una disculpa y refiero al lector a la extensa obra académica del profesor Sanderson. Es tanto a sus escritos como a sus lecciones pacientes y personalizadas que debo casi todo mi entendimiento de la historia del tantra.

Debo decir que mi comprensión espiritual de la filosofía se debe a todos los eruditos que ya mencioné. Recientemente esta comprensión se ha enriquecido gracias a mi contacto con dos excelentes maestros de práctica: Ādyashānti y Dharmabodhi Sarasvatī. El primero no está formado bajo una visión tántrika; sin embargo, sus enseñanzas se alinean a la perfección con el tantra y el estar a su lado en retiro ha ejercido una poderosa influencia en mí. El segundo posee una elevada educación en las tradiciones tántrikas y sus formas de yoga; esto aunado a su visión en torno a la práctica, basada en su amplísima experiencia personal, me ha sido en extremo útil para aclarar algunos aspectos de este camino. Él ha sido muy generoso al darme su apoyo para la creación de este libro al revisar el texto y recibirme en su *āshram* en Tailandia. Ambos maestros me han ayudado a elevar tanto mi práctica como mi entendimiento a un nivel completamente nuevo.

La comunidad yóguica estadounidense me ha llenado de amor y apoyo de una forma increíble, lo cual me ha impulsado a llevar estas enseñanzas a un público aún mayor. Sin ella, este libro jamás habría sido escrito.

Al nivel más profundo, alguien sin quien nada de esto habría sucedido es Gurumayī. El despertar espiritual que obtuve a través de su gracia catalizó un proceso de desarrollo que me permitió encontrarme con las palabras del maestro tántriko Abhinava Gupta y reconocerlas como una energía palpable, en lugar de verlas como simples fósiles. Sin el amor y la gracia inagotables de Gurumayī, tal vez yo habría terminado siendo un mero intelectual, desecado de espíritu, que se preguntara cómo sería experimentar aquello que describen los antiguos maestros. Nunca olvidaré la bendición que ella me dio en 1997, cuando dejé su *āshram* para asistir a la universidad y estudiar la tradición a tiempo completo. A ella, a mis padres (por supuesto) y a todos mis amados maestros, mil humildes *pranāms.*

Nota editorial

El carácter único del presente libro

El libro que ahora sostienes en tus manos es el primero en su género, lo que significa que ésta es la primera introducción a la historia del tantra y su filosofía que se ha escrito para el público en general.[2] Este volumen tiene la singularidad de combinar las siguientes tres características: *1)* está destinado a lectores que no sean académicos profesionales, es decir, practicantes espirituales *(yogīs)* y estudiantes de nivel licenciatura; *2)* ofrece un panorama completo del tantra clásico (siglos VII al XII), y *3)* está basado en los manuscritos originales en idioma sánscrito y en lo mejor que se ha producido en el ámbito de la investigación académica en los últimos 30 años, especialmente en los avances más importantes que se han hecho en torno a los estudios tántrikos en el curso del último decenio.

La necesidad de este libro

El presente libro responde a una necesidad específica. Excluyendo a un grupo relativamente pequeño de eruditos, el gran impacto que las religiones tántrikas tuvieron en el desarrollo del pensamiento espiritual de Asia es hasta el momento un tema virtualmente desconocido, que no se enseña en los programas universitarios de religiones indias, o bien se imparte de forma muy superficial y en extremo distorsionada. De igual modo, en incontables títulos de amplia difusión, como el reciente *American Veda*, las doctrinas que se derivan del tantra se identifican de manera errónea como pertenecientes a otras corrientes de la religión india.[3] Un libro pensado para un público más amplio necesita poner las cosas claras, dar crédito a quien el crédito merece, así como proporcionar respuestas precisas a las muchas preguntas que los practicantes más reflexivos del yoga moderno están comenzando a hacerse con respecto al "tantra real".

El propósito de este libro

El propósito de este libro es aclarar y responder de forma efectiva a las siguientes preguntas:

- ¿Qué es tantra?
- ¿Cuáles son sus ideas espirituales y filosóficas básicas?
- ¿Cuál es su historia y quiénes son sus figuras principales?
- ¿Cuáles son sus prácticas fundamentales?
- ¿Cuál es la trascendencia del tantra en el marco más amplio de la historia del yoga de la India?
- ¿Hasta qué punto es posible incorporar las enseñanzas y prácticas tántrikas en la práctica del yoga occidental moderno?

Este libro también tiene un propósito adicional: ofrecer al lector una inmersión en una visión del mundo espiritual que (si es que elige adentrarse más en ella) puede ser detonante de una transformación personal radical y una expansión permanente de la consciencia.

El alcance de este libro

Puedes imaginar a qué se refiere la frase "tantra clásico". Esta frase distingue a nuestro tema central del posterior tantra hinduista y de las tradiciones de hatha yoga, así como del *neotantra* moderno occidental. El tantra clásico que se aborda en este libro se asocia con una tradición religiosa en específico: la religión de Śiva-Śakti, también conocida como shivaísmo, que fuera la religión predominante en la India durante la época medieval. Sin embargo, también tenemos la no menos importante vertiente del tantra budista. Puesto que algunos lectores querrán conocer su relación con aquello que llamo tantra clásico (si este tema no te interesa, por favor pasa a la sección "Cómo leer este libro", que está líneas abajo), para responder a esta pregunta en pocas palabras (pues entraré en detalle más adelante), creo que este libro es una buena introducción al tantra incluso para aquellos que están interesados en su forma budista, puesto que ésta es muy similar al tantra clásico Śiva-Śakti. Esto no es una coincidencia, las prácticas del tantra budista que no se encuentran en el budismo más temprano (no tántriko) se adoptaron directamente del tantra Śiva-Śakti clásico.[4] Además, buena parte de la filosofía espiritual del budismo que es exclusiva de su fase tántrika (por ejemplo, las enseñanzas de Dzogchen) es extremadamente similar a las enseñanzas del tantra no dualista que representan la parte medular de este libro.[5] Creo que en el futuro la academia se encargará de demostrar que la tradición tántrika que floreció en la región de los Himalayas logró trascender las rígidas limitaciones religiosas que son de gran importancia tanto para los conservadores religiosos como para los académicos.[6] A pesar de que no sabemos con certeza la dirección de la influencia entre el tantra Śiva-Śakti no dualista y las enseñanzas de Dzogchen, este libro, aunque se enfoca en el tantra shivaíta (= Śiva-Śakti), puede en efecto funcionar como una orientación adecuada al tantra en general, es decir, a la visión del mundo y prácticas que son compartidas por las distintas religiones tántrikas.

Cómo leer este libro

Éste no es un libro semejante a otros que hayas leído; usa un par de voces distintas en un intento de crear un puente entre quienes tienen un interés espiritual serio en el tema y aquellos cuyo interés es más bien académico, pero no pueden leer bien el sánscrito. Su tono es en gran medida informal y fácil de leer, aunque en ocasiones llega a ser un poco difícil y filosófico; por consiguiente, la forma en que está escrito te permite saltar hacia adelante e incluso ir de un lado a otro. No te atores si te encuentras con un pasaje difícil, disfrutarás más el libro y tendrás más éxito en su comprensión si lo lees de una sola vez, saltándote las partes que te resulten demasiado densas; luego podrás volver a ellas en una segunda lectura más detallada. También vas a encontrar muchas palabras en sánscrito entre paréntesis, no es necesario que les pongas demasiada atención de entrada, la mayor parte de lo que verás entre paréntesis sólo añade matices por los que no necesitas preocuparte durante la primera lectura. Lo mismo vale para las notas al final del texto: éstas proveen información adicional y discusión para aquellos que ya están familiarizados con el material en el cuerpo principal del texto. Algunas de estas notas son de naturaleza académica; otras sólo están ahí para profundizar en las ideas.

Debido a que la temática del libro no es lineal, sino que más bien conforma una red de conocimiento, puedes tomarte la libertad de ir de un lado a otro si así lo quieres. Permítete involucrarte en una conversación con él, y la calidad de la experiencia potencialmente transformadora de la mente, o incluso de la vida, que sus páginas te ofrecen, será mucho más plena.

Este libro es una introducción a la historia y a la filosofía del tantra clásico. En algún momento pensamos utilizar el formato académico estándar para presentar la parte histórica en primer lugar, pues ésta proporciona contexto para lo que viene después, pero el material histórico puede resultarle denso a cualquiera que no esté motivado por el amor a la filosofía. En vez de eso, hemos elegido colocar primero la sección de filosofía, después de una introducción que explora la definición del término tantra. Si la introducción cuasi-académica te parece demasiado densa y quieres sumergirte directamente en las enseñanzas espirituales, siéntete libre de hacerlo. Por otro lado, si ya tienes algún tipo de formación en el shivaísmo, la introducción y la sección de historia quizá sean las de mayor interés para ti, pues la investigación que aquí se presenta es de vanguardia y bien puede llegar a sorprenderte.

Una vez que hayas leído el libro una o dos veces, te invito a que regreses a los pasajes especialmente difíciles o profundos, de tal forma que puedas contemplarlos más a fondo. Estos pasajes están marcados con un símbolo especial (ver la simbología más adelante). También es posible que desees seleccionar aquellas citas que te muevan o te intriguen, y trabajar con ellas en tu proceso espiritual, como está descrito en la sección de Los Medios Empoderados.

Nota del ilustrador

"El arte nos permite encontrarnos y perdernos al mismo tiempo."
— Thomas Merton

La esencia manifiesta la forma. Cuando los patrones surgen, la consciencia puede ver algo que llamamos personalidad, de la misma forma que un patrón de sonidos puede llamarse "canción". Con el tiempo, las personalidades tradicionales emergieron. Cuando surgió el deseo por compartir estas personalidades en papel, también surgió un desafío: ¿cómo se dibuja una canción de la Consciencia? ¿No simplemente como una imagen bonita, sino como una guía para que otros puedan escuchar e interpretar la música? Uno debe usar símbolos que su audiencia pueda leer como si fueran una partitura.

Fue así como a lo largo de muchos siglos se desarrolló en Oriente un rico sistema de símbolos para ilustrar a las deidades como patrones en esencia, tal como las canciones son patrones en el espacio. Estas imágenes no se consideran arte en el sentido occidental de expresar una visión personal, sino que son Arte Sagrado como un vehículo, como un yantra o instrumento para transmitir la esencia. Resulta tentador considerar que esta iconografía retrata algo que está "allá afuera"; no obstante, esta visión puede evitar que podamos "escuchar la música" dentro de nosotros. Música, símbolos, músico y audiencia, forman todos parte de la misma canción tocada en distintas notas.

Las imágenes en este libro poseen una concordancia exacta con los textos traducidos por Christopher Wallis. Estas descripciones no contienen todos los detalles necesarios, de tal modo que consulté manuscritos, estatuas y pinturas que se remontan a tiempos tan remotos como el siglo x. Aunque los materiales fuente son antiguos, mi trabajo artístico se ve aderezado por el moderno estilo Newar de Nepal (que es el estilo de mi principal maestro en Arte Sagrado) y por mi preferencia personal hacia la anatomía humanística. Si bien invertí muchos meses en el proceso de investigación, al momento de empezar a dibujar simplemente seguí mi corazón.

Mi agradecimiento para Dinesh Shrestha, Mavis Gewant y Pieter Weltevrede por compartirme la enseñanza de sus tradiciones en Arte Sagrado; a los amigos de todo el mundo que han colaborado por medio de las redes sociales, agregándole profundidad y riqueza a mi trabajo. Los libros creados por Harish Johari y Robert Beer fueron invaluables, no sólo como referencia, sino también como herramientas para transformar la tarea de dibujar en el disfrute de la *sadhana*. Sobre todo, mi agradecimiento para Dharmabodhi Saraswati por su guía, su visión y su estímulo.

Ekabhūmi Ellik
Agosto de 2011, Berkeley, California

Lista de ilustraciones

Guía fácil y rápida para la pronunciación de las palabras en sánscrito

(al final del libro puedes encontrar una guía completa)

- La “c” siempre se pronuncia como en italiano, es decir equivale al sonido “ch”; de tal forma que candra = chandra y vāc = vaach
- El sonido “ph” siempre se pronuncia como en “abjurar”, nunca como en “frase”
- la “ś” y la “ṣ” se pronuncian ambas con el sonido “sh” como en “shampoo”
- la “jñ” se pronuncia ñya, así que yajña es “yag-ñya” y jñāna es “ñyaana”

Simbología

Pasaje traducido desde una fuente en sánscrito

Referencia contemporánea

Punto clave

Referencia cruzada

Prólogo

Para académicos y estudiosos

Los temas que se abordan en esta sección son básicamente de interés académico, y constituyen una defensa de la identidad del "practicante-académico", así como una nueva forma de realizar estudios religiosos, para la que este libro es una contribución.

Uno de los aspectos más interesantes de dominar un cuerpo de conocimiento es la extraordinaria flexibilidad que se logra. Una vez que se ha comprendido bien, el conocimiento puede ser objetos de inflexiones dependiendo del contexto, la audiencia y el propósito de su articulación. Aquellos que estudian el campo conocido como *semiótica*, que en su dimensión pragmática se refiere al proceso colectivo de construcción de significados, están familiarizados con el en apariencia espontáneo proceso por el cual se generan distintas esferas del discurso a través de contextos específicos, y el hecho es que esa supuesta espontaneidad no se equipara con la transparencia cultural. Tanto en los escritos académicos como en la enseñanza de las humanidades, y muy en especial en lo que concierne a estudios religiosos, existe una normativa tácita en el metadiscurso en torno al "conocimiento objetivo" y al "conocimiento *per se*", que presiona hacia un consenso forzado que prohíbe casi por completo examinar las ideas religiosas desde una perspectiva pragmática o personal. Éste es un consenso institucionalmente impuesto, que ninguno de los estudiantes de nivel licenciatura a quienes he enseñado comparte y que sin lugar a duda tampoco comparte el público en general, y que sólo figura en el discurso de los estudiantes de posgrado, quienes ya han aprendido a esconder sus compromisos religiosos para poder alinearse con el concepto normativo de esta supuesta objetividad, la cual no es más que una pretensión intelectual idealizada como arquetipo académico (muéstrenme a un estudiante de posgrado de estudios de religión, y yo les mostraré a una persona profundamente religiosa que está "en el closet", o a alguien cuya religiosidad ha sido eliminada por el discurso intelectualmente reduccionista, privilegiado por la academia). Como lo dijo el respetado académico y practicante del budismo José Cabezón: "Aún existe una muy difundida reticencia a involucrarse en la cuestión de la identidad religiosa del académico dentro de los estudios religiosos como un todo".[7]

Desde mi punto de vista, esta situación ha ocasionado la actual atrofia de los estudios académicos en torno a la religión. La moda que esta disciplina disfrutó durante las décadas de 1960 y 1970 ha decaído desde hace mucho. Esta área también ha sido objeto de críticas, y con mucha razón, por fallar en cuanto al desarrollo de metodologías o estrategias hermenéuticas que justifiquen su existencia independiente de los departamentos de historia, sociología, antropología, filosofía, etcétera (recuerdo la mordaz descripción que Ninian Smart hacía de los estudios religiosos, definiéndolos como "un constante garabateo plurimetodológico"). Sin embargo, creo que nada de esto sería importante si los estudiantes de licenciatura pudieran estudiar la religión de la forma en que ellos quisieran; ése sería un enfoque que por coincidencia resulta ser la única metodología que hace falta en los departamentos de estudios de religión. Con esto me refiero a un compromiso serio con las visiones del mundo expresadas por las religiones en actos de cuerpo, discurso y mente, en una forma que diera paso a un rango de experimentos de pensamiento (e incluso experimentos con el cuerpo) que le permitan al estudiante hacer de su propia consciencia manifiesta el punto focal a considerar en la pregunta: *¿cómo se ve y se siente la realidad dentro de una visión del mundo religiosa?* Este experimento claramente no presupone una conversión a ninguna religión en particular, ni necesita que el instructor se adhiera al objeto religioso bajo experimentación; sin embargo, rara vez se practica en un contexto universitario, a pesar de ser el tipo de proceso que desde mi propia experiencia es el que más interesa a los estudiantes que se sienten atraídos hacia el estudio de la religión, y también a pesar del hecho de que una exploración tan real y abierta sería el compromiso más auténtico con los ideales originales de la academia que uno pudiera imaginarse.

Aunque soy académico, también soy un practicante espiritual. El primer libro que he elegido escribir quizá no me haga ganar credibilidad en el ámbito académico, sin importar que para haberlo escrito haya tenido que obtener tres grados universitarios y capacitarme en la lectura e interpretación de una amplia variedad de fuentes primarias y secundarias. Mi empeño aquí no está dirigido hacia sacar provecho del actual interés popular por algo llamado tantra, ni es tampoco una apuesta por ganar notoriedad diluyendo y "dejando listas para el horario estelar" ideas que son esencialmente comprensibles para profesionales bien entrenados, que es como los académicos acostumbran ver a los libros convencionales de su campo. En lugar de ello, este libro representa algo más interesante para mí: un ejercicio de lo que Cabezón llama "teología académica", o lo que yo llamaría un *experimento autoconsciente sustentado en una teología constructiva bien cimentada*, que entrelaza los intereses y necesidades de dos comunidades diversas de lectores en una forma que —y aquí doy mi argumento— solamente un académico practicante puede hacer. En un individuo con estas características pueden existir dos esferas de discurso: una de ellas enraizada en los postulados intelectuales de objetividad, la otra en la experiencia religiosa personal y en las creencias concomitantes y pueden existir ya sea por separado, forzando al sujeto a mantener una especie de personalidad dividida, o bien integradas en una unidad que permita que la introspección intelectual alimente a su ser espiritual, y al mismo tiempo dar paso a que la experiencia espiritual sirva de guía en su búsqueda intelectual, sin renunciar a su compromiso con la verdad. Para mí, este proceso de fusión no se dio dentro de un contexto académico, en el cual el único buen estudioso de la religión es aquel que carece de esa integración, sino en un contexto bien diferente, en el que me vi inicialmente inmerso por una necesidad económica: profesor independiente en estudios de yoga. Este ambiente, del que algunos académicos se burlan por considerarlo anti-intelectual y de una ignorancia deplorable en lo que se refiere al "verdadero yoga", no sólo le dio la bienvenida al proceso de reflexión sustentada y comprometida de la filosofía y práctica de yoga; también me impulsó a reflexionar acerca de cuáles serían las formas más productivas en torno al material que había estudiado. Las preguntas acerca de cómo se relaciona la filosofía con la práctica, y cómo debió haber sido en la realidad la vida religiosa de los autores de los textos antiguos, penetraron hasta el centro mismo de mi consciencia, mientras mi audiencia alejaba inexorablemente el discurso de la abstracción intelectual y la literalidad textual y lo acercaba hacia la cuestión de por qué los actores históricos originales mantenían su visión, qué experiencias alimentaban esa visión, qué significado tendría para el individuo moderno conocer esos puntos de vista, y cómo nuestro propio contexto cultural podría alterar de forma orgánica las formas de sostener esa visión. Involucrarme en estas enseñanzas no académicas me obligó a entender los sistemas de conocimiento de la antigua religión de la India tal como originalmente fueron: formas de interpretar la realidad que estaban incorporadas en contextos de práctica y fundamentadas en asuntos de la vida de los seres humanos que *trabajaron con estos entendimientos religiosos como maneras de modificar de modo intencional su perspectiva de la vida cotidiana*. Evitar una discusión sobre cómo las ideas religiosas pueden tener un impacto personal en nosotros es evitar confrontar, en cualquier forma real, el propósito original y función de estas ideas, puesto que sólo aplicando las ideas religiosas en nuestra propia vida es que éstas pueden desplegar su verdadero poder y significación, y sólo de esta forma es que pueden volverse accesibles para nosotros en forma de auténticos y valiosos objetos de estudio.

Introducción

UNA ORIENTACIÓN AL TANTRA

Hoy en día, *tantra* es un término de moda en el mundo occidental moderno, podemos verlo en la portada de revistas y libros populares, por lo general para connotar de forma sugerente la idea de una experiencia sexual superlativa. A pesar de que casi todos han oído esta palabra, casi nadie —incluyendo mucha gente que asegura enseñar algo llamado tantra— sabe algo sobre el desarrollo histórico de la tradición espiritual de la India a la que los académicos denominan *tantra*. Lo que estos eruditos estudian acerca de éste tiene muy poco que ver con lo que se enseña bajo el mismo nombre en el circuito de talleres de espiritualidad alternativa estadounidense. El objetivo principal de este libro no es explicar por qué esa brecha es tan ancha; ése es un asunto profundamente complejo, de transmisión histórica y extraños malentendidos. Aquí simplemente presento un resumen amplio de la tradición espiritual original de la India que se encuentra descrita en las escrituras en sánscrito llamadas *tantras* (de ahí proviene el origen del nombre). ¿Por qué podría resultar esto de interés para los occidentales modernos? Por el excepcional motivo de que hoy en día hay en occidente millones de personas que practican algo llamado yoga, algo que aunque ha sufrido muchas modificaciones en cuanto a su forma y contexto, puede en muchos aspectos establecer sus orígenes en la tradición tántrika.[8]

Debido a la confusión terminológica generalizada, te pido que como lector vacíes la mente de cualquier concepción previa que tengas en torno al tantra, sin importar cuán valioso ese conocimiento te haya resultado, y que comiences de cero. De esta manera, tengo la posibilidad de orientarte de forma efectiva a través de la cosmovisión tántrika original: una forma de ver y entender la realidad que puede desafiarte e iluminarte hasta los niveles más profundos de tu ser.

El yoga es una tradición viviente con una influencia profunda del tantra, y sin embargo, ha olvidado mucho de su propia historia. Este libro forma parte de una nueva ola de trabajos realizados por académicos, quienes a la vez somos practicantes, y que tenemos como objetivo redescubrir y reintegrar parte de lo que ha sido olvidado, aclarar el origen de muchas ideas y prácticas que están en circulación (cimentándolas y resaltando su riqueza), y delinear con claridad el terreno vasto y variado del pensamiento espiritual de la India junto con una visión de lo que este nos puede aportar en la vida de nuestros días. Es totalmente cierto que la mayoría de las enseñanzas y escritos sobre el pensamiento de la India del siglo XX son emocionantes, aunque incoherentes y sin fundamento (en el contexto del practicante); o bien, sistemáticos pero rígidos, aburridos e insípidos (en el contexto académico). Ha llegado el momento de enmendar esto; en especial porque no hay tradición de la India peor entendida, en relación con su profunda influencia en la espiritualidad global, que el tantra.

Este libro es en parte histórico. Como académico, ayudo a las personas a distinguir entre las ideas nuevas y las que han estado en circulación desde hace tiempo. Esta distinción no es para sugerir que lo antiguo es mejor o inherentemente más legítimo que lo nuevo, sino para dar a los lectores herramientas con las que puedan identificar con precisión cuáles ideas son persistentes y generalizadas en las tradiciones tántrikas, y por lo tanto centrales, y cuáles son más bien periféricas. ¿Por qué podría ser importante discernir en torno a esto? Desde el punto de vista del practicante, la iniciativa de aprender a identificar los principios fundamentales de una tradición espiritual determinada se basa en el axioma de que cualquier tradición conserva, a través del tiempo, las enseñanzas y prácticas más efectivas y descarta aquellas que resultaron ser ineficaces.[9] Por lo tanto, el identificar las prácticas e ideas tántrikas más omnipresentes a lo largo de siglos de desarrollo histórico es identificar las prácticas e ideas que han sido efectivas para una innumerable cantidad de practicantes. Este proceso de identificación nos permite innovar basándonos en cimientos sólidos de comprensión, en vez de, como muchos maestros modernos de yoga lo han hecho, limitarnos a remendar nuestras carencias de conocimiento inventando ideas basadas en experiencias idiosincrásicas individuales. De nuevo, mi intención no es implicar que cierta forma tradicional de pensar o que una cierta técnica va a ser *necesariamente* más efectiva para ti como ser individual que alguna de las formas nuevas, pero sí es cierto que sólo el tiempo nos dirá si una técnica o enseñanza nueva tiene la eficacia suficiente como para que se convierta en una parte perdurable de una tradición espiritual viviente.

Te puedes preguntar (y pienso que debes hacerlo) qué me califica para representar la tradición tántrika original. Doce años de estudios intensivos a nivel universitario durante los cuales me he familiarizado con el idioma sánscrito y el contenido de algunos textos tántrikos escritos en ese idioma me respaldan. Desde mi punto de vista, este estudio académico se complementa con veintidós años de práctica espiritual en una tradición que cuenta con la influencia de varios de estos textos tántrikos originales. Si bien no soy un experto absoluto, he pasado muchos años de mi vida dedicado de tiempo completo a tratar de entender a los maestros tántrikos antiguos lo bastante bien como para representarlos con precisión con mis propias palabras en mi propio idioma. El efecto que este libro logre en tu vida será un testamento de haber cumplido este objetivo en alguna medida.

Ver pp. 4-7

Ver p. 397

¿Por qué estudiar la historia del tantra?

A diferencia de las lecciones de historia que tal vez te forzaron a aprender en la escuela, la historia de las tradiciones tántrikas es una historia fascinante que consiste no sólo en información, sino en ideas inspiradoras y poderosas—algunas de las ideas más originales que alguna vez se concibieron sobre el potencial humano. Históricamente, estas ideas estuvieron unidas de manera inextricable a prácticas espirituales transformadoras, algunas de las cuales tal vez ya estés practicando. Como verás, algunas prácticas que provienen del tantra han sido transmitidas de boca en boca hasta nuestros días, pero en el camino quedaron a la deriva de sus anclas filosóficas originales. (Por ejemplo, la tradición del *hatha* yoga, que forma la base del yoga moderno, originalmente surgió del tantra shivaíta). Los maestros tántrikos hicieron evolucionar sus enseñanzas y técnicas como un todo integrado, una matriz interconectada, diseñada para liberarnos de forma permanente de la ignorancia y el sufrimiento. Entonces, cuando entiendes la profundidad de la exquisita visión de la realidad que se enseñaba originalmente en conexión con estas prácticas de yoga, este conocimiento confiere poder a tu propia práctica, te mantiene inspirado en el camino espiritual y te da gran claridad y enfoque; por lo tanto, es útil a nivel práctico que te eduques más en las tradiciones que fundamentaron estas prácticas de yoga que hoy atesoras.

Ver pp. 257-266

Hay un tremendo malentendido en el mundo del yoga actual con respecto a los hechos históricos en torno al desarrollo de las tradiciones yóguicas y tántrikas. Si bien la historia puede no ser el aspecto más importante en el estudio de esta tradición, también es cierto que aprender estos hechos nos ayuda a reemplazar las fantasías que tenemos sobre cómo son, o cómo fueron, las cosas en una conexión más profunda con la realidad. Éste es un proceso que nos presenta al menos tres desafíos importantes: nos reta a aceptar el mundo tal como es, en vez de como nos gustaría que fuese; nos trae a la atención las dificultades humanas en cuanto al aprendizaje, la enseñanza y el recorrido del camino espiritual, por lo tanto nos ayuda a cultivar compasión por los demás y paciencia con nosotros mismos; finalmente, nos impide apoyarnos en declaraciones históricas precarias o simplemente incorrectas para justificar que lo que pensamos es el mejor camino o la forma más correcta en la práctica del yoga. Cuando el conocimiento de la historia real nos aparta de este error, nos vemos forzados a basarnos en la experiencia obtenida de nuestra propia práctica para justificar nuestra visión ante los demás, lo cual constituye un fundamento mucho más estable. Es un esfuerzo inútil sostener discusiones con respecto a qué camino es mejor o más auténtico. Peor aún es cuando este tipo de alegatos se apoyan en hechos falsos y un conocimiento parcial y confuso de la historia; esto sólo causa antagonismo con los demás y nos hace ver mal. Por otra parte, compartir abiertamente tus experiencias y lo a ti te que funciona como individuo —sin tener motivaciones ocultas—, te ayuda a conectar con los demás y los invita a contemplar sus propias experiencias. Eso es *yoga:* una conexión beneficiosa.

Ahora quiero dedicar algunas palabras a la metodología de una buena investigación académica y los resultados que de ella se derivan. Algunas personas que tienen influencia del llamado pensamiento posmoderno sospechan de cualquier tipo de expresión sobre hechos o historia, prefieren ver todo como una narrativa subjetiva y se rehúsan a otorgar autoridad alguna a las declaraciones sobre la verdad, argumentando que la "verdad" de cada persona, aunque sea una verdad diferente, es igualmente válida. Si bien eso es cierto en lo que respecta a las experiencias psicológicas individuales humanas, las ciencias sociales (como por ejemplo, la historiografía) y las ciencias exactas han demostrado que *sí* existe tal cosa llamada 'hecho real'. ¿Cómo han demostrado esto? Es simple: recolectando una suficiente cantidad de evidencias, sopesándolas cuidadosamente y luego usándolas para realizar predicciones con respecto a cosas aún desconocidas. Cuando surge a la luz una nueva evidencia que demuestra que la predicción es correcta, se prueba entonces que la información y el método usados para la predicción son válidos. Tenemos muchos ejemplos de esto en las ciencias exactas, uno de ellos es la predicción de los agujeros negros según modelos matemáticos antes de que los astrónomos pudieran observarlos. Lo que los físicos sabían que *debía* ser cierto, basándose en su entendimiento preciso de las leyes físicas del Universo, fue confirmado por la evidencia observacional.[10] También hay ejemplos de esto en las ciencias humanísticas, incluyendo el estudio de la India, aunque son demasiado complejos como para tratarlos aquí.[11] Permíteme apresurarme a decir que, a diferencia de algunos autores, *no* presentaré como hecho nada que aún aguarde pruebas contundentes o consenso académico.

Aceptar que existen ciertas cosas que son hechos requiere humildad y tener la flexibilidad de renunciar a nuestra posición cuando se demuestra que esa posición es incorrecta. Eso también es parte del yoga. Por supuesto, hay suficiente espacio para que un individuo desarrolle sus propias creencias, porque estas tradiciones filosóficas se dedican parcialmente a cuestiones metafísicas, de las que no estamos en posición de dar una evidencia definitiva de una forma u otra. Es decir, que si bien el tantra involucra activamente la mente superior, también intenta trascender el nivel del intelecto, en el cual la palabra *evidencia* es un término clave. Aquí, tu propia experiencia de contemplación es esencial cuando formules tu comprensión sobre la realidad. Cuando la sabiduría de una experiencia bien ponderada se une con coherencia al conocimiento factual bien fundamentado, ya tienes un cimiento sólido desde donde puedes recorrer con éxito el camino del yoga y el mundo en general.

Como conocemos muy pocos hechos relacionados al ambiente social de las tradiciones tántrikas, la historia del tantra es principalmente una historia de ideas y de prácticas. Siempre que trate un tema del que haya información sobre la realidad de la vida diaria de las comunidades que siguieron estas enseñanzas, lo mencionaré. Esta humanización de los grandes maestros de la tradición nos ayuda a sentirnos más cerca, e incluso a identificarnos con ellos.

¿QUÉ HAY EN UN NOMBRE?

EL SIGNIFICADO DE LA PALABRA *TANTRA*

En esta sección explicaré la historia en torno a los diversos significados de la palabra 'tantra', comenzando por los más simples y generales, hasta llegar a las acepciones más complejas y específicas. Antes que nada, la palabra *tantra* es una palabra en sánscrito con varios usos muy directos, que abarcan "teoría", "doctrina" o simplemente "libro". Si bien la palabra a veces designa cualquier tipo de libro, usualmente se refiere más a aquellas escrituras que se afirma han sido revelaciones divinas de Dios o de la Diosa. Estos tantras comenzaron a aparecer en la India alrededor del siglo VI de nuestra era, y continuaron redactándose en grandes cantidades (cientos de textos principales y miles de textos secundarios) durante los siguientes mil años. Estas escrituras también eran conocidas con otros nombres, tales como *āgama*, que significa "lo que ha bajado hacia nosotros". Más adelante daré información adicional acerca de su contenido.

Tantra tiene un significado más específico en el contexto de estas escrituras reveladas: puede referirse al sistema de prácticas que se presentan en estos textos. En general, podemos decir que cada tantra presenta un sistema de práctica espiritual más o menos completo. Por ejemplo, un cierto gurú puede trabajar principalmente con un solo tantra (aunque a veces lo complementaría con otros textos relacionados), y dar enseñanzas a sus discípulos fundamentadas en ese tantra específico. En este sentido, la palabra tantra no significaría otra cosa que "un sistema de práctica espiritual articulado en el contexto de un texto sagrado específico", y la gente de la tradición de la época le preguntaría a otros "¿qué tantra sigues?"

Los maestros espirituales occidentales a menudo afirman que la palabra *tantra* significa "telar" o "urdimbre" (términos relacionados con el tejido) y, de hecho, estas acepciones aparecen al buscar la palabra en el diccionario, pero ese uso no es más que un caso de homonimia. Ninguno de los textos tántrikos cita estas acepciones como significado de *tantra*. A propósito, esto muestra uno de los inconvenientes de las definiciones que ofrecen aquellos que no son sanscritistas, sin embargo, la tradición sí ofrece algunas etimologías interpretativas de la palabra. Una etimología interpretativa es una forma de descomponer una palabra en partes que permitan entender el significado interior de la palabra. La etimología que se encuentra más comúnmente es la siguiente: se divide la palabra *tantra* en las raíces verbales √tan y √tra. El significado de la primera es "propagar, idear o expandir", y el de la segunda es "guardar, proteger".

Kāmikā-tantra

> *Se llama* tantra *porque idea asuntos numerosos y profundos, especialmente relacionados con los principios de la realidad* [tattvas] *y con los* mantras, *y también porque nos protege [del ciclo del sufrimiento].*[12]

En otras palabras, 'tantra' propaga (*tan*) sabiduría y protege (*tra*). Aquí tenemos una segunda raíz verbal que tiene doble significado porque alude al hecho de que las prácticas tántrikas nos dan un medio de fortalecimiento y nos protegen de los daños de este mundo, y también nos conceden la máxima liberación espiritual (habrá más información sobre este tema más adelante). Igualmente podríamos decir que un tantra es un instrumento (*tra*) para expandir (*tan*), así como *mantra* es una estrategia para trabajar con la mente (*man*), y *yantra* es un instrumento para tener control (*yan*). A los maestros modernos les gusta mencionar que la raíz verbal √*tan* significa "estirar, expandir" y decir que tantra se llama así porque estira la consciencia y expande la capacidad de sentir gozo pleno. Éste es un buen ejemplo de la etimología interpretativa moderna, y aunque no se encuentra en las fuentes originales, coincide con la intención original.

En la India medieval, las personas que recibían iniciación tántrika por lo general la recibían de un gurú en particular que pertenecía a un linaje específico. Estos iniciados realizaban la práctica diaria que su gurú les daba y esa práctica se basaba en un solo tantra. Entonces, para cada practicante individual, el tantra como movimiento espiritual no era algo altamente complejo porque a esa persona no le concernía lo que otros tantras u otros gurúes pudieran decir. En contraste, a la mente occidental le gusta tener un sentido de panorama completo y formular definiciones generales basadas en él. A diferencia de sus colegas indios, los académicos occidentales han luchado por definir al tantra como un fenómeno, como un movimiento religioso, al observar lo que las distintas corrientes tántrikas tenían en común. Este esfuerzo no ha sido del todo sido exitoso, principalmente porque no se ha consultado una variedad lo bastante extensa de fuentes, sin embargo, vale la pena observar los resultados obtenidos hasta ahora. Nos dedicaremos a eso después de haber considerado la definición de la palabra tantra según la propia tradición.

Definición según la propia tradición

Si bien es cierto que a la mayoría de la gente en la India premoderna no le importaba formular definiciones abstractas generales, a unos cuantos eruditos sí les interesó el tema y cuando investigamos esto a profundidad nos damos cuenta de que sí existe tal definición en las fuentes originales. En mi opinión, la definición de una tradición que *proviene* de la tradición misma tiene prioridad con respecto a las definiciones que los académicos de una cultura extranjera le puedan dar miles de años después (aunque esas definiciones también resultan útiles, como lo veremos más adelante). Demos entonces un vistazo a cómo Rāma Kaṇṭha, el erudito tántriko y gurú que vivió alrededor de los 950-1000 de nuestra era, describió lo que es tantra:

Comentario de Rāma Kaṇṭha en torno al Sārdhatriśati-kālottara

Un tantra es un conjunto de enseñanzas que provienen de revelaciones divinas. Estas enseñanzas explican tanto lo que es necesario como lo que representa un obstáculo en la práctica de la adoración de la Divinidad; también describen las ceremonias de iniciación y purificación especiales que son un prerrequisito necesario para la práctica tántrika. Estas enseñanzas se imparten a aquellos que están calificados para seguir los objetivos superiores e inferiores de la existencia humana.[14]

Es importante anotar que el lenguaje usado en esta definición está influido por el hecho que el autor es dualista (lo cual puede resultarte una sorpresa, puesto que todas las enseñanzas tántrikas que han llegado a Occidente provienen de fuentes no-dualistas). Sin embargo, como el tantra era —tal como nos daremos cuenta más adelante— un sistema espiritual coherente más allá de las diferencias sectarias como el dualismo o el no dualismo, se puede aplicar la definición de Rāma Kaṇṭha prácticamente de forma generalizada. Más aún, esta definición es importante porque constituye el único intento conocido de un tántrika de definir el tantra. Dejemos en claro los cuatro puntos principales que expresa Rāma Kaṇṭha.

Primero, Rāma Kaṇṭha menciona el requisito de una iniciación adecuada al camino tántriko. Esta iniciación tenía la forma de una ceremonia ritual que destruía las barreras kármicas que impedirían tener una práctica exitosa, ponía al alcance el objetivo de la liberación espiritual en esta misma vida y le daba al iniciado —a un nivel práctico inmediato— acceso a las escrituras y las prácticas secretas que éstas contenían. Más adelante analizaremos si este requisito para la iniciación implica o no que los occidentales puedan emprender una práctica tántrika real. Por lo pronto, es suficiente señalar que la iniciación es un requisito crucial del tantra original.

Ver pp. 282-289

Ver p. 379

Segundo, la definición de Rāma Kaṇṭha recalca lo que muchas personas en el contexto indio original vieron como un elemento clave de la práctica tántrika diaria: "rituales de veneración" de una forma de la Divinidad. Ahora bien, la frase *rituales de veneración*, tal vez le dé una idea equivocada a una persona de Occidente que tenga un marco religioso muy diferente. Quiero aclarar aquí que la palabra *veneración* significa, como mínimo, *la verdadera evocación del poder de la Deidad* y la interacción con la misma. En un sentido más común, significa de hecho *convertirse* en esa deidad a través de técnicas de meditación ritualizada o de rituales meditativos, ya sea de forma temporal o como parte de un proceso que con el tiempo elimina de forma permanente toda percepción de que existe una diferencia entre uno mismo y la deidad. Como veremos más adelante, también existen formas de tantra que se deshacen por completo de los rituales y enfatizan el cultivo de una consciencia intuitiva directa de la realidad divina por medio de prácticas simples conectadas con los elementos de la vida diaria. Si bien estas formas originalmente eran practicadas por una minoría, más adelante argumentaré que tal vez éstas sean las formas con las que los occidentales podemos interactuar de forma más exitosa y auténtica. Ver p. 397

Tercero, la definición de Rāma Kaṇṭha declara que existe un objetivo doble en todas las prácticas tántrikas: un objetivo "superior" y uno "inferior". El primero se refiere al estado de libertad espiritual, la liberación de todo sufrimiento, la salvación o beatitud; más adelante trataremos esto con mayor profundidad. Por lo general, a este estado se le dan los nombres en sánscrito de *mokṣa* o *mukti* (ambos términos significan "liberación"). El segundo se refiere al objetivo de disfrutar de las cosas materiales y de la prosperidad, lo cual comprende el placer, el poder y todas las cosas positivas del mundo tangible. A este aspecto por lo general se lo llama *siddhi* o *bhukti*. El hecho de que el tantra se refiera de manera legítima a *ambos* objetivos es algo que lo separa de cualquier otra tradición religiosa de la India, y ciertamente de la mayoría de las religiones del mundo. Si bien es cierto que hay textos tántrikos dedicados, prácticamente de forma exclusiva, ya sea al objetivo de *mukti* o al de *bhukti*, la tecnología espiritual tántrika fue en general diseñada para garantizar ambos objetivos, con el segundo objetivo subordinado al primero. Observemos con atención que aquí la definición de Rāma Kaṇṭha nos dice que no podemos decir que una práctica es tántrika si sólo está destinada a lograr un objetivo inferior. Por ejemplo, si el objetivo de la práctica es simplemente mejorar nuestra vida sexual, sin importar cuán espiritual pueda sonar esto, no se le puede llamar tantra. Pero, si por otro lado, este propósito es parte de una práctica que está subordinada de forma constante al objetivo de lograr la libertad espiritual y el despertar hacia la realidad máxima, entonces sí se puede llamar tantra (siempre y cuando también se cumplan los otros requisitos de la definición).

Por último, la definición de Rāma Kaṇṭha dice que el tantra es algo que se da en las escrituras que provienen de revelaciones divinas, lo cual significa, desde esta cosmovisión, que las enseñanzas e instrucciones tántrikas están determinadas por la autoridad divina. Se dice que las escrituras tántrikas de por sí son siempre una forma de expresión de Dios o de la Diosa; o en el budismo tántriko, del Buda celestial o Bodhisattva, que en definitiva quiere decir lo mismo. A los escritores clásicos no les interesaba mucho si era un *hecho* que los tantras *realmente* provenían de revelaciones divinas o no. Esas cuestiones de fe y creencia no les eran tan significativas como las cuestiones de eficacia y práctica. Debido a que las personas recibían las enseñanzas espirituales de parte de una autoridad confiable, un gurú, simplemente se dedicaban a la práctica y la fe aumentaba naturalmente a medida que la esta comenzaba a dar resultados.

Debo agregar aquí que hasta el día de hoy, tanto en la India como en el mundo occidental, el corpus de escrituras de los textos tántrikos permanece en mayor medida sin publicar. Es decir, existen principalmente en forma de manuscritos antiguos (ver la imagen más adelante), lejos del alcance físico y lingüístico para la mayoría. El público en general tiene acceso limitado a algunas publicaciones en lengua inglesa que no son las escrituras tántrikas propiamente dichas, sino los comentarios en torno a esas escrituras, y otros trabajos inspirados por las escrituras de los grandes maestros tántrikos.[15] Con el tiempo, estos comentarios pasaron a ser tratados como si fueran escrituras en sí, y así es como algunos gurúes modernos los presentan. Esto es posible debido al alto grado de sofisticación y sabiduría espiritual demostrada en estos comentarios, que en muchos casos parecen ser considerablemente más extensos que las escrituras originales. Lo que hoy en día se llama shivaísmo de Cachemira es una parte del tantra que consiste íntegramente en estos comentarios y otros textos relacionados, que fueron escritos por una serie de maestros de la región de Cachemira. Es este material el que ocupa la mayoría de las discusiones sobre la filosofía tántrika, pues las escrituras en sí mismas están casi por completo enfocadas en la práctica.

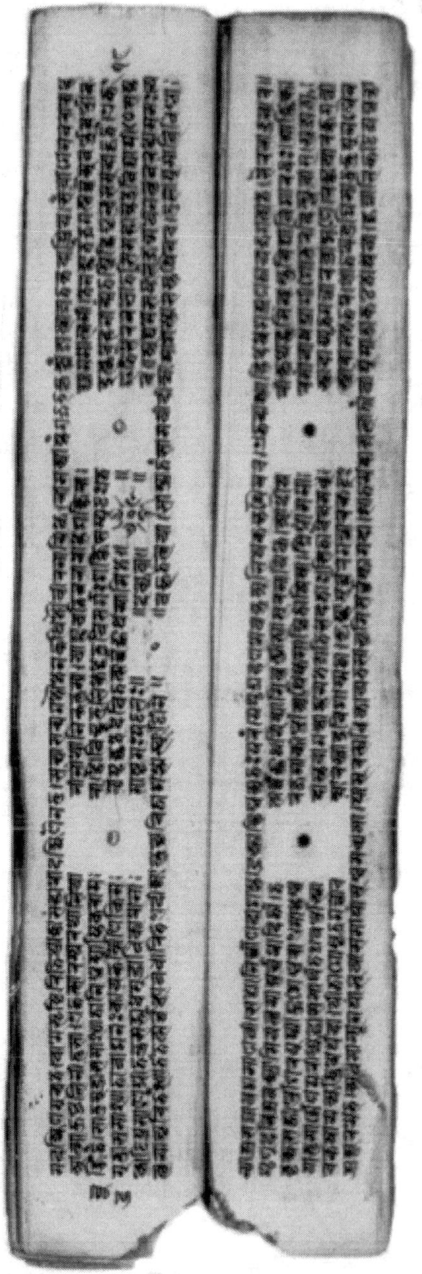

Manuscrito antiguo de una escritura tántrika [rotar el libro 90º en el sentido de las manecillas del reloj para verlo correctamente]

Definiciones occidentales y listas categóricas

Anteriormente mencioné que los intentos por parte de los académicos occidentales para definir el tantra también son valiosos. A pesar de que la definición de Rāma Kaṇṭha nos brinda información crucial, el lector moderno necesita parámetros adicionales para reconocer cómo es el tantra original. Las definiciones académicas nos dan esta información en forma de listas de características que son típicas del pensamiento y la práctica tántrika. Veremos algunas de estas listas, pero antes de hacerlo debo mencionar que el intento académico de definir el tantra se basa en el entendimiento de que tantra fue un fenómeno espiritual que tuvo hasta cierto punto un impacto en todas las religiones de la India. Fue una nueva forma de realizar prácticas espirituales que resultó ser de profunda influencia, y por todo ello la practicó sólo un pequeño porcentaje de la población total. Se puede aducir que el tantra es un modo de práctica —y un modo relacionado con una visión de la realidad— que no forma parte de ninguna religión en particular y, sin embargo, puede encontrarse en la dimensión esotérica de muchas religiones.[16] Las religiones en las que incidió el tantra fueron, en orden de grado de influencia: shivaísmo, budismo, vaisnavísmo o visnuísmo, jainismo e Islam indio[17]. Las innovaciones del tantra se desarrollaron prácticamente en su totalidad dentro de las primeras dos religiones mencionadas, y luego se transmitieron a las demás. Entre estas dos primeras, el shivaísmo tiene un precedente histórico porque muchos de los textos tántrikos budistas citan de forma directa o indirecta a los tantras Shivaítas, pero lo opuesto raramente ocurrió.[18] A pesar de que el shivaísmo fue la religión tántrika *por excelencia*, el budismo fue con el tiempo "tantrizado" completamente y en esta forma se transmitió al Tíbet, es por esto que el budismo tibetano es casi totalmente tántriko. Cualquier intento de definir el tantra como una categoría general debe entonces abarcar tanto al tantra shivaíta como al tantra budista. De hecho, hay pocas diferencias reconocibles entre la es-

El tantra es una modalidad de práctica que afectó a todas las religiones indias hasta cierto punto.

Ver p. 397

cuela más budista de tantra shivaíta —Krama— y la escuela más shivaíta del tantra budista —Dzogchen—. Los elementos comunes que nos llevan a aducir la validez del tantra como concepto general se harán más obvios cuando analicemos las listas de características que corresponden tanto a las variaciones shivaítas como a las budistas.

Los académicos han intentado determinar los elementos comunes entre el tantra shivaíta, el tantra budista y el tantra Vaisnava, y por lo tanto dar con aquello que constituye al tantra *per se*. Aquí quiero hacer una combinación de las listas presentadas por cinco diferentes académicos (Tribe, Hodge, Goudriaan, Brooks y López) con el fin de crear un listado maestro de características tántrikas. Sin ningún orden en especial, los atributos que distinguen al tantra como un movimiento espiritual son:

- Camino alternativo / una nueva revelación / camino más rápido
- Importancia central de los rituales, especialmente la evocación y veneración de deidades
- Proliferación masiva en la cantidad de tipos de deidades (en comparación con la tradición que antecedió)
- Visualización y autoidentificación con la deidad
- Importancia central de los mantras
- Instalación de los mantras en puntos específicos del cuerpo
- Identidad ontológica de los mantras y las deidades
- Necesidad de iniciación, y la importancia del esoterismo o secretismo
- Yoga (usualmente en lo que se refiere a prácticas de meditación y visualización)
- Uso de *maṇḍalas* en rituales, especialmente de iniciación
- Fisiología espiritual (el cuerpo sutil y los *cakras*) y la energía *kuṇḍalinī*
- Mapeo de deidades y sitios de peregrinación en el cuerpo del practicante

- Misticismo lingüístico
- Importancia crucial del maestro (gurú y ācārya)
- Incorporación de objetivos mundanos, alcanzados por medio de medios principalmente mágicos
- Principalmente practicantes laicos o personas de familia
- Simbología bipolar de dios-diosa
- No dualismo
- Revaluación del cuerpo humano
- Revaluación de los estados mentales "negativos"
- Importancia de *śakti* (poder, energía, diosa)
- Revaluación de la condición y el papel de la mujer
- Actos transgresores o antinómicos
- Uso del "yoga sexual"
- Cultivo del estado de dicha
- Espontaneidad (*sajaha,* término técnico)
- Tipos especiales de meditación, que tienen la meta de transformar al individuo en una encarnación de la energía divina después de un periodo relativamente corto

Los últimos diez aspectos en realidad sólo aplican a la corriente del tantra no dualista o "de izquierda" (un término que será explicado más adelante). Hay seis elementos que engloban los atributos más importantes del tantra clásico: la meditación yóguica, los *mantras*, los *mandalas*, el gurú, la iniciación y el ritual de veneración de la divinidad (por medio del uso de fuego, agua, flores, pastas perfumadas, y otros elementos). No obstante y a pesar de su universalidad, estos atributos no pueden tomarse para definir por sí mismos al tantra en su totalidad, ya que todos ellos (con excepción de los *mandalas*) también están en presentes en cierta medida en las tradiciones indias no tántrikas.

La mediatación yóguica, *mantras*, *maṇḍalas*, el gurú, la iniciación, y la veneración ritual son atributos más característicos del tantra.

Por lo general, la séptima característica universal del tantra organiza estos seis elementos y les da una forma específica. Esta característica es la del 'yoga de deidades', que abarca el trabajo con el poder de un aspecto particular de la energía divina, con la cual uno se ha unido por medio de una iniciación. Este trabajo se realiza mediante el uso del *mantra* asociado con la deidad, *yantra*, visualización o imagen consagrada de la deidad; por lo tanto, volvemos al inicio de nuestro tema de discusión: lo que distingue a una práctica irrefutablemente tántrika es la inclusión de deidades y sus *mantras* correspondientes revelados de manera explícita en las escrituras tántrikas. Habiendo dicho esto, es del todo apropiado decir que *cualquier* enseñanza o práctica es tántrika (o tántrica) si aparece en una fuente tántrika original —se trate de una escritura o de un comentario—. Sin embargo, si deseamos conservar cualquier significado específico de la palabra, el término no siempre resulta apropiado.

Implicaciones

Las definiciones que estamos considerando se enfocan totalmente en la realidad histórica del tantra dentro de su contexto original en la India. Como estudiante de tantra que vive en el mundo occidental, tal vez te sientas preocupado porque estas definiciones no parecen describir una práctica que puedas involucrar como parte *tu* práctica de yoga y filosofía de vida. Sin embargo, aunque tal vez no puedas emprender una práctica tántrika del tipo que se llevaba a cabo con más frecuencia en la India medieval, eso no significa que no haya ninguna forma de práctica tántrika a tu alcance. Como veremos, hay enseñanzas y prácticas tántrikas que son accesibles y a la vez poderosamente efectivas para los individuos del mundo occidental. Lo más importante con respecto a cualquier práctica tántrika que uno aprenda es poder recibirla de alguien que tenga experiencia en la materia, que haya recibido algunos, o tal vez todos sus beneficios y haya sobrepasado las dificultades que se presentan a lo largo del camino.

Es imposible describir el campo completo del tantra en un solo libro, por lo tanto, el presente volumen se concentra casi de forma exclusiva en las enseñanzas y prácticas del **tantra shivaíta no dualista**. Aparte de la necesidad de ser breves, hay tres motivos para concentrarnos en esto:

- Primero, el tantra shivaíta no dualista es mi área de especialización.
- Segundo, a pesar de su inmensa importancia, tanto histórica como contemporánea, el tantra shivaíta no es tan bien conocido en comparación con el tantra budista tibetano, al que ya se le ha dado un seguimiento significativo en el mundo occidental.
- Tercero, y lo más importante, he visto de manera directa cómo las enseñanzas del tantra shivaíta no dualista re-

suenan poderosamente con los practicantes de yoga en el mundo occidental. Soy de la creencia de que esta tradición posee algunas de las enseñanzas y tecnologías más efectivas para la transformación humana, y esto es de especial relevancia en nuestros tiempos.

Preguntas y respuestas

¿Qué cabida tiene todo esto en el "hinduismo?"

La mayoría de nosotros aprendimos que la religión original de la India (que solía tener el nombre de Indostán) se llamaba hinduismo. ¿Qué es el hinduismo y cómo se relaciona con el shivaísmo y con el tantra? Esta pregunta, que debería ser simple, se vuelve confusa debido a una profunda serie de malentendidos.

Quiero comenzar por aclarar el malentendido más importante: no existe tal cosa como el 'hindu*ismo*', es decir, no hasta épocas recientes. Espera un poco, lo voy a explicar. Cuando la cultura europea comenzó a interactuar con la cultura india de forma constante, esto es, a partir del siglo XVI, encontró una cultura compleja y desconcertante, con decenas de idiomas y tradiciones religiosas y culturales. Los europeos se sintieron abrumados ante tal complejidad y simplemente se refirieron a toda la gente de la India que no era musulmana con la palabra hindú (derivada del término persa para referirse a los "pueblos al este del río Indo"). Poco después se comenzó a agrupar a todos los diferentes tipos de prácticas religiosas de estos pueblos con el nombre de hinduismo.[20] En parte, eso se debió al hecho de que a los europeos de aquella época no les interesaba investigar las diferentes tradiciones espirituales indias y obtener una terminología más precisa. Lo que sí es cierto es que antes del periodo colonial (desde los 1500 en adelante) el término hinduismo no fue un concepto acertado: en vez de eso nos encontramos con tradiciones religiosas que se consideraban a sí mismas distintas y se llamaban brahmanismo (es decir, vedismo), shivaísmo, shaktismo, vaishnavismo, budismo y jainismo (más algunas tradiciones espirituales como el sāṅkhya y el yoga de Pātañjala). [21]

El término *hinduismo* es inapropiado por otro motivo importante: los indios no usaron ese vocablo para identificarse a sí mismos hasta el periodo colonial. Los académicos modernos respetan cada vez más —aunque no aún en su totalidad— el objeto de su estudio e intentan entender las cosas desde dentro, y también desde fuera. Desde esta perspectiva podemos decir que aquello llamado hinduismo comenzó originalmente a existir cuando el primer indio usó esa palabra para referirse a su propia religión (esto ocurrió a principios de los 1800).[22] A medida que una mayor cantidad de indios con educación académica comenzaron a usar este término, surgió la necesidad de crear una definición. El consenso fue que *hinduismo* denotaba todos los linajes, sectas y tradiciones que consideraban a los Vedas (los primeros libros sagrados de la India) como autoridad espiritual máxima. Se excluyó al budismo, que de hecho se distanció por sí mismo de otras tradiciones indias al rechazar los Vedas, a pesar de provenir de la misma cultura religiosa y de jugar un papel crucial en el desarrollo de la espiritualidad india de todos los tiempos. Algunas otras tradiciones indias, tales como el shivaísmo, fueron también incluidas en la definición del hinduismo, a pesar de no estar basadas en los Vedas y no otorgar a los Vedas ninguna autoridad religiosa especial.[23]

Hoy en día podemos decir con certeza que el hinduismo existe: aunque originalmente fue un concepto artificial, se ha cosificado para bien o para mal. Esto no se debe solamente a que en la actualidad los mismos indios usan esta palabra de forma extensa, el motivo más importante es que las religiones indias que antes estaban separadas se han ido uniendo a lo largo de los últimos 500 años en un nuevo "revoltijo" religioso, que ha desvanecido antiguos límites y vuelto insignificantes muchos de los antiguos debates, dando por resultado que se haya transmitido más o menos la misma versión en general. Esto ha significado la pérdida de las versiones más diferenciadas y singulares; aquellas doctrinas y prácticas unívocas, pertenecientes a las religiones que se unificaron para conformar lo que hoy se conoce como hinduismo, se han olvidado en su mayoría.[24]

Este hinduismo moderno es una identidad cultural, tanto como o incluso en mayor medida que una identidad religiosa, por eso es que en términos generales, el hinduismo no es algo a la que uno se convierta, sino que es un contexto dentro del cual se nace.

Entonces, como practicante de yoga o tantra, ¿no me estoy de alguna forma convirtiendo al hinduismo?

La siguiente explicación manifiesta por qué un occidental que desee practicar yoga o tantra shivaíta no necesariamente tiene que adoptar una nueva identidad religiosa o cultural. Es cierto que para ser miembro de algunas de las tradiciones religiosas de la India se requiere ya sea que uno pertenezca un clan o casta específica o que haya que realizar ciertos ritos védicos de iniciación. Sin embargo, la práctica del yoga tántriko abarca transcender la identidad común que uno tiene y, por lo tanto, no requiere que los iniciados pertenezcan a ninguna casta, clase, género o grupo étnico específico. Para ser más preciso, la práctica tántrika abarca la creación (o reconocimiento) de una identidad esotérica divina *dentro* de la identidad cultural específica que ya tenías. Entonces uno puede seguir siendo culturalmente cristiano, judío o budista y a la vez ser un *tāntrika.*[25] El tantra shivaíta en particular articuló la idea —única en la India— de que los seguidores de esta tradición formen una comunidad única que no considere el origen de sus miembros, y que en este sentido sea mejor iniciar a un extranjero (el escalafón más bajo en la jerarquía de castas) que tenga un propósito sincero, que un bráhmana (la casta más importante) que no posea la misma sinceridad.[26] Si bien en el siglo xxi la gente puede hacer lo que quiera, para mí es importante saber que el camino espiritual que quiero recorrer acepta que yo lo recorra.[27]

Puedes permanecer culturalmente como cristiano, judío o budista y a la vez ser un *tāntrika.*

Ver p. 387

¿Cuál es la conexión entre tantra y yoga?

Esto realmente depende de lo que uno quiera decir con "yoga". A continuación voy a explicar dos de sus significados principales: el primero es el significado original de la palabra *yoga*, que se refiere a un conjunto integral de prácticas psicofísicas (que enfatizan la meditación) y que tienen la intención de disciplinar e integrar el cuerpo, mente y espíritu con el fin de obtener el más alto objetivo espiritual. En este sentido, el yoga comenzó alrededor de le época del Buda. Miles de años después, el tantra incorporó al yoga como una parte importante de su sistema de prácticas. El tantra también expandió el grupo de prácticas yóguicas que existían anteriormente y agregó cientos de técnicas nuevas: *prāṇāyāmas* más complejos, visualizaciones detalladas y la ciencia del mantra, así como muchas prácticas físicas, en especial posturas yóguicas, gestos sagrados con las manos, y la activación de centros de energía del cuerpo (*cakras*).

Podemos ver la importancia del yoga en la tradición tántrika con sólo enumerar los cuatro temas principales que se encuentran en las escrituras tántrikas:

- Doctrina o enseñanzas de sabiduría: *jñāna*,
- Veneración por medio de rituales: *kriyā*,
- Prácticas místicas: yoga, y
- Conducta y votos diarios: *caryā*.

Existe un cierto número de elementos del yoga tántriko que ha sobrevivido hasta el día de hoy, a pesar de que éstos generalmente están separados de su contexto original. Presentaremos información sobre el yoga tántriko en la tercera parte de este libro.

Por otra parte, *yoga* en el sentido estadounidense moderno, que se refiere a una práctica integral de *āsanas* más una o dos prácticas simplificadas adicionales (es decir, lo que los académicos llaman "yoga moderno de posturas"), también está relacionado con el tantra pero sólo de forma vaga. El yoga moderno es la última fase de un desarrollo histórico cuyos orígenes pueden rastrearse hasta el yoga tántriko shivaíta. Podemos resumir brevemente los hechos más sobresalientes aquí. La religión del shivaísmo y su tantra, o las enseñanzas esotéricas que abarcaban un sistema ampliamente detallado con una gran base institucional, se convirtieron en algo difícil de manejar con la pérdida del respaldo económico del gobierno después de las conquistas musulmanas, y por lo tanto fue simplificada más adelante como —y prácticamente reemplazada por— un sistema comunitario de una práctica llamada *hatha yoga.*

Ver pp. 257-266

La tradición del hatha yoga ubica sus orígenes en un tiempo que se remonta al gurú tántriko Shivaíta más conocido: Matsyendra (también conocido como Macchanda), y se presenta como un camino espiritual completo que consiste en *prāṇāyāma*: meditaciones concentradas en los centros del cuerpo sutil y el uso de las tres *bandhas* y más de 84 posturas yóguicas diferentes, o *āsanas*, todas con el propósito de activar y elevar la energía espiritual llamada *kuṇḍalinī.* Si bien casi todos estos elementos provinieron de forma explícita del tantra shivaíta, el hatha yoga no es completamente tántriko porque sus textos no enseñaban mantras o rituales tántrikos, ni requerían una iniciación tántrika completa (los tres elementos indispensables del tantra clásico). El hatha yoga conservó algunas de las prácticas anteriores del yoga tántriko con un éxito admirable, aunque también continuó el proceso de dilución y simplificación del tantra. A principios del siglo xx, las series de *āsanas* y *prāṇāyāmas* del hatha yoga se convirtieron en la inspiración para la síntesis del sistema del yoga moderno.[28] Por lo tanto, el yoga moderno tiene sus raíces en el antiguo tantra shivaíta.

Ver p. 258

Los tres elementos indispensable del tantra clásico don los mantras, el ritual, y la iniciación.

¿Qué es el Kāma-sūtra? ¿Qué tiene que ver con el tantra?

Nada. El Kāma-sūtra es parte de una rama de la literatura llamada Kāma-śāstra o la ciencia del placer; su objetivo general es la maximización del placer sensual como un fin válido en sí mismo. Por definición, el Kāma-sūtra no es tántriko porque en el tantra el objetivo del placer, cuando está presente, siempre está subordinado al objetivo de la liberación espiritual final, que es algo que no aparece en el Kāma-sūtra. Con el simple hecho de leer sus textos originales de inmediato se hace evidente que pertenecen a un tipo de literatura completamente diferente. Ninguno de los tallados o esculturas eróticas públicas que se pueden ver en templos en la India (tales como en Khajurāho) están relacionados con la práctica tántrika.

Pero, ¿acaso no es cierto que el tantra intente cultivar la sexualidad divina?

Sólo si uno interpreta esa frase en su forma más amplia. Si evaluamos la literatura tántrika Shivaíta en toda su extensión, veremos que el sexo de por sí es un tema prácticamente ausente. Sin embargo, hay un linaje llamado Kaula, que enseña prácticas sensuales y que tiene lo que podríamos llamar una visión "sexualizada" del mundo porque ve la totalidad de la realidad como una unión armoniosa, pulsante y gozosa de varios conjuntos de opuestos complementarios.

En las fuentes tántrikas originales sí encontramos algunas técnicas para trabajar con la energía sexual y usarla en la activación del *kuṇḍalinī*, pero no encontramos en lo absoluto técnicas físicas que tengan el objetivo de prolongar el orgasmo o cosas así. Si bien *sí* existe algo como un ritual sexual tántriko en la tradición shivaíta, este aparece como enseñanza en un solo texto entre todos los cientos y cientos de textos, y se le califica como un secreto y doctrina esotérica destinada sólo para unos cuantos (sin embargo, se enseña de forma más perceptible en el tantra budista). El ritual sexual tántriko era principalmente un ejercicio meditativo más que un ejercicio para maximizar el placer. En la sección de conclusiones de este libro encontrarás más información sobre la diferencia entre el tantra original y los talleres de "sexo tántrico" estadounidenses de la nueva era. Esos talleres se tratan de sexualidad espiritualizada (no necesariamente algo malo por sí mismo), mientras que el tantra original se trata de una *espiritualidad* sensual y encarnada (y aun así solamente en las escuelas Kaula). A medida que continúes leyendo, te quedará más claro de qué se trata el tantra original.

Bosquejo del resto del libro

En la primera parte, luego de definir el tantra no dualista, exploraremos todas las enseñanzas básicas de la filosofía del tantra shivaíta no dualista, especialmente en cuanto a sus aplicaciones para los practicantes espirituales del siglo XXI. En la segunda parte daré un resumen histórico de las ramas principales o escuelas del tantra shivaíta, es decir, los sistemas dedicados a Śiva o a Śakti, con una descripción de las características de cada una de estas ramas. Luego, en la parte tres, delinearé de forma introductoria las prácticas principales, así como la realidad vivida de esta tradición tántrika. Las tres secciones incluyen nuevas traducciones de pasajes tomados de textos sánscritos originales. Finalmente, en la sección de conclusiones abordaremos el tema "Emprender una práctica espiritual tántrika en el mundo moderno", con un epílogo sobre "La supervivencia del tantra shivaíta, o ¿en dónde puedo aprender más?" También vas a encontrar varios apéndices de interés para estudiantes serios del tantra.

1

La filosofía del tantra shivaíta no dualista

PREFACIO

EN QUÉ TE ESTÁS SUMERGIENDO

Entrar al mundo del tantra shivaíta es adentrarse a un mundo mágico y misterioso compuesto por ritos arcanos y filosofías que expanden la mente, panteones de diosas feroces encarnadas en sílabas místicas, diagramas energéticos que mapean varias dimensiones de la realidad, visualizaciones de centros de poder dentro del cuerpo, gestos que expresan las formas más puras de consciencia, experiencias nectáreas del éxtasis más completo, detentadores de poderes supernaturales y conceptos que retan las normas fundamentales de las sociedades cotidianas, por mencionar tan sólo algunos de sus atributos. En pocas palabras, es un mundo que comprende el rango completo de la actividad religiosa y espiritual humana, desde las más elevadas y sublimes contemplaciones de nuestra naturaleza interna hasta las supersticiones más extrañas (nos enfocaremos en la primera de las dos). Hoy en día algunos están interesados sólo en la filosofía elevada del tantra, otros en las técnicas puramente prácticas, mientras que otros más se muestran curiosos por el marco histórico completo.

Quienquiera que seas, para de verdad sumergirte en este mundo debes de abandonar no sólo cualquier noción previa que tenías sobre el tantra, sino también algunas de tus suposiciones firmemente arraigadas sobre la realidad misma. De no ser así, nunca podrás entender realmente esta particular cosmovisión. Cualquier cosmovisión alterna puede funcionar como crítica al *status quo* de la visión de la realidad de nuestra sociedad, pero para que esta crítica pueda funcionar de forma real y productiva —al menos de forma temporal— debemos dejar abiertos al cuestionamiento los principios fundamentales por medio de los cuales creamos interpretaciones de fenómenos; en otras palabras, debemos cuestionar los mismos marcos a través de los que creamos el mundo en que vivimos.

Una forma de iniciar este proceso es comenzando a cultivar el entendimiento de que todos vivimos en un mundo de historias o narrativas. Las narrativas son historias más o menos coherentes acerca de los eventos y la gente alrededor de nosotros, que nos contaron, o que nos contamos a nosotros mismos, con el propósito de darles sentido. Todas las generalizaciones, declaraciones de juicios (bueno o malo, bonito o feo, etc.) y representaciones verbales de la realidad constituyen narrativas. Todas las narrativas son *falsas* en el sentido de que son distorsiones de la realidad y *verdaderas* en el sentido de que poseen alguna relación con la realidad, una que puede decirnos mucho de nosotros mismos. Por ejemplo, si alguien nos dice, “la zona de la bahía de San Francisco es excelente para vivir”, por lo general no asumimos que esa persona ha hecho un estudio cuidadoso de docenas de lugares para vivir, referenciando estos sitios contra una encuesta aleatoria sobre lo que constituye un buen lugar para vivir. En cambio, sabemos que han tenido algunas buenas experiencias específicas, relacionadas al hecho de vivir en el área de la bahía de San Francisco y las han generalizado para crear una historia.

No obstante, por lo general no tenemos tanta claridad mental sobre nuestras propias historias. Cuando dices, “tengo un problema con____,” o “soy bueno/malo en ____”, estás representándote a ti mismo y a los demás de manera selectiva, a partir de una compleja gama de experiencias pasadas que son reducidas a una proclamación en apariencia verídica, que implica un estado permanente de los hechos. De igual forma, si le dices a alguien "estoy felizmente casado", estás representando y reduciendo una serie de experiencias que, si la persona a la que le estás hablando las conociera todas, no necesariamente las describiría como un matrimonio feliz. Sin embargo, el tratar de llegar a la "verdad" de si el matrimonio es en realidad feliz o no es perder el punto, puesto que la única verdad es la naturaleza y contenido de cada experiencia individual y específica; todo lo demás es una historia que se cuenta en torno a estas experiencias. Entonces, ¿qué tipo de pregunta no pierde el punto? Tal vez una que se ocupe de cómo y por qué representamos nuestras experiencias con una narrativa dada, y si esa narrativa nos funciona bien, ya que cada narrativa acerca del pasado le da forma a nuestra experiencia del presente. Aunque es cierto que algunas narrativas se acercan más a la verdad que otras, el principal valor que éstas poseen reside en su uso para ayudarnos a crear el mundo en el que queremos vivir, cuando no logran esto, su valor es cuestionable.

Lo Real no puede ser capturado de manera adecuada por el lenguaje, y por lo tanto cualquier intento es una aproximación con utilidad relativa

Así como cualquier otra persona, tú también te has vendido una serie de historias acerca de cómo son las cosas y cómo eres tú. Cuando un conjunto de historias no satisface las necesidades más profundas de una persona, esta comienza a buscar otras nuevas, y aquí es donde entra en juego la religión. Una religión es una compleja estructura de narrativas acerca de la realidad que tienen como intención lograr un objetivo específico (al que por lo general se etiqueta como "salvación" o "liberación"), entonces, una religión es una meta-narrativa. Cuando te involucras con una tradición espiritual como el tantra shivaíta, debes cuestionarte si sus narrativas sobre la realidad son lo bastante convincentes y efectivas para justificar que cambies tus propias narrativas por ellas (por supuesto, también debes preguntarte cuál es la eficacia de sus técnicas prácticas, aunque estén inseparablemente unidas a sus narrativas). Según el tantra shivaíta, compenetrarse con una interpretación más positiva de la realidad es un paso necesario en el camino para trascender todas las narrativas. A diferencia de la forma en que muchas religiones lo conciben, algunas ramas del tantra reconocen que nada que pueda ser dicho en palabras es la Verdad completa o absoluta. Lo Real no puede ser capturado de manera adecuada por el lenguaje, y por lo tanto cualquier intento es una aproximación con utilidad relativa. Una aproximación en lenguaje (es decir, una narrativa) es útil sólo en la medida en que te guíe más allá del lenguaje hacia una experiencia de la realidad deseada, la cual es por sí misma un estado de revelación personal inmediato y sin palabras.[29] Si éste no es tu objetivo, entonces lo que viene a continuación aún puede ser de interés intelectual para ti.

DEFINICIÓN DEL TANTRA SHIVAÍTA NO DUALISTA

Aunque vamos a hablar sobre otras tradiciones tántrikas en la revisión histórica que viene a continuación, el libro toma como ejemplo y punto de enfoque el linaje del tantra shivaíta no dualista, más claramente tipificado por el linaje del Kaula Trika. Más adelante, a medida que recorramos la sección histórica, vas a entender cómo esta tradición en especial cabe en el gran marco del tantra. Para comenzar, quiero definir el tantra shivaíta no dualista (abreviado como TSND) de la forma más clara posible, para que te puedas orientar hacia dónde vamos y en qué nos vamos a enfocar (por favor observa que en el periodo en el que nos vamos a concentrar, las tradiciones de la Diosa, llamadas Śākta tantra, no estaban separadas del shivaísmo, de hecho se les consideraba parte de la misma religión).

Defino al tantra shivaíta no dualista como
un movimiento espiritual originado en el norte de la India, que alcanzó su apogeo en los siglos IX al XII y se caracterizó principalmente por:

Énfasis en la experiencia directa de una realidad divina, que tiene aspectos transcendentes e inmanentes, llamados Śiva y Śakti respectivamente, en el que la interpretación primaria de Śiva es la consciencia pura, que es fundamento último de todo lo que es, mientras que Śakti es la energía fluyente que compone la totalidad del Universo manifiesto. 1

Iniciación a una relación gurú-discípulo y una *kula* igualitaria (comunidad espiritual). 2

3 **Práctica espiritual en cuatro aspectos: contemplación de la enseñanzas de la visión, el ritual meditativo, técnicas yóguicas del cuerpo sutil y el cultivo estético de los sentidos. Todos estos aspectos están dirigidos al acceso y asimilación de la energía divina en todas las cosas, con el propósito de lograr tanto el éxito mundano como la liberación espiritual.**[30]

Esta definición también aplica a otras formas de tantra no dualista, como las formas tántrikas del budismo (aunque por supuesto ellos usan nombres distintos a Śiva y Śakti para referirse a la Divinidad, como la naturaleza de Buda). Esta definición condensada será explicada primero de forma sencilla, y luego en más detalle. El TSND sostiene que una sola cosa existe: la Divinidad, en varias permutaciones. Decir que sólo Dios es real es lo mismo que decir todo lo que existe es Dios. En el TSND, tener la experiencia de esta divinidad en y como todas las cosas es el objetivo de la práctica. Aquí se enseña que la Divinidad tiene dos aspectos, el trascendental y el inmanente. El aspecto trascendental se llama *Śiva* (se pronuncia SHI-vah) y está personificado como una deidad masculina (Dios). Aunque Śiva se representa mitológicamente como portador de ciertas características, los tántrikas (aquellos que siguen el tantra) entienden a Śiva como pura Consciencia: no-personal, absolutamente transcendente de todas las limitaciones o cualidades, más allá del alcance de los sentidos, lenguaje, y mente. En pocas palabras: la Luz Singular de Consciencia que hace posible toda manifestación, el fundamento en estado de reposo y paz de todo lo que existe.

El aspecto inmanente de la divinidad ("inmanente" se refiere a todo lo que es perceptible a través de los sentidos y la mente) se llama *Śakti* (pronunciado SHAK-ti) y se le personifica a través de una deidad femenina (Diosa). Es decir, el Universo entero manifiesto es la Diosa, y por lo tanto debe reverenciársele como tal. Ahora bien, Śiva y Śakti son en realidad uno y no dos, pero se les representa como dos porque corresponden a dos aspectos interdependientes de la realidad, siendo uno de ellos predominante en cualquier momento dado de una experiencia. Existen dos experiencias de lo Divino, la experiencia representada por Śiva es *enstática*: nos volcamos hacia el interior, entregamos todo y alcanzamos el reposo y el fundamento trascendente de nuestro ser. La experiencia representada por Śakti es extática, en ella expresamos nuestra naturaleza divina en forma creativa, dinámica, corpórea y volcada hacia el exterior. Según el TSND, ambos modos son necesarios para conocer plenamente lo Divino, y el equilibrio armonioso de ambos es la única verdadera liberación espiritual.

El cultivo de este estado de libertad lúcida tuvo su origen en el contexto de una comunidad espiritual guiada por un maestro espiritual (se le llamaba maestro no porque fuera el jefe de todos los demás, sino porque había alcanzado el dominio completo de sí mismo). Aunque la gente requería tomar una iniciación formal para tener acceso al gurú y a las escrituras, es importante notar que para los iniciados no era requisito renunciar a sus trabajos, posesiones, o vida familiar; es decir, el tantra era un camino para gente de familia, y los renunciantes eran una minoría. Los practicantes eran gente como tú y yo, y lidiaban con muchos de los mismos retos de la vida cotidiana que enfrentamos hoy en día. Los practicantes se unían a una *kula*, o comunidad que rechazaba el significado de castas, clase social, divisiones de género, y practicaban una disciplina espiritual que afirmaba la vida. Ésta es parte de la definición que dimos anteriormente porque el TSND hace un énfasis crucial en la importancia de tener un maestro, en la iniciación apropiada y en el papel de la comunidad. Podríamos decir que todos estos aspectos son indispensables.

El tercer elemento de la definición concierne al tipo de práctica que el TSND enseñó. Aunque la meditación, el mantra y los rituales ocupan un sitio central, también se les encuentra en muchas otras formas de espiritualidad de la India. Lo que el TSND añadió fueron sus innovadoras técnicas yóguicas del cuerpo sutil, además de ser revolucionario en la noción de que virtualmente cualquier cosa se podía volver una forma de práctica espiritual. Esta idea se basa en la enseñanza de que todas las cosas son una manifestación de la Diosa. Por lo tanto, el cuerpo no se veía como fuente de pecado e impureza, como en la tradición pre-tántrika, sino más bien como un vehículo para la realización de la realidad divina. Esto conllevó a dar un nuevo énfasis en las prácticas enfocadas en el cuerpo y sus energías y al detallado mapeo de las estructuras del Universo en el cuerpo, el cual se veía como un microcosmos del todo. De igual manera, las experiencias de los sentidos no se veían como distracciones de la espiritualidad, sino como oportunidades para ocuparse en el culto de lo divino; éste resultó ser un enfoque más efectivo para la gente que vivía en el mundo, porque la práctica espiritual ya no estaba limitada a actos rituales o renunciaciones ascéticas, por ello, a este camino a veces se le llamaba "el método nuevo y fácil." El TSND enseña que hasta las acciones diarias mundanas, como lavar los platos o sacar el perro a caminar son oportunidades para sentir la alegría que fluye naturalmente a partir de la consciencia holística de estar en plena Presencia.

De nuevo, éste es un resumen corto y simplificado de la actitud que toma en TSND hacia el mundo y hacia la práctica, y es también una definición en el sentido de que nos ayuda a saber qué es lo que estamos mirando y de cómo se distingue de otros caminos. Aunque el TSND comparte muchas similitudes con otros caminos místicos no dualistas, honramos la tradición al reservar la palabra tantra para las enseñanzas de linaje basadas en las revelaciones de las escrituras llamadas *tantras*.

Orientación a la Visión

Esta sección sirve para resumir la visión de la realidad que es central al tantra shivaíta no dualista que subyace en todas las prácticas que constituyen el camino y les da poder. En la tradición de la India, el primer y más importante paso en el camino espiritual es recibir orientación a la Visión *(darśana)* del camino que vas a emprender. La palabra sánscrita *darśana* por lo general se traduce como "filosofía", pero sus connotaciones en español no abarcan su verdadero significado. *Darśana* quiere decir cosmovisión, visión de la realidad, y forma de ver; también es un mapa del camino que vas a emprender. Podemos entender la importancia de la orientación a la Visión a través de la siguiente analogía: es posible que poseas todo el equipo apropiado para correr, un buen atuendo y el mejor calzado, y puede que tengas una buena condición física, pero nada de esto importa si estás corriendo en la dirección equivocada. En contraste, si desde un principio te orientas de forma apropiada para moverte en la dirección correcta, aunque vayas despacio o tu andar sea gracioso, de todas formas vas a llegar a la meta. Entonces, la orientación a la Visión es crucial, incluso para aquellos cuyo interés en el tantra sea completamente práctico, ya que se dice que una práctica que no está fundamentada y alineada con la Visión correcta *(sad-darśana)* no da frutos. Observa que "la Visión correcta" es también el primer paso del Camino Noble Óctuple del Budismo.

Darśana quiere decir cosmovisión, visión de la realidad, y forma de ver; también es un mapa del camino que vas a emprender.

Ahora bien, esta enseñanza no es muy popular en Occidente, en parte por el hecho de que valoramos el no decirle a la gente qué pensar o en qué creer, pero también porque las enseñanzas de la Visión no han sido bien comprendidas; entonces, la opinión popular es que el yoga va a funcionar sin importar cuál sea tu óptica, ya que el yoga transciende la mente, lo cual es cierto pero sólo de forma muy limitada. También es cierto que el yoga sólo te puede llevar hasta un cierto punto si estás utilizando sus logros para reforzar una visión sesgada; esto explica cómo algunos grandes yoguis de la India del medioevo se convirtieron en hechiceros, intoxicados con poder, y por qué hoy en día algunos yoguis destacados, aunque de igual forma engañados, han manipulado a sus estudiantes y ejercido su poder para su propio beneficio. El yoga (sobre todo el yoga tántriko) proporciona poder, y este poder magnifica lo que ya está presente: convierte a una persona buena en un santo y a un patán lo vuelve un patán peor y más pernicioso. Al darnos cuenta de este hecho, que desafortunadamente representa tantos comportamientos decepcionantes en el mundo del yoga, podemos empezar a actuar como lo hacían en la antigua India y requerir que los estudiantes estén bien versados en la Visión correcta antes de considerarlos en un nivel intermedio, mucho menos avanzado.

Seamos claros: tener la visión correcta no significa tener la habilidad de recitar una doctrina con precisión; significa haber marinado tu mente y corazón en las enseñanzas espirituales hasta que estas iluminen tu experiencia de la realidad. También quiere decir mantener las enseñanzas cerca hasta que se conviertan en tus aliadas y amadas amigas, tus soportes infalibles; significa ser capaz de ofrecerlas a otros en tu propia forma, a través de tus propias palabras y acciones (sin embargo, date cuenta que ser un buen exponente de la Visión no necesariamente indica haber obtenido un logro interior). Finalmente, significa haber mirado a través de los peligros de la comprensión errada, que drena a las enseñanzas de su poder estimulante.

Por supuesto que no hay sólo *una* Visión correcta. Cada tradición tiene un rango de posibilidades para la Visión correcta (un rango amplio para algunos temas y estrecho para otros), de las que apartarte te sacará del camino tarde o temprano. Como dice el engañosamente sencillo proverbio chino, "Ten cuidado a dónde vas, ya que podrías terminar allí". Si te detienes a pensarlo, verás que tiene sentido. De la misma manera que una alineación incorrecta en una postura de yoga puede tarde o temprano dañar tu cuerpo, una comprensión de la Visión que no esté alineada con tu verdadero objetivo, será en el mejor de los casos ineficaz, y en el peor de los casos te llevará a una profunda y falsa ilusión. Puesto que la práctica sucede todos los días, las desalineaciones tienen un efecto acumulativo, lento, pero que a la larga se vuelve enorme. Debe haber una alineación de la Visión, la práctica y el fruto para que este camino funcione. Si conoces a alguien que ha practicado por varios años y aún no es una persona altamente desarrollada, estable, amable, clara, relajada y abierta, es por una falta de alineación de estos tres elementos. Nunca es demasiado tarde, pero entre más tiempo dure la desalineación, más difícil será corregirla.

Debe haber una alineación de la Visión, la práctica y el fruto para que éste camino funcione.

Una objeción que a veces se plantea con respecto al proceso de aprender y empaparse con las enseñanzas de la Visión es que como practicantes queremos liberarnos de todas las construcciones mentales; entonces, ¿por qué añadirle más a la carga, de por sí considerable, que ya llevamos? Los antiguos maestros estaban muy conscientes de esta objeción y aclaraban que no podemos saltar desde una base defectuosa hacia la libertad de construcciones mentales. La Visión correcta, en alineación con nuestro objetivo, es precisamente la Visión que nos puede dar el poder para liberarnos primero de nuestras visiones distorsionadas y después para ir más allá de las visiones construidas en todo su conjunto. A medida que avancemos, comenzarás a entender cómo es que esto es posible.

Quiero concluir estos comentarios introductorios con un ejemplo de la vida real para ayudar a disolver cualquier escepticismo restante sobre el valor de la enseñanza de la Visión. El gran maestro Abhinava Gupta sugiere que si practicas yoga desde una perspectiva donde no consideras que seas lo suficientemente bueno, o que existe algo que no está bien contigo y necesitas arreglarlo, entonces el yoga no puede cumplir su objetivo final, ya que se vuelve una práctica basada en una comprensión equivocada, y sólo puede llegar a culminar el propósito limitado que ha sido concebido por tu limitada mente egocéntrica. Sin embargo, si emprendes la práctica del yoga con la Visión correcta de tu ser, es decir, que ya eres una perfecta y completa expresión de la Divinidad y que estás practicando yoga para darte cuenta y después expresar plenamente lo que ya es verdad, entonces le has dado el poder a tu práctica para llevarte hasta el final. Esta transición a la Visión correcta puede suceder en cualquier momento; cuando sucede, el combustible que le añade a tu progreso será prueba suficiente de lo que ya he dicho. De hecho, sólo las pruebas experimentales son válidas en este ámbito; los argumentos que propongo en palabras no son más que para satisfacer a tu mente y convencerla de que vale la pena realizar el experimento.

Ahora que nos hemos orientado hacia la importancia de la Visión, estamos listos para encontrar el corazón de la Visión del tantra shivaíta no dualista. Primero presentaré un párrafo condensado que contiene la Visión completa en forma de semilla, después, desarrollaré ese párrafo con más detalle. Involucra tus facultades intuitivas y poéticas con más fuerza a medida que lees el párrafo de la semilla, y ve leyendo despacio y con cuidado, dejando que las palabras penetren, así lo comprendas de forma intelectual o no. Tus facultades intelectuales podrán participar con más plenitud en la fase de desarrollo. Es posible que desees volver a leer la sección de la orientación más de una vez; de igual forma, no sientas que debes de comprenderlo todo antes de continuar.

Ahora vamos a sumergirnos juntos, empezando con el corazón mismo: ¿cuál es la verdadera naturaleza de la realidad?

LA VISIÓN

Todo lo que existe, a través del tiempo y más allá, es Consciencia divina e infinita, libre y dichosa. Esta Consciencia proyecta dentro de la esfera de su propia visión una inmensa multiplicidad de sujetos y objetos aparentemente diferenciados. En esta proyección, cada objeto se manifiesta como materialización de una potencialidad atemporal inherente a la Luz de la Consciencia, y cada sujeto es además un sitio contraído de autoconsciencia. Esta creación, un juego divino, es el resultado de un impulso natural de la Consciencia para expresar la totalidad de su autoconocimiento en acción; un impulso que surge del amor. Esta ilimitada Luz de la Consciencia se contrae por voluntad propia en sitios finitos de consciencia encarnada. Cuando esos sujetos finitos se identifican con las percepciones y circunstancias circunscritas que conforman esta fase de su existencia, en lugar de identificarse con la vibración predominante de la Consciencia pura transindividual, que es su verdadera naturaleza, viven una experiencia a la que llaman "sufrimiento". Para rectificar esto, algunos sienten la urgencia interior de emprender un camino de conocimiento espiritual y práctica yóguica con el fin de socavar la identificación incorrecta y revelar directamente, en la inmediatez de la consciencia, el hecho de que los cinco poderes divinos —la consciencia, la dicha plena, la voluntad, el saber y el actuar— también conforman la totalidad de la experiencia individual; detonando así el reconocimiento de que nuestra verdadera identidad es la de la Divinidad superior, el Todo presente en cada parte.

Esta gnosis experiencial se repite y reafirma por varios medios hasta que se convierte en la base no conceptual de cada momento de la experiencia. Al final, la sensación de contracción del ser y de separación del Todo es aniquilada en el fulgor incandescente de la expansión completa hacia la totalidad perfecta. Luego, la percepción propia abarca por completo la realidad de un universo que baila extáticamente en celebración de su divinidad absolutamente perfecta.

Desentrañar la Visión

Todo lo que existe, ha alguna vez existido o va a existir, es un solo Ser infinito y divino, libre y dichoso, cuyo cuerpo es el Universo y cuya alma es consciencia. Esta filosofía se puede llamar monismo teísta, que significa que:

1) La visión de que sólo una cosa existe realmente; por ejemplo, que cada persona y objeto existen como una forma o aspecto de una realidad básica (monismo), y
2) Esa realidad básica tiene una capacidad innata para la auto-consciencia, y por lo tanto se le puede llamar un ser, un ser cuya naturaleza es ilimitada en cualquier forma de limitación (teísmo).

Todos los seres, visibles o invisibles, no son otra cosa que diferentes formas de una sola Consciencia divina.

Aunque resulta problemático, la única palabra que tenemos en español para referirnos a un ser consciente totalmente ilimitado es "Dios." Entonces todos los seres, visibles o invisibles, no son otra cosa que diferentes formas de una sola Consciencia divina, quien se asoma a ver el universo, que es su propio cuerpo, a través de incontables pares de ojos. Para exponerlo de una forma más personal: tú no estás separado de Dios o de la Diosa y nunca lo has estado. *De hecho, tú eres el medio mismo a través del cual Él o Ella se conocen a sí mismos.*

Esta filosofía sostiene que el principio básico de la realidad —el fundamento de todo lo que existe, aquello a lo que todas las cosas se reducen y aquello mismo que no puede ser reducido a nada más— es la Percepción Consciente. Esto se puede argumentar de la siguiente forma: no podemos demostrar la existencia de ninguna realidad que no esté contenida en la experiencia de un ser, y todas las experiencias, por definición, toman lugar en la consciencia y están impregnadas de consciencia. Por lo tanto, todo y cualquier cosa que podamos señalar como existente —ya sea una realidad común, como lo que llamamos mundo externo, o tu propia realidad, como tus sueños y visiones— existen dentro del campo de la consciencia. Postular la existencia de algo de lo cual nadie es consciente es un sinsentido, porque tan pronto como es postulado, ya eres consciente de ello (si preguntas: "Bueno, ¿qué pasa con las cosas que hay en el Universo, que los científicos han demostrado que existen pero que nadie ha visto jamás?", entonces estás confundiendo consciencia con representación (si el físico ha modelado un objeto en el espacio de forma matemática, entonces él ya es consciente de ello).

Hasta el momento la propuesta es bastante lógica; la afirmación espiritual específica es que todas las formas de consciencia limitada (por ejemplo, tú y yo) no son más que puntos de vista dentro de un solo campo de consciencia continuo que lo abarca todo. De hecho, esto también es lógico, porque si cada uno de nosotros fuera una isla separada de consciencia, discontinua del resto, no seríamos capaces de comunicarnos entre nosotros, e incluso compartir una misma realidad. No habría ninguna coherencia por medio de la que pudiéramos llamar *realidad* a un universo si fuese percibido por más de un perceptor. Por lo tanto sólo hay un Perceptor y sólo hay un Actor. Sin embargo, aún llamo a esto una afirmación "espiritual" porque no hay forma de probarlo excepto a través de tu propia experiencia espiritual interna, la cual únicamente te lo podrá demostrar a ti mismo y a nadie más que a ti.

En otras palabras, la naturaleza de la consciencia es tal que cada ser encarnado de ella puede, a través del poder de la reflexión, llegar a darse cuenta de su naturaleza; pero no hay evidencia de ella más que a través de este proceso interno individual, justo porque esta consciencia está antes de, y es la base de todas las "evidencias". Desde la perspectiva de la no dualidad de la Consciencia, el intento de probar o validar científicamente nuestra espiritualidad es absurdo, porque toda la ciencia presupone la Consciencia, pero no a la inversa.

Otra forma de explicar esta enseñanza es decir que todas las cosas que existen son parte de un vasto campo de energía, llamado la Luz de la Creación o la Luz de la Consciencia (*prakāśa*). Este campo de energía, vibrando a un número incalculable de frecuencias diferentes, es todo lo que realmente existe. También es llamado el Océano de la Consciencia. Aunque lo estemos sintiendo (y es lo único que en realidad sentimos) todo el tiempo, no nos damos cuenta. Somos como aquella fábula donde los peces preguntan escépticos, "¿qué es esa cosa que llaman agua?" Lo último que un pez podría contemplar es el mismo medio donde existe. *Aquello de lo que un ser común menos se percata es lo que representa la mayor constante en su vida*. Entonces, le prestamos poca atención a la naturaleza de la única cosa presente en toda experiencia: la Consciencia. No percibimos la plenitud y potencia de la realidad divina en la que participamos constantemente porque existimos en un estado contraído de consciencia, con nuestros poderes limitados y nuestra percepción reducida y angosta.

Todas las cosas son parte de un vasto campo de energía, llamada la Luz de la Creación o la Luz de la Conciencia.

En pocas palabras, nuestro cerebro sintetiza las experiencias de la realidad a través de nuestros sentidos limitados, cada uno funcionando como un analizador de frecuencias de diferente tipo, que está en contacto directo con este campo energético en constante cambio a todo nuestro alrededor (del cual no estamos separados). Los seres sensibles como nosotros no somos más que puntos nodales de auto-consciencia, movimientos de energía recursivos en un campo dinámico de energía indiferenciada. Como seres pensantes, realizamos operaciones mentales de análisis y síntesis en nuestra contemplación de la realidad. Algunas de esas operaciones se vuelven rígidas, creando construcciones mentales más o menos durables y persistentes, las cuales luego usamos como filtros para seleccionar e interpretar lo que creemos que es significativo en la realidad, estrechando aún más nuestro limitado espectro de percepción. Luego cometemos el error final de creer que las interpretaciones que imponemos sobre la realidad son la realidad en sí misma, en vez de lo que realmente son, representaciones imperfectas que fueron útiles para una necesidad particular en un momento particular. Este mal entendimiento causa sufrimiento, de hecho, es la única causa del sufrimiento. Si el último párrafo fue denso para ti, no te preocupes, continuaremos desentrañándolo a medida que avancemos.

Los nombres de la realidad máxima

A la Consciencia Divina se le llama por varios nombres en los textos de la tradición. Cuando se le nombra en la forma de Dios, se le llama Śiva o con mayor frecuencia Parameśvara, "la Divinidad Suprema", aunque las escrituras no dualistas por lo general prefieren darle otros nombres, porque este es un principio que trasciende por mucho (inclusive al incluir) cualquier noción de un Dios personal. Algunos de estos nombres se presentan a continuación.

Nombres de la Divinidad no Dualista (= Śiva-Śakti en perfecta fusión)

El corazón (*hṛdaya*)	Devorador del Tiempo (*kālakarṣinī*)
Potencia (*sāmarthya*)	El todo-Permeable (*vibhava*)
La esencia (*sāra*)	La Palabra (*vāk*)
Experiencia (*bhoga*)	La Totalidad (*kula*)
Vibración (*spanda*)	La Ola (ūrmi)
La Feroz (*caṇḍī*)	Fusión Íntima (*saṅghaṭṭa*)
Potencial Absoluto (*visarga*)	El Eterno (*nitya*)
Poder Supremo (*parā śakti*)	Visión (*dṛk*)
La Dicha de la Consciencia (*cidānanda*)	El Sin Nombre (*anākhya*)

Se nos dice que el Absoluto tiene muchos nombres para que al menos uno de ellos penetre de forma espontánea en la consciencia interior del practicante. Entre todos éstos, el TSND prefiere el Corazón para nombrar el principio supremo de la realidad (es importante que distingamos Corazón como núcleo del ser, del centro emocional. Ver la sección de las Cinco Capas del Ser).

Sin embargo, ya que los maestros tántrikos usan con frecuencia la palabra "Dios," es importante definir exactamente su significado en este contexto, porque esta palabra significa algo muy diferente en el concepto mental de muchas personas en occidente. Abhinava Gupta nos ofrece una definición no dualista de "Dios" en la *Esencia de los tantras*:

Esencia de los tantras

> *"En realidad es tan sólo la infinita Luz de la Consciencia, que descansa en la dicha innata, dotada de los poderes de la Voluntad, Conocimiento y Acción, a lo que llamamos Dios."*

Esta profunda declaración será desentrañada a lo largo de las siguientes páginas.

La esencia natural de la Divinidad

Ahora, esta infinita Consciencia Divina que todo lo permea es absolutamente libre e independiente *(svatantra)*, y espontáneamente dichosa *(ānanda)* en su modo auto-consciente, y tú no estás separado de ella, tu verdadera naturaleza también es libre y dichosa, aunque por lo general no lo reconoces por razones que vamos a mencionar. Por ahora, basta decir que el proceso de *sādhanā* (práctica espiritual) se trata nada menos que de remover los obstáculos en tu capacidad de verte a ti mismo tal como eres en realidad y el tener acceso a la libertad dichosa que es y siempre ha sido tu verdadero ser.

La actividad de la Divinidad

Hemos establecido que la naturaleza fundamental de todos los seres es divina, y hemos establecido qué es lo divino —una consciencia completamente autónoma y dichosa—. Entonces, ¿qué es lo que ella en verdad hace? Su actividad es fundamental a su identidad, y esa actividad, por supuesto, es la creación (y disolución) del Universo manifiesto, ¿pero qué es creación en realidad? No es más que la proyección, el fluir que brota *dentro* del campo infinito de la Consciencia, en una vasta multiplicidad de sujetos y objetos en apariencia diferenciados. Definamos este polo sujeto-objeto, esta dualidad básica en la cual aparece el Uno. Cada objeto (= algo que puede ser conocido) es una realización de una potencialidad eterna inherente a la Luz de la Consciencia *(prakāśa).* Es decir, cada objeto es una encarnación de alguna faceta del infinito ser del Uno. Cada sujeto (= cualquier conocedor, un ser sensible como tú) también encarna esa Luz de la Consciencia, pero además es un movimiento reflexivo de auto-consciencia, una forma especialmente definida de la auto-reflexión del Uno *(vimarśa).* Eso quiere decir que tú (al igual que todos los seres sensibles) encarnas una forma única en la que el Uno puede reflejarse a sí mismo.

Reflexión *(Vimarśa)* y Reconocimiento *(Pratyabhijñā)*

Hablaremos un poco más en torno a este principio crucial. Mencionamos anteriormente que todo lo que existe es una manifestación de la Luz única. Algunas encarnaciones de esa luz tienen la capacidad de ser conscientes y reflexionar sobre sí mismas o sobre otros aspectos de la Luz en relación consigo mismas. A estas formas les llamamos seres sintientes, aquellos puntos nodales del campo energético que pueden reflejar su luz de sobre sí mismos en un acto de auto-reflexión (*vimarśa*). Aquí podemos entender el término “auto-reflexión” tanto de forma figurativa como literal, porque el ser auto-consciente se da cuenta de que todos los demás seres son reflejos de su propio ser, así como su ser es también un reflejo de ellos, y todos son reflejo del único Ser. Por esta razón, *vimarśa* también puede ser traducido como “representación,” ya que es el proceso por el cual la Consciencia se re-presenta a sí misma en varias formas, como parte del gran juego de autoconsciencia y amor propio.

Los seres sintientes son aquellos que pueden auto-reflejarse y pueden ver a otros como reflejos de sí mismos.

Por lo tanto, para un ser sintiente, cada encuentro con otro ser es una oportunidad para reflexionar sobre la totalidad de su propia naturaleza. El acto de reconocerte en el otro ser, y reconocer al otro ser en ti, implica de forma necesaria una expansión de tu sentido de identidad, es decir, requiere la comprensión de que tú te has limitado de forma artificial a una serie de conceptos mentales (cualquier concepto de "yo soy"), y esta comprensión es al mismo tiempo una oportunidad para la expansión de tu sentido de identidad. El proceso de expansión continúa hasta que vives la experiencia de estar en *todas* las cosas, y que todas las cosas están en ti —el estado ilimitado de plenitud absoluta *(pūrṇatā)* que es la unidad total con Dios y la realización final. Entonces, ya no te percibes como una madre o un americano o un doctor o un *yogī*, sino como el patrón de todo el Universo jugando ese determinado papel en este momento sin más identificación que la del actor, quien mientras está el escenario cree que de verdad él es Hamlet, inclusive mientras interpreta su papel apasionadamente.

Esta perspectiva le otorga un sentido de significado y presencia incluso al acto más simple, ya que al sentarte y contemplar una roca, lo que realmente está pasando es que *el Universo se está contemplando a sí mismo en la forma de una "roca"*. Tu percepción personal como algo separado del todo no es más que ignorancia. A esta revelación llegó un físico cuando un día se dio cuenta de que él también estaba compuesto por las mismas partículas fundamentales que estaba estudiando (protones, electrones, fotones). Él observó que como el Universo es una unidad continua, sus estudios en física no eran otra cosa que el Universo contemplándose a sí mismo. Sin embargo, para llevar a cabo este acto, el Universo debe alienar temporalmente una parte de su totalidad para poder volcarse hacia sí mismo y mirarse; el físico también se dio cuenta de que este proceso no se completa hasta que esa porción tenga la capacidad de contemplarse a sí misma, colapsando el sujeto con el objeto, y reintegrándose así con la totalidad, la cual de hecho nunca abandonó.[31]

Para recapitular, esta Consciencia infinita decide no permanecer como una nada estática, homogénea y amorfa, sino que se condensa a sí misma en formas, manifestándose (dentro del campo de su propia consciencia) como una vasta multiplicidad de sujetos y objetos *en apariencia* diferenciados, iniciando así una gran danza de auto-exploración. Ahora bien, a este acto de creación se le conoce como una *obra* o *juego divino (krīḍā),* en el sentido de que esta actividad es en esencia un acto libre y gozoso de auto-expresión, sin más motivo que el simple hecho de hacerlo. La palabra *juego* se usa nada más que para indicar una actividad que no tiene ningún propósito fuera de sí misma, y también para denotar que la noción de que alegría y amor subyacen y motivan todo el proceso (podríamos decir que Dios se amó tanto a sí mismo que le dio forma a cada aspecto de su ser). La doctrina del juego nos muestra que la Visión tántrika *no* es evolutiva, que no sostiene que la realidad será intrínsecamente mejor o más hermosa en algún momento en el futuro (¡aunque tu capacidad de sentir su belleza siempre *está* evolucionando!). La totalidad de la realidad divina es expresada en plenitud a cada momento. En vez de "juego", los *tāntrikas* pudieron haber usado la palabra "arte" para expresar su comprensión —ya que esa palabra tiene connotaciones de creatividad y belleza, las cuales son centrales a su visión de la realidad— excepto que por lo general se piensa que el arte representa algo diferente, y el Universo no representa nada más que a sí mismo. Además, "arte" implica artificio, mientras que "juego" o tal vez "juego artístico" expresan mejor las cualidades orgánicas, espontáneas, y dinámicas con las cuales el Universo se desarrolla, y también alude al asombro infantil que sienten las personas que lo ven tal y como es en realidad. Estas ideas están bien resumidas por el versículo con el que concluye el primer capítulo de *La Esencia de los tantras*:

El acto de creación es llamado una *obra* o *juego*, puesto que es un acto libre y gozoso de autoexpresión.

Esencia de los tantras

> *Este Ser es una encarnación de la Luz de la Consciencia; es Śiva, libre y autónomo. Como un juego independiente de intensa alegría, la Divinidad oculta su propia naturaleza verdadera [al manifestar pluralidad], y también puede optar por revelar de nuevo su plenitud en cualquier momento.*[32]

Por lo tanto, este juego de creación manifiesta en la que la Divinidad se encarna libremente en sí misma y se muestra como el Universo; es el resultado de un impulso, un impulso creativo natural (*icchā*) dentro de la Divinidad para expresar la totalidad de su auto-conocimiento *(jñāna)* en acción *(kriyā)*. Éstos son los tres poderes principales *(śaktis)* de Dios, los tres que denotan lo que Śiva-Śakti *hace*, a diferencia de la triada más básica que denota lo que Śiva-Śakti *es* (es decir, la Consciencia, Bienaventuranza y Libertad). Los tres Poderes de Voluntad, Conocimiento y Acción se desarrollan de forma natural justo en esta secuencia, ya que el impulso creativo pre-cognitivo hacia la expresión gozosa (*icchā*) debe venir primero, surgiendo a partir del núcleo del Ser, y después debe dotarse de conocimiento *(jñāna)*, es decir, de información acerca de cómo fluye la energía con mayor eficiencia en las formas encarnadas, y luego puede participar en la actividad con poder propio (*kriyā*), logrando inevitablemente su consumación. Este proceso se desarrolla a cada instante en todas las escalas.

La pregunta natural que surge para la mayoría de la gente en este momento es algo así como: "Si todo este mundo no es más que la expresión libre y voluntaria de la Luz Divina, ¿por qué la vida es tan dura?" El problema con una pregunta así es que demuestra una falta de comprensión de la no dualidad, y sólo la puede realizar una mente que no incluya "duro" como un aspecto de la Luz Divina, tan beneficioso y bendito a su manera, como lo son "fácil" o "feliz". Para decirlo de otra manera, la conciencia de Śiva goza de igual manera en el dolor que en el placer, en la felicidad que en la tristeza, porque ambos polos expresan su Ser divino. Dios ama la totalidad de la creación, que es él mismo, y puesto que no estás separado de Dios, tú también tienes la capacidad de amar la realidad en su totalidad. Esto, por supuesto, es lo más difícil de comprender en la filosofía no-dualista, y no puede ser resuelto por medio de la comprensión intelectual (que tiene sus raíces en la dualidad), sino a través de un estado de experiencia no dualista generado por una práctica espiritual dedicada. Con esto en mente, vamos a explorar un poco más la perspectiva de sufrimiento en TSND.

La Visión dice: "Cuando la Consciencia divina se contrae por su propia voluntad en puntos nodales finitos de consciencia encarnada, y luego estos sujetos finitos se identifican con las cogniciones circunscritas y limitadas que componen esta etapa de su existencia, en lugar de identificarse con las pulsaciones globales y transindividuales de Consciencia pura, que son su verdadera naturaleza, experimenta aquello a lo que llaman 'sufrimiento'".

Vamos a entender mejor lo que dice esta afirmación. Lo que dice es que el sufrimiento no es otra cosa que el resultado de la ignorancia de tu verdadera naturaleza. Aquí hay que distinguir entre sufrimiento y dolor. No hay nada malo con el dolor; es a la vez natural y hermoso. Es natural al ser un mecanismo de retroalimentación por el cual la naturaleza nos protege y hermoso porque nos muestra que estamos vivos. Por ejemplo, la intensidad del dolor que se siente cuando un ser querido fallece es otra forma de nuestro amor por él o ella —cuando lo sentimos de esta forma, se convierte en una forma de belleza intensa—. Por el contrario, el sufrimiento es un estado mental que podríamos representar con frases como: "¡Esto es una mierda!", "No me gusta esto", "Me gustaría que esto no estuviese sucediendo", o "¡Yo no merezco esto!" La mayor parte de aquello que es desagradable en la existencia humana no es en sí el dolor, sino el sufrimiento creado por la mente. Podemos ser libres de este sufrimiento, pues las escrituras nos dicen que es éste es totalmente producido por la ignorancia, *por no ver las cosas como en realidad son*. La principal forma de esta ignorancia reside en la identificación errónea de nosotros mismos. Esta identificación errónea es una especie de olvido: Dios se encarna en ti, y para llegar a encarnarse de forma específica en ti, tiene que olvidar el resto de su vasto ser que todo lo abarca. En otras palabras, para manifestar a plenitud los aspectos particulares que te componen, Dios tiene que hacer temporalmente a un lado todos los otros aspectos de su ser. Así es como la Divinidad se oculta, como se menciona en el versículo de Abhinava que está líneas arriba.

Así pues, lo que ves de ti mismo, lo que sabes de ti mismo, no es más que la punta de un enorme iceberg (para usar una analogía). Miras a tu alrededor, y todo lo que puedes ver es lo que se muestra por encima de la superficie del agua, e imaginas que eso es todo lo que hay. Sin embargo, los sabios nos dicen que el patrón de todo el Universo, de todo lo que es, está impreso en el nivel más profundo de tu ser; tú no eres sólo una parte del todo, *tú eres el Todo*. Darse cuenta de esto trae una experiencia de libertad dichosa porque te das cuenta de que con la infinidad de opciones que tiene, *la Consciencia eligió manifestarse en ti*, y además, tú no eres una entidad estática sino un patrón de energía danzante, un proceso en desarrollo, una instancia perfecta e integrada del proceso divino por medio del cual Dios se refleja a sí mismo y se expresa.

Para obtener toda la satisfacción que siempre has soñado y más, tan sólo debes ver la verdad de tu propio ser: hay un infinito potencial que existe dentro de ti, porque tú eres una expresión de lo Divino, y todo lo que se manifiesta a través de ti en esta vida, aunque no sea infinita, debe ser honrado como aquello que sólo tú puedes agregar al continuo proceso expansivo de la gran autoexploración de Dios. El sufrimiento cesa automáticamente cuando eres capaz de honrar de forma simultánea lo que se manifiesta a través de ti en este momento (la punta del iceberg), junto con la plenitud de tu ser divino, una plenitud que tal vez no eres capaz de "ver", pero puedes aprender a sentir de forma palpable. Abhinava entrega esta enseñanza en el verso que resume la introducción de su *Esencia de los tantras:*

> *La tradición nos enseña que la ignorancia es la única causa de las ataduras: se enseña bajo el nombre de "impureza" en las escrituras. Cuando surge el poder de la visión capaz de abarcarlo todo, la ignorancia se arranca por completo de raíz. Con el surgimiento de la consciencia plena del Ser, a través de la cual se destruye toda impureza, hay liberación*[33].

Esencia de los tantras

Aquellos que llegan a tener un indicio del hecho de que no están viendo el panorama completo de la realidad, en algún momento sentirán un impulso interno *(icchā)* por emprender el camino de la cultivación de la sabiduría *(jñāna)* y la práctica *(kriyā)* espiritual. El propósito de andar el camino espiritual, desde la perspectiva del tantra no dualista, es simplemente el de socavar tu identificación errónea y mostrarte de forma directa y en la inmediatez de tu conciencia, el hecho de que los poderes Divinos de Consciencia, Bienaventuranza, Voluntad, Conocimiento y Acción comprenden la totalidad de tu experiencia individual, así se da inicio a un reconocimiento de tu verdadera identidad como la más alta divinidad, el Todo en cada parte.

Miremos esto en más detalle. El propósito de la práctica espiritual no puede ser lograr la unión con Dios, porque tú ya eres uno con la realidad divina. Tampoco tiene el propósito de volverte más hermoso o más perfecto, ya que nada existe que no sea Dios, entonces tú no puedes ser más hermoso o más perfecto de lo que ya eres. Sin embargo, aún no tienes la experiencia de la realidad de esa manera debido a la percepción errónea de ti mismo. Entonces, el propósito principal de la práctica espiritual es el de desestabilizar las construcciones mentales sesgadas y profundamente arraigadas sobre tu propio ser, construcciones mentales que también proyectas sobre los demás a lo largo de tu vida. Estas visiones de la realidad no están alineadas con la Verdad, y por lo tanto te debilitan. El proceso de socavar estos falsos puntos de vista a través de la práctica continúa hasta que se les logra ver como lo que en realidad son y empiezan a desmoronarse. Cuando las construcciones mentales que te opacan comienzan a desvanecerse, de inmediato te ves tal y como eres en realidad: un ser libre compuesto por consciencia dichosa, en un juego con tus poderes de intención, entendimiento y acción. Cuando logras verte con claridad, te llega un relámpago de reconocimiento: eres una expresión micro cósmica de exactamente los mismos poderes divinos que crean, mantienen y disuelven este Universo entero.

Cuando te das cuenta *a través de tu propia experiencia* de que las mismas facultades bellas e impresionantes que orquestan la intrincada y maravillosa expresión de esta creación entera están fluyendo dentro de ti, creándote a ti mismo incluso en la medida que tú creas junto con ellas, proporcionando el fundamento mismo de toda tu experiencia de la realidad, ocurre un cambio profundo. Tus temores y trivialidades se disuelven a medida que empiezas a caer de forma armoniosa en la danza de la energía vital, dándote cuenta de que tú has sido el único que ha limitado tu propio potencial. Una explosión de alegría acompaña la comprensión de que no hay nada qué hacer, nada qué lograr, aparte de entregarte a la completa aceptación de los poderes divinos que buscan manifestarse a través de ti con la expresión de la totalidad de tu ser auténtico en la plenitud de cada momento, en un flujo sin fin de tales momentos.

Samāveśa es el estado de consciencia en que estás inmerso en tu naturaleza divina.

Este estado de consciencia en el que estás en perfecta sintonía con la realidad, inmerso en tu naturaleza divina, se llama *samāveśa.* Tú has tocado este estado muchas veces en tu vida, aunque sea de forma fugaz o incompleta. Reconoce este estado como cuando estás totalmente presente contigo mismo y tu entorno, relajado y concentrado, amplio y libre pero arraigado en tu verdadera situación, abarcando la realidad de este momento. Lo importante de este estado, desde el punto de vista tántriko, no es tanto lo bien que se siente, sino lo que aprendes de él y cómo puedes crecer a partir de la integración de estas experiencias.

¿Es realmente posible permanecer en este estado —que podríamos llamar Presencia— todo el tiempo, o son estos estados elevados de potencial humano imposibles de sostener? La respuesta del tantra es que, de hecho, es posible hacer que la Presencia permanezca como tu estado predeterminado, lo que no implica que se trate de una condición estática o que no necesite refrescarse. Sin embargo, así como tu percepción predeterminada de la realidad es de dualidad sujeto/objeto, con revelaciones ocasionales de la unidad del ser, esa situación puede llegar a invertirse, incluso de forma permanente, porque la unidad es, de hecho, la realidad más fundamental. Por lo tanto, podemos decir que la práctica espiritual sirve para repetir y reforzar el saber experiencial de la verdad a través de diversos métodos, hasta que esta visión de la realidad se convierte en el cimiento no conceptual de cada momento de tu experiencia; esto significa que ha pasado más allá del nivel de la filosofía y la religión, más allá del nivel de las palabras y el pensamiento, y se ha convertido en una realidad que vibra en la base de tu ser, iluminando de forma espontánea todas tus experiencias. Cuando esto sucede, la sensación de tu ser de contracción y separación del Todo se aniquila en el resplandor incandescente de la expansión completa que todo lo abarca en plenitud perfecta *(pūrṇatā)*. Entonces, como Abhinava Gupta nos dice: *tu percepción abarca de forma completa la realidad de un universo que danza en éxtasis en la animación de su divinidad enteramente perfecta*. Esto es liberación. Esto es despertar a la Verdad. Es por esto que naciste.

"Permite a tu percepción abarcar de forma completa la realidad de un Universo que danza en éxtasis en la animación de su divinidad enteramente perfecta"
—Abhinava Gupta

PENSAMIENTOS PARA LA VIDA

MARCO FILOSÓFICO BÁSICO DEL TANTRA SHIVAÍTA NO DUALISTA

Los filósofos utilizan varios términos especiales para denotar las preguntas centrales que contemplan aquellos que desean comprender la realidad. Vamos a aprender estos términos ahora, ya que son bien precisos y concisos, y además te pueden servir para impresionar a tus amigos.

ONTOLOGÍA - ¿Cuál es la naturaleza fundamental de la realidad? ¿Qué es "ser"? ¿Qué podemos decir acerca de la existencia?
EPISTEMOLOGÍA - ¿Cómo sabemos? ¿Cuáles son los medios válidos del conocimiento? ¿Cómo se puede comprobar lo que creemos saber?
TELEOLOGÍA - ¿Tiene la existencia un propósito específico? ¿Está evolucionando hacia un punto final? ¿Están progresando las cosas?
FENOMENOLOGÍA - ¿Cuál es la naturaleza de la experiencia consciente? ¿El contenido y la cualidad de nuestras experiencias de momento a momento nos dan algún tipo de acceso a la verdad permanente?
TEODICEA - Si hay un Dios, ¿cómo podemos explicar el sufrimiento? ¿Cuál es el propósito del mal? ¿Cómo pueden existir el mal y el sufrimiento si el Divino omnipresente es fundamentalmente bueno?

Vamos a explorar cada una de estas preguntas de manera breve y en un lenguaje sencillo y accesible. Debo mencionar que el modo de esta discusión no es el de la filosofía común y corriente, sino de lo que llaman la *teología filosófica*, ya que incluye a la Divinidad como un axioma, o al menos una variable, en la mezcla. Por otra parte, algunas de estas preguntas —que son esenciales en la filosofía occidental— no se abordan de manera sistemática en la literatura tántrika, sino a través de una serie de declaraciones, a veces crípticas, con las cuales he luchado a lo largo de los años. A propósito de esto, me siento especialmente agradecido con uno de mis maestros, Adyashānti, quien me ha aclarado algunos de estos problemas con explicaciones que se conectan a profundidad con mi experiencia contemplativa y con mis estudios de las escrituras.

Ontología

Cubriremos el tema de la ontología (y los temas relacionados de la cosmología y la metafísica) de forma parcial en el resumen de la Visión, y más a fondo en "las categorías de pensamiento tántriko", por lo tanto no lo abordaremos por separado en esta sección.

Ver p. 100

Epistemología

Uno de los intereses centrales de la filosofía es investigar cómo sabemos lo que sabemos, si hay tal cosa como un conocimiento cierto, y de ser así, cómo se logra. Éste también es un tema de interés para el tantra, y es explorado a fondo por los estudiosos y sabios Utpala Deva y Abhinava Gupta. El carácter difícil y oscuro de estas discusiones nos invita a enfocarnos en la formulación más simple que ofrece el segundo autor en *La Esencia de los tantras*. Ahí, Abhinava nos dice que el proceso de contemplación creativa o investigación meditativa holística *(bhāvanā-krama)* que conduce al conocimiento de la realidad a través de la propia experiencia se basa en estos tres soportes:

- Una sólida y cuidadosa reflexión sobre tu experiencia *(sat-tarka)*
- La guía de un gran maestro *(sad-guru)*, que sea experto en la investigación meditativa y haya alcanzado su fruto
- La sabiduría de las Escrituras *(sad-āgama)*

Abhinava sugiere que sabemos que hemos llegado a la verdad cuando estos tres elementos están presentes y en conformidad. Uno o dos de ellos son insuficientes para tener una certeza. De hecho, el permitirnos permanecer en la incertidumbre acerca de cualquier cosa que no esté respaldada en los tres soportes nos mantiene abiertos y en un proceso de aprendizaje, el cual se cerraría de forma prematura si decidiéramos que ya sabemos.

Por lo general en la filosofía de la India, la percepción directa y la inferencia válida son los dos medios de conocimiento más aceptados; los dos están incluidos en el *sat-tarka*, que quiere decir el proceso de extraer conclusiones sólidas basadas en la experiencia propia. En la lógica (tanto occidental como india), una conclusión es "sólida" cuando las premisas son verdaderas y la estructura de pensamiento que lleva a la conclusión es válida. Una versión ligeramente modificada del ejemplo indio estándar sería:

Premisa 1: Donde hay humo, hay fuego (axioma basado en la experiencia propia).
Premisa 2: Hay humo en la montaña (observación directa).
Conclusión: Luego entonces, hay fuego en la montaña.

El argumento se considera estructuralmente *válido* porque si las premisas son verdaderas, la conclusión debe ser verdadera. Pero solamente es *sólido* (= correcto) si las premisas son *en realidad* verdaderas. Este argumento en particular es un ejemplo de inferencia, porque no hay manera de estar seguro cien por ciento que siempre hay fuego cuando y donde hay humo. El argumento estándar en el sistema de la lógica indio no es la deducción, que busca establecer una certeza irrefutable, sino la inferencia. A diferencia de la filosofía occidental, en el sistema de la India nunca decides que sabes algo a ciencia cierta, y por lo tanto nunca te cierras por completo a posibilidades insospechadas, de esta forma se mantiene el sentimiento de asombro y apertura en el cual se basa toda la filosofía.

El problema de la experiencia directa como medio de conocimiento es que, basándose en ella, la gente suele llegar sin darse cuenta a conclusiones que son lógicamente inválidas, esto sucede porque las suposiciones y los procedimientos por los cuales extraen sus conclusiones suelen pasar sin ser examinados a fondo; en términos incluso más básicos, a menudo la gente es incapaz de separar la experiencia de su propia interpretación. Las personas pueden incluso alterarse cuando se les cuestiona la interpretación de su experiencia, diciendo: "¡Pero ésa es mi experiencia!" De hecho, cualquier cosa que se pueda expresar con palabras acerca de tu experiencia es una interpretación, no es la experiencia en sí misma. En el camino de la indagación por la verdad, nunca devaluamos o descartamos nada basándonos en nuestra experiencia personal (toma en cuenta que Abhinava lo mencionó primero), y ya que no podemos estar cien por ciento seguros de nuestras conclusiones o si su aplicación es universal, suavizamos nuestro férreo control sobre nuestro sentido de certeza aparentemente cómodo y seguro y tratamos de corroborarlo con autoridades de confianza: el maestro y las Sagradas Escrituras.

Para algunos occidentales parece redundante tener al maestro espiritual y a las escrituras como las otras dos patas del trípode, pero este sistema de controles y balances está bien estructurado. Las escrituras existen como documentos representativos de toda una comunidad, porque aunque un pasaje determinado haya sido escrito por una sola persona, éste se transmite (es copiado y vuelto a copiar) a lo largo de los siglos, si y sólo si algunos de sus contenidos son eficaces para un grupo más amplio de personas. Como documentos de sabiduría colectiva perpetuada por la comunidad, las escrituras te protegen de algún profesor aberrante que predique su propia experiencia individual como si fuera universal, conduciéndote potencialmente por mal camino. Por supuesto, para que esta situación funcione, debes leer la escritura con tu propio juicio, sin basarte sólo en la interpretación del maestro.

Por otro lado, aunque se presuma que las escrituras fueron escritas por un maestro consumado, se mantiene un sano escepticismo y se requiere una corroboración de su sabiduría por las otras dos fuentes de conocimiento. Además, el requisito de que haya un maestro vivo te protege de una interpretación sin sentido de la escritura, a la que pudieras llegar dentro de tu propia cabeza. Tal interpretación podría tener sentido para ti, incluso podría hacerte sentir bien, pero el maestro sería capaz de ver cómo ésta podría a largo plazo descarriarte del camino. Alguien así difícilmente dirá: "Te equivocas", es más probable que te desafíe a contemplar con más profundidad, más allá de tu mente condicionada.

En el tantra buscamos no sólo conocer la sabiduría, sino encarnarla en su plenitud.

Este sistema de doble corroboración del conocimiento válido nos permite encontrar semillas de sabiduría con las cuales podamos contar y sobre las que nos sea factible construir una vida espiritual. Pero el proceso no se completa hasta que estas semillas cobran vida como vibraciones de sabiduría dentro de nosotros, es decir, en el tantra no buscamos sólo llegar a conocer la sabiduría, sino encarnarla en toda su plenitud; esto se hace evidente cuando ya no necesitas la forma externa de la enseñanza, las palabras o conceptos, sino que éstas han florecido como experiencias vivientes, sin la necesidad de ningún recordatorio. Cuando esto sucede, ya no importa cuán bonitas sean las palabras de la enseñanza, porque aparecerán planas, pálidas o inadecuadas en comparación con la experiencia real. Discutiremos este sutil criterio final para reconocer la sabiduría verdadera en otras secciones de este libro.

Teleología

No habrá un momento futuro en el que Dios se revelará con mayor plenitud que ahora.

Ver pp. 324 y ss.

Muchas religiones son *teleológicas*, es decir, afirman que la vida tiene un propósito, que la creación del Universo tiene un propósito, un Gran Plan. Esta visión de las cosas por lo general implica la idea de que algún día las cosas serán mejores, tanto para ti (por ejemplo, cuando mueras y vayas al cielo) como para todo el mundo (por ejemplo, cuando venga el salvador). El TSND es inusual al negar y/o desafiar la teleología. El TSND niega claramente la teleología en la escala universal, porque enseña que la plenitud de la realidad divina está presente aquí y ahora: no habrá un momento futuro donde Dios se revelará con más plenitud que ahora. Esta postura anti-teleológica se llama la doctrina del juego divino, o *krīḍā*, y ya se mencionó antes. Se dice que el Universo es un juego divino, no en el sentido de que sea siempre divertido (obviamente), sino en el sentido estricto de la palabra "juego", es decir, por el *simple hecho de existir*, no por un resultado que vendrá *a posteriori*. También se trata de un juego en otro sentido, en el que existe la *posibilidad* de la dicha *(ānanda)* en todas y cada una de las experiencias, aunque algunos presenten ese potencial con más facilidad que otros. No me refiero aquí a dicha como una "felicidad extrema", sino más bien una especie de aceptación amorosa de toda manifestación de la realidad del momento presente. El corazón tiene una capacidad innata para conceder una profunda afirmación de lo que sea que esté pasando en este momento, para envolver la totalidad de cada experiencia en amorosa conciencia (incluso las experiencias que la mente desprecia). Cuando se ejerce esa capacidad, se le llama *ānanda*.

La dicha (*ānanda*) es la aceptación amorosa de toda manifestación de la realidad del momento presente.

No es del todo sorprendente que el tantra niegue la teleología universal, puesto que la filosofía india siempre ha tenido un concepto cíclico del tiempo en lugar de lineal. Sin embargo, hay una especie de teleología individual en esta tradición, que se ve en la afirmación de que el despertar espiritual y la iniciación que le sigue aseguran tu eventual liberación. Por un lado, esta declaración tiene por objeto garantizar el éxito de la religión, pero por el otro lado reconoce una verdad profunda: que el proceso del despertar a tu verdadera naturaleza divina, una vez puesto en marcha, inevitablemente dará su fruto. Se dice que la gracia divina a fin de cuentas prevalecerá incluso para aquel que siente total rechazo y desprecio por el camino, y lo hará encontrar su camino de regreso, inclusive en una vida futura. Esto es en parte porque una vez que el poder del pleno despertar se ha vislumbrado, aunque su recuerdo permanezca latente, no habrá nada más en comparación que valga la pena.

Ver pp. 124-127

Ver pp. 271-127

Esta noción de la inevitabilidad del proceso da lugar a dos posibles malentendidos. El primero, que aquel que desea la liberación no necesita hacer nada, y el segundo, que el proceso que conduce a la liberación tiene una progresión gradual. Estos malentendidos se han corregido con dos enseñanzas. La primera es que el proceso se desarrolla a través de una combinación de gracia y esfuerzo propio. La gracia asegura que se cumplan las condiciones para su desarrollo, el esfuerzo propio determina la velocidad y la eficiencia del proceso. Toma la forma del cultivo de la percepción o la práctica yoga o (más comúnmente) ambos, sin él, el florecimiento de tu despertar se produciría a una velocidad infinitesimal. Al mismo tiempo, si el enfoque de tu esfuerzo es alcanzar una meta lejana, estás perdiendo una gran cantidad de energía. A lo que aquí me refiero es al esfuerzo suave, pero necesario para no aferrarte a tu conocimiento limitado.

Despertar a tu verdadera naturaleza no es el resultado de una cantidad específica de práctica espiritual.

La segunda enseñanza está vinculada a la primera. Aunque el proceso de tu liberación se desarrolle poco a poco, en cualquier momento puede completarse con un salto repentino de percepción global. Esto es posible porque el despertar a tu verdadera naturaleza no es el resultado de una *cantidad* específica de práctica espiritual. Por otra parte, si consideramos el despertar completo como un objetivo lejano, que se alcanza después de mucho esfuerzo, entonces eso es lo que será. En cambio, se nos invita a tener la suave noción de que podría estar tan cerca como nuestra próxima respiración, y luego a tomar la siguiente respiración como una apertura a esa posibilidad.

No obstante, podemos objetar que no hay forma de estar tan cerca: hay tanto trabajo por hacer, tantos asuntos no resueltos y tantas heridas sin sanar. En este argumento se nos olvida que por definición siempre podemos acceder en alguna medida a nuestra verdadera naturaleza. Este acceso no depende de que resolvamos ningún problema o sanemos ninguna herida (aunque es cierto que esas heridas, o mejor dicho nuestras creencias en torno a ellas, pueden obstaculizar el reconocimiento de que ese núcleo divino es nuestro verdadero ser, tan necesario para dejar de regresar una y otra vez a nuestra limitada historia de separación). Entender esto es crucial, porque cuando la gente escucha algo relacionado con la posibilidad de liberación, casi siempre imagina que tal cosa sólo puede darse después de solucionar sus problemas y sanar sus heridas; pero tu verdadera naturaleza nunca estuvo herida, entonces, ¿por qué tendrías que depender en el hecho de completar una terapia para tener acceso a ella? Este malentendido es como poner la carreta delante del caballo, y es dedicar una cantidad desproporcionada de tiempo y energía en reparar algo que no es tu verdadero ser.

De hecho, lo que ocurre con frecuencia es lo siguiente: cuando despiertas de la falsa creencia de que tu ser es limitado y condicionado, ese ser limitado —que reside en la mente— comienza poco a poco a reflejar el nuevo estado de las cosas. Esto quiere decir que la mente comienza a alinearse con la vibración de tu verdadera naturaleza, y ahora el poder de tu consciencia está enfocado ahí en lugar de estarlo en la mente. Aunque el despertar puede darse en sólo un momento, hay un periodo de tiempo (a veces largo) de integración, en el que la mente disuelve algunas estructuras de creencias y reorganiza otras, con el fin de armonizar con la nueva realización de que las cosas no son lo que la mente creía, que lo que ella pensaba que eras tú, no es en realidad tu verdadero ser. Dependiendo del tipo de despertar que hayas tenido, este proceso puede ser llevadero o profundamente desconcertante y perturbador; en el segundo caso, necesitas ser constante en recordar que sólo es la mente la que está perturbada, porque en cuanto a tu verdadero Ser, o la naturaleza de tu esencia, siempre estás perfectamente bien.

La esencia de tu naturaleza individual es la manera en que Dios vibra, de modo único, en ti y como tú.

Aquí necesitamos aclarar algunos puntos que nos evitarán caer en el "*bypass* espiritual", que es ese estado en el cual algunos dicen: "En realidad no necesito trabajar en mi propio ser, porque mi verdadera naturaleza es pura Luz incondicional, y no esta mente confusa que nada tiene qué ver con mi verdadero Ser". Éste resulta ser un engaño muy peligroso, pero existe una enseñanza que lo puede contrarrestar. Como lo describí antes, primero despiertas a la esencia de tu naturaleza individual, es decir, la forma única en la que Dios vibra en ti, sin que tus condicionamientos le afecten; luego, la mente o el ser condicionado necesita alinearse con la naturaleza de tu esencia, o de lo contrario terminarás con una especie de doble personalidad: tu yo divino y tu yo desastroso, en donde no puede haber integración, pues no importa qué tan bueno seas en poder acceder a tu yo divino, las situaciones de la vida seguirán desencadenando tu mente desastrosa, y eso será lo que otras personas percibirán de ti. Esto quiere decir que aunque puedas acceder a tu núcleo divino, si su energía no está fluyendo y no está bendiciendo a tu mente, a tu cuerpo, y a la gente que te rodea, no te has aún liberado. El tantra rechaza por completo la meta del yoga de Patañjali, que consiste en retirarse a morar en la seguridad del alma divina, que se ha apartado a sí misma del mundo. Por lo tanto, el despertar no puede consumarse hasta que la mente y el cuerpo estén bien claros y fuertes, y hayan sanado lo suficiente como para convertirse en el recipiente de la energía divina que fluye del Núcleo. El tantra busca desarrollar un "ego saludable", que es al mismo tiempo un sirviente del Núcleo divino. Como ya se mencionó, ese proceso de fortalecer y sanar se vuelve mucho más fácil y gozoso cuando ya hay un cierto grado de despertar a la naturaleza de tu esencia, y es por ello que se le da prioridad a esta última. Cuando tu despertar individual y la correspondiente liberación del cuerpo y la mente se han completado (lo que se llama *āṇava-samāveśa),* sólo entonces puedes proceder al siguiente nivel de despertar, que es el nivel de unidad con todas las cosas, en el que tu divinidad individual se realiza como una expresión de divinidad universal, y por tanto se disuelve en el campo universal de energía (esta realización recibe el nombre de *śākta-samāveśa).*

El tantra busca desarrollar un "ego saludable", que es al mismo tiempo un sirviente del Núcleo divino.

Para el tantra, el despertar *(bodha)* y la liberación *(moksa)* son reales, y son también los conceptos clave que dirigen la vida espiritual en su totalidad. No obstante, hay aquí un punto sutil pero significativo: los conceptos, las metas y los destinos deben trascenderse en algún momento. Después de alcanzar un cierto nivel de desarrollo, descubrimos que la teleología simple implica que el concepto de liberación no es más que una herramienta para la enseñanza, o sea, la enseñanza de que aquello que llamamos "liberación" galvaniza al nuevo buscador en el camino espiritual y pone en marcha un proceso que es ineludiblemente benéfico, aunque el concepto de que la liberación sea una "cosa" que el buscador algún día podrá asir sea en sí mismo falso. Lo que hemos descubierto es que en lugar de recorrer el camino para alcanzar un destino específico, lo caminamos para aprender a caminarlo. El momento en el que sin más logramos armonizar con el andar, se disuelven las ideas en torno al destino y a nuestra identidad como caminantes, trayecto y meta se fusionan en uno sólo. En otras palabras, la liberación se completa cuando ya no estamos esperando ser liberados. Ésta, sin embargo, no es una enseñanza útil para principiantes, ya que puede socavar la muy benéfica dedicación a la práctica y promover el "*bypass* espiritual". Por el contrario, ésta es una enseñanza que el gurú imparte a individuos que han llevado su práctica con éxito pero que aún se están esforzando con el concepto en lugar de rendirse ante lo que en realidad está ahí para ellos.

En este orden de ideas, incluso el "progreso" individual, en el sentido de ir del punto A al punto B, es una ilusión. Tú te mueves a través de un proceso, sí, y hay una determinada direccionalidad en tu movimiento, pero no hay una evolución hacia un estado mejor del ser que la de disolver aquello que evita que reconozcas la verdad que ha estado siempre enfrente de ti. Para concluir, el TSND minimiza, o por lo menos matiza, la teleología enfocada en el futuro tal como la han concebido la mayoría de las religiones, aun cuando se haya afirmado que *1)* el despertar es algo que existe; *2)* si aún no has despertado ni te has liberado, puedes hacerlo (de hecho, lo harás, si es que ése es el anhelo de tu corazón), y *3)* el TSND te ofrece la guía para que lo puedas experimentar y hacer realidad.

Fenomenología

La fenomenología cuestiona cuál es el verdadero valor de la experiencia; también plantea qué es lo que nuestra experiencia subjetiva nos puede decir acerca de la realidad y hasta qué punto puede hacerlo. Aquí no exploraré el tema predilecto de la fenomenología, que es el encuentro de la consciencia con el mundo, pues tocaré ese tema más adelante. En lugar de ello, abordaré el papel que juega la experiencia, en especial la experiencia espiritual, en una filosofía no dualista.

Ver pp. 131 y ss.

Para decirlo de forma simple, dado que la realidad es Una, y todo es de igual forma una expresión de la Luz Divina de la Consciencia, toda experiencia es por definición una experiencia de Dios. Como dicen las escrituras: "Śiva es la sustancia de toda experiencia". Ahora bien, algunos intérpretes de la tradición dicen que "todo es Dios, pero algunas cosas son más Dios que otras". Ésta es una afirmación tan carente de sentido como la famosa cita de *Rebelión en la Granja,* que dice "Todos los animales son iguales, pero hay algunos que son más iguales que otros". Si proponemos que algunas cosas sean más Dios que otras, como si comparásemos el jugo de naranja concentrado con el jugo diluido en agua, entonces también tendríamos que proponer la existencia de algo que *no* es Dios y que diluye la divinidad. No obstante, tal cosa no se puede encontrar, al menos no en esta filosofía, porque *1)* la definición de Dios aquí se concibe como la Luz Ilimitada de la Consciencia, *2)* todo aquello cuya existencia es conocida es un objeto de la experiencia, y *3)* cada experiencia está por definición impregnada por la Consciencia. Conclusión: todo es Dios.

Śiva es la sustancia de toda experiencia.

Por consiguiente, esto —lo que sea que esté sucediendo *en este preciso momento*— es Dios en toda su dimensión. Ahora bien, quizá esta declaración te decepcione si te encuentras en una situación de vida banal o miserable, pero date cuenta que dije "esto es Dios en toda su dimensión" y no "esto es libertad en toda su dimensión". La libertad de hecho significa experimentar la divinidad a cada momento, que es

Lo que sea que esté sucediendo en este preciso momento es Dios en toda su dimensión.

lo mismo que no desear que el momento presente sea en ninguna forma distinto a como es. Cuando no estás deseando que el momento sea diferente a como es, dejas de luchar por una mejor situación (e incluso de esperarla). Paradójicamente, esto revela la alegría inherente de la consciencia, porque al no luchar contra ningún elemento de la realidad, eres capaz de ver y experimentar el momento en su totalidad, y entonces puedes disfrutar ese momento de forma natural y en la máxima extensión de la que eres capaz.

Entonces, la libertad suprema no una experiencia ni un estado de la mente, y no puede serlo, porque ninguna experiencia o estado de la mente es permanente. Una experiencia, sin importar cuán magnífica o maravillosa sea, no puede ser el propósito del camino espiritual, porque en cuanto esta se haya ido, querrás tenerla de nuevo, y entonces ya no eres libre —y la libertad radical es el propósito declarado del yoga—. Esto nos lleva a la necesaria conclusión de que *la experiencia placentera, sin importar cuán refinada y pura sea, no puede ser más divina que ninguna otra cosa.* La búsqueda de "subidones" espirituales no corresponde ni al camino del yoga ni al del tantra. La liberación final tampoco es resultado de una experiencia elevada, sino de una total renuncia a todos tus aferramientos y una entera apertura a lo que yace más allá de tus propias historias. Entonces, ¿de qué va toda esta plática de la tradición tántrika en torno a *ānanda*, o dicha? Es simple: *ānanda* es el derivado más común de esta profunda renuncia y apertura a la realidad tal cual es. De hecho, es más que esto: *ānanda* es un muy importante mecanismo de retroalimentación para la Consciencia. Si crees que ya te has rendido de tu lucha y has aceptado las cosas como son, pero *no* estás experimentando *ānanda* (alegría alivio, contentamiento profundo, o algo parecido) como resultado, significa que de hecho te has rendido ante tu historia dominante con respecto la realidad, y no ante la realidad en sí misma. Rendirte ante tu historia te hace sentir derrotado y deprimido, ver las cosas como realmente son, y aceptar con todo el corazón la realidad tal y como es siempre resulta en algún tipo de *ānanda*, ya sea en forma de

La experiencia placentera, sin importar cuán refinada y pura sea, no puede ser más divina que ninguna otra cosa.

Ānanda es aquello que te dice que has experimentado una verdadera visión y que has desvanecido tu ser limitado y aferrado en la realidad divina.

un suave y sutil alivio, o como una alegría insólita, extática y expansiva. *Ānanda*, en cualquiera de sus formas, es aquello que te dice que has experimentado una verdadera visión y que has desvanecido tu ser limitado y aferrado en la realidad divina. No obstante, y no es posible insistir demasiado en este punto, *ānanda* no es más que el derivado principal de la realización, no es la meta del camino, y no es más divino que ninguna otra cosa. Si piensas lo contrario, comenzarás a aferrarte a ella y a construir una nueva autoimagen "espiritual" a su alrededor, y de nuevo quedarás atrapado. Es posible que la mayor trampa en el camino espiritual sea la de confundir los productos derivados de la realización con aquello que los produce; ésta es la razón por la que el tantra no dualista establece la verdad, y no la felicidad, como la meta en el camino. Haz que la verdad sea tu objetivo, y más dicha de la que puedes imaginar surgirá como fruto de esa travesía. Pero en el momento en el que tu visión cambie y veas la dicha como meta, el engaño se reafirmará. Ésta es, más que cualquier otra, la enseñanza clave que acorta la duración del proceso espiritual en su totalidad, de tal forma que te recomiendo ampliamente que la trabajes e internalices a profundidad.

La mayor trampa en el camino espiritual es confundir los productos derivados de la realización con aquello que los produce.

El papel del deseo desde una visión no dualista

Al tantra se le conoce por legitimar el deseo humano, incluso verlo como un medio para la liberación, en lugar de negarlo, como lo hacen otras corrientes de yoga. Por supuesto que el deseo es tan divino como cualquier otra cosa, pero es necesario abordarlo con una correcta Visión para poder convertirlo en un medio hacia la liberación. ¿Qué razón habría en que el tantra legitimara la variedad común del deseo, basada en el autoengaño, cuando ya se ha visto que nunca ha llevado a nadie hacia una libertad auténtica y duradera? Como lo exploraremos más adelante, el deseo ordinario te ata al reforzar la falsa visión de que no eres un ser completo, que eres una entidad separada del objeto de tu deseo. El deseo se convierte en el vehículo hacia la liberación cuando lo rastreas hacia su

Ver pp. 150-151

mismo origen y te das cuenta que tu deseo por alguna situación externa (ya sea un auto, una pareja, o cualquier otra cosa) en realidad es un deseo por la sensación, el sabor de la consciencia, que ese objeto te va a aportar; para ser más preciso, la sensación que tú *crees* que tener ese objeto te va a aportar. Todo el deseo se reduce al anhelo fundamental de la completitud del ser; en otras palabras, todo anhelo es un anhelo hacia Dios. Como lo propuse anteriormente, esta completitud del ser no se logra con base en la acumulación cuantitativa de buenas experiencias, sino que es tu estado natural, y en términos de deseo, puedes tener acceso a él hallando su raíz primaria, que se encuentra mucho más profundo que cualquier otro deseo, y dejarlo explotar con la realización de que en última instancia lo único que de verdad deseas es la completitud de lo que eres. La intensidad de este deseo tiene el poder de romper los confines del ser construido, ya que éste no está satisfecho hasta que se ha conectado con todo; es de esta forma que el deseo se convierte en un vehículo hacia tu liberación.

Todo el deseo se reduce al anhelo fundamental de la completitud del ser.

Cuando te centras en el núcleo real de tu ser, puede que surja un tipo de deseo totalmente diferente: el "deseo puro", que es un flujo que brota desde la naturaleza de tu esencia hacia la acción manifiesta; este tipo de deseo, en lugar de perseguir algo para tomarlo y apropiárselo, actúa de la forma opuesta, es decir, es el impulso de compartir tu propio ser, de conectarte con tu vibración innata con el mundo. Este tipo de deseo no te limita ni te contrae porque no surge de la autoimagen, sino de un lugar mucho más profundo. Éste es el tipo de deseo que el tantra honra sin reserva alguna, el anhelo no sólo de ser *tú mismo,* sino de actuar en el mundo como la hermosa expresión de ese ser.

El anhelo no sólo de ser tú mismo, sino de actuar en el mundo como la hermosa expresión de ese ser.

TEODICEA

Una de las preguntas más difíciles —e interesantes— dentro del estudio de las filosofías espirituales a menudo se formula de la siguiente manera: "Si Dios es enteramente bueno y todopoderoso, ¿cómo es posible que exista el mal, cómo puede haber sufrimiento?" Éste es un ejemplo del tipo de cuestionamientos que hace la teodicea al plantear una deidad personal y todopoderosa, separada de su propia creación, y que bien podría intervenir para prevenir el sufrimiento, pero elige no hacerlo. Me pregunto, ¿cómo podríamos alabar un Dios así y no sentirnos al mismo tiempo resentidos con él? La completa orientación de este cuestionamiento es fundamentalmente distinta al no dualismo, el cual niega ese tipo de deidad separada. Vamos a explorar cómo esta pregunta puede ser respondida de forma eficaz dentro de un contexto no dualista.

"Malo" y "bueno" son grados relativos de ignorancia de la naturaleza verdadera de la realidad.

Primero que nada, la filosofía tántrika cambia los términos de la discusión al negar que exista el mal en lo absoluto. Esto quiere decir que "bueno" y "malo" son estructuras conceptuales que la gente superpone a la realidad, pero que no son inherentes a la realidad en sí misma. ¿Por qué surgen estos conceptos y con qué aspecto de la realidad se relacionan? "Bueno" es una etiqueta que le damos a los seres humanos o a las instituciones creadas por seres humanos que realizan acciones que consideramos benéficas para otros, o que contribuyen de algún modo a hacer más maravillosa la vida de las personas. Por el contrario, etiquetamos como "malo" a quien, de acuerdo con nuestro criterio, comete acciones que van en detrimento o que hacen más dolorosa la vida de otros. No obstante, estas dos etiquetas, reduccionistas y sobresimplificadas, nos alienan de la humanidad real de aquellos a quienes santificamos o satanizamos, y que en realidad están haciendo exactamente lo mismo que tú haces cada día de tu vida: tratar de encontrar algo de felicidad y libertad *de la mejor manera en que saben hacerlo.*

Esta frase es la clave del problema, porque el factor que aquí resulta operante, y que establece la diferencia entre aquellos que llamamos "malos" y aquellos que llamamos "buenos", es su grado relativo de ignorancia con respecto a la verdadera naturaleza de la realidad. Aquí entran en juego dos tipos de ignorancia: la no conceptual, que es la desconexión de la naturaleza de la esencia, y la conceptual, que consiste en un conjunto de interpretaciones de la realidad que de hecho no están alineadas con la misma. Estas dos formas de ignorancia se relacionan porque la segunda está edificada sobre los cimientos de la primera.

Los seres que se encuentran profundamente desconectados de su propia y verdadera naturaleza, y que por lo tanto son incapaces de acceder a la fuente inextinguible de alegría, amor e inspiración que yace en su propio centro, expresarán su desconexión interna y su alienación por medio de acciones que otros encontrarán difíciles y dolorosas. Más aún, la persona desconectada desarrollará una visión del mundo que corresponda a su experiencia interna, una en la que la felicidad es algo que es necesario obtener del exterior, algo por lo que hay que luchar. Al estar desconectados de sí mismos, estos seres también lo están de los demás, y por lo tanto encuentran perfectamente lógico el tratar de obtener riqueza y felicidad para sí mismos a expensas de los demás. La sociedad y la religión intentan cambiar a este tipo de personas diciéndoles que cosecharán lo que sembraron, que el dañar a otros regresará contra ellos; pero este discurso moralizante pierde el punto: ésa no es la forma en que los individuos desconectados experimentan la realidad; ellos no sienten su conexión con otros seres vivos, de tal modo que consideran el discurso moralizante como un intento apenas velado de controlar sus acciones y limitar su libertad, y como resultado se rebelan en contra de él. Al catalogar a este tipo de gente como "malvada", estamos cerrándonos a la posibilidad de comprender su experiencia, y también a la posibilidad de la compasión, lo que resulta particularmente triste, ya que *sólo* los actos de compasión y amor proveen aquella contundente contraevidencia que pudiera hacer que un ser desconectado comenzara a cambiar su visión. En otras palabras, la única forma en que este individuo desconectado, oculto de sí mismo y con una desalineación concomitante se empiece a corregir es por medio de una experiencia que le proporcione evidencia concreta de que existe otra forma de ver y entender la realidad, una for-

El amor es un principio trascendental: es la respuesta apropiada ante el amor y ante el odio

ma que demuestra tener un gran valor, porque es más efectiva a la hora de cumplir con sus necesidades más profundas. Ésta es la razón por la que nombramos al amor como principio trascendental: es la respuesta apropiada ante el amor y ante el odio.

Existen otros seres a quienes encomiamos y llamamos santos: aquellos que tienen la capacidad de amar incondicionalmente, aquellos cuyas acciones elevan a otros y hacen más maravillosa la vida de muchas personas que entran en contacto con ellos. La realidad es que tales individuos no hacen más que expresar su experiencia interna de profunda conexión con la fuente de amor y lucidez. Al colocar a estos seres en un pedestal de santidad o grandeza, nos distanciamos de nuestra propia capacidad de acceder a la misma fuente. Si buscas "el bien" para ti y para los demás, la única forma en que podrás alcanzar ese objetivo de forma sustentable es a través de una conexión viva y palpable, a un nivel en el que en el que contribuir al bienestar de los demás sea el acto más fácil y natural que puedas realizar.

Ésta es la razón por la que, desde una perspectiva espiritual, la mayor forma de activismo, ya sea político, social o medioambiental, es el despertar a tu verdadera naturaleza y ayudar a que otros también despierten. De hecho, a largo plazo es el único método efectivo, porque los seres despiertos existen de manera armoniosa con todo su entorno (y nunca utilizan su experiencia personal para resistirse al patrón más grande, porque ellos *son* el patrón más grande). Todos los controles políticos, sociales y medioambientales no son más que intentos de compensar nuestro adormecimiento, y como superposiciones externas que son, a fin de cuentas terminan fallando en exactamente la misma proporción al grado de adormecimiento de la gente a la que pretenden controlar.

Entonces, toda la gente, en todas partes, está *haciendo exactamente lo mismo: vivir en justa concordancia con su visión de la realidad, tratando de maximizar su felicidad y libertad de la manera más efectiva que pueden atisbar desde dentro de su propia visión del mundo,* y su visión se construye sobre la base de su propia experiencia, así que no hace ningún bien tratar de entablar una discusión en contra de ella (a menos que conozcas al individuo lo suficiente como para basar tu argumento en elementos de *su* experiencia). Dado que todos hacemos lo mismo, ¿cómo podemos llamar a unos buenos y a otros malos? *Podemos* decir que algunos son más ignorantes y otros menos, porque es un hecho cierto que las estrategias por medio de las que las personas desconectadas buscan la felicidad no serán exitosas, aunque ellas crean que sí lo serán. Entonces, es justo decir que estas personas se encuentran en un estado temporal de desalineación. Como lo dice la enseñanza: *Todos los seres son Śiva en distintos grados relativos de auto ocultamiento o auto revelación.*

Todos los seres son Śiva en distintos grados relativos de auto ocultamiento o auto revelación.

Esto nos lleva a la pregunta en torno al sufrimiento. Si damos por hecho que no hay tal cosa como el mal, naturalmente llegamos a la pregunta de por qué debe haber sufrimiento. ¿Por qué no crear un universo en el cual el sufrimiento no sea una posibilidad? Esta pregunta en su forma misma presupone un dualismo entre el creador y el creado que no opera aquí. Si cambiamos la pregunta a por qué el Universo está creado de tal forma que permite un rango completo posibilidades, desde la más horrenda hasta la más sublime, entonces obtenemos el tipo de cuestionamiento que es de mayor interés para los pensadores tántrikos.

Aprendemos que la consciencia es intrínsecamente autónoma; debido a que éste es su primer principio, no está sujeta a limitaciones, y cualquier limitación que exista es producto de la consciencia misma dentro del esquema en el cual se mueve. La consciencia es libre de existir en el modo que sea, razón por la que nadie más que tú tiene el poder de determinar tu estado interior. Naturalmente, cuando la consciencia se representa a sí misma como un universo, ese universo también va a desplegar la misma naturaleza de apertura hacia cualquier posibilidad: un amplio campo abierto de juego. ¿Qué mecanismo

Si a las consecuencias de la ignorancia no se les permitiera emerger, ¿cómo podría la consciencia madurar en sabiduría

podría existir que obstaculizara la expresión de las formas contraídas de la consciencia y de forma simultánea permitiera la expresión de las formas expandidas? De hecho, es crucial que todas las formas de consciencia tengan el poder de la autoexpresión, porque ése es el modo primario a través del cual la consciencia aprende acerca de sí misma. Si a las consecuencias de la ignorancia no se les permitiera emerger, ¿cómo podría la consciencia madurar en sabiduría?

Podrías pensar: "preferiría que la gente tuviera menos autonomía antes que ver todo este sufrimiento". Ése es desde luego el principio bajo el cual las leyes se ejercen y las prisiones se llenan: dado el nivel de ignorancia, lo mejor es restringir la habilidad de la gente de actuar en su ignorancia. Una forma de mostrar el error contenido en esta forma de pensar es llevarla hasta su conclusión lógica. Un amigo mío de la universidad donde ambos estudiábamos religión pensó en una parábola para demostrar que a fin de cuentas siempre elegiremos la libertad y el rango completo de posibilidades que incluye, incluso si esto conlleva al sufrimiento. A este ejercicio le llamó la parábola de la Máquina de los Sueños. Mi amigo decía: imagínate que vives en una dimensión donde tienes control total. Nada puede suceder sin tu permiso, y todo lo que quieras que suceda, sucede. Por un periodo, quizá disfrutarías de innumerables lujos y placeres; luego, después de no mucho tiempo, empezarías a aburrirte y entonces comenzarías a inventarte aventuras que incluyeran desafíos, como rescatar a una damisela de las garras de un dragón con aliento de fuego. Pero incluso eso palidecería eventualmente, porque tú seguirías teniendo siempre el control. El desafío no sería real, porque no habría posibilidades de fallar. Tarde o temprano, volverías a caer en el aburrimiento, el hartazgo, y en una lasitud llena de hastío —en otras palabras, todos los signos de una consciencia estancada—. Entonces, un buen día se aparece una máquina mágica que tú no pusiste ahí. En la máquina hay un gran botón y junto a él un letrero que dice:

La máquina de los sueños
"Si presionas este botón, cualquier cosa puede suceder: joyas más allá de tus sueños más fantásticos, y miedos más allá de tus más oscuras pesadillas, y muy probablemente ambas cosas. Si presionas el botón, olvidarás que lo has presionado y te sumergirás en un mundo de infinitas posibilidades. ¿Te atreverías a tomar el riesgo?, ¿te lanzarías a la aventura?"

En este punto, mi amigo se volvió hacia mí y pronunció una frase que me provocó escalofríos de reconocimiento: "la pregunta no es si vas a presionar o no el botón, sino *cuánto tiempo vas a esperar para hacerlo.*"

Esta historia muestra de manera muy clara que por mucho que pensemos en lo felices que seríamos si pudiésemos manipular el mundo a nuestra entera voluntad individual; en realidad no lo seríamos. La única forma en que la consciencia puede discernir el verdadero patrón de su propio ser es dándole todo el rango de posibilidades. Como dijo uno de mis maestros, la única forma en que puedes ser libre es concediéndole al mundo entero la libertad de ser exactamente como es.

Habiendo explorado la autonomía innata de la Consciencia, que permite tanto la sabiduría (completa auto concientización), como la ignorancia (auto ocultamiento parcial) y las acciones alineadas y desalineadas que surgen respectivamente, aún nos queda la pregunta de por qué existe la ignorancia en primer lugar. ¿Por qué surge el modo de ocultamiento? Casi todas las filosofías de la India evaden la pregunta, aduciendo que la ignorancia no tiene un principio, luego entonces no es posible abordar la cuestión de la causa. No obstante, la filosofía tántrika tiene una respuesta interesante para aquellos que se ocupan de buscarla. El tantra observa que cuando el Absoluto universal y sin forma adquiere una forma en particular, se encuentra con que cada forma es necesariamente limitada, eso es, que el expresar ciertas cualidades implica que haya que negar otras. Para que X se manifieste es necesario suprimir todo aquello que no sea X.

Para que Steve se manifieste todo aquello que no es Steve debe replegarse en el terreno sin forma. El problema surge cuando un fragmento de autoconsciencia como tú o como yo contempla su ser manifiesto limitado y supone que eso es todo lo que hay. Sin embargo, esto no es así, ya que el terreno sin forma, de infinitas posibilidades, también reside en ti —como la raíz más profunda de tu ser—. En otras palabras, al orientarte hacia el nivel de realidad más obvio y tangible (tu cuerpo, tus pensamientos, etc.), que también es el nivel de máxima diferencia con respecto a otras formas, comienzas a identificarte con ese nivel y como consecuencia dejas de ser consciente de las dimensiones sutiles de tu ser, en las que se encuentra codificado el patrón del Universo entero. Ver sólo una parte del Todo, y considerar que esa parte es el Todo es a lo que llamamos ignorancia, y la ignorancia da paso al sufrimiento, porque implica una desalineación con la realidad como verdaderamente es.

¿Cómo se llega a esta suposición, que conlleva a una identificación limitada y por consiguiente al sufrimiento? Podríamos decir que la fuerza que motiva al Universo es el amor. Es a través del amor que la Consciencia se encarna a sí misma como un universo, y es a través del amor que la Consciencia permite que exista todo el rango de posibilidades en ese universo (puesto que negar cualquier posibilidad sería rechazar un aspecto de sí misma). El punto de origen de la identificación limitada también es el amor: cuando la Consciencia se encuentra a sí misma en un cuerpo es como si se enamorara tanto de su creación que olvidase del resto de sí misma, y de esta forma en lugar de mirar al todo quedase atrapada en una identificación parcial (limitada). Un error inocente, con consecuencias no tan inocentes, como se verá más adelante. Esa forma limitada de consciencia recibe (como si lo fuera) "señales" provenientes de la realidad, que le indican que está desalineada, señales que comúnmente catalogamos como "sufrimiento". Al ser una forma limitada de consciencia, se necesita un tiempo para que el verdadero significado de estas señales surta su efecto; en ese punto la Consciencia comienza a despertar a la totalidad de sí misma. Este proceso, que a nosotros nos puede parecer que tarda siglos, es en realidad un momento breve, un pequeño malentendido en la gran escala de tiempo del Universo.

Lo anterior nos dice que el dolor y el sufrimiento son en mayor medida un mecanismo de retroalimentación que el Universo utiliza para advertirte de una desalineación. No ponemos objeción al hecho de tener cuerpos que sientan dolor cuando tocamos algún objeto que esté al rojo vivo porque sabemos que el dolor nos protege. El sufrimiento mental puede resultar más agudo y difícil de tolerar que el dolor físico porque apunta hacia desalineaciones más profundas en nuestra estructura de pensamiento. La mayor parte del sufrimiento humano es una creación de la mente, es decir, surge de la acción de aferrarse a historias que no están alineadas con la realidad. Si el enfoque que le das a una determinada situación hace que sufras y te genera división y conflicto, entonces tienes la evidencia de que necesitas calificar esa perspectiva como una desalineación y librarte de ella. El objetante puede alegar que "seguro habrá formas de dolor que sean perfectamente naturales", o que "no puedes pensar que el dolor que causa la pérdida un ser querido es un indicativo de desalineación". Si el dolor en cuestión se traduce en desesperanza y depresión intolerables, se puede decir que sí, eso indicaría que hay una historia desalineada, como "nunca seré feliz sin él". Cuando no hay una historia que transforme el dolor en sufrimiento, el dolor que causa la pérdida se convierte en algo de nítida belleza, a la que el ser claro y despierto da la bienvenida como una forma más de su amor, que le atraviesa sin resistencia y por consiguiente no se queda estancado.

El dolor y el sufrimiento son en mayor medida un mecanismo de retroalimentación que el Universo utiliza para advertirte de una desalineación

Debido a que todo sufrimiento, desde un chispazo de ira hasta la culpa más agonizante, es un mecanismo de retroalimentación, el ser despierto lo acepta como un regalo y una bendición, y no en el sentido artificial del personaje de Pollyanna de decir "Sí, está bien, yo estoy bien, vamos a encontrarle el lado bueno, de alguna forma va a estar bien", sino en el sentido de que no importa cuánto duela en el momento, ella sabe que es parte de un proceso de refinamiento que está perfectamente calibrado para de forma eventual hacerla centrarse en su amor y libertad incondicional; es un proceso que trabaja en la medida en que observemos en dónde es que este proceso de retroalimentación nos está pidiendo que nos pongamos atención. Con frecuencia no hacemos esto y sólo tratamos de pasar la etapa del sufrimiento, que en todo caso volvería a surgir una y otra vez, hasta que podamos mirar lo que se nos muestra en cuanto a la forma en que nos asimos a la realidad. El momento en el que puedas mirar con claridad el hecho que *tú,* y nadie más que tú, eres responsable de tu sufrimiento, y cómo tu visión de las cosas lo crea, habrá comenzado un proceso irrevocable que no se detendrá hasta dar fin a todo ese sufrimiento creado por la mente.

La realidad es intrínsecamente auspiciosa (*śiva*): cualquier cosa puede ser una bendición.

Dado que todo contribuye a este proceso que no tiende más que a tu propio beneficio, los sabios realizados siempre dicen: "todo es una bendición" o con palabras más certeras "todo puede ser una bendición". La misma palabra "Śiva" significa bendición, así que cuando las escrituras dicen que el mundo es *śiva,* lo que quieren decir es que es al mismo tiempo divino y una bendición (de hecho no existen las letras mayúsculas en sánscrito). En este sentido podemos decir que la realidad es intrínsecamente auspiciosa (que quiere decir "propicia para el éxito") e intrínsecamente buena —no en el sentido del bien contra el mal, sino en un sentido más profundo que afirma que cualquier cosa puede ser una bendición, y que cada experiencia se ofrece a ti como un gurú, dándote una enseñanza sobre el patrón más profundo—. No es necesario que entiendas esto con la mente, tan sólo ábrete a esta posibilidad con plena consciencia, sin oponer resistencia y sin importar si la experiencia es dolorosa o placentera, y el aprendizaje ocurrirá de forma automática.

Ahora, la objeción final: "todo eso suena muy bien, ¿pero qué ocurre con toda tu filosofía espiritual rimbombante cuando la humanidad manifiesta lo peor de sí misma?, ¿qué hay de la guerra y los campos de concentración?" Ninguna filosofía espiritual que se precie de serlo se derrumba por el hecho de que el sufrimiento haya incrementado. El punto aquí es que todo nos señala hacia el patrón más profundo, y algunas veces las consecuencias se vuelven drásticas antes de que los seres humanos tomen la decisión de aprender acerca de este patrón y de actuar de acuerdo a su aprendizaje. No obstante, en todos los casos en que hubo consecuencias drásticas, también hubo señales menores de desalineación mucho antes de llegar a ese punto. "¿Entonces tú piensas que la guerra es una bendición?" No si por "bendición" te refieres a "algo bueno", pero sí, si lo que quieres decir es "una poderosa oportunidad de despertar". Thich Nhat Hanh, uno de los grandes seres de nuestro tiempo, tuvo su despertar en medio de la guerra de Vietnam, y su compasión y discernimiento han fluido desde entonces, beneficiando a miles de personas; el gran psicólogo humanista Víctor Frankl nos dice que él descubrió el poder del amor en un campo de concentración Nazi: manteniendo firme su humanidad y ayudando a sus compañeros internos en las peores circunstancias encontró el significado más profundo y una conexión con Dios que no había conocido antes. Más tarde escribiría:

> *"Nunca debemos olvidar que podemos encontrar el significado de la vida incluso en situaciones desesperanzadas, cuando enfrentamos una circunstancia que no se puede cambiar. En esos casos lo que importa es dar fe del inigualable potencial humano en toda su capacidad, que puede transformar la tragedia personal en triunfo, de convertir los predicamentos personales en un logro humano. Cuando ya no nos es posible cambiar una situación —piensen en una enfermedad sin cura, como un cáncer inoperable— estamos ante el desafío de cambiar nosotros mismos."*

Victor Frankl

Algunos dicen que Frankl fue una excepción, un hombre dotado por su constitución natural para sacar lo mejor de la peor situación. De hecho, él era un hombre normal que sufrió una transformación radical cuando se dio cuenta, justo en el borde de la desesperanza, que "A un hombre se le puede arrebatar todo menos una sola cosa, la última de las libertades humanas: elegir con qué actitud va a enfrentar cualquier tipo de circunstancia —elegir su propia vía—". Este poder de autonomía existe dentro de todos en igual medida, al ejercer este poder, estás convirtiendo lo peor que te pudo haber pasado en el más grande de los regalos, y al mismo tiempo te estás uniendo a la legión de aquellos que antes de ti han podido decir con honestidad: "Mi vida ha estado algunas veces llena de reto y de dolor. Estoy tan agradecido por lo todo lo que pasó y no cambiaría nada al respecto".

Categorías del pensamiento tántriko

Las cinco capas del ser - Los cinco actos de Dios - Los cinco poderes

Los 36 tattvas - Las tres impurezas - Los cuatro niveles de lenguaje

Los cinco estados de consciencia - Los siete perceptores

Introducción a las categorías

Al igual que todos los demás sistemas filosóficos de la India, el tantra shivaíta no dualista (TSND) presenta lo que en principio pareciera una apabullante gama de listas de diversos aspectos de la realidad, todos ellos intentando describir la experiencia de la consciencia encarnada en sus diferentes fases. Estas listas categóricas constituyen una herramienta primaria para el estudio de la tradición. Antes de leer esta sección, es importante que comprendas que *cada una* de estas listas brinda un relato más o menos completo de la realidad desde un ángulo en particular. Para explicarlo con una analogía (imperfecta), es como tomar un pastel marmoleado y hacerle cortes en ángulos distintos: cada corte muestra un patrón diferente de exactamente el mismo objeto. Si lo anterior no alcanza a ser comprendido, aquellos que deseen obtener la esencia básica de una enseñanza pueden encontrar estas categorías redundantes y repetitivas, mientras que quienes estén interesados en los detalles quizá lleguen a sentirse abrumados por la abundancia de tipos de información. Ambos problemas se pueden solucionar cuando se entiende que, antes que ninguna otra cosa, cada una de estas listas proporciona una distinta hoja de ruta para la práctica, un punto de vista que orienta en el desarrollo de la *sādhanā;* si logras comprender cualquiera de ellas en su totalidad, ya no necesitarás ningún otro mapa. No obstante, se presenta una variedad de mapas, porque algunos de ellos tendrán sentido para ciertas personas, otros para otras. Mi recomendación es que, después de haberlos leído todos, te enfoques en contemplar a profundidad aquel con el que mejor resuenes; más tarde podrás dedicarte a contemplar otro, con el fin de cultivar la comprensión de que cualquiera puede servir para iluminar a otras personas. Puede ser que los practicantes del estilo moderno de yoga, conocido como *Anusāra*, quieran tomar nota del hecho que la estructura de esta escuela de yoga está directamente inspirada en estas listas categóricas, en especial en los Cinco Poderes, los Cinco Actos y en los Treinta y Seis *Tattvas*, pero primero que nada dirijamos nuestra atención a la visión tántrika de la naturaleza de un ser de consciencia encarnada.

Las capas anidadas de la consciencia: las cinco capas tántrikas del ser

Algunos de los cuestionamientos centrales que la filosofía de la India siempre ha planteado han sido "¿Quién o qué soy?" ¿Cuáles son las dimensiones del ser? ¿Cuáles son los contornos y los elementos que constituyen al ser humano? O para ser más preciso: "¿Cuál es el referente del yo cognitivo?" El TSND tiene una singular manera de responder a esta pregunta, la cual, como muchas otras enseñanzas tántrikas, resulta familiar y al mismo tiempo ofrece nuevas perspectivas.

La visión tántrika del ser puede compararse con una muñeca rusa o *matryoshka:* capas anidadas que van desde la más densa hasta la más sutil, de la menos esencial a la más esencial mientras nos movemos de la periferia hacia el núcleo. En total, el análisis tántriko considera cinco capas del ser:

- El cuerpo físico,
- El corazón-la mente/ el cuerpo energético,
- El *prāṇa* o fuerza de vida,
- El Vacío trascendente, y
- El Poder de la Consciencia.

El cuerpo es la única capa donde todas las otras capas pueden experimentarse de forma simultánea.

La última capa es tu naturaleza esencial, el Ser dentro del ser.[34] Debemos entender desde el principio que no hay una rígida separación entre estas cinco capas; de hecho, como nos lo dice un maestro tántriko: "es la naturaleza de cada capa ser permeada por las capas que yacen debajo". Entre más sutil sea la capa, más capacidad tendrá de permear hacia las demás capas, razón por la que la Consciencia, la más sutil de todas, es omnipresente. Sin embargo, este esquema no va en desmedro del cuerpo; en realidad, el cuerpo es la única capa donde *todas* las otras capas pueden experimentarse de forma simultánea.

Algunos textos también añaden una sexta capa, más periférica: la expresión material de tu propio ser, que está a tu alrededor, tus "cosas".

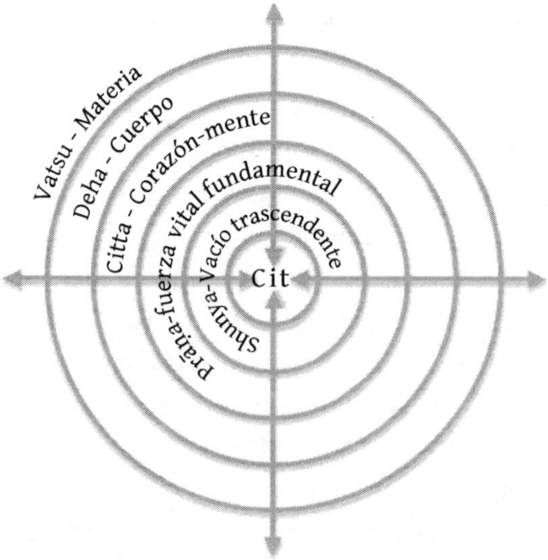

El punto de este mapa de nosotros mismos es que el sufrimiento surge como resultado de una falla en la percepción de la completitud de tu ser y su jerarquía natural. Esta inhabilidad para percibir el todo proviene de la creencia errónea de que tu "ser" está compuesto por sólo una o dos de las capas que ya hemos descrito. Analicemos estas capas, partiendo de la más externa hasta llegar a la más interna.

Las cosas

Si te identificas con la capa más externa, tus "cosas" *(vastu)*, expresas esta identificación en pensamientos o afirmaciones como "soy rico" o "soy pobre", etcétera. En estas afirmaciones estamos literalmente equiparando nuestra identidad con el estatus económico, porque el verbo "ser" funciona como un signo de equivalencia. Para ilustrar esta identificación con *vastu*, considera cómo nos igualamos con nuestros automóviles, tanto que cuando alguien golpea nuestro auto con el suyo, de inmediato exclamamos "¡Me pegaste!" Ni siquiera necesito señalar hasta qué punto la forma en que nos identificamos con la capa material *vastu* acarrea sufrimiento, porque la riqueza material y el estatus no son estables ni seguros. Aun cuando *Vastu* incluye también la autoexpresión en la selección y el arreglo de los objetos en el entorno de nuestro hogar, sin embargo, esto no significa que disfrutar de esta forma de expresión indique apego a la capa de *vastu*. No hay nada de malo en amar a los objetos materiales *per se*, el problema del que hablamos viene cuando se forma una identidad dependiente de esa dimensión. Por ejemplo, si lo que otras personas opinen sobre tu casa te llena de orgullo o de odio hacia ti mismo, quiere decir que ahí hay una forma no saludable de apego. El discernimiento es necesario para distinguir la diferencia, tanto en esta como en todas las demás capas.

El cuerpo

La siguiente capa es la que conforma el cuerpo o *deha*. Nuestra identificación con el cuerpo se expresa por medio de pensamientos o afirmaciones tales como "estoy gordo", "estoy delgada", "soy joven", "soy viejo", "soy linda", "soy feo", y demás. Este tipo de pensamientos denotan la creencia de que tu corporeidad es lo que define tu identidad.

Si te sientes identificado con tu cuerpo hasta el punto de excluir las capas más profundas de tu ser, entonces tu autoestima se basará necesariamente en la opinión que tú y otras personas tengan sobre tu cuerpo; en este caso, estás en definitiva condenándote al sufrimiento, ya que la verdad universal es que el cuerpo se deteriorará, envejecerá, caerá en decadencia y morirá. Si tú crees que lo único que eres es tu cuerpo y nada más, esta verdad se vuelve aterradora. En las antiguas tradiciones indias, los *yogīs* contemplaban la temporalidad del cuerpo yendo a los crematorios y practicando meditaciones con los ojos abiertos, mirando a los cuerpos quemarse por días y semanas hasta el final. Éste era un poderoso medio para que la verdad de la mortalidad quedase impresa en sus mentes, y como resultado el apego por el cuerpo disminuyera y el sentido de lo preciosa que es la vida aumentara. No es coincidencia que para nuestra cultura, que celebra la dimensión física de la vida hasta el punto de la obsesión, la muerte sea algo que haya que ocultar. A las muchedumbres se les evita ver un cadáver en público y a las personas muy ancianas se les recluye en asilos. Es de esta forma que propagamos la fantasía de nuestra propia inmortalidad, que a fin de cuentas nos genera un sufrimiento mayor cuando esta fantasía es destrozada. No sabemos cómo envejecer y morir con gracia, pero si creemos y experimentamos que somos algo más que este cuerpo físico, morir con gracia se vuelve una posibilidad.

Toma nota de que estoy dando las expresiones de identificación de cada capa en forma de pares de opuestos; esto es porque, de acuerdo con la psicología del yoga, no es posible identificar un lado de un par sin hacer lo propio con el lado contrario. En otras palabras, si el pensamiento de "soy bonita" te genera placer, el pensamiento de "soy fea" te provocará dolor en la misma exacta proporción. El apego a un lado implica *necesariamente* apego hacia el otro, lo que nos muestra que ambos son caras opuestas de la misma moneda.

Corazón-mente

La siguiente capa es la del corazón-mente, o *citta,* que es pura Consciencia contraída en forma de pensamientos y sentimientos. Nuestra identificación con esta capa de la mente se expresa en pensamientos o afirmaciones tales como "soy listo", "soy estúpido", "soy competente", "soy incompetente", "estoy feliz", "estoy triste", etcétera. Las últimas dos frases quizá te resulten sorprendentes como ejemplos de identificación de la mente. En la filosofía de la India (tal como se expresa en lengua sánscrita), la mente y el corazón no son dos cosas distintas, si con esos términos nos referimos a los puntos focales del pensamiento y las emociones. Tanto los pensamientos como los sentimientos son vibraciones de *citta,* o "el material de la mente", y de hecho ambos son los extremos de un mismo espectro; si esto no fuera cierto, nunca podríamos hablar sobre nuestros sentimientos ni sentir nuestras ideas a profundidad. La diferencia entre pensamientos y sentimientos es simple: los pensamientos son vibraciones (*vṛttis*) con un componente lingüístico o lógico predominante, mientras que los sentimientos son vibraciones con una mayor carga afectiva; esta diferencia no es absoluta sino de grado. Por ejemplo, cuando nos sentimos tristes, casi siempre ese sentimiento está fuertemente relacionado con un pensamiento específico, muchas veces inconsciente. Concientizar ese pensamiento nos puede ayudar a desbloquearlo y a acceder a la energía latente del sentimiento.

Cuando nos identificamos con nuestra mente —es decir, con nuestros pensamientos y sentimientos— al punto de excluir las otras capas de nuestro ser, también sufrimos. La mente cambia aún más rápido que el cuerpo, es un despliegue caleidoscópico de imaginaciones, palabras, ideas y sentimientos, donde el terreno en apariencia seguro resulta no ser más que una completa fantasía. En un intento por estabilizar este dominio de la mente, tendemos a repetir determinados patrones de pensamiento hasta que éstos pasan a ser hábitos arraigados. Con frecuencia estos patrones no son saludables, pero preferimos el confort que nos da su familiaridad a enfrentarnos a la posibilidad totalmente abierta, que puede parecernos de una incertidumbre aterradora. Podemos volvernos muy apegados a crear una sensación de seguridad generando definiciones rígidas de lo que "debe ser", cuando en realidad estamos evitando el miedo que conlleva el darse cuenta que nada es definitivo y que si no tenemos mucho control de lo que ocurre en nuestra propia mente, menos lo vamos a tener en cuanto a lo que nos sucede. Por el contrario, el alivio y sentimiento de libertad más maravillosos suceden en el momento que nuestros pensamientos y sentimientos ya no definen nuestra identidad ni nuestra realidad. Cuando dejamos de identificarnos en exceso con la mente, navegamos con el flujo de su energía y aprendemos sobre sus corrientes de la misma forma en que un surfista aprende a montar las olas; sus debilidades y miedos insignificantes nos resultan divertidos y obtenemos energía de sus sensaciones intensas, ya sean "positivas" o "negativas".

De todas las capas, mayoría de nosotros se identifica en gran medida con la mente. Liberarse de la atadura que representa esta identificación es desde luego imposible si no nos enraizamos cada vez más en la experiencia directa de las capas más profundas del ser. Esta separación de la mente (que no implica devaluar su utilidad) es crucial en todas las formas de yoga, ya sean tántrikas o no tántrikas. Cuando nos identificamos en demasía con la mente, nos resulta imposible no identificarnos con sus historias. La mente crea una serie de representaciones generalizadas, reduccionistas y distorsionadas de la realidad (llamadas *vikalpas*). Cuando tomamos estas construcciones mentales como *si fueran* la realidad —en lugar de verlas como las representaciones deformadas que en verdad son— sufrimos. Recuerda que en el TSND todo el sufrimiento es consecuencia de no ver las cosas como son en realidad. Cuando ya no nos identificamos en exceso con la mente, nos volvemos naturalmente más escépticos con respecto a las historias que ella crea en torno a la realidad, las cuales no surgen de una evaluación clara de la situación real que está frente a nosotros, sino de las esperanzas y los miedos basados en experiencias pasadas que pueden haber sido placenteras o dolorosas. Una vez libres de esta identificación con la mente, dejamos de tomarnos tan en serio, y en definitiva

Ver pp. 307-y ss.

dejamos de creernos todas las cosas que pensamos; entendemos así que la mente es tan sólo una entre muchas fuentes de información de las que un ser despierto toma nota como parte del proceso amoroso y consciente de abrazar el todo de su propio ser, tal como la madre que escucha con ternura las historias de sus pequeños, sin que esto implique que vaya a tomárselas literalmente, sino que pone atención en aquellos detalles que señalan hacia una realidad o situación más profunda (ya hablaremos más en torno a este tema clave).

Energía vital

La siguiente capa es la del *prāṇa,* que con frecuencia se traduce como "energía vital" o "fuerza de vida". En esta capa la individualidad se trasciende, puesto que todos los seres vivos la compartimos. El movimiento del *prāṇa,* que está íntimamente conectado con la respiración*, es vital para que la vida pueda continuar; de hecho, el prāṇa* funciona como eslabón entre el cuerpo físico y la mente, y es clave en la conexión de ambos, aunque es más sutil y al mismo tiempo más fundamental que cualquiera de ellos. El *prāṇa* es de alguna manera el *medio* por el que la mente se extiende a tra*vés del cuerpo en la forma que llamamos "cuerpo sutil" (abordaremos este tema más adelante).* El *prāṇa* constituye una capa más sutil y esencial de nuestro ser que la mente, y nuestra identificación con esta capa se expresa con afirmaciones como "me siento energizado", "me siento exhausta", "me siento viva", "me siento apático". Tanto la amplificación como el desgaste del *prāṇa* están conectados a la dieta, el ejercicio, el sueño y los patrones de pensamiento y es esta capa la responsable de nuestro nivel de energ*ía en general y de nuestro estado de ánimo.* Si te sientes fastidiado, irritable o desanimado y no encuentras ninguna raz*ón externa para ello,* probablemente se deba al estado de energía de tu *prāṇa,* y puedes resolverlo con alimentación, ejercicio, sueño y relajación. Aunque pueda resultar "natural" que nos identifiquemos de forma más intensa con el *prāṇa* que con cualquier otra de las capas más externas, el exceso nos pone a merced de nuestro estado de ánimo. Tomar nuestros estados de ánimo demasiado en serio puede dar paso a acciones impulsivas que nuestras capas del cuerpo y la mente puedan lamentar más tarde (como cuando le hablamos con rudeza a un ser querido). Tomamos los estados de ánimo basados en el *prāṇa* demasiado en serio en el momento en que creemos que éstos son producto de la mente en lugar de darnos cuenta que se deben simplemente a la amplificación o al desgaste del *prāṇa* (he aquí el extendido problema de reducir todo a nuestra psicología).

En este punto podemos tomar un momento para definir los cinco subtipos básicos del *prāṇa.* Para hacer las cosas un tanto confusas, el primer subtipo recibe el mismo nombre que la categoría general, se le denomina *prāṇa-vāyu* ("el viento que se mueve hacia el exterior") y rige la exhalación; *apāna-vāyu* ("el viento que se mueve hacia abajo") está ligado a la inhalación y controla todos los movimientos descendentes, como el paso de los alimentos a través del tracto digestivo y la eliminación de desechos. *Samāna-vāyu* ("el viento igualador") se relaciona con el fuego digestivo y con la fusión *de la inhalación y la exhalación en la práctica* yóguica de *prāṇāyāma; udāna-vāyu* ("el viento que sube") tiene que ver con los eructos, el vómito, los estornudos, el habla y la elevación de la *kuṇḍalinī* a través de las prácticas yóguicas. Por último, *vyāna-vāyu* ("el viento omnipresente") está vinculado al movimiento de las extremidades y la distribución de los nutrientes a través del cuerpo. Como puedes ver, es necesario que los cinco *prāṇas* funcionen todos bien para que la experiencia de estar en nuestro cuerpo sea saludable y disfrutable.

El Vacío

La penúltima capa en nuestro análisis del ser es la del Vacío trascendente (*śūnya).* El Vacío, que es omnipresente; esta vacuidad de toda forma y energía, absolutamente inmóvil, es, en cierto sentido, Śiva sin Śakti, o esta última existiendo como una potencialidad sin expresarse. Ésta es la capa en la que la consciencia se ocupa cuando estamos en un estado de sueño profundo pero no soñamos; también podemos alcanzar este estado durante la vigilia a través de la meditación. La mayoría de la gente no se identifica con esta capa, pero muchos meditadores que han alcanzado el lugar trascendente y de profunda paz del Vacío deciden (luego de emerger de él) que ése es su estado natural, y afirman: "Yo soy el Vacío", o más a menudo algo como "Yo no soy este mundo, mi verdadero Ser trasciende todas las cosas". Estos individuos renuncian a todas las identificaciones con el mundo material: cuerpo y mente, y se convierten en trascendentalistas, y aunque logran alcanzar estados profundos de paz, resulta frecuente que no puedan integrar estos estados a la vida cotidiana, y por lo tanto es posible que tampoco sean capaces de cuidar de su propio cuerpo, ni que les sea fácil relacionarse con los demás. Éste no es el camino tántriko, porque un *tāntrika* no renuncia a nada y busca incansablemente la realización con la Divinidad en todas las capas del ser.

El núcleo

En la visión tántrika, el centro supremo de nuestro ser es Consciencia absoluta, no dualista y no local (*cit* o *saṃvit*), que está más allá de todas las demás capas y al mismo tiempo las permea todas, haciendo posible que sean perceptibles. La Consciencia es el núcleo secreto y pulsante de tu existencia entera, es misteriosa porque es omnipresente y sin embargo no te das cuenta de que ahí está. Es la "capa" de tu ser más difícil de aprehender, porque es el poder a través del cual todo es aprehendido; es también la más difícil de percibir, porque es el poder detrás de toda percepción; es el núcleo en el sentido de que es el único aspecto de tu ser que no se puede cosificar. La Consciencia no difiere en lo absoluto de la Divinidad Suprema, que es la esencia de todas las cosas; lo abarca todo y está presente en todas las formas de percepción, incluyendo también las formas más contraídas de autoidentificación con cualquiera de las capas anteriores. Debido a que este núcleo de Consciencia es por definición trascendente y al mismo tiempo inmanente, cuando nos identificamos con él, podemos experimentar cualquier estado como divino, y no nada más aquellos que nos elevan radicalmente de nuestra experiencia ordinaria. En otras palabras, la identificación con el núcleo de la Consciencia nos permite experimentar la divinidad presente en todas las cosas porque *es* la divinidad presente en todas las cosas; es la fusión perfecta de Śiva y Śakti, consciencia pura y todas las formas de energía que abarca, por lo que este "nivel" de tu ser no puede representarse como lo que está en la cúspide de la jerarquía de las capas del ser, porque permea y subsume toda la jerarquía.

La identificación con este Núcleo toma la forma de la experiencia (y *no* del pensamiento) de "¡Soy Consciencia libre, dichosa y lúcida!" Algunas veces esto se expresa con el mantra *śivo'ham* ("Yo soy la Divinidad"). Para el tantra no dualista, ese estado de consciencia liberada en donde reconocemos nuestra verdadera naturaleza *porque somos ella misma* se resume de forma perfecta en la frase *pūrṇo'ham*, que puede traducirse como "Yo soy el todo" o "Yo soy un ser completo y perfecto", o bien (de manera menos poética pero técnicamente más precisa) "Yo soy ese 'yo' que abarca todas las cosas".

El gran maestro Utpala Deva describe el estado espiritual de *samāveśa* —inmersión total en la Divinidad— precisamente en términos de estas cinco capas del ser que ya hemos visto:

Estrofas en torno al Reconocimiento de la Divinidad

> *Darnos cuenta por medio de la experiencia de la prevalencia de Ser Consciente como el verdadero Sabedor y Agente, y darnos cuenta de que todas las capas de individualidad —desde el Vacío hasta el cuerpo— no son más que sus meros atributos, es lo que caracteriza a samāveśa.* [35]

En otras palabras, la experiencia espiritual más profunda realmente consiste en la total comprensión de que la Consciencia divina es tu verdadera esencia, y que todas las capas de tu ser con las que estás acostumbrado a identificarte: tus cosas, tu cuerpo, mente, *prāṇa*, y Vacío, en realidad no son otra cosa que expresiones en constante cambio de ese núcleo de Consciencia.[36] En otras palabras, la Consciencia vibra como manifestación de todas las capas periféricas de tu ser, desde el Vacío hacia afuera. Todas las otras capas son epifenómenos del núcleo de Consciencia y no al revés.

El modelo tántriko del ser nos invita a preguntarnos cuál es el lugar donde yace nuestra identidad construida. ¿Cuál es el nivel donde habitualmente fijamos nuestra percepción? En palabras de Paul-Muller Ortega, ¿cuál es nuestro "punto de ensamblaje individual"? Si es en una o más de las capas periféricas, tenemos más labor por hacer. Cuando trabajamos con este modelo de cinco o seis capas del ser durante la práctica, podemos ver el clásico movimiento doble tántriko de la trascendencia seguida de la impregnación; esto quiere decir que se nos pide involucrarnos en una práctica de contemplación de la negación seguida por una afirmación más profunda. Primero, rechazamos la identificación de nuestro Ser real con nuestras cosas, siguiendo con nuestro cuerpo, luego con la mente, después con el *prāṇa,* y por último con el Vacío. Cuando reconocemos a nuestro Ser real como el núcleo de la Consciencia divina, que es autoconsciencia trascendente e inmanente y a la vez dichosamente libre, entonces también nos damos cuenta de que, de hecho, somos *todas* las capas del ser que antes habíamos negado. Todas esas capas son vistas como expresiones de la Consciencia no dual, y en consecuencia, identificarse con cualquiera de ellas deja de ser un problema una vez que llegamos a una identificación más profunda y verdadera; de esta forma nos trasladamos de la percepción errónea de "yo soy (sólo) este cuerpo", a "yo soy Consciencia divina, vibrando en la forma de este cuerpo" o bien a "yo soy todas estas capas del ser, ¡y soy aún más, en formas que no se pueden expresar!" Toma nota de que cuando se expresan en palabras, estas experiencias suenan egoístas y ostentosas, pero en el contexto de una experiencia profunda y sin palabras, no lo son.

La negación se vuelve entonces una mera herramienta para alcanzar una afirmación más profunda; la trascendencia no es más que una fase preliminar que da paso a una expansión más plena. En la contemplación de la visión tántrika de las cinco capas del ser encontramos nuestro centro y nos sumergimos en nuestro núcleo, nosotros (en el lenguaje de *Anusāra* yoga) "abrazamos nuestra línea media hacia adentro" para luego expandirnos hacia afuera de forma plena, dichosa y equilibrada.

Los cinco (+1) poderes de Dios

Los cinco poderes, o *śakti*s, son la forma principal en la que el tantra shivaíta no dualista describe la naturaleza fundamental de la Divinidad; éstos son:

- **CHIT-ŚAKTI**— El Poder de la Consciencia
- **ĀNANDA-ŚAKTI**— El Poder de la Dicha
- **ICCHĀ-ŚAKTI**— El Poder de la Voluntad o el impulso creativo
- **JÑĀNA-ŚAKTI**— El Poder del Conocimiento
- **KRIYĀ-ŚAKTI**— El Poder de la Acción

Para decirlo de otra forma, el Dios o la Diosa no son más que el agente de consciencia dichosa de todo conocimiento y toda acción. También hay un sexto e importantísimo "meta-poder" que abarca los otros cinco: *Svātantrya-śakti,* el Poder de la Libertad. Se le llama "meta-poder" porque proporciona el contexto para que operen los otros cinco poderes; en otras palabras, la Divinidad ejerce sus cinco poderes como una expresión de su libertad innata y su completa autonomía.

Estos cinco poderes permean toda la realidad, y no existe nada que esté separado de ellos. El TSND nos invita a reconocer estos poderes como propios. La realización experiencial de que en realidad no somos diferentes a Dios se activa cuando aceptamos que los cinco poderes y los cinco Actos de Dios (ver más abajo) también comprenden la totalidad de nuestra experiencia individual de encarnación.

Ya hemos dicho que el Poder de la Consciencia (*cit-śakti,* que se pronuncia chit, como la "c" en sánscrito) es el fundamento de toda la realidad, el único factor presente en cualquier experiencia; la única pregunta es si es predominante en cualquier experiencia, es decir, en cualquier momento, ya sea que estemos preponderantemente más conscientes de una alguna realidad contraída en particular, o de un objeto determinado de consciencia, o si nuestra percepción prima sobre nuestra propia subjetividad, de nosotros como seres conscientes, del hecho de la consciencia en sí misma. En este último caso, aún puede haber contracción, pero ésta queda subordinada a nuestra consciencia. Por ejemplo, puedes experimentar una situación difícil o placentera, como un golpe muy doloroso en un dedo del pie, o un atardecer exquisito, y ceñir el sentido de la sensación a "yo soy un ser consciente y estoy experimentando tal o cual vibración en mi propio campo de percepción". Esta perspectiva puede predominar hasta el punto en que estás presente lo mismo ante un atardecer que con el dedo del pie adolorido. Cuando tu percepción prevalece en la consciencia, ya no experimentas ninguna forma de contracción (como pensamiento, dolor o placer) como un *limitante,* mientras que si tu percepción se concentra en la contracción, inevitablemente estarás limitado por la identificación, ya sea con el cuerpo, la mente, el *prāṇa*, etc., esto es, cualquiera que sea la capa de tu ser que predomine en una experiencia determinada.

Como Kṣemarāja nos enseña en su sublime texto *El corazón de la doctrina de reconocimiento* (*pratyabhijñā-hṛdayam*), que la percepción prevalezca en la Consciencia es algo a lo que se puede llegar de forma espontánea o a través de la práctica espiritual. De vez en cuando tenemos experiencias espontáneas de esta autopercepción expansiva porque es nuestra verdadera naturaleza. Tal vez tú la hayas experimentado al caminar en silencio en la naturaleza, o tal vez cuando te has sentido profundamente conectado con un amigo y al mismo tiempo te has mantenido centrado en ti mismo; quizá cuando te has encontrado en una gran encrucijada de vida, preguntándote qué camino debes tomar, o cuando te das cuenta que te estás enamorando. En momentos como éstos nos sentimos expandidos, nuestra percepción se intensifica y nuestro entorno parece volverse más vívido, la realidad más nítida que de costumbre (o en algunas ocasiones como si se tratase de un sueño). Estos momentos se perciben más cargados de significado y poder, incluso si no hay nada específico sucediendo en el exterior, y son pequeños indicios de nuestra potencia interior, atisbos de la experiencia de la realidad que podemos alcanzar si cultivamos la Consciencia.

La Consciencia se cultiva a través de una práctica espiritual enfocada en la meditación, por medio de la que vamos progresando por etapas hacia el estado de consciencia permanente de nuestra verdadera naturaleza, con nuestros poderes y potencialidad expandidos al máximo —una consciencia que siempre está emanando, siempre nueva, siempre renovándose a sí misma *(nityodita)*—. Ahora bien, es importante mencionar que en el contexto del TSND, la práctica de meditación es primordialmente destructiva en su naturaleza; esto quiere decir que te permite despojarte de todas tus nociones limitadas con respecto a lo que eres, revelando tu verdadera naturaleza, el núcleo del ser que es todo lo que siempre has sido. De acuerdo con las enseñanzas de Abhinava Gupta, si las construcciones mentales falsas en torno a nosotros mismos se desestabilizan y luego se disuelven, el Corazón se revelará en su completitud. Como tú ya eres Eso, no hay nada que necesites añadir para ser perfecto, aunque también es cierto que la mayoría de nosotros necesitamos ejercitar nuestras capacidades para fortalecerlas si queremos mantenernos conectados con nuestra perfección innata. El proceso de desvelar el núcleo de la realidad de tu ser es muy diferente a la terapia, que tiene como propósito hacerte sentir mejor. Para algunos puede ser muy difícil, incluso punzantemente doloroso, renunciar a la autoimagen en la que tanta energía se ha invertido, pero a fin de cuentas el resultado ineludible será una felicidad mucho más extensa. La herramienta principal en este proceso de disolución, que es al mismo tiempo el proceso de auto-revelación, es la práctica del discernimiento *(tarka)*, que nos permite distinguir entre la realidad y las construcciones mentales *(vikalpas)* que en ella proyectamos. Es por medio del discernimiento que podemos examinar

Si las construcciones mentales falsas en torno a nosotros mismos se desestabilizan y luego se disuelven, el Corazón se revelará en su completitud.

y descartar conceptualizaciones de la realidad cada vez más refinadas, hasta que al final nos encontramos con una tan refinada que cuando se desvanece quedamos frente a frente con la realidad en sí misma sin ninguna conceptualización intermedia. En términos de los seis poderes antes mencionados, esto no es más que la Consciencia ejerciendo su Poder de Conocimiento para poder acceder a los poderes de Dicha y Libertad. Cuando vemos las cosas como en verdad son, naturalmente nos inundamos de dicha y de sentido de tener nuestra propia libertad para elegir la forma en que queremos que sea nuestra experiencia en torno a ellas.

El discernimento es la herramienta primaria para disolver la falsedad.

El Poder de la Dicha

Definamos con mayor precisión el segundo de estos poderes. Cuando somos capaces de activar, intensificar y expandir nuestro Poder de la Consciencia para enraizarnos en su centro mismo y aunque sea por unos momentos reposar ahí, podemos entonces acceder de forma natural a la totalidad de *ānanda-śakti,* el Poder de la Dicha. La dicha es tan inherente a la Consciencia como el calor lo es al fuego; ahora bien, debemos ser cuidadosos al distinguir la dicha *(ānanda)* de la felicidad ordinaria o del sentimiento placentero *(sukha).* La felicidad ordinaria surge sólo cuando se satisfacen nuestras necesidades, sólo cuando las circunstancias son de una determinada manera; de otro modo padecemos lo opuesto: insatisfacción o desdicha *(duḥkha).* En contraste, *ānanda* describe una forma de percibir y amar la realidad que es completamente independiente de las circunstancias; resulta por lo tanto difícil traducirlo al español, pero podemos acercarnos a su significado si lo definimos como un estado de absoluto contentamiento, aceptación y una alegría apacible y al mismo tiempo sublime: la paz que excede todo entendimiento. Este estado, que es mucho más gratificante que la felicidad ordinaria, puede existir en cualquier circunstancia. Por ejemplo, puedes estar pasando por un dolor o una pena intensos y aun así experimentar *ānanda.* Comenzamos a conectar con el Poder de la Dicha cuando sin más llegamos a una total consciencia de lo que estamos sintiendo en este momento y lo aceptamos cabalmente, sin oponer resistencia a ningún elemento. Entre más practiquemos esta auto consciencia amorosa, más plena será la experiencia de *ānanda* que de ella emane.

El sentido común dice que hay muchas fuentes posibles para lograr la felicidad. Sin embargo, cuando se trata de vivenciar la verdadera dicha que todos buscamos, junto a la cual la felicidad no es más que una sombra, el TSND sostiene que hay una y sólo una causa. Para comprender lo anterior, reflexiona por un momento en las veces que te has sentido completamente libre y satisfecho, libre de todas tus preocupaciones y temores, cuando todo en el mundo parece estar bien y tú sientes que encajas en él a la perfección, en otras palabras, cuando has sentido *ānanda.* Puedes pensar que cada uno de estos momentos ha tenido una causa distinta: en uno pudo haber sido la belleza de la naturaleza, en otro el aplauso de tus compañeros, o la ladera de esquí perfecta, o hacer el amor de forma perfecta, o una extraordinaria banda de música, o la amabilidad de un amigo, y muchos ejemplos más. ¿Es que acaso causas diversas pueden derivar justo en el mismo resultado, en esa misma plenitud gozosa, o es que todas esas experiencias tienen algo en común? Si lo reflexionas, verás que todos esos momentos *tuvieron* un elemento en común: que tú te hayas permitido estar plenamente presente y consciente —te has consagrado a vivir la realidad del momento y te has abierto a su belleza—. No obstante, no hubo nada intrínsecamente más hermoso en ningún momento en particular con respecto a los otros, como las demás personas que estuvieron ahí lo podrán confirmar (de otra forma, todos habrían tenido la misma experiencia que tú); sólo fue el hecho de que te abriste y conectaste con la realidad, en lugar de hacerlo con un concepto de la realidad. En otras palabras, el Poder de la Consciencia se activó, se expandió y te conectó de forma precisa con el Universo del cual formas parte. *Esta apertura, esta presencia consciente, es el único medio para revelar tu dicha innata.* Limitamos nuestro propio poder cuando creemos que la causa de nuestras más grandes alegrías es algo que proviene de fuera, como puede ser otra persona o una circunstancia en especial. Los elementos externos pueden (en el me-

La apertura, la presencia consciente, es el único medio para revelar tu dicha innata.

jor de los casos) detonar una consciencia expandida e intensificada, que es en sí misma lo que da paso a la dicha.

Considera que la mayoría de nosotros habitamos en nuestro mundo de pensamientos, conceptos y proyecciones; no estamos conectados en totalidad, ya sea porque tenemos miedo de la vulnerabilidad que conlleva ese compromiso con la realidad, o porque el presente nos parece aburrido en comparación con nuestro mundo de fantasías. Esto explica por qué sólo nos conectamos por completo con el momento presente cuando las circunstancias son lo bastante seguras (por ejemplo, cuando tenemos la certeza del amor y la buena opinión de las personas que nos rodean) o bien cuando el momento es lo bastante emocionante (como cuando vivimos experiencias cumbre en la naturaleza o en algún festival). Lo anterior nos lleva a la obvia aunque falsa conclusión de que este tipo de experiencias son posibles nada más en condiciones así. El camino espiritual nos enseña cómo abrirnos en circunstancias de índole distinta, y de esta forma descubrir que sólo el estar abierto y consciente es lo que da paso a la verdadera dicha, y nada más.

Desarrollar esta comprensión es crucial para que comprendamos que, para acceder a esa dicha, todo lo que necesitamos es volvernos más conscientes. Para lograr este objetivo, tenemos un buen número de herramientas de entre las que podemos elegir, que además, siempre están disponibles; darnos cuenta de esto nos confiere poder al liberarnos de la falsa creencia de que una persona o cosa en particular son la fuente de nuestra felicidad. De hecho, todo el camino espiritual se caracteriza por el desarrollo de procesos internos que detonan esta consciencia dichosa, de forma que nos liberamos enteramente de la necesidad de que las circunstancias externas sean ninguna otra cosa que lo que son.

El primer paso hacia el reposo innato es tomar una respiración profunda, larga y suave.

Abhinava Gupta nos enseña que cuando reposamos en la Consciencia, la dicha surge de manera natural y espontánea. La palabra sánscrita *viśrānti,* reposo, es muy hermosa y significa descansar en terreno *pacífico del ser, el estado real de conexión, que es tan reconfortante y grato como los refrescantes rayos de luna luego de un día de calor abrasador.* El primer paso hacia este estado de reposo, en la situación que sea, es tomar una respiración profunda, larga y suave. Puedes incrementar en gran medida el efecto de esta respiración profunda si imaginas la inhalación lunar *(apāna-vāyu),* fresca y de un color blanco plateado, fluyendo hacia el espacio del Corazón, asentándote en un lugar de descanso exquisito. Después de algunas de estas inhalaciones, permanece centrado en tu Corazón mientras extiendes tu percepción con una cálida exhalación solar, que te conecta con tu situación actual. Esta práctica puede convertirse en una meditación poderosa: utilizar la inhalación para liberar todo menos la sensación de descansar en el espacio del Corazón, y la exhalación para iluminar todo tu entorno con una percepción intensificada. Con la práctica, lograrás que *ānanda* emane e inunde todo tu ser.

El Poder de la Voluntad

El tercero de los poderes es *icchā-śakti,* el Poder de la Voluntad. En su acepción ordinaria, la palabra *icchā* puede significar deseo, pero sólo es posible desear algo cuando ya se le conoce, y en el contexto del TSND a *icchā* se le define como un impulso creativo *precognitivo* que tiende hacia la autoexpresión, es el impulso detrás de la manifestación de un universo y detrás de toda expresión artística que se realiza como un fin en sí mismo. Este poder es dependiente de los dos primeros porque la autoexpresión surge justo cuando la Consciencia reposa en la autopercepción dichosa. Como un microcosmos del Dios o de la Diosa, tú también puedes acceder al Poder de la Voluntad divina, que es una fuente de energía infinita detrás de toda creación. Para lograrlo, debes reposar en la autoconsciencia. Entre más podamos acceder a nuestra verdadera naturaleza innata, más podremos sacar provecho del poder infalible de la Voluntad divina. La Voluntad busca la autoexpresión por ninguna otra razón que la alegría inherente que existe en el acto mismo de esta última. Si estás accediendo a *icchā-śakti* en tus propósitos de vida, ya sea bailar o reparar computadoras, tendrás una gran reserva de energía de la cual echar mano. Esto es porque cuando persigues una actividad como forma de autoexpresión, ésta te renueva en lugar de drenarte; es por esto que un *yogī* debe encontrar la forma de expresar su naturaleza innata en el desempeño de su carrera y en sus actividades cotidianas, si no puede hacerlo, tendrá que elegir entre cambiarlas o secarse internamente, sin la dulzura de la vida.

El Poder del Conocimiento

Para que *icchā-śakti* fluya hacia la acción de forma exitosa, debe primero fusionarse con *jñāna-śakti,* el Poder del Conocimiento. Para poder hacer uso de la energía inspiradora de *icchā-śakti* es necesario verterla en los patrones estructurados de *jñāna-śakti,* de otro modo la inspiración se diluye. *Jñāna-śakti* es el patrón orgánico de la Consciencia, que se expresa como las estructuras profundas de la realidad. Sin *jñāna-śakti,* las leyes consistentes de la física no podrían existir (por ejemplo), no habría cohesión en la forma del Universo, no habría un patrón en la interacción de los seres vivientes. Como microcosmos de la Divinidad, si tu deseo es expresar tu impulso creativo y ponerlo en acción, ya sea como corredor de bolsa, músico o chef, debes primero dotarte de conocimiento, cultivar un profundo entendimiento de las formas específicas en que la energía fluye en la actividad que hayas seleccionado, tales como sus estructuras profundas y leyes operativas. La aparente paradoja es que cuando te entregas a la disciplina de convertirte en un experto en el conocimiento de una forma o estructura, también te vuelves capaz de expresarte de forma alegre y libre en ese campo. Para ilustrar lo anterior, un gran músico de jazz o una bailarina de danza moderna sólo logran improvisar con consumado virtuosismo, con tal libertad y enfoque apasionado, cuando él o ella han dominado las formas y estructuras en las que la música opera y el cuerpo se mueve. Es la entrega a una disciplina lo que nos vuelve realmente libres y capaces de expresarnos, de lo contrario nuestra energía creativa no está lo suficientemente bien dirigida para lograr nada. De igual forma, no importa cuánta pasión sientas por andar el camino espiritual, para que ese fervor funcione a tu favor, necesitas adquirir el conocimiento necesario acerca del camino, y en especial sacar provecho de la sabiduría de los maestros que lo han andado y han logrado sortear con éxito sus múltiples trampas.

El Poder de la Acción

Todos estos poderes no sumarían nada sin *kriyā-śakti,* el Poder de la Acción *Divina.* De hecho, nada podría llegar a existir en ninguna forma concreta sin *kriyā-śakti,* porque las estructuras dentro del contexto de *jñāna-śakti* de las que ya he hablado son puramente sutiles, patrones intangibles a través de los cuales la energía fluye de forma natural. Aunque *kriyā-śakti* se considere como el "más bajo" de los Poderes, es celebrado como la culminación final del movimiento de la Consciencia en sus diversas formas de autoexpresión. Desde una perspectiva absoluta, toda actividad es una forma de *kriyā-śakti,* pero desde nuestra perspectiva limitada hay que hacer una importante distinción entre *kriyā* y *karma;* ambos términos significan "acción", pero las acciones kármicas (que se definen como acciones volitivas motivadas por un resultado esperado) atan el alma individual y restringen su libertad, mientras que las acciones que forman parte de *kriyā-śakti* son, al igual que todos los *śakti*s, absolutamente libres y por ende no forman parte de sistema kármico común. En otras palabras, el karma es la acción condicionante y condicionada, mientras que *kriyā* es la acción que surge de forma espontánea y que expresa nuestro ser natural. ¿Qué ejemplos podemos dar de este tipo de acciones? Cualquier acción que se realiza como fin en sí misma, pura y desinteresada, sin un plan específico sino como una expresión espontánea de tu ser, es una manifestación de *kriyā-śakti* y por lo tanto no te ata al ciclo kármico. Uno de mis maestros dice que cuando alguien quiere hacer algo por él, le advierte: "Por favor, haz esto por mí sólo si vas a hacerlo con el mismo gozo con el que un niño alimenta a un perro, porque no quiero tener que pagar después". Ésta es su manera de decir que él quiere que sus relaciones con los demás sean expresiones de *kriyā-śakti,* y no ataduras kármicas. Las prácticas espirituales, cuando no se realizan ambicionando el resultado, son todas expresiones de *kriyā-śakti;* ésta es la razón por la que la práctica espiritual es más exitosa cuando la disfrutas por lo que es y la experimentas como una celebración a la Divinidad en lugar de tomarla como un medio para alcanzar un fin.

Karma es una acción condicionante y condicionada, en tanto que *kriyā* es una acción que surge de forma espontánea y que expresa nuestro ser natural.

Śiva como el Señor de la Danza (Naṭarāja)

Los cinco actos de Dios

Si los cinco poderes describen la naturaleza fundamental del Dios o de la Diosa, los cinco actos determinan lo que Ella/Él *hacen.* En este sentido, son expresiones del Poder de la Acción (que por supuesto nunca opera por separado de los poderes de la Voluntad y el Conocimiento). Kṣemarāja, discípulo de Abhinava Gupta, hace referencia a estos cinco Actos en el verso con el que abre su magistral tratado *El Corazón de la doctrina del Reconocimiento* (*pratyabhijñā-hṛdayam*):

El Corazón del Reconocimiento

> Oṃ namaḥ śivāya satataṃ pañca-kṛtya-vidhāyine |
> cidānanda-ghana-svātma-paramārthāvabhāsine ||
> ¡Reverencia a la Divinidad, que realiza incesantemente
> los Cinco Actos, y al hacerlo revela la realidad máxima
> del propio Ser, desbordándose con la dicha de la Consciencia!

Los cinco actos divinos (*pañca-kṛtya*) no sólo constituyen aquello que el Dios o la Diosa realizan, de hecho, son todo lo que Ella y Él realizan *siempre;* por consiguiente, todo lo que ocurre en el Universo expresa uno o más de estos actos, los cuales son:

- **SṚṢṬI**—creación, emisión, el flujo de la autoexpresión
- **STHITI**—*estasis,* sustento, preservación
- **SAṂHĀRA**—disolución, reabsorción, retracción
- **TIRODHĀNA**—ocultamiento, oclusión, olvido
- **ANUGRAHA**—revelación, recuerdo, gracia

Estos actos ocurren en todas las escalas: desde los grandiosos procesos macrocósmicos de creación y disolución del Universo entero, hasta los procesos que momento a momento crean y disuelven tu sutil experiencia interna de la realidad. Kṣemarāja nos enseña en el verso anterior que la ejecución de estos cinco actos es lo que revela la realidad máxima del ser como el dinamismo puro que emana de la Consciencia dichosa. Vamos a investigar cómo es que esto sucede.

Podemos usar la imagen de Śiva como el Señor de la Danza *(Naṭarāja)* para ayudar a orientarnos a través de los cinco actos, ya que sus cuatro manos y su pie en alto los expresan a la perfección. El primero de los cinco es *sṛṣṭi*, la creación, representada por la mano superior derecha, que sostiene el tambor *ḍāmaru.* El tambor representa la pulsación rítmica que da lugar a la totalidad de la realidad. Por el hecho de que el Universo no es otra cosa que *spanda,* la pulsación dinámica de los movimientos entrelazados de expansión y contracción, el latido del tambor establece el tono de todo lo que viene a continuación. Ahora bien, *sṛṣṭi* a menudo se traduce como *creación*, pero en el contexto tántriko el término se adapta más a *emisión* (que de hecho es más cercano a la raíz del significado de la palabra), pues el acto de creación no es más que el flujo de la Divinidad hacia su forma manifiesta, la proyección de su propio reflejo en forma encarnada.

El segundo acto es *sthiti*, el sustento por un periodo específico de algo que ha sido creado. También podemos traducir este término como *estasis*. Este acto está representado por la mano derecha inferior, que realiza *abhaya-mudrā,* con la palma de la mano vuelta hacia afuera en un gesto que tradicionalmente indica: "No tengas miedo".

El tercer acto es *saṃhāra,* que por lo regular se traduce como "disolución", o incluso "destrucción". Se representa con la mano superior izquierda de Śiva, que sostiene el fuego (en el hinduismo convencional, que de manera incidental no tiene casi nada en común con el tantra shivaíta salvo por el hecho de haber sido influído algunas veces por éste, la destrucción se considera como el ámbito de Śiva cuando se le coloca al lado de Visnu y de Brahmā. Esto se debe a que Śiva está asociado al poder del Tiempo *[mahākāla],* considerado como una fuerza principalmente destructiva). Sin embargo, en el tantra shivaíta *saṃhāra* se entiende como una "reabsorción" o "retracción"; es decir, el retorno de aquello que Dios ha creado hacia su ser no manifiesto. Lo que nosotros vemos como destrucción es en realidad la reabsorción en el campo luminoso e indescriptible de potencialidad pura en el que a fin de cuentas todas las cosas se disuelven.

El cuarto acto es *tirodhāna*, que quiere decir "oclusión, ocultamiento". Se expresa por medio del brazo que cruza el pecho de *Naṭarāja*, oculta el corazón de la vista y termina en la mano vuelta hacia abajo en un gesto conmovedor. De todos los actos, el del auto-olvido es el más difícil de comprender. El proceso a través del cual la Consciencia se traslada desde el estado no manifiesto de potencial absoluto hasta una particularidad manifiesta implica necesariamente el ocultamiento, puesto que para que la Consciencia se manifieste en una forma determinada, debe ocultar o suprimir todas sus demás formas posibles. Para que Dios se encarne en ti y adopte tu forma completa, debe olvidarse temporalmente de todos los aspectos de su ser que no sean tú. Esto significa que la coalescencia de la Consciencia en una forma encarnada es en esencia un acto de *autolimitación* que, no obstante, ha sido elegido de forma libre. Citando la acertada frase de Sianna Sherman, la transición de la expansión total hacia la encarnación contraída es una "contracción auspiciosa". En el estado expandido del potencial absoluto hay una homogeneidad e inmovilidad tan completas que no habría lugar para una acción dinámica ni una autoexpresión creativa. Debido a que estas últimas cualidades son potencialidades inherentes en la Consciencia divina, no hubo (ni hay) posibilidad de fallo al expresarlas. Si Dios no fuera capaz de expresar alguna parte de su ser, éste sería un acto de autonegación, y ya que su naturaleza es de amor y reverente autoconsciencia, tal cosa sería imposible.

La coalescencia de la Consciencia en una forma encarnada es en esencia un acto de autolimitación que ha sido elegido de forma libre.

De este modo, el acto de creación, o de particularización y diversificación, es forzosamente un acto de ocultamiento. Puede ser que nos cueste trabajo aceptar esto, porque el sufrimiento es una consecuencia del auto-olvido de Dios. Cuando no podemos ver la realidad completa sufrimos, ya que la verdadera dicha se postula como poder ver las cosas como son en verdad; por lo tanto, el cuarto acto se equilibra y resuelve de forma natural a través del quinto acto, *anugraha* o gracia. A este quinto acto se le simboliza con el pie elevado de Śiva Naṭarāja, puesto que, según la tradición india, el pie del gurú es la parte más sagrada de su cuerpo y está asociada con la efusión de su gracia. Observa que la mano de Śiva que oculta al mismo tiempo apunta directamente al pie elevado de la gracia: una cosa implica la otra. La gracia, la bendición de Dios o de la Diosa, no es más que el acto de recordar, o la auto-revelación que cancela el acto previo de olvido o auto-ocultamiento. Para decirlo de manera más precisa, lo hace fructificar revelando su propósito más profundo. En esta tradición, la gracia es fundamentalmente un acto de *reconciliación.* Es a través de la bendición de su revelación que una manifestación limitada e individual del Dios o la Diosa se reconcilia con el patrón y con el propósito del Todo. Esta reconciliación es también un proceso de reintegración a través del cual la experiencia hace que te des cuenta de que tú eres una expresión completa y perfecta del patrón profundo de la única Consciencia que se mueve y danza dentro todas las cosas. El acto de la gracia te señala quién eres en realidad. Esta revelación no niega lo que tú ya sabes sobre ti mismo, únicamente muestra que eso sólo es la capa más superficial de tu ser.

Éste es un ejemplo más de cómo el patrón de contracción es precursor necesario de una futura expansión. La transición contractiva hacia la encarnación que expresa facetas específicas de la Divinidad (como por ejemplo tú) se completa y consuma con una expansión hacia la percepción de la totalidad de tu naturaleza divina. Sin embargo, y éste es un punto crucial, tal expansión no necesariamente involucra una renuncia de tu individualidad, en vez de ello, esa mera individualidad se experimenta como una expresión única del patrón del Todo. Esta experiencia es un resultado de la gracia.

Mediante la gracia, puedes experimentar tu individualidad como una expresión, bellamente única, del patrón del Todo.

El uso de la palabra *gracia* puede provocar que algunas personas hagan asociaciones erróneas, por ejemplo, una bendición que debe ganarse a través de hacer buenas obras o de ser "buena persona". Implicar que Dios es quien otorga favores a aquellos que son merecedores y que se los niega a otros, según Abhinava Gupta, no es más que el "parloteo sin sentido de los dualistas", en un sistema no dualista ese entendimiento es imposible. Entonces, ¿qué es lo que activa el poder de la gracia en un individuo en apariencia limitado, como lo somos nosotros? Sólo puede ser el exquisitamente sutil y al mismo tiempo profundo movimiento interno por medio del que comenzamos a abrirnos a una realidad más grande. Para ilustrarlo con una metáfora, tan pronto como creamos espacio en el corazón, el poder de la gracia llena el espacio vacío. Cuando ya hemos tenido suficiente de los placeres y dolores que la existencia ordinaria conlleva, nos volvemos hacia nuestra expansión final y nos abrimos a la realidad divina. Es entonces que *anugraha,* la gracia divina, nos conduce de forma inexorable, y en proporción a nuestra habilidad, a abrirnos a ella. La etimología de *anugraha* es "aquello que sigue comprendiendo". Aún no he encontrado una explicación de esta frase en ninguna fuente primaria, pero la interpreto como una alusión a la experiencia de bienaventuranza que surge cuando comprendemos nuestro potencial divino innato. Cuando atisbamos, aunque sea por un momento breve, la magnificencia de nuestra propia naturaleza, comenzamos a heredar nuestro derecho de nacimiento. La gratitud que brota en respuesta a la dulzura inefable de la experiencia de despertar es tal que no podemos decir otra cosa más que "¡Me siento tan bendecido!" Esto es la gracia.

Ver p. 112

Puede ser que los cinco actos —creación, sustento, disolución, ocultamiento y gracia— parezcan grandes procesos cosmológicos, muy distantes de nuestra vida cotidiana; de ser así, ¿cómo es que la realización de los cinco actos revela la realidad máxima del propio Ser, como lo afirma Kṣemarāja? El TSND nos enseña que nuestro Universo muestra una auto-similitud parecida a la de un copo de nieve o un fractal, con los mismos patrones repitiéndose a todos los niveles. Como es arriba, es abajo; como es por fuera, es por dentro; como es aquí, es en cualquier otra parte. Es así que los cinco actos que están involucrados en el proceso universal son justamente los mismos movimientos de nuestro proceso individual. Nuestra experiencia de la realidad momento a momento puede describirse en términos de estos cinco actos (pronto las cosas se empezarán a tornar un poco más filosóficas y densas, así que tómate la libertad de saltarte las partes donde te sientas atorado. El texto se vuelve otra vez menos filosófico en la siguiente sección).

La escuela Krama del TSND nos enseña que podemos observar los actos divinos de *sṛṣṭi*, *sthiti* y *saṃhāra* en la emanación y desvanecimiento de todas y cada una de las cogniciones. Ya sea que el objeto sea algo en lo que estamos pensando (un concepto), o algo que estamos percibiendo (una percepción), siempre sigue el mismo proceso. La cognición emerge de un estado "vacío", aparentemente neutral y en blanco, persiste por un corto periodo y luego se disuelve otra vez en el vacío. La mayor parte de las cogniciones dan pie a otras cogniciones relacionadas de forma tan rápida que no somos capaces de percibir ningún espacio entre ellas —aunque podemos percibirlo al final de lo que llamamos una "secuencia de pensamientos"—. La disolución de la última de una serie de cogniciones conectadas da lugar a un espacio perceptible entre un pensamiento y otro, que a menudo se experimenta como un "retorno a uno mismo", un retorno natural a un estado de consciencia más grande con respecto a nosotros mismos y al medio ambiente en el momento presente, que al tiempo es una expansión hacia una posibilidad abierta. Es en este momento de conexión con la realidad, que brinda una oportunidad para la autorreflexión, donde elegimos ocultar o revelar nuestra propia injerencia en todo este proceso —que no es algo que nos suceda, sino un proceso en el que nuestra propia consciencia es tanto actor como escenario—. pratyabhijñā, la escuela de Reconocimiento que recibe influencia de la corriente de Krama, enseña que este proceso de cognición por medio del cual el campo de nuestra consciencia se contrae en formas específicas de pensamiento para luego liberarlas, un fenómeno que sucede incontables veces a lo largo del día, es la clave del reconocimiento liberador de nosotros mismos como una expresión microcósmica del todo de la realidad divina. Veamos más a fondo este tema.

Teoría de ābhāsa, parte uno: el estatus de los objetos "externos"

Investigar cómo el acto de creación se despliega dentro de nosotros nos significará tener que recorrer un buen trayecto. Para poder comprender cómo un objeto de conocimiento se manifiesta, es necesario que primero entendamos la relación entre el perceptor, aquello que se percibe y la naturaleza de la existencia de los objetos externos.

El proceso inicia cuando la Consciencia manifiesta un objeto de conocimiento, que se describe como un "descendiente" de la Consciencia desde un estado plenamente expandido de potencial absoluto —una densificación de la energía de la Consciencia en la que esta comienza a vibrar en la longitud de onda más limitada del objeto—. En otras palabras, la Consciencia confluye y se contrae de acuerdo con el objeto percibido y por lo tanto crea una representación del mismo en la percepción. Ahora, un objeto de conocimiento puede ser cualquier cosa, desde una libélula revoloteando o tu recuerdo de un ser amado. Los ejemplos que tradicionalmente se dan de un objeto de conocimiento son el color azul y el sentimiento de felicidad. Aquí lo importante es que todos los "objetos" de conocimiento son de hecho vibraciones específicas del campo de la Consciencia, las cuales surgen desde un estado de potencialidad pura, el infinito vacío de la Consciencia pura, fuera del cual, en teoría, nada podría emerger.[37]

La manifestación de un objeto de conocimiento también requiere de forma obligada la manifestación de un objeto limitado: lo percibido implica un perceptor. Esto es a lo que llamamos "la mente". No obstante, de lo que no nos damos cuenta es de que la mente y su objeto son una aparente bifurcación del mismo principio: la Consciencia de la Diosa, que es el fundamento de todo el proceso, se divide en dos contracciones correlacionadas y coordinadas, que son reflejo una de la otra y que se manifiestan en dos esferas que hemos etiquetado como "interna" y "externa". Estas etiquetas ocultan el hecho de que no es posible que la realidad "externa" exista de forma independiente a su correspondiente realidad "interna"; esta invariable concomitancia prueba que ambas son aspectos de la otra. Las ciencias cognitivas modernas pueden aceptar el hecho de que creamos una imagen mental que es representación o reflexión de un objeto externo determinado, pero desde la perspectiva del TSND *el objeto es al mismo tiempo un reflejo de nuestra cognición.* Dicho de otra forma, este objeto no posee una prioridad existencial. El objetante puede replicar que el objeto debe ser prioritario, ya que una multiplicidad de individuos lo perciben y describen de manera similar. La respuesta del TSND es que no, el objeto no necesita ser prioritario si sus distintos perceptores son aspectos de *un* Perceptor, que se diferencia a sí mismo justamente para poder mirar al objeto desde diversas perspectivas (porque no es posible que dos personas tengan exactamente la misma perspectiva en todo, ya sea en sentido literal o figurado, y esta falta de redundancia es, de alguna forma, lo que justifica cada experiencia individual).

La mente y su objeto son en apariencia la bifurcación de un principio: la Diosa de la Consciencia.

Y bien, ¿qué hay del caso opuesto?, pregunta el objetante, en la cognición de un concepto (como opuesto a un objeto percibido). Con toda seguridad en este caso el sujeto tiene prioridad sobre el objeto, ya que el concepto que yo contemplo es parte de mi propia realidad privada. De hecho no es así, ¿o acaso puedes pensar en algún concepto que hayas contemplado que no haya sido también contemplado por otras personas? La creación misma de un concepto es en sí un acto social y colectivo de fabricación de significados, que desde la perspectiva del TSND sólo es posible porque los individuos involucrados son todos aspectos de un mismo ser. Asimismo, esta filosofía afirma que no nada más los conceptos, sino cualquier objeto conocido por más de un individuo puede considerarse como una co-creación de todos aquellos que lo perciben. Esto explica por qué ningún individuo por sí mismo tiene completa autonomía en cuanto a la creación de su propia realidad, y también explica por qué para experimentar la autonomía ilimitada es necesario subsumir la individualidad propia en la universalidad propia (o sea, en la divinidad de cada uno). Ya hemos mostrado que la manifestación de la cognición de cualquier objeto, por más simple que éste sea, es un proceso que no puede separarse de la manifestación de un objeto "externo", y viceversa; ambos son aspectos de uno solo, reflejándose mutuamente como parte de un proceso dialéctico a través del cual la Consciencia divina se refleja a sí misma en las distintas dimensiones de su ser. El ponderar esta verdad como un ejercicio meditativo es un ejemplo de la práctica tántrika llamada meditación *bhāvanā* o "contemplación creativa", tal y como se menciona en el texto sagrado *Vijñāna-bhairava-tantra*:

Vijñāna-bhairava-tantra

> *La consciencia del conocedor y de lo conocido es común a todos los seres encarnados; pero para los* yogīs, *la diferencia reside en que ellos prestan cuidadosa atención a la conexión. || 106 ||*

Para el *yogī* tántriko, lo más fascinante es observar el proceso por medio del cual la Consciencia crea la realidad dividiéndose a sí misma en tres partes: un objeto percibido *(prameya)*, un perceptor de tal objeto *(pramātṛ)*, cuya experiencia es en ese momento coloreada por dicho objeto, y un proceso de percepción que une las dos partes anteriores *(pramāṇa)*. Estos tres actos están expresados en una frase tan simple como "yo veo una vasija". Al presentarse estos tres elementos separados y con funciones gramaticales distintas, el lenguaje nos programa para creer que *están* separados, pero el reflejo muestra que todos ellos deben formar parte de un proceso continuo, porque ninguno podría existir sin los otros dos. Para ser más preciso, el "yo" *limitado* no puede existir sin las otras dos partes, pero el divino e ilimitado "yo" sí puede, porque es el fundamento indescriptible de las tres partes (más adelante daré más detalles). Para un yogī plenamente consciente, todo esto implica que la oración "yo veo una vasija" sea una afirmación profundamente filosófica *así como* una experiencia espiritual.

Teoría de ābhāsa, parte dos
Muchos resplandores de la única luz

Una anotación más con respecto a la naturaleza de los objetos externos: para entender plenamente cómo estos objetos se manifiestan en la Consciencia, requerimos establecer un estrecho contacto con lo que llamamos teoría de *ābhāsa.* En esta comprensión de la realidad, toda manifestación es una proyección, o "resplandor" *(ābhāsa)* de la única Luz de la Consciencia. Cada objeto tiene características peculiares, tales como "alto", "redondo", "azul", "masculino" o "hecho de madera de sándalo". A cada una de estas características se le llama *ābhāsa,* cuyo significado literal es "un resplandor" dentro de la Consciencia, y todas ellas son una vibración de la única Luz (toma nota de que "resplandor" y "manifiesto" son dos acepciones de la misma palabra en sánscrito: √*ābhā* o √*prakāś*). De acuerdo con esta teoría, la mente es un *sintetizador,* porque construye un objeto al que llama "vasija" en la medida en que pueda percibir sus distintos *ābhāsas*, tales como "corta", "redonda", "azul", "dura" y todos los demás atributos que pertenecen a un objeto en particular.[38] Sin embargo, hay tres *ābhāsas* menos tangibles, que son incluso más importantes para nuestra percepción individualizada de un objeto, y sin las que nosotros mismos no seríamos muy diferentes de un robot. De estas *ābhāsas* "subjetivas", las más importantes son: *1)* cuánto te agrada el objeto, *2)* qué tan útil es para ti el objeto, y *3)* qué tanta experiencia o conocimiento previo tienes en torno a él. Cuando percibimos un objeto, nuestra mente está sintetizando todas estas *ābhāsas* en una sola "cosa" unificada.

En la teoría *ābhāsa* la mente es un sintetizador.

No obstante, no hay tal cosa como una vasija en general, sino que sólo existen vasijas en particular, cada una de ellas única y compuesta por diferentes *ābhāsas*. En este punto estamos echando mano del ejemplo más simple de un objeto tangible y no es necesario decir que el acto de sintetizar una experiencia relacionada a un objeto intangible (por ejemplo "justicia") es aún más complejo.[39]

La aplicación práctica de *ābhāsa* es ayudarte a encarar la realidad tal y como es: diversas vibraciones de energía siendo analizadas por distintas facultades sensoriales y sintetizadas por la mente en la forma de un objeto, que luego es sometido a juicios variados. Observar este proceso requiere dar un paso hacia atrás y luego expandirse hacia una meta-percepción considerablemente más cercana a nuestra naturaleza real, que nos permite abarcar una imagen más grande y al mismo tiempo más sutil. Aquí utilicé la expresión *más cercana* a nuestra naturaleza real porque en a fin de cuentas lo que buscamos es la habilidad de tomar- esa perspectiva más amplia sin el sentido de separación connotado en la expresión "dar un paso atrás". De hecho, en tantra buscamos esa meta-percepción holística incluso cuando nos encontramos totalmente involucrados con el mundo.

Para concluir con nuestro excursus de la teoría de *ābhāsa,* quiero señalar que nuestra sociedad occidental materialista (si se me permite por un momento hacer una generalización con fines útiles) concede una realidad superior a aquellos aspectos de un objeto en los que todo el mundo está de acuerdo (como los parámetros físicos), y les llama "realidad objetiva". Se le da una menor importancia a nuestra experiencia "subjetiva" en torno a un objeto (aunque lo cierto es que toda experiencia es por definición subjetiva), a pesar de que tales dimensiones no están nunca ausentes de la experiencia personal del objeto y constituyen invariablemente la parte más importante en cada experiencia individual. El TSND argumenta de forma implícita que los llamados aspectos subjetivos (como el atractivo o la utilidad del objeto) no son más que una parte de la realidad del objeto en cuanto a sus atributos físicos, ya que nadie podría experimentar este objeto si no fuera por aquellos elementos subjetivos, aunque éstos difieran entre una persona y otra. ¿Por qué molestarnos en hacer énfasis en este punto? Porque cuando enfocamos nuestra atención en el llamado "consenso objetivo" con respecto a un objeto determinado, nuestra cultura toma la capa más superficial de la realidad como elemento fundamental y es así como no logramos darnos cuenta de que es la suma total de las *distintas* perspectivas del objeto lo que constituye la totalidad de su realidad multidimensional. Es la denominada dimensión subjetiva por la que peleamos e incluso nos matamos entre nosotros, sin darnos cuenta que cada una de estas distintas experiencias en torno a la cosa, persona o situación en cuestión, es parte de su propia realidad. Al reconocer esto, nuestras diferencias de opinión nos invitan a participar de un proceso cooperativo de indagación a través del cual llegamos a un entendimiento en cuanto a cómo la Consciencia crea la realidad.

La suma total de las distintas perspectivas en cada objeto constituye su realidad total.

Ya nos hemos tomado un tiempo en explorar las distintas facetas involucradas en la manifestación de un objeto de percepción (recuerda que *todos* los objetos son de forma necesaria objetos de percepción). Hemos visto que el mero acto de percibir o pensar en algo implica toda una teoría interconectada de la naturaleza de la realidad, pero volvamos al flujo secuencial del simple acto de cognición, como la percepción del color azul o el sentimiento de felicidad. Primero que nada, el objeto emerge hacia la percepción consciente: estamos realizando el acto de creación o emisión; incluso si se trata de un objeto familiar, nunca lo vas a experimentar de exactamente la misma forma dos veces, por lo que lo estamos creando de nuevo una y otra vez. Ahora bien, el objeto debe tener una cierta duración para que se le pueda experimentar como una realidad, es aquí que realizamos el acto de estasis *(sthiti),* que es cuando retenemos un objeto o percepción en la consciencia, aunque sea por un momento breve. El objeto puede mutar, desplegando una serie de ideas conectadas o imágenes (cada una con su propia mini reiteración del flujo cíclico), pero nosotros nos quedamos con una línea particular de pensamiento, la cual sostenemos hasta que la liberamos.

Cuando sentimos que ya "tuvimos suficiente" de ese objeto de percepción lo liberamos, y este se disuelve, fundiéndose en el terreno indescriptible del cual provino —la Consciencia de la Diosa en su forma plenamente expandida y que todo lo abarca—. Éste es el acto de *saṃhāra,* la disolución o retracción. Como lo mencioné antes, justo después del momento de disolución, cuando volvemos al terreno atemporal de todo pensamiento, existe un momento de oportunidad. Es en ese momento en el que hemos vuelto, aunque sea por breve tiempo, al campo de la consciencia, y podemos elegir entre la auto-revelación o el auto-olvido. Tenemos la oportunidad de reconocer que este estado fundamental, quieto y expansivo de Consciencia pura en el que por un momento reposamos es nuestra verdadera naturaleza, el ser inherentemente libre y dichoso.

Tenemos una elección: auto-revelarnos o auto-olvidarnos.

He aquí el gran secreto: hacemos contacto con nuestra propia naturaleza fundamental muchas veces al día —cada vez que hemos soltado un pensamiento o experiencia y antes de entrar en el siguiente— y sin embargo no sabemos aún cómo reposar en ese estado de Śiva, cómo saborear su *rasa* (sabor) divino; de hecho, ni siquiera llegamos a reconocer la oportunidad. Normalmente, cuando nos confrontamos con estos momentos de elección, no realizamos el acto de *anugraha* (revelación) sino el de *tirodhāna* (olvido u ocultamiento). En lugar de entregarnos a la oportunidad de experimentar la inefable autoconsciencia, de forma irreflexiva iniciamos otro tren de pensamientos tan pronto como nos es posible, que por lo regular comienza por una evaluación del tren previo. No es necesario decir que la posibilidad de reconocer la oportunidad en el momento de elección, el momento de "hacer contacto", es mayor en tanto más duradero sea el momento. Esto por esto que el *yogī* busca prolongar el espacio entre un pensamiento y otro, y es aquí donde ocurre la práctica de meditación.[40]

Es así como tú mismo realizas cada día los cinco actos de Dios dentro de ti. Creas pensamientos, los sostienes, los disuelves y eliges revelar u ocultar lo que está sucediendo en realidad y quién está de verdad a cargo, luego vuelves a crear, ¡siempre estás realizando uno de estos cinco actos! Ya sea que respondas a estímulos internos o externos, *manifiestas* los objetos de percepción que crean tu experiencia específica, los retienes, los dejas ir y después *eliges* entre reposar en tu verdadera naturaleza y por lo tanto reconocerte a ti mismo como el autor divino de todo el proceso, o bien ignorar a tu propio Ser y llevar tu atención al siguiente objeto que pueda proporcionarte placer, y así sucesivamente en un ciclo interminable. Si eliges la primera opción, estás eligiendo empoderarte. Reconocer que el espacio de autoconsciencia expandida entre un pensamiento y otro es su propio terreno inmutable, reconocer que hay un Perceptor eterno del triple proceso cognitivo que surge y se disuelve, y que tú eres eso, es extremadamente empoderador y liberador, porque al hacerlo te das cuenta de que siempre eliges tu experiencia en torno a la realidad, y que también puedes elegir de una forma diferente. Tú no eres ni nunca has sido una víctima de las circunstancias porque nadie más que tú puede determinar tu propio estado interno. Es verdad que elegir de una forma distinta puede ser muy difícil al principio debido al poder de tus propios *saṃskāras* (impresiones subliminales de experiencias pasadas que influyen en cómo vemos el presente). Tendemos a repetir patrones viejos que nos son familiares en lugar de hacer elecciones nuevas. No obstante, identificarte a ti mismo como el terreno donde ocurre el proceso de pensamiento en lugar de hacerlo como tus propios pensamientos significa que ya no estás a merced de ellos. De esta forma puedes elegir alterar la forma en la que experimentas la realidad, dado que tú eres el único que crea y disuelve las cogniciones a través de las que experimentas esa realidad.

El *yoginī* busca prolongar el "espacio entre los pensamientos".

Para concluir, volvamos al verso con el que hemos iniciado toda esta discusión:

El Corazón del Reconocimiento

> *¡Reverencia a la Divinidad, que realiza incesantemente los Cinco Actos, y que al hacerlo revela la realidad máxima del propio Ser, desbordándose con la dicha de la Consciencia!*

Kṣemarāja nos asegura que al acceder a la raíz de nuestra naturaleza, el núcleo de nuestra esencia, el Único Ser, que de manera constante ejecuta los cinco actos —y que no es diferente al Autor divino de todo el proceso cósmico— descubrimos un nivel de consciencia repleto de la dicha del ser puro, la dicha de ser consciente, de ser Consciencia encarnada, de ser el agente absolutamente libre en la creación de nuestra propia experiencia de la realidad.

LOS 36 TATTVAS:
PRINCIPIOS DE LA REALIDAD

El sistema de los *tattvas* o "niveles de la realidad" es central en la filosofía y cosmología tántrika. Este sistema consiste en un tipo de mapa de la experiencia de la realidad de los seres conscientes (véase la tabla de *tattvas* en la página siguiente). La temprana filosofía no tántrika de Sāṅkhya (entre cuyos seguidores estuvo Patañjali) articuló un sistema de veinticinco *tattvas*, y cuando el tantra shivaíta asumió el sistema Sāṅkhya y lo reelaboró, añadió siete niveles más de la realidad en el nivel superior, argumentando que los Sāṅkhyas no los habían logrado descubrir.

Es difícil definir el término *tattva;* el significado literal de la palabra en sánscrito es "talidad", aunque normalmente lo traducimos cono "principio de la realidad". Abhinava Gupta da una definición técnica que sólo es útil si puedes entenderla: "Un *tattva* es aquello que, en virtud de su realidad, permite que los agentes conscientes subsuman las categorías en su interior." Es más sencillo entender este concepto si estás familiarizado con los *tattvas* específicos.

Tattvas 1 -> 36 es el orden de la creación; 36 -> 1 es el orden de la liberación o retorno al Origen.

Los *tattvas* pueden enumerarse de abajo hacia arriba o viceversa. El ordenamiento de arriba hacia abajo (Śiva ->Tierra) corresponde al orden de la creación (*sṛṣṭi-krama),* y a la inversa es el orden de la liberación o retorno al Origen (*saṃhāra-krama).* Examinaremos los *tattvas* en la segunda forma, es decir, de abajo hacia arriba.

Los primeros cinco *tattvas* son los cinco grandes elementos de materialidad, o *pañca mahā-bhūtas.* A cada uno de ellos lo acompaña un símbolo tántriko tradicional, que se utiliza en ejercicios de visualización.

TATTVA #36: TIERRA *(prthvī)*

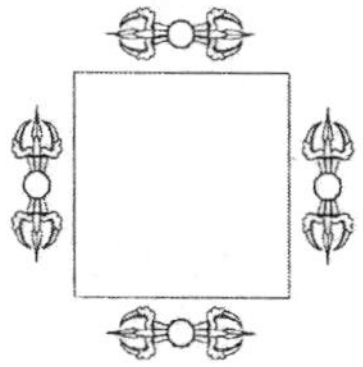

La Tierra está en la parte inferior de la jerarquía de los *tattvas,* pero eso no significa que los *tāntrikas* la consideren como el más "bajo" de los principios; por el contrario, se le toma como el más completo, es decir, el nivel

Los 36 tattvas de la cosmología tántrika

El corazón: Śiva-Śakti en fusión perfecta

Los tattvas absolutos
Lo Universal- La realidad última

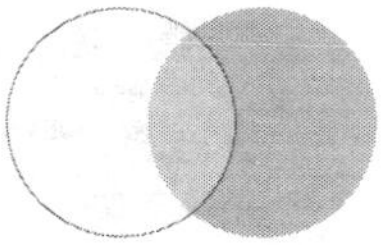

1.Śiva
Trascendente
Luz de la Consciencia

2. Śakti
Poder de la
autoconciencia reflexiva

YO SOY

3. **Sadāśiva:** Iccha - Desear - Yo soy esto
4. **Īśvara:** Jñana - Saber - Yo soy esto; esto soy yo
5. **Śuddha-vidyā:** Kriyā - Actuar - esto soy yo

Tattvas psíquicos
Las cinco cubiertas

6. Maya

7. **Kalā:** Agencia limitada
8. **Vidyā:** Conocimiento limitado
9. **Rāga:** Deseo / anhelo
10. **Kalā:** Tiempo secuencial
11. **Niyati:** Casualidad y localización

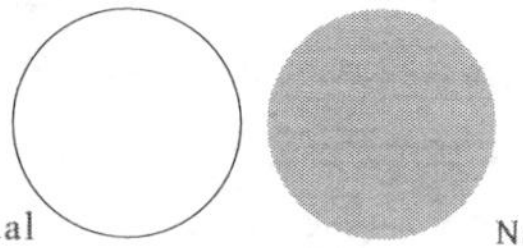

12. Puruṣa
Consciencia individual

13. Prakṛti
Naturaleza primordial

3. **Buddhi** - inteligencia
4. **Ahaṅkāra** - hacedor del "yo"
5. **Manas** - atención y procesamiento sensorial

Tattvas físicos
El mundo relativo

Jñānendriyas	**Karmendriyas**	**Tanmātras**	**Mahā-bhūtas**
17. Oídos	22. Boca / hablar	27. Sonido	32. Espacio
18. Piel	23. Manos / sujetar	28. Tacto	33. Viento
19. Ojos	24. Pies / caminar	29. Apariencia	34. Fuego
20. Lengua	25. Genitales / procrear	30. Sabor	35. Agua
21. Nariz	26. Intestinos / eliminar	31. Olor	36. Tierra

de la realidad en la que todos los *tattvas* se manifiestan en su totalidad. En otras palabras, los *tattvas* que se encuentran en la cúspide de la jerarquía (Śiva-*tattva*) son los principios presentes en forma potencial, mientras que los que están en la parte inferior son todas aquellas potencialidades inherentes a la Divinidad en su estado de expresión plena.

El elemento Tierra es el principio de solidez, densidad, resistencia y terrenalidad. El *bīja* mantra (sílaba semilla) exotérico, que comúnmente se utiliza para invocar y activar este elemento, es *lam.*[41] Los cinco sentidos están involucrados en su percepción.

TATTVA #35: AGUA *(āp or āpaḥ)*

El agua es el principio de la liquidez. Se percibe a través de los sentidos del oído, el tacto, la vista y en especial el del gusto. El *bīja* mantra que por lo regular se relaciona con este elemento es *vam.*

TATTVA #34: FUEGO *(tejas)*

El fuego es el principio de la combustión y la transformación (en *Āyurveda* se habla del "fuego digestivo" como una forma de describir el proceso por medio del cual el sistema digestivo transforma los alimentos en energía). Este elemento se percibe por medio de los sentidos del oído, tacto y sobre todo de la vista. El *bīja* mantra que usualmente se asocia a este elemento es *ram.*

TATTVA #33: VIENTO *(vāyu)*

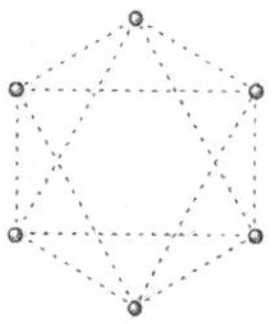

El viento es el principio de la movilidad (observa que en sánscrito se utiliza la misma palabra para referirse a "aire" y a "viento", pero la segunda es una traducción más acertada). La característica principal del aire es la forma en que se mueve para llenar un vacío parcial, y que siempre está tratando de amoldarse al espacio. Se percibe a través del oído y en especial del tacto. El *bīja* mantra que por lo común se relaciona con el viento es *yam.*

TATTVA #32: ESPACIO (*ākāśa*)

El espacio es el principio de la vacuidad y la extensión (la tridimensionalidad), algunas veces se le traduce erróneamente como "éter" (un concepto de medio interestelar que se refutó hace más o menos cien años). El espacio proporciona el contexto para la manifestación de toda materia y toda energía. El sentido del oído está relacionado a la percepción de *ākāśa,* en el sentido de que el sonido resuena a través del espacio. El bija mantra que por lo regular se utiliza para este elemento es *ham.*

Los siguientes cinco *tattvas* son los *tanmātras*, también llamados "elementos sutiles", esto es, las propiedades que hacen que las cosas sean perceptibles a los sentidos. Los seres sintientes vivimos en mundos que pueden ser olfateados, saboreados, vistos, tocados y oídos, y es por estas cualidades que les corresponden los sentidos desarrollados (ver abajo).

TATTVA #31: OLOR (*gandha*)
TATTVA #30: SABOR (*rasa*)
TATTVA #29: APARIENCIA (o forma; *rūpa*)
TATTVA #28: TACTILIDAD (*sparśa*)
TATTVA #27: VIBRACIÓN SONORA (*śabda*)

Los cinco siguientes corresponden a las cinco "capacidades de acción" o *karmendriyas*. Éstas son las cinco funciones fundamentales del ser humano en relación con su medio ambiente.

TATTVA #26: EVACUACIÓN (intestinos)
TATTVA #25: REPRODUCCIÓN (genitales)
TATTVA #24: LOCOMOCIÓN (pies)
TATTVA #23: MANIPULACIÓN (manos)
TATTVA #22: DISCURSO (boca)

Las cinco siguientes son las "capacidades sensoriales" o *jñānendriyas*. Se relacionan internamente con los cinco "elementos sutiles" mencionados arriba, las energías sensoriales que han evolucionado en conformidad con la sensibilidad múltiple de la realidad. Debido a que todo aquello que realmente existe es un solo campo de energía, los sentidos (incluso el tacto) son en esencia analizadores de frecuencia que traducen vibraciones en las distintas realidades en apariencia tangibles y estáticas que nuestro cerebro percibe, tales como el aspecto visual y el sonido de algo.

TATTVA #21: OLFATO (*ghrāṇa*)
TATTVA #20: GUSTO (*rasana*)
TATTVA #19: VISTA (*cakṣus*)
TATTVA #18: TACTO (*tvak*, literalmente "piel")
TATTVA #17: OÍDO "*śrotra*"

Los cuatro conjuntos que constituyen los veinte *tattvas* inferiores se pueden alinear de esta forma, misma que presenta sus correspondencias de forma clara:

Elementos densos	Elementos sutiles	Energías perceptivas	Energías activas
Tierra	Olor	Olfato	Evacuación
Agua	Sabor	Gusto	Placer/Reproducción
Fuego	Aparencia	Vista	Locomoción
Viento	Tacto	Sentir	Manipulación
Espacio	Sonido	Oído	Discurso

Estos alineamientos pueden parecer de sentido común, pero de hecho una correlación correcta y completa entre las energías de los sentidos y sus correspondientes objetos de los sentidos tal y como la buscan los *tāntrikas* es más rara de lo que pareciera; esto quiere decir que la mayoría de las personas vivimos en un mundo mental que nosotros mismos hemos creado, al punto de que no estamos bien arraigados en el mundo sensual, y cuando llegamos a prestarle atención, lo hacemos a través de un "cristal oscuro", filtrándolo por nuestro mundo mental construido. Es por esta razón que el tantra hace hincapié en las meditaciones sensuales, tales como degustar alimentos o escuchar música, o en rituales parsimoniosos y que involucren una refinada percepción, como la ceremonia del té japonesa, a través de los cuales podamos cultivar la habilidad de permitir que los sentidos tengan un encuentro pleno con los objetos. El TSND le llama a esto "alimentar a las diosas de los sentidos", cuando a estas diosas se les alimenta adecuadamente, ellas te recompensan inundando tu consciencia con un arrebato estético que incrementa tu capacidad de experimentar la belleza. El mundo entero se convierte en un lugar más vívido y real, más radiante y amoroso, más lleno de energía de vida, en lugar del mundo relativamente opaco e inerte que perciben quienes viven en su propio mundo mental, o el mundo sombrío y endeble que perciben los meditadores trascendentalistas (que toman el ámbito trascendental del vacío como "lo Real"). Estos dos mundos son los que hacen pasar hambre a las diosas de los sentidos.

Ahora exploraremos los *tattvas* más sutiles y elevados. Los siguientes tres son aspectos de lo que en términos generales Occidente llama "la mente". El término sánscrito que engloba estas facultades es *antaḥ-karaṇa* o "instrumento interno".

TATTVA #16: MENTE (*manas*, facultad de atención y procesamiento de los sentidos)

Manas es la mente funcional común, que procesa y sintetiza la información recabada por los sentidos. También es la facultad de la atención, y por lo tanto es un elemento que necesitamos entrenar con suavidad y disciplinar de forma amorosa cuando estamos aprendiendo a meditar.

TATTVA #15: EGO (*ahaṅkāra*, literalmente "constructor de identidad")
Ahaṅkāra es la parte de la mente que se encarga de identificar los conceptos de "yo" y "mío". Se apropia de determinados objetos y experiencias y los asimila en su sentido construido de identidad. Puesto en términos simples, es aquello que tú crees que eres. Es así que el ego declara: "estoy gorda", "estoy delgado", "soy listo", "soy estúpida", "soy independiente", "soy víctima", así como cualquier otra afirmación en primera persona (el significado literal de *ego* en latín es "yo soy"). La incorporación de todos estos pensamientos constituye la egoidad. La egoidad es una construcción ficticia que consiste principalmente en autoimágenes que persisten porque se cree en ellas y están conectadas. Cada autoimagen se basa en un momento en particular, o en momentos de la experiencia pasada que generaron una construcción mental (una "historia") que se tomó como una realidad estática. Es de este modo que el ego es esencialmente una ficción, ya que todo lo que en realidad existe es el flujo de fenómenos que ocurren a cada momento presente; sin embargo, consideras que es real porque crees en ello, y las creencias moldean la experiencia. El ego es entonces *una contracción persistente de la consciencia en la forma de un cúmulo de autoimágenes cuya autolimitación artificial causa sufrimiento.* Debido a que parte del dinamismo inherente de la consciencia es la continua pulsación de ciclos de expansión y contracción, cada vez que nos quedamos "atorados" en una o en otra perdemos alineamiento y experimentamos sufrimiento. El ego debería ser una entidad fluida pero en lugar de eso se convierte en una prisión estática.

El ego es una contracción persistente de la consciencia en la forma de un cúmulo de autoimágenes cuya autolimitación artificial causa sufrimiento.

Muchas tradiciones espirituales consideran al ego como un enemigo del camino espiritual porque su voz parece ser opuesta a la voz de Dios, nuestro Ser más íntimo. No obstante, para la tradición tántrika un enemigo no es más que un aliado entendido de la forma equivocada. En el yoga tántriko, el ego no debe ser aniquilado sino purificado y expandido infinitamente, y ya que el ego no significa más que "aquello que tú crees que eres", expandirlo significa expandir tu sentido de tu propio ser, que se incluye cada vez más en tu autodefinición. En última instancia, cuando el ego se expande infinitamente experimentas todas las cosas dentro de ti y a ti dentro de todas las cosas. No hay más límites para la identidad. Cuando experimentas a todos los seres como parte de ti, comienzas a actuar de manera natural con compasión y sabiduría. Éste es el estado de *pūrṇo'ham vimarśa,* que puede traducirse de distintas formas: "la consciencia perfecta del yo", "la consciencia del yo pleno y completo", "la consciencia del yo que todo lo abarca". Es también el estado de expansión completa e inclusiva, y así como la masa de cualquier objeto acelerado a la velocidad de la luz se incrementa hasta el infinito, el ego que alcanza el estado de completa expansión se funde en el océano de la Consciencia.

TATTVA #14: FACULTAD DE DISCERNIMIENTO *(buddhi)*

La forma más importante de discernimiento en el camino espiritual es discernir entre aquello que debemos mantener cercano a nosotros y aquello que hay que dejar a un lado.

Ésta es la facultad mental más importante para todas las escuelas de filosofía del yoga. Representa un término clave tanto en el Bhagavad-gītā como en los Yoga-sūtras de Patañjali. El *buddhi* es la facultad de la razón, a través de la cual formulamos conceptos y tomamos decisiones. Es el poder de la imaginación, y lo que es más importante para los yogīs, la facultad de discernimiento, que nos permite decidir lo que es benéfico para nosotros y lo que no lo es. Abhinava argumenta que el discernimiento *(tarka)* es la más elevada de todas las prácticas de yoga, y la única que puede llevarnos directamente a la liberación; nos dice que la forma más importante de discernimiento en el camino espiritual es discernir entre aquello que debemos mantener cercano a nosotros *(upādeya)* y aquello que hay que dejar a un lado *(heya),* es decir, lo que en última instancia es benéfico para nosotros y lo que no lo es.

He aquí el meollo: ¿qué nos asegura que el discernimiento del *buddhi* es acertado? De hecho, tenemos amplia evidencia de su inexactitud, ya que muchas veces hemos elegido aquello que hemos pensado que es beneficioso, y que a fin de cuentas resulta no serlo. Desde luego que esto no representa un problema tan grande como aparenta porque en el camino del yoga tántriko la mayor parte de los "errores" se convierten en ventajas cuando se les observa como oportunidades de crecimiento. Sin embargo, ya que el aprendizaje a partir de los errores es más difícil y consume más tiempo del necesario, deseamos refinar y mejorar constantemente nuestra habilidad de elegir aquello que es benéfico, y por ende incrementar la eficacia con que nos movemos en el camino. ¿Por qué entonces parece ser tan difícil? En la filosofía del yoga, las funciones del *buddhi* se ven disminuidas por la presencia de lo que llamamos *saṃskāras*, o impresiones subliminales de experiencias pasadas. El uso literal de *saṃskāra* en sánscrito es impresión, como la huella de un pie en la arena. Si hay una serie de huellas u otras impresiones sobre la arena, cuando sube la marea y las olas bañan la playa, el agua va a fluir sobre ellas de una forma distinta que si la arena estuviera perfectamente lisa. De igual manera, cuando la energía de la realidad fluye a través de tu mente se ve afectada por las profundas impresiones de experiencias pasadas y por lo tanto discurre de una manera distinta. Es de este modo como nos basamos en nuestras experiencias pasadas para formular proyecciones y elaborar conjeturas que con mucha frecuencia están desalineadas con la realidad del presente. Nuestro cerebro es bueno para igualar patrones –quizá demasiado bueno, puesto que incluso un parecido superficial de la situación actual con alguna situación pasada causará que el inconsciente dé por sentado que el presente es igual al pasado casi en todo detalle. Ese acto de proyectar de forma inconsciente el pasado en el presente es la razón principal que no nos permite percibir la realidad del escenario actual tal y como es ni hacer buenas elecciones.

El camino espiritual tiene mucho qué ver con desarrollar una visión clara y con cultivar la habilidad de ver las cosas como realmente son. En la filosofía clásica del yoga, las prácticas de yoga (especialmente la meditación) tienen como propósito principal disolver los *saṃskāras* para poder dar paso a una visión clara y el discernimiento que esta trae como resultado. La analogía que se utiliza por lo regular es la de pulir un espejo sucio. Cuando el espejo del *buddhi* se aclara a través de la práctica de yoga puede reflejar a la perfección la luz del Ser divino. *Entre más practiquemos yoga, nuestra intuición será más acertada y alcanzaremos el discernimiento.* Algunas veces la gente piensa que los grandes maestros de yoga pueden leer la mente de los demás o que tienen otras habilidades psíquicas y lo que ocurre es que ellos sencillamente son capaces de ver sin ninguna obstrucción, algo que es tan raro en nuestro mundo que incluso parece un poder mágico. De hecho, el conocimiento *es* poder, el único poder que no puede ser arrebatado. Un maestro con un *buddhi* purificado siempre puede ver la mejor manera de proceder ante cualquier circunstancia, lo que le da a él o a ella un enorme poder para cambiar situaciones y elevar la calidad de vida de la gente.

Finalmente, debemos observar que en la filosofía tántrika, el *buddhi* no se encuentra en el cerebro sino que se extiende a lo largo de todo el cuerpo. Los diferentes tipos de *saṃskāras* que están distribuidos por todo el cuerpo pueden liberarse por medio de las prácticas físicas y mentales del yoga. Experimentamos el *buddhi* en distintos niveles del cuerpo, por ejemplo, cuando hablamos del "instinto visceral" nos referimos a un aspecto del *buddhi* que intencionalmente se asocia con *saṃskāras*, y se asocia de manera subjetiva con las entrañas. Sin embargo, sin la práctica del yoga el instinto visceral en el que tanta confianza tenemos puede llevarnos al engaño.

TATTVA #13: MATERIALIDAD SECUNDARIA (*prakṛti*)

Prakṛti, algunas veces se traduce como "naturaleza", algunas otras como "materialidad". En realidad se refiere al Universo físico de materia/energía en su totalidad (en la India, materia y energía se han reconocido como aspectos la una de la otra desde épocas de los filósofos más tempranos, mientras que en occidente ese descubrimiento es muy reciente [Einstein, 1905], de hecho no existe en nuestras lenguas una sola palabra para definir materia/energía como *prakṛti* en sánscrito). En el microcosmos humano, *prakṛti* se refiere al campo del cuerpo/mente. Así como la materia y la energía son aspectos la una de la otra, el cuerpo y la mente no *están separados, sino que son un continuo: la mente es* el aspecto más sutil del cuerpo, y el cuerpo es la manifestación más tangible de la mente, esta es la razón por la cual las enfermedades de la mente también afectan al cuerpo y viceversa.

Prakṛti también puede referirse al campo no manifiesto de la materialidad primordial al comienzo del Universo, a través de la cual se crean los *tattvas* inferiores. De este modo, *prakṛti* constituye el balance perfecto de los tres *gunas* o cualidades de la naturaleza: *sattva,* lucidez y ligereza, *rajas,* energía y pasión, y *tamas,* oscuridad, pesadez e inercia. Estos tres *gunas* se recombinan en distintas proporciones para crear los *tattvas* 14 al 36 (ver arriba). Lo anterior nos indica que el campo de *prakṛti* es todo aquello que puede convertirse en un objeto de la consciencia, es decir, todo menos los siguientes *tattvas* (1-12, ver abajo). No obstante, date cuenta de que el tantra define a *Prakṛti* como "materialidad secundaria" porque hay un principio superior, Māyā, que es la fuente primordial del Universo (ver el *tattva* #6 más abajo).

TATTVA #12: "ALMA" INDIVIDUAL (*puruṣa*, el sujeto conocedor, el Ser, el testigo, consciencia pura, el conocedor encarnado del campo = *ātman, jīva, kṣetrajña*)

El sistema de Sāṅkhya y el yoga clásico de Patañjali colocan a *Puruṣa* en el sitio más alto de la jerarquía de los *tattvas*. Para los sistemas no tántrikos, éste es el principio máximo, la realidad trascendente, el espíritu como algo *opuesto* a la materia/energía. Estos sistemas proponen la existencia de una pluralidad de Almas divinas (cada ser sintiente posee una de ellas), las cuales no forman parte de una entidad consciente global. Para la filosofía tántrika, evidentemente *puruṣa* no es el principio más elevado *porque no expresa esa visión que todo lo abarca*; en vez de ello, la comprensión correcta de *puruṣa* es la de una forma contraída de la Consciencia universal, es decir, es consciencia individualizada, definida como Śiva cubierto por cinco limitaciones (ver abajo). En algunos sistemas de filosofía india, el alma individual es una entidad permanente, pero para el shivaísmo tántriko es más bien una fase de contracción, y cada contracción da paso a la expansión —en este caso, la expansión hacia la plenitud absoluta de la Consciencia divina e ilimitada—. Entonces, el alma individual no es permanente, aunque pueda durar por miles de encarnaciones, sigue siendo una ola en el océano del ser. ¿Cómo es entonces que Śiva, la Consciencia absoluta, se manifiesta en forma de un individuo como tú? Ocultando su propia plenitud bajo cinco "velos".

LAS CINCO CUBIERTAS O VELOS (*kañcukas*)

Aunque hemos ido avanzando de abajo hacia arriba, no tiene caso discutir los *kañcukas* en este orden, por lo tanto vamos a proceder con los *tattvas* 7 a 11, luego exploraremos el número 6. Los cinco *kañcukas* se revelan directamente de Māyā (*tattva* #6), y por lo regular se les considera como los velos que hacen que la autoconsciencia de Śiva se contraiga en la forma de una individualidad limitada (*jīva*). Sin embargo, la tradición tántrika original lo entiende de esta forma: antes de manifestarse como un individuo limitado, Śiva en su expansión máxima se contrae hasta un punto de absoluta limitación, desprendiéndose por completo de su omnipotencia, omnisciencia y omnipresencia. Luego, para poder manifestarse como un ser individual sintiente, se provee a sí mismo con cinco capacidades limitadas, los *kañcukas*, cuyo significado literal es "coraza" o "armadura", ya que éstas son las capacidades necesarias para poder actuar y experimentar el mundo de la dualidad. Por otro lado, también es cierto que *kañcuka* puede significar "cubierta", y la forma más común de presentar los *kañcukas* es como las cubiertas que ocultan la plenitud de la realidad divina. Es así que podemos decir que Śiva + *kañcukas* = *jīva* ("alma individual"). [42] Observa que cuando hablo de "Śiva" realmente me refiero a "Śiva-Śakti", pero por cuestiones gramaticales es más fácil hablar de Śiva. Ahora exploremos estos cinco *kañcukas*.

TATTVA #7: PODER LIMITADO DE ACCIÓN (*kalā*)

Éste es el *kañcuka* fundamental, pues todos los demás parten de la limitación autoimpuesta de Dios en cuanto a su poder de acción, su omnipotencia. Observa que *kalā* no quiere decir "impotencia", sino "poder limitado". *Kalā* es de hecho el principio que estimula las capacidades del alma individual en mayor o menor grado. Cada uno de los cinco *kañcukas*, lejos de ser una fuerza negativa, representa la forma limitada de un Poder divino. Cultivar estos poderes y expandirlos a través de la práctica espiritual es lo que buscamos. De esta forma, *kalā* en su forma más expandida no es *más que el omnipotente kriyā-śakti* o el Poder de la Acción divina. Observa que *kalā* también se refiere a una Luna creciente, es decir, la superficie iluminada que aumenta en un día. En el camino espiritual evolucionamos de un mero asomo de poder hacia la capacidad de expresar nuestra naturaleza divina en toda su plenitud.

TATTVA #8: PODER LIMITADO DE CONOCIMIENTO (*vidyā*)

El segundo velo no es la ignorancia sino el conocimiento incompleto. El problema con este *kañcuka* no es que no sepamos nada, sino que sabemos un poco y creemos que eso es todo lo que hay por saber. La "coraza" (*kañcuka)* de *vidyā* nos protege al darnos la oportunidad de entender algo acerca de nuestro mundo, pero cuando creemos que sabemos cómo es la vida, que ya tenemos un entendimiento completo con excepción de algunos detalles triviales, y la verdad es que lo que miramos es sólo un pequeño fragmento de la realidad, anulamos la posibilidad de acceder a la iluminación divina. Como una vez leí: "Cuando un hombre mira al horizonte de su propio conocimiento y cree que lo que está viendo es el horizonte del conocimiento, entonces está genuinamente perdido". No obstante, este muy limitado conocimiento que nos ata a una experiencia contraída de la realidad no es otra cosa que una forma limitada del Poder divino del Conocimiento o *jñāna-śakti.* Entonces, el problema habitual no es que lo que sepamos de la vida sea equivocado, sino que necesitamos situarlo en un contexto más amplio, integrarlo a una visión universal. En el camino espiritual buscamos expandir constantemente nuestro entendimiento, tal vez esa sea la razón por la que Abhinava Gupta también llama a este poder *unmeṣa-śakti,* el Poder de Desplegar. Este despliegue se alimenta de nuestra intención y práctica de la reflexión autoconsciente, respaldada en la contemplación de las escrituras y las palabras de nuestros maestros. En la expansión de nuestro poder limitado de conocimiento buscamos ir más allá de las palabras, hacia un saber interno, un conocimiento experiencial encarnado al que el entendimiento del intelecto, basado en palabras, tan sólo puede aproximarse.

TATTVA #9: DESEO (*rāga*)

Cuando la consciencia en toda su expansión se contrae en una forma individual, se experimenta a sí misma como incompleta o imperfecta, y por lo tanto comienza a desear lo que sea que considere que necesita para estar completa. A este deseo se le llama *rāga,* cuya traducción más acertada es "el apetito no específico por la experiencia mundana".[43] Este apetito no es específico en el sentido de que es un afán por *algo* que no se conoce muy bien, pero que se racionaliza en la forma de un deseo específico basado en la experiencia individual del sujeto, por ejemplo, amor, sexo, admiración, dinero, poder. De hecho, cualquier apetito es en realidad el anhelo por alcanzar una sola cosa: la plenitud de la Consciencia divina. Por consiguiente, saciar cualquier otro deseo resulta insatisfactorio, porque el anhelo persistirá.

El deseo no es un problema sino una oportunidad que nos permite rastrear ese deseo hasta la fuente misma

El significado literal de la palabra *rāga* es "color", porque así como la tinta, estos deseos saturan e incluso manchan la mente, influyendo en la forma como percibimos a los objetos y las personas. Para el tantra, en cambio, el deseo no es un problema sino una oportunidad que nos permite rastrear ese deseo hasta la fuente misma, y darnos cuenta que lo que realmente anhelamos es la integridad y la plenitud que sólo podremos satisfacer al conocer a (y ser) Dios. Es entonces que logramos comprender que *rāga* es la forma limitada de la divinidad *icchā-śakti,* o el Poder de la Voluntad, el impulso profundo de expresarse en la totalidad de nuestro ser auténtico. Desde esta perspectiva, el deseo nos enseña acerca de los aspectos de nuestra vida en los que necesitamos expandirnos y expresarnos de forma más completa o genuina. Podemos elegir activar *icchā-śakti* en esas áreas y fluir con nuestra intencionalidad desde la plenitud y no desde la carencia. Sin embargo, mientras sigas ignorando la verdadera naturaleza del deseo, mientras sigas creyendo que poseer algo fuera de tu propio ser (ya sea tangible o intangible) te va a proveer total satisfacción, continuarás experimentando ese vacío insaciable que no puede ser colmado y esa inexplicable angustia que te pesará hasta el último día de tu vida. Es esencialmente este *rāga,* nuestro deseo por tener más, lo que nos empuja a repetir un ciclo más de encarnación y sufrimiento, aunque reitero, *rāga* no debe rechazarse sino transmutarse. En los cuentos mitológicos, incluso el Señor Śiva experimentó una adicción al juego y al vino, misma que transformó en una adicción por "romper con el miedo de todos los seres en todos los mundos" (*Siva-mahimnaḥ Stotram*). El primer paso de esa transmutación es rastrear el deseo hasta su fuente misma y darte cuenta de tu anhelo por la plenitud divina, y luego permitir que ese anhelo suavice tu corazón y te lleve a buscar tu verdadera conexión con el Uno.

El deseo nos enseña acerca de los aspectos de nuestra vida en los que necesitamos expandirnos y expresarnos de forma más completa o genuina.

TATTVA #10: TIEMPO (*kāla*)[44]

El cuarto prerrequisito para la experiencia encarnada es el Tiempo. En lugar de la simultaneidad atemporal de la Consciencia absoluta, para la que el Universo entero es una única y compleja creación que abarca todas las épocas, la experiencia de los seres encarnados con respecto al tiempo es por lo general un lento desplazamiento que transcurre segundo a segundo. Esto también significa que percibimos el tiempo de forma secuencial, en una sucesión de acontecimientos que se dan en un proceso de cambio constante (aunque algunas fuentes nos dicen que el cambio es una mera apariencia y lo que en realidad sucede es que la diosa Kālī devora el Universo entero a cada momento y luego lo recrea nuevamente, de una manera ligeramente distinta, a una velocidad de varios cientos de veces por segundo).

Con frecuencia nos encontramos sobrecargados por nuestra consciencia del pasado y del futuro –y sin embargo es gracias a esa consciencia que podemos crecer. Como lo afirmó el gran filósofo alemán Martin Heidegger, somos seres que llevamos siempre nuestro pasado a cuestas y siempre estamos creciendo hacia el futuro. Esto es lo que nos hace ser diferentes de los demás animales. Como es común en la filosofía tántrika, lo mismo que nos genera sufrimiento es aquello a través de lo cual podemos encontrar la realización, una vez que hayamos cambiado nuestra actitud y entendimiento en torno a ello. No buscamos estar enteramente en el momento presente de la misma forma en que lo hacen los animales, es decir, sin ninguna consciencia del pasado ni del futuro. En vez de ello, buscamos centrarnos en el momento presente, conscientes del pasado que quedó atrás y el futuro por venir *mientras vivimos libres de los cuatro modos de escape de la experiencia del ahora:* cul-

Lo mismo que nos genera sufrimiento es aquello a través de lo cual podemos encontrar la realización, una vez que hayamos cambiado nuestra actitud y entendimiento en torno a ello.

pa/arrepentimiento, ensueño nostálgico, fantasía y ansiedad. El objetivo de todo esto es el de trascender el tiempo mientras vivimos en él.

Cuando mires el gráfico, si eres como la mayoría de la gente, reconocerás el estrés y el malestar que causan la culpa y la preocupación, pero pensarás que la nostalgia y la fantasía no tienen nada de malo. La psicología del yoga desafía esta noción al decir que perdernos en la fantasía es tan perjudicial como estar obsesionados con la preocupación, porque fantasear nos lleva de igual forma a perder la consciencia plena del presente. El presente es aquello que es real y es también aquello a lo que debemos responder. De hecho, la única forma en que tus esperanzas para el futuro puedan convertirse en un presente es prestando cuidadosa atención a los detalles de la realidad en el momento presente. Una perspectiva más acertada sería aceptar que no hay un futuro *per se,* sino un presente que fluye de forma constante, el cual, a través de una atención cercana y reverente, revela cada vez más su divinidad al *yogī.* De esta forma podemos aprender a experimentarnos a nosotros mismos como seres completos, con nuestro pasado y futuro como parte de nuestro *presente,* sin tener que asirnos a ninguno de los dos. Es así como podemos liberarnos de la red del Tiempo y entrar a una simultaneidad que fluye eternamente (*nityodita*).

TATTVA #11: CAUSALIDAD (*niyati*)

Niyati es la fuerza que nos ata a nuestros karmas, es la ley de la causa y efecto que se asegura que cosecharemos lo mismo que sembramos. Gracias a *niyati,* tienes la certeza de que experimentas los resultados de tus propias acciones kármicas *y no los de nadie más.* Una acción kármica es una acción con una carga moral que está motivada por el deseo de conseguir o evitar un resultado en particular. Cuando aprendemos a realizar acciones como una forma de servicio o de sacrificio, invirtiendo en el proceso, pero desapegados del resultado final, dichas acciones no tienen una carga kármica y por lo tanto no nos generan ninguna atadura, sin importar cuál sea su resultado. Así pues, el ser liberado ya no está atado por *niyati,* el destino, y está libre de karma, aunque él o ella aún puedan verse sometidos a los frutos de los karmas acumulados antes de la liberación. Por lo tanto, lo opuesto a *niyati* es la expansión total, la omnipresencia o no localidad.

TATTVA #6: MĀYĀ

Māyā es el poder de la Divinidad para proyectar su propio ser en manifestación.

Ahora hemos llegado a la cúspide de la jerarquía de la realidad manifiesta, el principio más elevado que no es el Absoluto en sí mismo. Para otras tradiciones, *māyā* significa ilusión o engaño, pero para el tantra no es así. Māyā es "la matriz del mundo" *(jagad-yoni),* el poder de la Divinidad para proyectar su propio ser en manifestación. También es el poder de la diferenciación a través del cual el Uno aparece en formas múltiples. Māyā no tiene una connotación negativa en el tantra, aunque de alguna forma sí nos engaña al hacernos ver dualidad en donde sólo hay unidad; esto es porque la visión dualista es una parte necesaria del proceso de exploración del Ser que la Divinidad ha elegido libremente para manifestar, en primer lugar, al Universo. Māyā es el poder que la Divinidad utiliza en la expresión creativa de su naturaleza. La paradoja de Māyā reside en que el poder que crea esa aparente diferenciación, que es la que causa tantos problemas, es exactamente el mismo poder que Dios usa para glorificarse a sí mismo. Māyā es la forma de la Diosa que constituye la realidad manifiesta, que nos bendice con la oportunidad de alcanzar una realización más desafiante, y por lo tanto más profunda, de la *unidad en la diversidad.* Mira a tu alrededor ahora mismo y podrás ver un destello de la verdad: todo lo que está ocurriendo ahora es el juego de la Diosa; tal y como creamos distintos ornamentos de oro y luego les llamamos argolla, collar, brazalete o ajorca, de igual modo todas las cosas en este Universo están hechas de una sola substancia: el cuerpo energético de la Diosa, y son distintas unas de otras sólo en el nombre, forma y función, mas no en esencia.

EL UNIVERSO PURO (*śuddhādhvan*)

El llamado Universo Puro, que abarca los cinco *tattvas* superiores, no es un lugar, es la Realidad divina que permea todo el Universo manifiesto. Los cinco *tattvas* superiores son en esencia una descripción de Dios y de la Diosa. Aunque divididos en cinco niveles, todos son aspectos de la Divinidad y se les denomina como fases de la consciencia de Dios. Las diferencias que existen entre ellos son más bien de perspectiva y énfasis. Alcanzar cualquiera de los cinco *tattvas* del Universo Puro es alcanzar el despertar y la completa liberación.

TATTVA #5: MANTRA-SABIDURÍA PURA (*śuddha-vidyā*)

El nivel de la Sabiduría Pura es también el nivel del *mantra* (además de significar "sabiduría", la palabra *vidyā* es también el femenino de "mantra"). La sabiduría de la que aquí hablamos no tiene que ver con el conocimiento intelectual, sino con las distintas fases de la consciencia de Śiva-Śakti expresadas en la forma de setenta millones de mantras, todos los que han existido y que alguna vez existirán. Para la tradición tántrika, éstos de hecho son seres conscientes, análogos a los ángeles en las religiones occidentales. Alguien que alcance la liberación en el nivel del *tattva* #5 se convierte en un mantra-ser. Sabemos que esta doctrina, donde los mantras son seres conscientes, era tomada en serio porque los textos señalan que si un gurú le otorgaba la iniciación al tantra a alguien que posteriormente caía del camino, ese gurú debía llevar a cabo un ritual especial para pedir disculpas a los mantras por haberlos hecho trabajar de forma innecesaria.

Es absolutamente crucial entender que para esta tradición, un mantra, su deidad y su objetivo son una sola cosa. Es así que, por ejemplo, el Lakṣmī mantra *Oṃ śrīṃ mahālakṣmyai namaḥ* es la diosa Lakṣmī en forma de sonido, es su cuerpo sonoro, y su mantra tampoco está separado del objetivo por el cual se repite, es decir, cultivar la abundancia, porque es justo la vibración de la abundancia (junto con las demás cualidades de

Śrī: elegancia, encanto gracia, belleza, prosperidad y bienaventuranza). De esta manera, todas las distintas "deidades" de la espiritualidad india existen en el nivel de *Śuddha-vidyā tattva* como fases de la consciencia de Śiva-Śakti, visto de otro modo, las muchas facetas de la joya única. Además, existen incontables mantra-seres en el nivel de *Śuddha-vidyā* que no corresponden a ninguna deidad india conocida, quizá podamos suponer que las deidades de todas las tradiciones espirituales existen en este plano, en la medida en que se entienden como entidades con formas sonoras.

Alguien que alcance la liberación en este nivel puede ver el Universo entero como una gama de diversas energías, pero con una sola esencia. Lo que se ve no es materia estática y todo es experimentado como un patrón de vibraciones que interactúan. El asombro de aquello que se mira prevalece por encima de sentido del yo, aunque existe una unidad entre ambos: "¡Yo soy esto!" (*Idam evāham*).

El Poder divino que corresponde a este nivel es *kriyā-śakti,* el Poder de la Acción. Esto es así porque la característica primordial de los mantras es el ser agentes de cambio transformativo, es decir, de acción.

TATTVA #4: EL SEÑOR (*Īśvara*)

Éste es el nivel del Dios personal, Dios como un ser con cualidades específicas, o sea, la Deidad que puede ser nombrada en varias lenguas (ya sea Krishna, Allāh, Avalokiteśvara, YHWH, etc.). La mayoría de las religiones monoteístas afirman que este es el nivel más elevado de todos. *Īśvara* es un término genérico y no sectario para referirse a Dios (tambi*én figura en los Yoga-sūtras de* Patañjali).

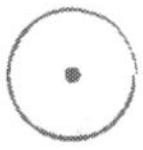

Īśvara en un término genérico y no sectario para referirse a Dios.

Este nivel se asocia con *jñāna-śakti,* el Poder del Conocimiento, porque dentro de Īśvara está contenido en el patrón sutil que se utilizará en la creación del Universo. Él da poder a los regentes del *tattva* #5 (que en realidad son aspectos de sí mismo) para con este patrón estimular la matriz del mundo, primordial y homogénea, "batiéndola" para que comience a generar las diferenciaciones de los *tattvas* inferiores, dando así paso a las contracciones que llamamos *kañcukas* (#7 y más abajo, ver "las cinco cubiertas").

En el nivel de Īśvara existen una equidad y una identidad balanceadas entre Dios y su incipiente creación. La frase en sánscrito con la que se expresa la experiencia de la realidad en este nivel es *aham idam idam aham,* que quiere decir "yo estoy esto, esto soy yo".[45] En este punto hay un paralelismo fascinante y puramente "coincidente" con la declaración que hace Dios en la biblia hebrea cuando se le pide que dé su nombre (Éxodo 3:14), y él simplemente contesta *ehyeh Asher ehyeh* "Yo soy Eso que yo soy".

Para el tantra shivaíta no solamente Dios existe en este nivel, sino también todos aquellos seres que hayan alcanzado ese mismo nivel de consciencia. De este modo, la diferencia entre Īśvara y otros seres observantes del *tattva* #4 es de función y no de naturaleza.

TATTVA #3: EL SIEMPRE BENEVOLENTE (Sadāśiva)

En este punto, la palabra "Dios" deja de ser pertinente, ya que en este nivel se trasciende cualquier forma de Deidad con nombres o atributos identificables. Aquí es donde sólo la diferenciación más leve y sutil comienza a emerger entre la Deidad absoluta y la idea del Universo, el universo que Ella/Él crean a partir de su propio ser; este es el nivel de *icchā-śakti,* el Poder Divino de la Voluntad, el afán creativo o impulso primordial hacia la autoexpresión. La frase en sánscrito que se usa para expresar la experiencia de la realidad en este nivel es *aham idam,* "yo soy esto", o bien "esta incipiente totalidad es mi propio Ser", donde hay una identidad entre la Divinidad y el universo embrionario que yace en su interior. El sentido del "yo" tiene la clara prioridad de envolver por completo el "esto", de tal forma que todos los seres que alcancen la consciencia de unidad con énfasis en el polo del "yo" puedan permanecer en este nivel.

El Sadāśiva-*tattva* constituye el primer movimiento hacia la diferenciación, ya que al nivel de los *tattvas* 1 y 2 prevalece la no dualidad absoluta. Abhinava Gupta menciona que en este punto la Divinidad recibe el nombre de Sadāśiva, "eternamente Śiva", para recordarnos que incluso cuando el Universo comienza a surgir a través del poder de la Voluntad, el Absoluto no pierde su divinidad, sigue siendo "Śiva", que desde luego también quiere decir "aún bendecido".

Mientras Śakti es inmanente, omniforme y dinámica, Śiva es transcendente, amorfa y quieta.

Históricamente, Sadāśiva también corresponde al nombre de la deidad superior de una forma del tantra shivaíta que fue eventualmente superada por la corriente que veneraba la forma conjunta e igualitaria de la pareja Śiva-Śakti. Sadāśiva también se representa como la forma de Śiva de la que brotan los cinco rostros que pronuncian los cinco cauces de la sagrada escritura. Por ello, en ocasiones se considera a Sadāśiva como el primer rayo de compasión divina.

TATTVA #2: PODER / LA DIOSA (Śakti)

En la jerarquía tradicional de los *tattvas,* Śakti ocupa el puesto #2, pero las escuelas no dualistas se encargan de enfatizar que Śiva y Śakti cambian de lugar, ya que son dos caras de la misma moneda. Esto quiere decir que ninguno tiene prioridad sobre el otro —es una cuestión de qué aspecto es dominante en una experiencia determinada—.

El significado literal de la palabra *śakti* es "poder, potencia, energía, capacidad, habilidad". *En el* TSND, *todos los poderes son venerados en la figura de las diosas, o mejor dicho como formas de la* Diosa (*Mahādevī*). Śakti no puede separarse de Śiva al igual que el calor no puede separarse del fuego. Todas las formas de energía son Śakti, y dado que la materia es energía (como bien lo sabían los *tāntrikas*), todo el Universo manifiesto es visto como el cuerpo de la Diosa, y el movimiento de todas las formas de energía constituyen su danza. Ya hemos hecho referencia detallada de distintos aspectos de Śakti.

Ver p. 112

El término *śakti* se utiliza con frecuencia para denotar energía *espiritual, o poder transformador de Dios. En las escrituras, este significado se transmi-*

te usualmente con el término especial de rudra-śakti, que se refiere al poder divino primordial e imponente que fluye a través de nosotros en las experiencias espirituales. Se le llama *rudra-śakti-samāveśa* a la infusión de este Poder divino, en el cual *samāveśa* se refiere a la experiencia que comprende la expansión de la consciencia, la disolución de las demarcaciones entre un ser y otro, el ser compartido con Dios y/o con el Universo entero, y muchas veces también como un influjo dichoso de energía.

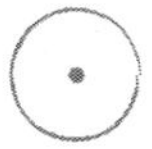

Śiva es espacio, Śakti is energía.

TATTVA #1: EL BENEVOLENTE (Śiva)

Dentro del contexto del TSND, Śiva no es el nombre de un dios, en vez de ello, la palabra se refiere al terreno apacible y en reposo de toda la Realidad, el silencio infinito de la Divinidad trascendental, o bien, en palabras del poeta, el "punto inamovible en el centro de un mundo que gira". Mientras Śakti es extrovertida, inmanente, manifiesta, omniforme y dinámica, Śiva es introvertido, trascendente, no manifiesto, sin forma e inmóvil. Śiva es el vacío absoluto de la Consciencia pura (para ser más precisos, la Consciencia nunca está totalmente inmóvil, así que en el nivel de Śiva-*tattva* existe lo que Abhinava llama *kiṃcit-calana,* un movimiento extraordinariamente sutil, una ondulación imperceptible, dulce y exquisita).

Tradicionalmente, la palabra *śiva* se interpreta como "aquello en donde todas las cosas reposan (*śī*)". Śiva es entonces el terreno del ser que da coherencia a la realidad. Su naturaleza está más allá de cualquier cualidad y por lo tanto resulta difícil expresarlo con palabras, pero en *La Esencia de los tantras,* Śiva se describe como la coherencia y unificación de todos los diversos *śaktis* y se le denomina *śaktimān,* el que sostiene los poderes, o bien el que "sostiene el espacio" para que los poderes se desplieguen. Sin embargo, debido a que Śiva no es nada sin los poderes de la Consciencia, la Dicha, la Voluntad y demás, es usual que el TSND venere a Śakti como el principio más elevado. Śiva es aquello que sustenta y da coherencia a los distintos poderes; Él es el Señor de la Familia *(kuleśvara),* el centro del eje de la rueca donde giran los poderes. Como la fuerza coherente, Śiva difícilmente podría tener una función irrelevante, pero al no ser en sí mismo una encarnación de potencial, es menos factible que se le venere en un sistema espiritual cuyo enfoque primordial es el *empoderamiento* de sus adeptos.

El párrafo anterior define en esencia a Śiva como amplitud, el espacio que alberga la energía que constituye Śakti. Esta polaridad de espacio y energía se menciona, entre otras fuentes, en un texto Trika llamado *Vijñāna-bhairava.* Es importante observar que en otros contextos los roles se definen de formas diferentes. Por ejemplo, la influyente escuela del Reconocimiento (una subcategoría de Trika) define a Śiva-Śakti como los dos aspectos complementarios de la Consciencia divina: Śiva es la Luz de la Manifestación *(prakāśa),* también conocida como la Luz de la Consciencia *(cit-prakāśa),* mientras que Śakti es la consciencia dichosa y auto-reflexiva *(vimarśa).* A este par también se le llama de forma más concisa y abreviada como *cid-ānanda* (Consciencia-Dicha). En esta forma de entender a Śiva-Śakti, Él es el poder iluminador de la Consciencia que se manifiesta y resplandece en todas las cosas, y Ella el poder por medio del que la misma Consciencia se pliega hacia sí misma y se vuelve autoconsciente, para así poder disfrutar de sí misma. Los estudiantes novatos del tantra con frecuencia quieren una definición simple, breve y clara de la polaridad de Śiva-Śakti, pero la tradición no ofrece ninguna. De hecho, como este párrafo lo muestra, existen diferentes definiciones dentro de la misma escuela. Sin embargo, estas definiciones no deben ser tomadas como contradictorias, ya que la realidad máxima de Śiva-Śakti trasciende todo pensamiento, y las diversas explicaciones no son más que formas de abordar la Realidad única desde varios ángulos, que sirven a estudiantes distintos en contextos distintos.

Ver p. 67

En otro esquema, el de la escuela radical de Krama, Śiva desaparece por completo, ya que en esta corriente los dos aspectos del Uno se representan como diferentes facetas de una sola Diosa: el indescriptible Vacío del potencial absoluto, el terreno sin forma de toda realidad (el rol usual de Śiva) se representa como la oscura, macilenta y aterradoramente atractiva diosa Kālī, quien devora todas las cosas y las hace parte de sí misma; mientras que la Luz infinita que abarca a todos los seres y objetos con introspección y compasión amorosa se representa en la forma blanca y corpulenta de la diosa Parā, desbordada de néctar inagotable. Pero, como lo enfatiza Abhinava Gupta, estos aparentes opuestos (blanco y negro, vacío y lleno) no son otra cosa que dos formas de la única gran Diosa. La escuela Krama tan sólo desea evitar las implicaciones inevitablemente dualistas de la imagen de Śiva-Śakti como dos seres unidos.

¿Cómo podemos reconciliar estas distintas representaciones? La respuesta es simple: no necesitan reconciliación, porque cada una encaja perfecto en el sistema en el que funcionan, y la Realidad absoluta que está más allá de las palabras se puede representar con cualquiera de estos esquemas, o con ninguno.

Es importante observar que el término Śiva o "Dios" nunca pierde su importancia dentro de esta tradición. Algunos pueden inferir que las filosofías más refinadas del TSND son ateas porque rechazan por completo la noción de Dios como una persona separada, "un tipo que vive en el cielo", o como cualquier noción que esté separada de la naturaleza de tu esencia como Consciencia libre y dinámica. No obstante, resulta significativo que esas mismas tradiciones sigan utilizando el término "Dios" y sus sinónimos (tales como *maheśvara*, "El Gran Señor", o *parameśvara*, "La Divinidad Suprema"). En lo personal, me parece que estas tradiciones no quieren prescindir del amor y la devoción que inspira de tantas maneras este concepto personalizado del Absoluto, desean un camino donde haya una relación íntima, y al mismo tiempo recordar que la tradición nos brinda una hermosa definición no dualista de la palabra "Dios", definición que vale la pena repetir:

... es en realidad la Luz infinita de la Consciencia, que reposa en su Dicha innata, completamente conectada con sus Poderes de Voluntad, Conocimiento y Acción, a lo que llamamos Dios.

Esencia de los tantras

Es en el contexto de esta definición donde podemos entender afirmaciones espirituales como "No existe nada que no sea Dios".[46] Pero estamos anticipándonos al siguiente segmento: para "más allá", incluso el *tattva* #1 es aquel que despliega todos los *tattvas*, del 1 al 36, dentro de sí mismo como la expresión de su propia autoconsciencia dichosa.

TATTVA #0: EL CORAZÓN (Śiva/Śakti en perfecta fusión)

Este *tattva* secreto, que sólo se enseña a través de fuentes esotéricas del no dualismo tántriko, es la clave para entender la filosofía del tantra no dualista en su totalidad. Se le otorga en número cero porque no corona la jerarquía. Como ya hemos visto, el *tattva* "superior" es el absolutamente trascendente Śiva, pero el Principio Máximo *(paramārtha)*, el *tattva* #0, no es trascendente, porque trascender implica ir más allá, y por lo tanto, excluir. Desde una comprensión no dual, lo más elevado debe al mismo tiempo trascender todo *y* abarcarlo todo, es la paradoja suprema, porque se expresa a sí misma como la mera substancia de todas las cosas y al mismo tiempo es algo más que la simple suma de todas las realidades perceptibles. Este principio absoluto no puede incluirse en la lista de los *tattvas* porque permea el todo como la esencia indefinible de todas las cosas, manifiestas y no manifiestas, y es absolutamente incomprensible para la mente. Abhinava dice:

Esencia de los tantras

> *Este Universo entero es una Realidad Única, inquebrantada por el tiempo, incircunscrita por el espacio, desanublada de atributos, irrestricta de formas, inexpresable en palabras e imposible de comprender por medio de las vías ordinarias de conocimiento.*

Esta Realidad máxima y omnipresente, más sutil incluso que lo más sutil, más allá del Śiva más elevado y trascendente y sin embargo más cercana a ti que tu propia respiración, presente en la más pura y sublime consciencia de la infinita apertura, pero también en el más fétido ex-

Ver pp. 65 y 240

cremento, su naturaleza divina, radiantemente hermosa, nunca se mancha aunque brilla de igual manera en todas las formas puras e impuras —esto es a lo que el linaje de Abhinava llama el Corazón *(hṛdaya)* o la Esencia *(sāra)* de la Realidad—. También le da nombres más misteriosos, referidos en las escrituras: *Visarga*, el Potencial Absoluto, *spanda*, la Vibración, *Ūrmi*, la Ola, *Dṛk*, la Visión, y *Yāmala*, la Pareja, la perfecta fusión de Śiva y Śakti en uno solo. Es éste el mismo principio máximo que se venera en la corriente radical del tantra no dualista de la Diosa en la forma de Kālī Kāla-sankarṣaṇī: la Oscuridad radiante, el Silencio que resuena, la Devoradora del Tiempo que establece el ciclo eterno de creación, estasis y disolución.

Kālī es la Oscuridad radiante, el Silencio que resuena, el fundamento atemporal de todo.

Ésta es la doctrina de la "no dualidad superior" *(paramādvaya)*, que subsume tanto a la dualidad como a la no dualidad ordinaria. Es omnipresente, y se encuentra incluso en la dualidad como un nivel dentro de lo Real, cuando la no dualidad ordinaria sencillamente la niega al considerarla falsa o equivocada. No obstante, la dualidad *es* un nivel de la realidad, una experiencia innegable y un campo significativo para el discurso, de tal forma que ningún sistema que se limite a negarla puede considerarse completo. Y de la misma forma que la dualidad se ve reemplazada por la verdad más incluyente de la no dualidad, también ésta es a su vez subsumida y reemplazada por la omnipresente verdad de la no dualidad superior.

Este Corazón, esta Vibración, esta Esencia, representan la luz que ilumina todas las cosas, la realidad gracias a la que todas las cosas son reales. Es la divinidad omnipresente, que se manifiesta *de igual manera* en todas las cosas. Los filósofos tienden a objetar esta articulación de la naturaleza de la realidad, diciendo que si todo fuera igualmente divino, la palabra "divino" perdería su significado y su valor, puesto que algo tiene valor sólo si se le compara con algo que no lo tiene. Esta objeción es perfectamente racional, sin embargo opera en un nivel de comprensión que los *tāntrikas* sustituyen con la experiencia mística inmediata que inicia una experiencia en la cual todo es percibido con el mismo resplandor, hermoso y divino, en que la libertad total y el gozo del ser permean la esfera de la percepción en su totalidad, y en la que todos los fenómenos se perciben como portadores de absoluta perfección. A esta visión de la realidad se le ha etiquetado como "transracional" por el hecho de que no puede ser comprendida en su totalidad por la mente ordinaria, a pesar de que quien ha tenido esta experiencia a menudo la considera como la más intensa y real de toda su vida (aunque ella sólo apunte al estado de permanencia en unidad con el terreno de la realidad, que no es una experiencia *per ser*, ya que todas las experiencias vienen y van. No existen palabras para expresar el no-estado de *nirvāṇa,* que mora de forma permanente en el Corazón de la realidad).

Lo anterior *no* quiere decir que en este modo de percepción expandida todo sea considerado lo mismo. De hecho, la diversidad es en gran medida parte de este modo estético, ya que esta forma de ver celebra todas las cosas como expresiones *diferentes* de una sola realidad. Sin ir más lejos, para el *tāntrika* todo es bello precisamente *porque* cada cosa expresa el principio del Uno de una manera diferente. Cada ser sintiente es merecedor de reverencia porque cada uno expresa su Divinidad de forma única, como nunca antes se ha visto y como nunca se repetirá.

La Divinidad única pulsa gozosamente en todo aquello que existe.

La experiencia espiritual de la Divinidad única que pulsa gozosamente en todo aquello que existe, y que de forma paradójica está también presente en la quietud del no-estado de total vacío e inmovilidad, es considerada un regalo de gracia divina. Aun así, ésta sólo puede ser comprendida, cultivada y arraigarla firmemente como una realización duradera a través de la práctica espiritual.

Las tres impurezas (con un excurso en torno al descenso del poder)

Aunque el esquema de los *tattvas* tiene como intención ser un recuento completo de los principios de la realidad, existen tres principios importantes que no están enumerados en esa lista (algunos los consideran como aspectos de *māyā-tattva*; otros sugieren que no están enlistados porque no son verdaderamente reales). Estos aspectos son los tres *malas*, o "impurezas" (que no deben confundirse con *mālā*, que quiere decir guirnalda o rosario). Los tres *malas* constituyen nuestra experiencia de atadura. Desde el punto de vista del no dualismo, los *malas* no constituyen verdaderas manchas, sino simple ignorancia, o mejor dicho, percepción limitada, que la Consciencia ha asumido para poder convertirse en un individuo finito, pero a la que puede renunciar en cualquier momento. El primero y más básico de estos tres es *āṇava-mala* o "La Impureza de la Individualidad", el segundo es *māyīya-mala* o "La Impureza de la Diferenciación", y el tercero es *kārma-mala* "Impureza de la Acción". Ya hablaremos de cada una de estas impurezas.

La impureza de la individualidad

La impureza de la individualidad es fundamental porque ninguna de las otras dos impurezas podría existir sin ella, y también porque constituye la base misma de la limitación que nos convierte en seres finitos. Ésta es la forma primordial de la ignorancia, y consiste en la profunda e inconsciente creencia de que eres incompleto e imperfecto, una pequeña criatura insignificante, que ciertamente no es la Divinidad; es la creencia de que eres un ser limitado y carente de poder, indigno e irrelevante. Dicho en términos aún más elementales, es la creencia de que hay algo en ti que *hace falta* o que está profundamente *mal*, creencia que evita que reconozcas y veneres a tu ser como divino. A esto yo le llamo una creencia inconsciente, pero es más certero catalogarle como *preconsciente,* ya que da cuenta de todos nuestros pensamientos y percepciones, es una forma de ver la realidad tal como ocurre al nivel más profundo de nuestro ser individual. *Āṇava-mala* representa la primera causa de sufrimiento: la ignorancia (que es igual a visión parcial o distorsionada) de la que provienen todos los demás errores de percepción. Recuerda que de acuerdo con este sistema, sostener una visión de la realidad que no está alineada con la verdadera naturaleza de la realidad es la única causa de sufrimiento. Creer que somos seres incompletos, imperfectos y separados de Dios es de hecho la creencia más falsa que podamos tener y nos causa un sufrimiento terrible al no permitirnos experimentar la realidad, es decir, acceder a la Consciencia universal que siempre está fluyendo en nosotros y en todas las cosas y cuya naturaleza es libertad y dicha.

Aquí estoy utilizando la palabra "creencia", pero hay que tener cuidado de no malinterpretarla; no se trata de corregir un malentendido intelectual o de adherirse a la doctrina correcta, ya que *āṇava-mala* no es una construcción mental a la que la sociedad nos haya programado, sino el sentido limitado de la individualidad lo que hace posible todo el proceso de generación de formas de pensamiento dualistas; por lo tanto, no se le puede contrarrestar con el simple hecho de creer en lo opuesto. Es necesario que la verdadera experiencia de *pūrṇatā,* plenitud, completitud, perfección divina, se arraigue profundamente dentro de tu propio ser, y que esta experiencia sea lo bastante frecuente y poderosa como para que tome el lugar de *āṇava-mala* y se convierta en tu punto de referencia fundamental en torno a quién eres.

Como quizá lo esperes, en la filosofía tántrika la mera condición de individualidad contraída contiene en sí misma la semilla de la posibilidad de expansión hacia nuestro estado natural de plenitud absoluta. *Āṇava-mala* está presente en todos nosotros, de tal forma que tan pronto como nos volvemos autoconscientes, todos tenemos la sensación de que "hay algo que falta", o de que "hay algo que no está del todo bien", o incluso que "¡hay más en la vida, o hay más para *mí* que esto!" La percepción que accionan los *malas* apuntan a una verdad real: no estás percibiendo correctamente el todo de tu verdadera naturaleza. Para la mayoría de nosotros, el camino espiritual comienza cuando percibimos que *hay* algo que hace falta, y al mismo tiempo nos damos cuenta que ese vacío no lo podremos llenar ni con romance, ni con dinero, ni con poder, ni con fama. Nos volvemos buscadores del camino cuando sentimos todo esto de forma aguda y llegamos a la conclusión que sólo podremos solucionarlo a través de un cambio fundamental en nuestra propia experiencia de la realidad. Cuando empezamos a sentir que existe una realidad más allá de lo que hemos conocido e incluso sospechado, más allá de lo que hemos pensado o creído —algo que es vasto, que lo abarca todo y que es profundamente real— entonces nos abrimos hacia una realidad más grande. En otras palabras, el proceso de contracción termina cuando dejamos de creer en lo más íntimo de nuestro ser que nuestra experiencia limitada de la realidad es todo lo que hay por saber. En ese momento comenzamos a expandirnos, iniciando un nuevo arco en el movimiento de nuestra alma, un arco que de forma inevitable terminará en una plenitud global del ser, que por sí misma es capaz de saciar el hambre de la Consciencia.

Si bien es absolutamente cierto que tu creencia de que hay algo en ti que no está bien —o que te falta algo para estar completo— es la forma más profunda de ignorancia, es al mismo tiempo real; no puedes convencerte de lo contrario así sin más; de ser así, lo único que necesitarías sería leer este libro. Debido a que este tipo de ignorancia no es intelectual sino que representa el principio mismo que conforma tu individualidad limitada, sólo se le puede comenzar a remover por medio de una revelación poderosa. Esta experiencia iniciática se llama *śakti-pāta,* o el Descenso del Poder (también se puede traducir como "el Descenso de la Gracia"), y es tu despertar inicial hacia tu verdadera naturaleza, sin ella, *āṇava-mala* seguirá dominando tu experiencia de vida, y las prácticas de yoga no podrán rendir sus verdaderos frutos.

Śaktipāta: el Descenso del Poder

Las escrituras dejan claro que el Descenso del Poder no es un descenso literal de energía desde el cielo o algún lugar superior, aunque algunas personas lo puedan sentir así, es más bien un despertar del poder divino *(śakti)* dentro de ti, que te llevará hacia tu liberación última. De hecho, puede decirse que es más un ascenso que un descenso, pero el término *śaktipāta* es más utilizado porque proviene de la tradición shivaíta temprana, y también porque la palabra *pāta* connota una caída repentina y contundente, una experiencia asombrosa que surge de la nada, por decirlo de algún modo. *Śaktipāta* es una apertura primordial y sin precedente hacia un nivel *más profundo del ser.* Además, hablar de un descenso (o de un ascenso) connota que el despertar en cuestión es un auténtico movimiento vertical, porque nos saca del círculo horizontal, interminable e infructuoso de nuestra vida "normal", y nos abre hacia la realidad más elevada.

El *śaktipāta* es desencadenado por un giro hacia la expansión profunda al interior de tu ser.

Como ya lo mencioné antes, hay un momento en la existencia de un alma encarnada (quizá después de muchas vidas) en la cual se termina la fase de contracción y el alma comienza a expandirse. Este cambio puede ocurrir en un lugar profundo dentro de tu ser, incluso puede que en principio ni siquiera te des cuenta; sin embargo, comienzas a notar que ciertas cosas que antes encontrabas emocionantes o gratificantes —como obtener riqueza, tener muchos amigos, emborracharte, lograr conquistas sexuales, ser admirado por otras personas— parecen ya no satisfacerte. Para la mayoría, este "cansancio del mundo" es un paso necesario para abrirse a una realidad más profunda. Entre mayor sea el intervalo de tiempo entre ese sutil volverse hacia adentro, hacia la expansión, y la experiencia de *śaktipāta,* o el despertar repentino, la sensación de ese despertar será más potente. Algunas personas reciben un *śaktipāta,* muy intenso, que con frecuencia consiste en una experiencia mística de unidad con el todo de la realidad, o de su verdadera naturaleza como Esencia eterna, increada y no encarnada, o bien de toda la realidad bañada por la luz unitaria del amor compasivo; algunos más experimentan un caudal de energía ascendiendo por la columna y explotando en la cabeza, o bien oleadas de dicha surgiendo en el cuerpo. Hay en cambio quienes reciben un *śaktipāta* tan sutil que resulta casi imperceptible. Esta diferencia no significa que los primeros estén más bendecidos que los segundos, sino simplemente que aquellos quienes esperaron más tiempo para recibir el *śaktipāta,* tienen un anhelo (ya sea consciente o inconsciente) más fuerte, y cuando las condiciones están dadas, el despertar se desencadena de forma más poderosa (es justo como la madera para leña, entre más seca, más rápido va a prender y de forma más completa). No obstante, el despertar es el mismo en ambos casos, en el sentido de que coloca de manera irrevocable a la persona en el camino hacia la total integración con la realidad divina. Quien haya experimentado un *śaktipāta* imperceptible también verá su vida transformarse, pero debido a que no tuvo que esperar tanto para obtenerlo, su creencia de que los disfrutes mundanos pueden satisfacerle será más fuerte, y por consiguiente el *śaktipāta* que atraiga hacia sí será menos intenso (observa que esta doctrina corrige la falsa creencia de que aquellos cuyo *śaktipāta* fue más intenso son más espirituales, más meritorios o más especiales). Lo importante a fin de cuentas es que el despertar ha ocurrido.

Si tu *śaktipāta* fue imperceptible, quiz*á te estés preguntando si e*ste siquiera sucedió. Repito, lo más significativo no es la experiencia en sí, sino el efecto que ésta tendrá en tu vida. A continuación, describiré brevemente algunos signos y síntomas de este despertar. Una de las señales más importantes es sutil pero trascendente: cuando cierras los ojos, tomas algunas respiraciones profundas y largas, y llevas tu atención hacia adentro, de inmediato percibes una sensación de presencia, una dulzura que surge por el simple hecho de estar en tu ser interior. Quienes no han recibido el *śaktipāta* tienen poca paciencia como para volcarse hacia adentro, no le ven el punto porque no pueden sentir la Divinidad que hay ahí. Por otra parte, aquellos que han recibido el

Descenso del Poder manifiestan cambios sustanciales en su vida, incluyendo todos o algunos de los siguientes:

- Encuentras que las formas mundanas de "diversión" son menos satisfactorias.
- Te sientes fascinado por las enseñanzas espirituales, incluso si no alcanzas a comprenderlas.
- Te atrae la alimentación saludable, y buscas de una manera u otra honrar a tu cuerpo.
- Sientes respeto o reverencia hacia los maestros espirituales o hacia aquellos que han dedicado su vida al camino.
- Lágrimas de alegría o gratitud brotan de tus ojos de forma espontánea, especialmente cuando eres testigo de actos de compasión o devoción.
- Tu capacidad creativa está desatada.
- Encuentras que los mantras te son muy efectivos.
- Las prácticas yóguicas, sobre todo la meditación, tienen un beneficio importante en tu persona, incluso si éstas son desafiantes.
- Te sientes más sensible y vulnerable, pero al mismo tiempo más fuerte.
- Te es más difícil (por un tiempo) relacionarte con amistades que no poseen una sensibilidad espiritual aparente.
- Cuando lees las palabras de algún gran maestro espiritual, éstas resuenan en ti a un nivel profundo y puedes comprenderlas, aunque no seas capaz de explicarlas.
- Cuando estás tranquilo y te vuelcas hacia adentro, puedes sentir una sutil "presencia".

La experiencia de *śaktipāta,* cuando se da en un grado medio o alto, nos da una prueba de cómo es el estado final. Es como una inmersión temporal —que puede durar unos momentos o incluso días— en nuestra naturaleza verdadera. Desde esta perspectiva podemos ver las cosas como son en realidad: una Luz infinita de Consciencia que vibra en diferentes longitudes de onda en una danza interconectada y gozosa, que a menudo se experimenta en la forma de una conexión profunda entre uno mismo y la Divinidad. Con frecuencia, quienes reciben un *śaktipāta* intenso cometen el error de creer que ya están iluminados, y que el comienzo de su camino es de hecho el final. Este error puede resultar muy duro para los seres queridos de estas personas, y aferrarse a esta creencia puede incluso provocar en el individuo brotes psicóticos que tardarán tiempo en sanar. Es importante que te des cuenta del valor de aquello que has recibido, y al mismo tiempo que lo retengas con la humildad de saber que ese regalo de gracia no es el logro final, sino tan sólo una muestra de que el estado plenamente expandido es real y vale la pena empeñarse por alcanzarlo. Para una explicación más detallada en torno al *śaktipāta,* ir a la parte tres (p. 271).

El despliegue del despertar del propio ser

De hecho, necesitas darte cuenta de que empeñarte por alcanzar la meta vale la pena justo por el desafío que el camino puede llegar a representar. Para poder completar el proceso de expandirte en la plenitud de tu propia naturaleza divina, tendrás que soltar todo aquello que crees que tú eres. Tendrás que despedirte de todas las imágenes e ideas que tengas con respecto a ti mismo, tanto de las "positivas" como de las "negativas". ¿Por qué habría de ser de esta manera? Porque el estado de plenitud e integridad *(pūrṇatā)* que constituye la meta del camino —tu naturaleza más elevada, que ya existe— es por definición el estado donde experimentas que el patrón de la *totalidad* de la realidad está presente dentro de ti y que a tu identidad no la define una parte más que cualquier otra. En otras palabras, para experimentar identidad con el divino Absoluto que todo lo abarca, necesitas renunciar a la identificación de

Todo es una Luz
de la Consciencia a
diferentes longitudes
de onda en una danza
interconectada
y gozosa.

un aspecto limitado de ti, el aspecto al que habitualmente te refieres como "yo". Es justo tu aferramiento a tu identidad limitada lo que no te permite experimentar al Todo dentro de tu propio ser.

Tendrás que soltar todo aquello que crees que tú eres para ser libre.

Cuando digo que tendrás que soltar las autoimágenes "positivas", así como las negativas, no me refiero a que descartes tus virtudes positivas, sino a que dejes ir la historia sobre ti mismo que se sustenta en esas virtudes. Esto es necesario porque la autoimagen de que tú eres una "buena persona" conlleva una serie de "deberías" que irónicamente evitan que expreses tus virtudes innatas en una forma que responda de manera orgánica a la situación presente. Tus verdaderas virtudes no se basan en una historia sobre ti mismo, son una expresión natural de tu naturaleza esencial.

Tampoco este proceso de soltar todo aquello que piensas con respecto a ti mismo implica que abandones tus roles y responsabilidades en la vida, ya que la cuestión aquí no es si eres una esposa, una madre o un doctor, sino el hecho de que te identifiques a ti mismo como eso y solamente eso —lo que te lleva a definir, limitar y circunscribir tu experiencia de la realidad a través de esas identificaciones—. En otras palabras, no necesitas huir de todas esas responsabilidades para alcanzar la liberación, porque la liberación en el sentido tántriko significa pasar de la experiencia de estar atrapado en tu situación de vida a percibir constantemente que eres la luz infinita de la presencia divina, interpretando con júbilo el *papel* de esposa, madre o doctor, y a través de ese rol poder servir a los demás. La metáfora del actor y su rol es perfecto para ilustrar lo anterior, ¿acaso un actor se siente miserable al interpretar un personaje en escena, incluso si se trata de una figura trágica? No, porque sabe que abandonará el personaje, que no está atado a él, y que al final regresará a aquello que nunca ha olvidado: su verdadera identidad. De hecho, incluso si el actor experimenta la desgracia de su personaje a un cierto nivel, ¡a un nivel más profundo siente gozo al poder interpretar bien ese papel! Imagina cómo sería tu vida si pudieras sentir esa alegría en *todos* tus papeles, si pudieras mantener esa consciencia silente de tu naturaleza fundamental, expansiva, completa, perfecta y que todo lo abarca, incluso al realizar las tareas más mundanas.

De esta forma, todo el proceso de la *sādhanā,* andar el camino espiritual, es el proceso de remover *āṇava-mala,* la Impureza de la Individualidad, o la identidad limitada y la falta de totalidad. Su remoción final es el estado de liberación. Aunque represente la "mancha" primaria o el oscurecimiento de la luz transparente de nuestro ser, que nubla nuestra visión clara, la persistente sensación de que algo nos falta, a fin de cuentas resulta benéfica, ya que esa sensación nos lleva a buscar y encontrar la Verdad. Como siempre sucede en el tantra, ninguna cosa es mala por definición, todo, incluso *āṇava-mala,* sirve a un propósito divino.

La impureza de la diferenciación

La Impureza de la Diferenciación es esa forma de ignorancia que hace que nuestra percepción sea dualista, es decir, que veamos las diferencias, pero no la unidad subyacente. Es *māyīya-mala* el causante de que nos sintamos separados de los dem*ás seres y* de aquello que percibimos. La forma fundamental de *māyīya-mala* es la diferenciación entre el sujeto y el objeto. Esto quiere decir que tú percibes los objetos en tu consciencia como algo separado y distinto a ti. Esta visión errónea nos hace experimentar el mundo ya sea como una amenaza que nos persigue o como una fuente de objetos que hay que adquirir, lo cual es ignorancia, ya que como hemos visto, todo lo que existe dentro de tu consciencia es necesariamente un aspecto de ti mismo. La verdadera visión es aquella que te permite verte dentro de todos los seres, y ver a todos los seres dentro de ti. Sólo cuando nuestro enfoque está en la capa más superficial de la realidad es que la diferencia aparenta ser la realidad más fundamental.

Ver al otro como una forma diferente de ti mismo.

Imagina, por ejemplo, un continente masivo con muchas montañas, cubiertas en su mayor parte por el océano pero con muchos de sus picos sobresaliendo de la superficie del agua. Alguien que nunca se haya sumergido bajo esa superficie verá las montañas como islas separadas y desconectadas, pero alguien que ha hecho el esfuerzo de explorar las profundidades de ese océano se dará cuenta de que hay una sola masa de tierra, de la cual emergen diversas extrusiones. De la misma manera, todos los seres manifiestos y conscientes son extrusiones en el mundo tangible del único y continuo Ser que existe. Esta analogía es imperfecta (como todas las analogías lo son) porque en realidad ese único Ser también se ha convertido en el océano del mundo tangible y perceptible. La analogía que se usa con frecuencia en la tradición original dice que todo lo perceptible constituye el cuerpo de ese único Ser, mientras que todos los perceptores constituyen su alma.

Para una persona que no está consciente de esta verdad, los objetos de percepción son elementos separados de su ser, pero en realidad todo lo que percibes no es otra cosa que una vibración de la energía consciente dentro de tu percepción. Las consecuencias de *no* darse cuenta de esto son tremendas, pues cuando percibes a otros seres como diferentes y separados de ti, no te tomas la molestia de entender las cosas desde su punto de vista, y tampoco logras reconocer que el hacerlo también te permitiría comprender más sobre ti mismo. En una visión de las cosas basada en la premisa de nosotros contra ellos, incluso puedes llegar a considerar al otro como enemigo y justificar el asesinarle si es que se opone a tus intereses (puedes decir, "pero yo nunca asesinaría a nadie"; sin embargo, eso es justo lo que hace el gobierno que actúa en tu representación). En contraste, cuando estás en un proceso de superar *māyīya-mala*, te das cuenta que aunque puedas condenar los actos de algún otro ser humano, éste no es diferente a ti, únicamente opera bajo presiones, programas y circunstancias de vida distintos. De estar en sus zapatos tal vez tú habrías hecho lo mismo. Al ser capaces de ver esta verdad, la condena se transforma en compasión. Cuando empiezas a mirar a través de *māyīya-mala*, es como si todos los seres sostuviesen un espejo de ti mismo. El despertar inicial de tu divinidad innata anteriormente descrita como *śaktipāta* hace mucho más fácil romper con la falsa dicotomía de nosotros contra los otros engendrada a partir de *māyīya-mala.*

Si te está resultando difícil ver a los otros como a ti mismo bajo otra forma, eso significa que aún necesitas expandir tu sentido del ser y asirte a la idea de que la capacidad de hacer cosas maravillosas y terribles existe dentro de ti de exactamente igual manera que existe dentro de la otra persona. Superar *māyīya-mala* no significa creer que todas las personas son lo mismo y que todas son buenas en la misma medida, significa ver la realidad de que todas las entidades son *formas distintas de una misma cosa,* y que cada sujeto posee condiciones singulares. Puedes mantenerte arraigado en lo Real y comprender que aunque sólo existe una sustancia de la realidad, ésta puede manifestarse en una variedad infinita de formas. Por supuesto, aunque todos los seres son Dios, algunos son formas altamente contraídas de Dios, que expresan el poder divino del auto-ocultamiento perpetuando la ignorancia y el sufrimiento. Ver a todos los seres como igualmente divinos no significa aprobar las acciones y los puntos de vista de todos ellos. Es vital comprender este punto en particular con la claridad de un cristal.

Por último, liberarnos de la ignorancia de *māyīya-mala* significa ver que la diferenciación no es y nunca fue un problema. Para los *tāntrikas*, ver la diferencia en el contexto de una unidad más elevada no pretende devaluar la diferencia, sino celebrarla como la fuente misma de la belleza. El poder de Māyā se experimenta a fin de cuentas como el poder por medio del cual la Consciencia divina se ama a sí misma en la forma manifiesta particular que eres tú.

La impureza de la acción

La impureza de la acción o *kārma-mala* se refiere a la atadura del karma. Siempre que los dos primeros *malas* estén activos, te verás a ti mismo como un ser limitado y separado que debe luchar para obtener cada ventaja a cualquier precio. Este punto de vista naturalmente da pie a acciones volitivas que tienen repercusiones que *a posteriori* atarán al actor. El ciclo de acción que motiva la ignorancia y sus reacciones correspondientes se conoce como karma. Sólo las acciones que se realizan a partir de la ignorancia y la codicia crean repercusiones kármicas.

Las formas primarias de este tipo de ignorancia son el apego y la aversión. El apego es la convicción de que necesitamos algo que está fuera de nosotros mismos (éxito, una pareja, el trabajo ideal, aprobación, etc.) para estar completos. La aversión es la misma vibración, pero a la inversa: es la convicción de que no estaremos completos hasta que no logremos evitar o eliminar ciertas cosas. Cuando nos guiamos por el apego o la aversión, cometemos de manera inevitable acciones divisivas que generan sufrimiento tanto para nosotros mismos como para otros. Entre más abrumados estemos por un apego o una aversión en particular, más extremas serán nuestras acciones (como cuando alguien afirma: "¡No puedo vivir sin él!"). Entre más extremas sean las creencias que motivan nuestras acciones, mayores serán las repercusiones kármicas. Las únicas acciones que no tienen repercusión kármica son aquellas que surgen espontáneamente, como una expresión de nuestra naturaleza esencial, sin ningún afán personal de ganancia o de pérdida.

El karma puede parecer una doctrina muy pesada: debido a que hemos cometido tantas y tantas acciones en el pasado y lo seguimos haciendo en el presente, ¿cómo podríamos jamás superar la carga de sus consecuencias? Los maestros del tantra shivaíta observaron que preocuparse por la enorme carga de los karmas de vidas pasadas era una barrera real en la práctica espiritual de la gente. Entonces, lo que hicieron fue diseñar una ceremonia de iniciación (conocida como *dīkṣā*) que se decía era capaz de purificar a las personas de todos sus karmas de vidas pasadas destinados a surtir efecto en vidas futuras, dejando intacto nada más que el karma de esta vida. Cualquiera que sea la realidad de este postulado metafísico, el efecto psicológico de la ceremonia es innegable: hace que la gente sienta que es factible alcanzar la liberación en esta vida, y debido a que la Consciencia crea la realidad, eso sucede. El hecho simple es que si tuvieras que sanar y procesar cada rastro kármico que hay en tu ser para poder alcanzar la meta, la liberación sería algo imposiblemente distante. Por lo tanto, hay sólo una solución viable desde el punto de vista tántriko: *dejar de ser la persona sobre quien esos karmas recaen.* Una vez que hayas renunciado por completo a la identidad del ser que generó los karmas y en quien los karmas se adhieren con tal tenacidad, serás libre. Esta solución no es un atajo en el camino, porque desde el punto de vista espiritual, sólo necesitas atravesar por tantos karmas como *tú* en lo personal requieras para poder alcanzar el punto en el que puedas dedicarte plenamente al proceso de disolver tu ser limitado en Dios. Lo anterior significa que éste no es un sistema en el que necesites recibir un castigo por cada cosa "mala" que alguna vez hayas hecho, ya que si en verdad dejas de ser la persona que cometió ese tipo de acciones, los karmas dejan de obrar efecto en ti.

Puedes liberarte del karma: deja de ser la persona sobre quien esos karmas recaen.

La mejor manera de superar *kārma-mala* es llegar a la raíz de donde surge: convencerte a un nivel profundo de que no hay nada fuera de ti mismo que haya que añadir para hacerte un ser completo, así como tampoco hay nada que tenga que eliminarse para hacerte puro. Este estado de profundo amor y respeto por tu propio ser hará, incluso si sólo lo alcanzas de forma parcial, que te sea más fácil realizar acciones que no contengan motivaciones egoístas, y por ende estarás libre de karma. Es importante observar aquí que una acción te puede hacer sentir bien y aun así no provenir de una motivación egoísta, la pregunta es si ésta emana espontáneamente de tu Corazón como una expresión natural de tu auténtica naturaleza (así una acción puede ser "para uno" sin ser egoísta, si entiendes a lo que me refiero). Es la raíz y no el fruto de una acción lo que la hace ser o no egoísta. No es necesario decir que si eres capaz de socavar y desestabilizar *māyīya-mala,* la creencia de que tu ser

Ver p. 282

está separado de otros seres y objetos, *kārma-mala* se empezará a derrumbar como consecuencia. Sólo cuando consideras que los demás seres están separados de ti es que tomas en cuenta tus propias necesidades sin tomar en cuenta las de ellos. De esta forma, la visión tántrika a corto y largo plazo es ésta: "No te preocupes por el karma, enfócate en los *malas* más fundamentales, y el karma ya se ocupará de sí mismo."

A fin de cuentas, todo regresa a *āṇava-mala.* Sólo si te experimentas a ti mismo como separado de la Divinidad —indigno, incompleto e imperfecto— es que los otros dos *malas* pueden operar. A un ser que consigue, a través de mucho esfuerzo, remover *māyīya* y *kārma-mala* sin eliminar *āṇava,* se le llama *Vijñānākala,* alguien que está cerca de la liberarse, pero se queda atorado en el umbral de la verdadera liberación, incapaz de renunciar a su identidad limitada. *Vijñānākala* significa literalmente "el que se ha liberado de las limitaciones de dos *malas* por medio de su propia introspección" pero quien, al negar la gracia de un poder divino más grande que su alma individual, permanece atado por la Impureza final. Alguien así trasciende Māyā pero permanece, por decirlo de alguna manera, por siempre ante las puertas del paraíso, sin poder cruzar el umbral permitido sólo a quienes han hecho a un lado la identificación con su ser limitado, que han comprendido que sólo un Ser ha existido siempre, y que saben que su forma encarnada es sólo un papel temporal que Él interpretó, una danza que Ella bailó.

Vāk: los cuatro niveles de la Palabra (y el séxtuple camino)

En una escuela del TSND (la corriente de Trika), la divinidad más elevada se venera en la forma de la Diosa llamada *Parāvāk* "La Suprema Palabra", o simplemente Parā. Parā es el equivalente tántriko de la deidad tradicional Sarasvatī, con la diferencia de que en el Trika se le reverencia como el principio más elevado de la realidad: a Ella también se le llama Anuttarā, "el Absoluto femenino". El Trika entiende la totalidad de la existencia como una expresión de la Suprema Palabra, y por consiguiente, *todos* los seres son, por decirlo de alguna forma, "la Palabra hecha carne". Este concepto tiene un paralelismo con el pensamiento griego (y también con el inicio del Evangelio de Juan), en donde "la Palabra" es la traducción de *logos,* y denota la estructura profunda de la realidad, el principio armónico que anima al Universo. Desde esta perspectiva, todo constituye una vibración armónica de la única Palabra.

Parāvāk es tanto el poder de la inspiración como la inteligencia, o la consciencia encarnada: el sutil patrón en la Consciencia que da forma tanto al mundo de los objetos como a su correspondiente mundo de ideación y representación. La Palabra se manifiesta de dos maneras distintas, y cada una es reflejo de la otra: el significante y su significado; dicho de otra forma, la Palabra se convierte en la unidad simbólica del lenguaje y también en los objetos de la experiencia a los que hace referencia, éstas son las dimensiones internalizadas y externalizadas de la única Consciencia, la Diosa Parā (que se entiende como Mahādevī, es decir, el aspecto femenino de Śiva). Cuando no logramos ver la raíz común de los objetos externos de la experiencia y de las ideas internas que los reflejan, tampoco somos capaces de darnos cuenta de su interdependencia. Por ejemplo, creemos equivocadamente que la realidad "externa" moldea nuestro mundo interno y no al revés, cuando de hecho, ambos aspectos están todo el tiempo dándose forma uno al otro en un proceso dialéctico bidireccional.

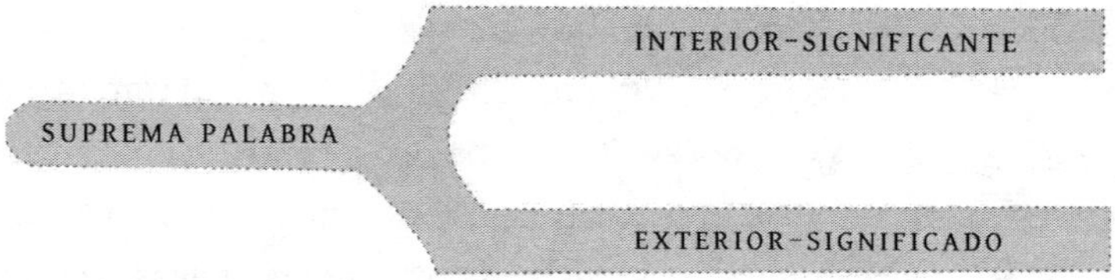

De acuerdo con el tantra shivaíta, las dos caras de este proceso tienen tres aspectos cada una, lo que nos da el llamado Séxtuple Camino de la Realidad (*ṣaḍ-adhvan*), que se presenta a continuación (observa que de acuerdo con el análisis de pratyabhijñā, el "Camino externo", que está al lado derecho, es el aspecto de *prakāśa*, y en "Camino interno" a la izquierda es el aspecto *vimarśa).*

Signifcante *(vācaka)*, el Camino interno	**Significado *(vācya)*, el Camino externo**
1. *varṇa* (fonemas, pulsaciones sutiles)	4. *kalā* (5 divisiones principales de la realidad)
2. *mantra* (morfemas, unidades de pensamiento)	5. *tattva* (36 principios de la realidad)
3. *pada* (palabras y frases)	6. *bhuvana* (18 planos de la realidad)

Esta lista va de lo sutil, en la parte superior, hasta aquello que representa lo más tangible y concreto, en la parte inferior (*sūkṣma* -> *sthūla*). Este proceso no es más que la densificación de la energía singular de la Consciencia, y también debemos observar que la división entre "interno" y "externo" sólo tiene sentido desde el punto de vista del ser consciente individualizado. Por supuesto que desde la perspectiva del Absoluto nada es externo a la Consciencia.

Este Séxtuple Camino constituye una doctrina pan-Shivaíta, que no nada más está presente en el Trika, pero es en el Trika donde se explora y construye una teología en torno al Camino interno del Significante. Es esta teología a la que me refiero cuando hablo del "misticismo lingüístico del Trika".

Quizá ya te habrás dado cuenta de un problema evidente con esta imagen de las cosas: si el llamado Camino interno de las ideas y el lenguaje y el Camino externo de las cosas y los mundos tienen un origen común y cada uno es espejo del otro, entonces, ¿por qué no existe entre ellos una correspondencia perfecta? ¿Por qué nosotros, como individuos, con frecuencia nos asimos a ideas que no están alineadas con la naturaleza de nuestra realidad externa? La respuesta yace en el hecho de que la Consciencia, el terreno de la realidad, es por su misma naturaleza libre y autónoma —tan libre que puede construir cualquier imagen o discurso en torno a la realidad, incluso si son contrarios a las estructuras profundas y los patrones de la naturaleza—. En otras palabras, la Consciencia en su forma contraída está sujeta al conocimiento limitado, y cuando esta percepción contraída asume el conocimiento limitado como si fuese completo, construye una imagen de la realidad sobre una base que de hecho está sesgada y distorsionada, sin importar cuántas verdades pueda contener. Desde luego que esta imagen sesgada de las cosas corresponde a una realidad: la realidad de la limitación de nuestra percepción. Esto quiere decir que todas las formas de pensamiento corresponden a algún aspecto de la realidad, pero con frecuencia no en la forma en que nosotros pensamos.

La *Sādhanā* (práctica espiritual) consiste en la observación cuidadosa y un sometimiento profundo.

Desde este punto de vista, todo el proceso de la *sādhanā* no es más que el proceso de alinear cuidadosa y lentamente nuestras construcciones mentales internas de la realidad *(vikalpas)* con los patrones verdaderos de la realidad en sí misma, y a la vez descartar aquellas construcciones que no puedan alinearse como se debe (observa que en el modo de la consciencia plenamente expandida, este proceso ocurre sin esfuerzo y por voluntad propia). Para decirlo con otras palabras, la *sādhanā* consiste en aprender a poner de lado nuestras presunciones y observar con atención qué es lo que está ocurriendo a nuestro alrededor y dentro de nosotros, y luego renunciar a nuestras diversas historias en torno a la realidad y entregarnos a la Realidad en sí misma (lo anterior describe en el lenguaje del no dualismo aquello que las religiones llaman "someterse a la voluntad de Dios"). En algún punto, el esfuerzo que significa este proceso da paso a una epifanía, una honda visión dentro de las estructuras profundas de la Consciencia, en "la mente de Dios", por así decirlo, como el resultado gracias al cual el proceso de alineamiento se despliega de manera más o menos espontánea.

El Trika articula una doctrina de cuatro niveles de la Palabra que nos ayuda a entender el Camino interno, el proceso por medio del que cada uno de nosotros construye una experiencia particular de la realidad. Comprender todo esto es crucial para quienes desean abrirse a la verdadera naturaleza de las cosas y renunciar al sufrimiento creado por la mente. Investigaremos estos cuatro niveles. Ya hemos mencionado el más elevado, que es Parā, y ahora comenzaremos por el nivel más bajo y completaremos todo el círculo. Como de costumbre, iniciaremos con el nivel "más bajo" por ser el más obvio y concreto y el que nos resulta más familiar. Siempre comenzamos por el lugar donde nos encontramos.

El diagrama que se muestra a continuación tendrá sentido para ti a medida que vayas leyendo la discusión.

Nombre	**Traducción**	**Aspecto predominante de la consciencia**	**Śakti predominante**	**Esfera de percepción**
4. *Vaikharī*	Corpóreo	Objeto	Acción	Dualidad
3. *Madhyamā*	Intermedio	Proceso	Conocimiento	Síntesis
2. *Paśyantī*	Visionario	Sujeto	Voluntad	No Dualidad
1. *Parā*	Supremo	Sujeto transcendente	Libertad	No dualidad suprema

VAIKHARĪ VĀK: EL NIVEL CORPÓREO DE LA PALABRA

Si comenzamos por lo más concreto, el primero de los cuatro niveles es *Vaikharī*, el nivel del discurso común y corriente que articulamos en nuestro día a día. *Vaikharī* funciona en el nivel de la dualidad, y dentro de *él* la percepción del objeto es predominante. El lenguaje humano es inherentemente dualista, porque la única forma en que una palabra tenga un significado en particular es negando todos los demás posibles significados. Más aún, el lenguaje hablado se orienta hacia los objetos de la consciencia y opera de manera analítica, es decir, ayuda a nuestra mente a dividir la realidad en fragmentos diferenciados para después clasificarlos y categorizarlos. Esto genera un problema, ya que si creemos que el lenguaje refleja la realidad con exactitud, quedamos sujetos inevitablemente a verla desde una perspectiva dualista, lo que es lo mismo que percibir un mundo esculpido en distintas piezas de diversos valores, un mundo de entidades separadas que actúan unas sobre otras (y con frecuencia, unas contra otras), en vez de hacerlo como un *continuum* de unidad en una interrelación de equilibrio dinámico.

Por mucho tiempo, la filosofía india ha articulado una enérgica crítica del proceso (usualmente) consciente por medio del cual incorporamos un concepto lingüístico, que en realidad no es más que una designación convenientemente abreviada de un proceso más complejo, o bien un conjunto de factores, y creemos que el término denota una determinada realidad estática, es decir, confundimos el signo lingüístico con una realidad.[47] Esto pareciera no ser gran cosa —podrías pensar que es simple filosofía— pero las consecuencias de este acto cognitivo de "cosificar" un signo lingüístico son serios. En el ámbito de la religión a esto se le llama fundamentalismo (que básicamente consiste en creer que tus textos religiosos representan la verdad literal y no una verdad simbólica), y como bien sabemos, esta creencia ha sido la responsable de algunos de los odios más vitriólicos y de los derramamientos de sangre más horrendos que han ocurrido durante los últimos siglos; de tal forma que no se trata de "mera filosofía". Estos sutiles procesos a través de los que construimos nuestra imagen de la realidad implican consecuencias serias y reales en el mundo, por lo tanto es importante intentar entenderlos.

Con el fin de ayudarnos a penetrar a un nivel de la realidad más profundo que la percepción dualista, la doctrina del Trika nos muestra que el mundo del lenguaje humano articulado es de hecho el nivel más superficial y burdo de la Palabra, y que investigar en sus capas más profundas y sutiles nos ayuda a ver la realidad de una forma más fidedigna. El discurso "corpóreo" de alto nivel en el que nos involucramos día con día es, desde la perspectiva de esta filosofía, como la superficie del océano —nos da muy poca información de lo que ocurre en el mundo submarino—. Tu discurso habitual recibe constantemente información de las capas más profundas del discurso y puede apuntar hacia esas realidades más profundas. En otras palabras, el discurso ordinario *(Vaikharī)* toma forma a partir de la manera en que piensas *(Madhyamā)*; la manera en que piensas es moldeada por tus convicciones profundas e inconscientes en torno a la realidad *(Paśyantī)*, y éstas son a su vez articulaciones parciales de la única Consciencia divina *(Parā)*, que elige libremente expresarse en un ritmo de formas expandidas y contraídas. A la luz de lo anterior, la manera en la que hablas expresa algo del patrón subyacente de tu consciencia. Si lo que deseas es un cambio, te darás cuenta de que en el camino tántriko *no* buscamos tal transformación en términos de ajustes programáticos superficiales de nuestras palabras con el fin de conseguir una aprobación social más exitosa (incluso si se tratase de la aprobación de una comunidad muy espiritual). En lugar de ello, buscamos cambios en los niveles más profundos de nuestra consciencia que luego puedan expresarse con naturalidad a través de un juego espontáneo de pensamientos y palabras. En este sentido, las palabras *sí* importan, no en términos de ellas en sí mismas sino en cuanto a su significado, aquello a lo que apuntan o revelan con respecto a la forma en que nos encontramos con nuestro mundo y lo comprendemos. Además, las palabras son importantes al ser formas de acción, por medio de las que generamos (o infligimos) cambios en el mundo a nuestro alrededor. Nuestras palabras son poderosos patrones de energía que moldean la experiencia de la realidad, tanto de otras personas como de nosotros mismos, y por lo tanto deben utilizarse con cuidado.

MADHYAMĀ VĀK: EL NIVEL INTERMEDIO DE LA PALABRA

El segundo nivel de la Palabra es *Madhyamā*, el nivel del pensamiento o el "discurso interno". En este nivel, el proceso de conocer predomina sobre las cosas conocidas (observa el diagrama que está arriba). El lenguaje en esta esfera no es como el que hablamos, sino aquello que algunos llaman "mentalés", o el lenguaje con el que la mente piensa para sí misma: una mezcla de palabras, imágenes, frases fragmentadas e ideas a medio construir. El nivel de *Madhyamā*, es el sustrato para la formación de las persistentes estructuras de pensamiento dualista llamadas *vikalpas*; dicho de otra forma, es la arena donde la mente formula sus construcciones de pensamiento —las formas de simbolización verbal que se superponen a la realidad—. Los *vikalpas* son en esencia las historias distorsionadas y excesivamente simplificadas acerca de la realidad que nos contamos a nosotros mismos y que luego cosificamos o tomamos como un hecho. La capacidad de distinguir que un *vikalpa* no es otra cosa que una representación de la realidad, y posiblemente una representación fallida, en lugar de ser la realidad en sí misma, resulta crucial para el *yogī* tántriko, algunos incluso dicen que es la capacidad *más* crucial.

Sin embargo, este nivel de discurso está más cerca de la naturaleza esencial de la Consciencia que el nivel anterior, ya que su misma naturaleza lo lleva a operar, no en el ámbito de la dualidad *(bheda)*, sino dentro de la esfera de la síntesis de la unidad en la diversidad *(bhedābheda)*. Todos los distintos conceptos, por contradictorios que sean, están unificados en el campo de la consciencia individual.

El discurso interno del nivel de *Madhyamā* opera a través de tres aspectos del instrumento mental (ver la sección relevante). En el intelecto *(buddhi)*, toma la forma de deliberación, contemplación o juicio; en los *manas* se manifiesta como imaginación y sueños; en el ego, se presenta como auto-referencialidad. Algunos de estos aspectos, como la contemplación o la imaginación, constituyen formas expansivas de discurso interno que pueden funcionar como herramientas para acercarnos a nuestro estado natural de libertad y presencia; es por esta razón que hay prácticas tántrikas que se realizan en el nivel de *Madhyamā* con el fin de purificarlo y alinearlo, como por ejemplo las prácticas de visualización *(dhyāna)*, el yoga de deidad, la meditación y la contemplación creativa *(bhāvanā)*. Todos ellos son los equivalentes de las *āsanas* (posturas yóguicas) para la mente.

El proverbio que tipifica la práctica tántrika es: "Nos levantamos con el apoyo del mismo suelo donde tropezamos". Es importante observar que nuestras construcciones de pensamientos, nuestros *vikalpas*, limitan el rango de posibilidades en cuanto a cómo experimentamos una determinada realidad, aunque cultivar construcciones de pensamiento purificadas –alineadas con el patrón orgánico de la consciencia despierta—puede del mismo modo expandir nuestro rango de posibilidades (exploraremos esto más adelante).

PAŚYANTĪ VĀK: EL NIVEL VISIONARIO DE LA PALABRA

Cultivar construcciones de pensamiento purificadas es una tarea difícil de cumplir si no trabajamos al mismo tiempo en el tercer nivel, el nivel de *Paśyantī*, o nivel visionario. Este nivel va más allá del discurso ordinario, donde parece no haber palabras para las vibraciones de los pensamientos y los sentimientos. Éste es el nivel de la Voluntad precognitiva *(icchā śakti)*, el impulso inicial de la Consciencia hacia la expresión. En este nivel de la Palabra no existe una diferenciación entre tiempo y espacio, y el sonido y la luz también están fusionados sinestésicamente. Aquí la Palabra está muy activa, aunque de forma compactada y oculta. Éste es también el plano de la llamada consciencia *nirvikalpa.* En este contexto, el término no significa "sin pensamiento", lo que quiere decir es que los *vikalpas* (construcciones de pensamiento diferenciadas) se han convertido en energía pura en formas muy sutiles, y debido a que están internalizados a un nivel muy profundo, tienen más poder de influencia sobre nosotros, ya sea para bien o para mal.

En este nivel domina la consciencia subjetiva, es decir, la separación sujeto-objeto es apenas operante, ya que los distintos objetos de la experiencia se han colapsado en el sujeto. Percibimos las impresiones de las diferentes experiencias como parte de nosotros (una vez más con resultados que pueden ser buenos o malos, dependiendo de las impresiones). Éste es entonces el nivel de nuestra precognición (que quiere decir previo a la cognición, que limita el rango de cogniciones posibles y forma su carácter), de nuestras creencias profundamente arraigadas acerca de la realidad que se entretejen en nuestro sentido de identidad, todas más fuertes al ser silenciosas. A este nivel se le llama "visionario" porque su patrón es un poderoso determinante de nuestra visión de la realidad al dar estructura a nuestros pensamientos en el nivel de *Madhyamā* y a nuestras palabras en el nivel de *Vaikharī.* Las impresiones subliminales de las experiencias pasadas (*saṃskāras*) crean constantemente el esquema sobre el cual nos involucramos física y mentalmente con la realidad, por consiguiente, si nuestra práctica de yoga no puede alcanzar esta esfera, un cambio duradero resultará imposible. Éste es el nivel de la sanación profunda, donde la meta es crear un patrón en lo más profundo de la consciencia del individuo que se alinee a la perfección con el patrón cósmico divino.

El modelo de los cuatro niveles de la Palabra nos ayuda a entender por qué puede resultar tan difícil distinguir la diferencia entre las "corazonadas" que surgen a partir de una honda intuición y las que expresan una programación profunda del subconsciente. Percibimos ambas de manera visceral, pero mientras que las primeras son totalmente confiables, las segundas rara vez lo son. La dificultad para distinguir la diferencia radica en que ambas llevan consigo la huella de *Paśyantī:* las primeras surgen del nivel fundamental de la Palabra (ver más abajo) y atraviesan la esfera de *Paśyantī* para alcanzar la mente, mientras que las segundas se originan en los *saṃskāras* (impresiones en el subconsciente), que han quedado impresos en el nivel de *Paśyantī.*

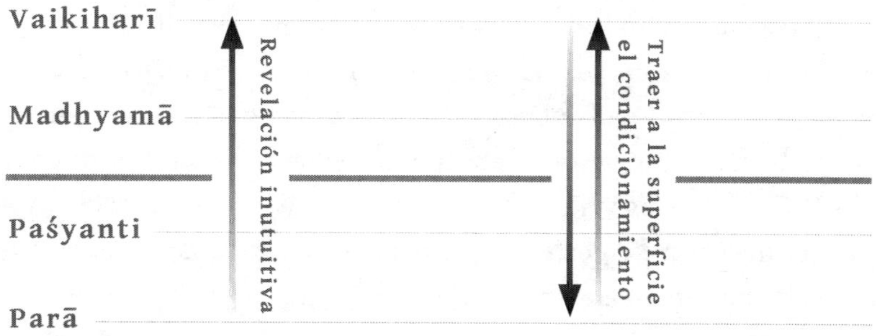

Debemos, por lo tanto, mantenernos escépticos ante nuestras corazonadas e investigar su naturaleza real. Una forma de distinguir la diferencia entre una verdadera intuición (que se origina en la esfera de *Parā)* y una forma condicionada (que surge en el nivel de *Paśyantī)* es la siguiente: cuando nos cuestionamos la corazonada en cuestión, si ésta proviene de los *saṃskāras*, la mente va a defenderla y justificarla, argumentando su validez y mostrando "evidencias" que parezcan corroborarla. Por el contrario, cuando nos cuestionamos una intuición genuina, la mente permanece en silencio. Una intuición no se justifica ni da explicaciones sobre sí misma, sino que se ofrece como un regalo. Se requiere de práctica para lograr escuchar esa voz que es más callada que la mente.

A medida que logremos más progresos en yoga, nuestras intuiciones se alinearán de manera más certera con el patrón más profundo (el nivel de *Parā).* Para facilitar la sanación y limpieza profundas que hacen que esto sea posible, debemos permitir que nuestro trabajo espiritual penetre hasta el nivel de *Paśyantī,* donde están depositadas nuestras impresiones subliminales.

Ver pp. 314-325

Existen tres métodos para acceder a este nivel. El primero consiste en cultivar de forma repetida construcciones de pensamiento purificadas en la esfera de *Madhyamā* o pensamiento consciente, hasta que ese patrón de consciencia se vuelva lo suficientemente fuerte como para derramarse y moldear el patrón inconsciente que yace en el nivel de Paśyantī. Abhinava Gupta explica este método de forma muy bella en el cuarto capítulo de su obra *Esencia de los tantras* (abundaré en este tema más adelante).

El segundo método involucra un tipo de meditación de atención plena, que está orientada hacia *Paśyantī* o el nivel visionario. Cuando accedemos al nivel de la Consciencia del Testigo que todo lo acepta y que también reside en esta esfera, creamos un espacio sanador de consciencia en el que los viejos *saṃskāras* se liberan de forma automática. Para ser más claro, en este tipo de meditación, en lugar de enfocarte todo el tiempo en un mantra o en la respiración, te colocas en un espacio de total apertura, sin buscar ni rechazar ningún pensamiento, limitándote a observar lo que sea que surja sin prejuicio alguno. Éste es el método de meditación más efectivo para sanar los *saṃskāras*.

El tercer método es la repetición de mantras. Esta práctica comienza en el nivel de *Vaikharī* (que consiste en simplemente decir o cantar un mantra), donde en términos generales no se experimenta un gran beneficio. Sin embargo, si lo practicas con suficiente regularidad, el mantra se vuelve cada vez más sutil, hasta el punto de purificar los tres niveles del discurso. Para trabajar con este método, recita tu mantra principal con fe y consciencia amorosa y sincera, tanto en la meditación como en el resto de tu día, y con el tiempo se transformará de una forma articulada a una pulsación rítmica en la que las palabras ya no son distintivas, pero su vibración está aún presente. Cuando esta pulsación comienza a surgir de manera espontánea (o sea, sin una volición consciente) y dichosa, quiere decir que el mantra ha penetrado exitosamente en el nivel de *Paśyantī*. Cuando el nivel de *Paśyantī* se ha purificado, ya sea por vía de las construcciones mentales purificantes, la meditación de atención plena o la repetición sutil de mantras, la luz del Poder Divino, ya libre de obstáculos, te guía hacia el despertar —la realización de tu naturaleza primordial—.

Parā Vāk: el nivel supremo de la Palabra

Esta naturaleza primordial es la Suprema Palabra, que está más allá de la distinción de los planos antes descritos y sin embargo constituye la identidad más profunda de cada uno de ellos, la vibración desde la cual surgen, es la esfera de la no dualidad superior. Esto significa que es una realidad que no coincide con un plano en particular; sin embargo, es el punto desde el cual se derivan las capacidades de los diversos planos para desarrollar sus respectivas funciones. Al contrario de lo que ocurre con los otros tres planos, no se le puede medir en términos de grado menor o mayor de contracción porque encarna la Libertad divina en sí misma, que prevalece por sobre la apariencia de contracción en sus diferentes formas y grados. También se le llama la Suprema Palabra, porque aunque esté más allá de la verbalización, constituye el poder de la verbalización y la simbolización, esto quiere decir que es la esencia de la consciencia que se refleja a sí misma *(vimarśa),* el poder por medio del cual la Consciencia se auto-representa en distintas formas, con el fin de alcanzar un conocimiento pleno de su propio ser. [48]

Todo es una vibración armónica del Mundo supremo.

La esencia vibratoria fundamental a partir de la que surgen el lenguaje, los pensamientos, los sentimientos y la percepción, Parā es un misterio divino, porque a pesar de ser el principio más elevado de la realidad, todos nosotros la experimentamos cada día en la forma de nuestra autoconsciencia. Parā no se limita a ser un estado místico, guardado en un espacio vacío, sino la vibración única e incluyente a través de la que todas las cosas se mueven y cantan. Abhinava Gupta describe Parā Vāk de la siguiente manera:

Una exposición en torno a los Treinta Versos de Parā

> *Ella es la Palabra primordial, increada, la esencia misma de la realidad más elevada, que impregna todas las cosas, eternamente y en un movimiento creativo. Ella es Consciencia luminosa y pura, vibrando con la mayor de las sutilezas (como el terreno de todos los Seres).*

Él va más allá al decir que todo —piedras, árboles, aves, seres humanos, dioses y demonios— constituye una vibración armónica de esa suprema Palabra. Sus poderes dominantes son *svātantrya-śakti,* el Poder de la Libertad absoluta, y *vimarśa-śakti,* el Poder de la Autoconsciencia, y en la experiencia humana se expresa en toda su plenitud en el estado de *chamatkāra,* el estado de asombro, completamente expansivo y autoconsciente, en donde la Consciencia queda inundada por el repentino arrebato de gran belleza, vibrando en maravillosa alegría. Este estado, más allá de las palabras, trascendente y al mismo tiempo totalmente involucrado con la realidad presente en la consciencia, nos revela la forma en que la Diosa Parā puede ser al mismo tiempo la fuente trascendental de todas las cosas e inmanente a todas las cosas. Ella nos sugiere entonces, que a fin de cuentas podemos experimentar una belleza exquisita en cada aspecto de la existencia humana: en la quietud y en el cambio, en la muerte y en el nacimiento, en el crecimiento y en la decadencia, en el dolor y en la alegría.

LOS CINCO ESTADIOS DE LA CONSCIENCIA

Como podrás imaginarlo, una cultura espiritual tan preocupada por la naturaleza de la consciencia también presta atención a los diferentes estadios de la consciencia por los que todos transitamos cada día: vigilia, ensoñación, estado de sueño profundo y así sucesivamente. Como siempre, el tantra tiene un argumento en torno al número de estadios de la consciencia de hecho existen. Muchas personas que no están familiarizadas con la práctica espiritual dirían que hay tres; los meditadores que ya han experimentado *samādhi* (meditación profunda), consideran que son cuatro; por su parte, el tantra shivaíta no dualista argumenta que existen cinco estadios.

El gran filósofo estadounidense William James escribió a inicios del siglo XX:

William James

Nuestra consciencia de vigilia habitual no es otra cosa que un tipo especial de consciencia, mientras que en torno a ella, y separadas de ella por la más fina de las pantallas, hay otras formas potenciales de consciencia que son enteramente distintas. Podemos ir por la vida sin siquiera sospechar de su existencia, pero con el estímulo requerido pueden, en una sola pulsación, despertar en toda su plenitud. El Universo en su totalidad no puede ser explicado de forma definitiva si no se toman en cuenta estas otras formas de consciencia.

A continuación se presentan, en formato tabulado, las cinco fases, o estadios *básicos* de la consciencia, seguidos de una discusión sobre cómo cada uno de ellos se compenetra con los demás.

Estadio	**Cuerpo**	**Respiración Asociada**	**Aspecto Predominante de la Consciencia**	**Esfera Predominante de la Percepción**
Vigilia	Físico	Exhalación	Objeto	Dualidad
Sueños	Sutil	Inhalación	Impresiones del Objeto	Unidad en la Diversidad
Sueño Profundo	Causal	Samāna	Sujeto	No Dualidad (inconsciente)
El Cuarto	Supracausal	Udāna	Sujeto	No Dualidad (consciente)
Más allá del Cuarto	Todos/ninguno	Vyāna	Transindividual subjetividad	No dualidad suprema

JĀGRAT: EL ESTADO DE VIGILIA

El estadio ordinario de vigilia es aquel donde tendemos a percibirnos principalmente en términos del cuerpo físico. En este estadio nos enfocamos (e incluso nos perdemos) en los objetos de percepción, que advertimos en términos de sus diferenciaciones mutuas y de nuestras preferencias resultantes. Aunque a este estadio le llamamos "el estadio de vigilia", para distinguirlo del sueño y de las ensoñaciones, desde la perspectiva espiritual se le considera el menos despierto de todos los estadios. Como lo escribió el académico Mark Dyczkowski, "[En este estadio una persona está] completamente inconsciente de su propia naturaleza subjetiva, [y] nunca se cuestiona a sí misma quién es. Cada vez que mira un objeto, de inmediato se identifica con él y se olvida por completo de su papel de observadora".[49] Es por esta razón que Abhinava Gupta le llama a este estadio "el no despierto". La mayoría de la gente transita por la vigilia como si estuviera en un sueño. Por ello, el *Bhagavad-gītā* dice (y aquí parafraseo), "Lo que es día para la mayoría, es noche para el sabio, y viceversa".

Durante el estadio de vigilia también experimentamos otros estados, ya que los primeros cuatro se compenetran entre sí. Soñar despierto es el estadio al que llamamos fantasía o ensoñación, y es donde nos perdemos en nuestras propias impresiones mentales y estamos casi inconscientes de nuestro entorno físico. El sueño profundo durante la vigilia es un momento de vacío completo, un estadio espontáneo libre de pensamientos en el que nos quedamos mirando al espacio. Este fenómeno es raro en adultos pero frecuente en niños y adolescentes, se trata de un estado de consciencia de unidad, sin embargo no lo percibimos como tal (si logramos estar conscientes de este estadio, entonces es en realidad el siguiente). El Cuarto durante el estadio de vigilia es un momento de meditación espontánea, un estado libre de todo pensamiento en el que la autoconsciencia ocupa un papel principal, aun cuando sigamos percibiendo el mundo "externo". Esto es lo que Abhinava Gupta llama "la verdadera vigilia"

Svapna: el estadio de los sueños

En el estadio de los sueños ocupamos el cuerpo sutil (algunas veces llamado el "cuerpo energético", que está compuesto de *prāṇa,* elementos sutiles y facultades mentales).[50] Vagamos en el mundo de las impresiones de nuestras diferentes experiencias y ejercemos nuestra capacidad para la representación mental imaginativa. En este estadio existe la unidad en la diversidad *(bhedābheda),* ya que todos los aspectos del estadio de los sueños están unificados por el hecho de ser aspectos de una mente en particular. El mundo de los sueños no es una creación de disparos al azar del cerebro, sino algo que nos puede dar luz de nuestro mundo subconsciente, por lo tanto, existe la posibilidad de practicar "yoga de los sueños", al que Abhinava Gupta hace referencia en el capítulo 10 de su obra *Luz sobre el tantra.* Como él mismo lo menciona, "los sabios experimentan los sueños como una forma de conocimiento interno, que opera en entidades conocidas en cualquier manera que lo deseen, independientemente de su existencia externa". En otras palabras, a través del yoga de los sueños podemos hacer cambios internos, reescribir el pasado y llegar a nuevas introspecciones.

Despertar dentro de un sueño, que comúnmente se conoce como tener un sueño lúcido, es una parte importante del yoga de los sueños, porque para poder realizar elecciones conscientes en el mundo de los sueños es necesario que aprendas cómo despertar dentro de ellos y darte cuenta que estás soñando; de otra manera la lucidez durante este estadio será algo que sólo ocurrirá al azar. Algunas personas nunca experimentan nada semejante, pero si tú ya lo has hecho puedes incluso cultivarlo. Soñar dentro del sueño es el tipo común de ensoñación, en la cual la consciencia se dispersa y la autorreflexión es difícil de lograr. Se dice que las ensoñaciones durante el sueño profundo son un estado en el cual podemos llegar a una mayor autoconsciencia dentro del sueño (porque el sueño profundo está asociado con la subjetividad, ver el diagrama de arriba). Finalmente, el estadio más importante es el Cuarto dentro del sueño, es decir, donde la consciencia está plenamente enfocada mientras se sueña. Se dice que si logras aprender a practicar la meditación en el estadio de los sueños, ésta rendirá fruto más rápido que si la practicas durante la vigilia.

Sushupti: el estadio de sueño profundo

Durante el estadio de sueño profundo nos sumergimos en la subjetividad pura, pero sin autoconsciencia. Entrar cada noche en este estado es necesario para la salud física y mental, pues al hacerlo nos liberamos temporalmente de los pensamientos que ocurren durante la vigilia y de las impresiones del subconsciente, que pueden ser extenuantes para nuestro sistema. Desde la perspectiva del yoga, justo por el hecho de ser tan cercano a la subjetividad pura, al Ser más íntimo, es que el estadio de sueño profundo es tan refrescante y rejuvenecedor. El ser humano no podría sobrevivir por mucho tiempo sin el sueño profundo o la meditación.

Despertar dentro del sueño profundo es un estado en donde aún emerge algún rastro de consciencia, es por ello que cuando despertamos podemos afirmar "dormí bien", o "dormí por un largo tiempo". Soñar dentro del estadio de sueño profundo constituye un estado expansivo en el que uno está inconsciente y sin embargo aún recibe impresiones, por ejemplo, algunas personas en estado de coma entran en este estado, y al volver han podido, a pesar de haber estado inconscientes, tener una cierta idea de quiénes estuvieron a su lado durante ese tiempo. Por el contrario, en el pacífico estado del sueño profundo dentro del sueño profundo, no estamos conscientes de nada en lo absoluto, y al despertar no tenemos noción de cuánto tiempo ha pasado, pero despertamos sintiéndonos profundamente renovados. Por último, el Cuarto estado dentro del sueño profundo es un estado en extremo raro en el cual tomamos consciencia del vacío absoluto de subjetividad pura durante el periodo de sueño, y comenzamos a meditar de manera espontánea.

Turya: El Cuarto o el estadio trascendental

El estadio transcendental de meditación, comúnmente conocido como *samādhi*, consiste en acceder al estado de total subjetividad, el vacío de consciencia pura, con los objetos de percepción usuales (incluyendo los pensamientos) ausentes, los sentidos aquietados, e incluso las impresiones subliminales temporalmente sofocadas. Es el estado en el que uno accede al nivel de sueño profundo mientras está completamente despierto y consciente. Dicho en otras palabras, es la consciencia no dual de subjetividad pura o la "yoidad", en el nivel del Ser individual *(puruṣa, ātman),* no el Ser universal que todo lo abarca.

El significado literal de *samādhi* es "absorción", porque el método más común en el yoga clásico para alcanzar este estado era aquietar la mente a través de enfocarla fijamente en un objeto (que puede ser la flama de una vela, la respiración, etc.), hasta que la mente se fusione con el objeto de meditación y se disuelva. En este estado, el objeto brilla por sí mismo, cargado de consciencia, y al mismo tiempo libre de cualquier asociación, interpretación o cognición. Alguien que sea diestro en esta técnica aprenderá eventualmente a alcanzar este estado incluso sin un objeto de meditación *(nirbīja samādhi).*

Podemos existir en la clara e inmaculada Luz de la Consciencia incluso en medio de nuestras actividades mundanas.

Para muchas tradiciones espirituales indias (y asiáticas), éste es el estado máximo, considerado el único estado intocado por las manifestaciones desordenadas y limitadas de la naturaleza. Estas escuelas de pensamiento se conocen como "trascendentalistas", en el sentido de que buscan la trascendencia como una meta. Pero la tradición del tantra shivaíta llamada "no dualismo supremo" *(paramādvaya),* que constituye el punto focal de este libro, enseña que podemos existir en la clara e inmaculada Luz de la Consciencia incluso en medio de nuestras actividades mundanas. A esta condición se le llama *turyātīta,* "más allá del Cuarto".

Turyātīta: más allá del Cuarto

Como quizá lo esperes si es que ya comenzaste a entender el patrón de la realidad según esta filosofía, este estado no se llama "el Quinto", porque no está en la cúspide de ninguna jerarquía; no es comprensible términos jerárquicos. Denominado "más allá del Cuarto", la mejor manera de describir a Turyātīta es como la completa permeabilización del Cuarto a través de los tres primeros estados. Este estado expresa el movimiento fundamental de la auto-liberación de la consciencia autónoma: *la trascendencia seguida de la penetración de lo trascendente en lo mundano.* Es por lo tanto la liberación final y el despertar pleno tal como lo concibieron los *tāntrikas*, pero bajo otro nombre. Esto es a lo que se refieren los *Śiva-sūtras* 1.7-11.

Ver p. 235

En otras palabras, los *tāntrikas* no dualistas afirman que es posible experimentar la suprema Luz de la Divinidad en medio de todas y cada una de las actividades mundanas, incluso en medio de cualquier humor o estado de ánimo. Para decirlo de manera más precisa, en este estado experimentamos la Luz, no *a pesar de* nuestro estado de ánimo, condición o actividad, sino como *su verdadera sustancia.* Cuando este estado queda establecido de forma exitosa se le llama *turyātīta*, la liberación más allá de aquella que buscan los trascendentalistas. Tal y como se enseña en los *Párrafos sobre el Reconocimiento del Señor:*

> *Aquel cuyo ser es el Universo, que posee el pleno conocimiento de que "Todo esto es mi propia expansión", experimenta el estado de la divinidad incluso en el flujo de cogniciones distintas.*

Párrafos sobre el Reconocimiento del Señor

Una vez más, la Realidad máxima es al mismo tiempo trascendente e inmanente, constituye la sustancia misma de tu experiencia momento a momento, y es inefablemente más que eso: es el terreno atemporal sobre el cual todo se despliega.

La estructura innata de la realidad

La síntesis de Trika-Krama según Abhinava Gupta

Ya hemos explorado muchos de los conceptos y principios básicos del pensamiento tántriko no dualista. Es importante notar que mucha de la cohesión y organización de la filosofía tántrika clásica se debe en gran medida a la obra de dos grandes genios, dos magistrales sabios y académicos que vivieron durante siglo x en la región de Cachemira: Utpala Deva y Abhinava Gupta. El primero de ellos, Uptala, fue un consumado intelectual y filósofo, de los mejores que India ha jamás producido; también fue un apasionado poeta de gran corazón y amante de Dios, un ejemplo perfecto de la total integración y expansión de todos los niveles del ser que el camino tántriko promete. Abhinava, por su parte, también fue un gran filósofo y teólogo, así como un gran *yogī*, experto en el amplio rango de las prácticas espirituales contenidas en las escrituras tántrikas. En la sección de historia de este libro aprenderás más acerca de estos dos *siddha gurúes.*

Ver pp. 236 y 240

En esta sección exploraremos brevemente la visión teológica de Abhinava y por qué fue tan importante para la tradición tántrika. Primero que nada, debemos entender que para el año 950 de nuestra era ya se habían producido cientos de escrituras tántrikas, cada una de ellas seguida por un linaje distinto: algunas fueron producciones relativamente obscuras, pertenecientes a pequeños grupos marginales, mientras que otras constituyeron obras vastas y detalladas, que contaron con muchos seguidores provenientes de múltiples linajes. En este cuerpo de escrituras hay temas, prácticas y vocabulario en común, pero no hay un gran consenso en cuanto a la doctrina, coherencia o pensamiento sistemático. Cerca del final del siglo x, Abhinava Gupta escribió su magna obra: *Luz sobre los tantras* (*Tantrāloka*), en ésta y otras obras relacionadas, él crea la estructura teológica que da sentido al vasto y diverso corpus escritural de la tradición tántrika. Abhinava demostró, por medio de citas de casi cien fuentes escriturales, una detallada explicación y una exégesis creativa de las mismas, que de todas ellas se deriva una sola y coherente Visión de la realidad. Para articularlo desde su perspectiva, ésta es la Visión que el Señor Śiva quiso que descubriéramos a través de su revelación escritural; por ende, podemos comparar el lugar que ocupa Abhinava Gupta en la tradición tántrika con el que tiene dentro del cristianismo Tomás de Aquino, cuya *Summa Theologica* supone un inte-

Ver p. 244

resante paralelismo con el *Tantrāloka*, no en contenido, desde luego, pero sí en forma, función e influencia.[51]

Abhinava no sólo organizó y dio sentido a un cuerpo vasto y diverso de material, también innovó creando una estructura filosófica para la enseñanza, cuyo objetivo era guiar al practicante de forma ineludible hacia la más elevada y completa realización. Aunque este escrito es extremadamente sofisticado y detallado, podemos resumir su singular contribución a través del principio organizador del modelo de "3 + 1". Casi todo aquello que es relevante en relación con Abhinava se puede entender bajo la luz de este modelo, y esto para nada es sorprendente, ya que el modelo proviene del nombre mismo de la escuela del tantra con la que más se asocia a Abhinava: el Trika o "Trinidad", cuya enseñanza central es que la triada que conforman el alma individual, Śakti y Śiva son en realidad tres expresiones de una unidad no diferenciada, el terreno atemporal de toda la realidad, conocido como el Corazón o el Ser.

Esto es lo que Abhinava quiere decir cuando establece que el Trika es una revelación dentro de la cual se establece toda la tradición, de hecho, es el terreno de toda religión; él cita un bello pasaje escritural que afirma:

> *[Esta verdad] reside dentro de [todas] las escrituras como el aroma en una flor, el aceite en una semilla de sésamo, el alma en el cuerpo o el néctar en el agua.*

Tantrāloka 35.30–34

Las analogías apuntan a la noción de que *la verdad innata de la enseñanza de 3 + 1 constituye la esencia misma de las escrituras. Como el aroma en una flor o la consciencia que anima al cuerpo, esta esencia está siempre presente y es evidente, aun cuando no se le pueda asir como si se tratara de un objeto.*

Investiguemos las formas en las que la verdad suprema del patrón de la realidad de 3 + 1 se manifiesta en las enseñanzas tántrikas de Abhinava Gupta.

En cada experiencia hay tres factores: el objeto conocido o percibido, el medio por el cual este objeto es conocido, y el conocedor. Estos

Ver pp. 118 y ss.

tres aspectos se expresan en cada oración que articula la experiencia consciente, incluso en las más básicas, como "yo veo una olla". Sin embargo, cuando se llevan a una investigación más profunda, los tres factores de la experiencia resultan ser tres aspectos de un solo proceso dinámico a través del que la Consciencia se refleja a sí misma en la forma de objetos de percepción aparentemente diferenciados. Estos tres factores son, por así decirlo, tres botones en flor de una sola raíz, aunque el lenguaje nos engaña al hacernos pensar que son tres elementos separados. Es por esta razón que la práctica espiritual *debe* practicarse más allá de la esfera del lenguaje y la mente, puesto que es ahí donde surgen las condiciones que hacen que nuestra experiencia sea dualista.

De forma similar, los tres poderes primarios de la Consciencia en forma, que son la Voluntad *(icchā)*, el Conocimiento *(jñāna)*, y la Acción *(kriyā)*, se deben entender como expresiones del terreno fundamental al que son inherentes, el cual —para tratar de ponerlo en palabras— es la Consciencia autónoma y sin forma, dichosa de reposar en sí misma *(cidānanda)*. Este terreno primordial es tu verdadera naturaleza siempre presente, el Ser de la Deidad revelado en las escrituras, cuyo propósito fundamental es guiarte hacia su plena comprensión. El profesor Sanderson (el más destacado experto en el estudio de la obra de Abhinava) captura magistralmente, en su definición del Ser de la Deidad, la poderosa afirmación de Abhinava en torno a esta verdad suprema:

Alexis Sanderson

> *La absoluta autonomía de una consciencia no individual, que es todo lo que existe, contiene la totalidad de la realidad dentro de la dicha de una naturaleza dinámica del "yo", proyectando espacio, tiempo y los flujos interrelacionados de los fenómenos objetivos y subjetivos como su forma y contenido, manifestándose a sí misma en esta extroversión espontánea que se da a partir de un impulso precognitivo (icchā), la cognición (jñāna), como las tres formas radicales de un poder infinito.* [52]

Una vez más, vemos el mismo esquema en la presentación de los tres Medios para la Liberación, los *upāyas*, que son el tema de la parte final de este libro. Estos tres diferentes medios, que se enfocan en el cuerpo, el corazón/la mente, y el espíritu, respectivamente, nos llevan a la comprensión de justamente la misma realidad primordial de la cual se derivan y en la que están enraizados, el innominado Cuarto, que trasciende a cada uno de ellos y al mismo tiempo está presente en todos ellos, como su esencia misma. Por cierto, en caso de que no te hayas percatado, en cada ejemplo de patrón 3+1, el +1 es siempre el mismo: el Uno que da lugar a todas las triadas.

Ver p. 296

De la misma manera, Abhinava apunta que el tantra shivaíta consiste en tres (+1) órdenes básicos o linajes *(santānas),* que fundaron tres antiguos sabios más la hija de uno de ellos. Describir este tema sería confuso (al menos hasta que no hayas leído la sección de historia), así que preferí describirlos en la siguiente nota al final del texto.[53]

El esquema de 3+1 también se observa en la interpretación de Abhinava en torno a la doctrina de spanda, un linaje de enseñanzas (descritas en la segunda parte) que son tan profundas y poderosas que bien merecerían que se les dedicara un libro competo (de hecho, Mark Dyczkowski ha escrito dos libros en torno a este tema: *La doctrina de la Vibración* y *Párrafos en torno a la Vibración,* ambos excelentes aunque difíciles para el lector no académico). Baste decir que el término *spanda* se refiere al dinamismo innato o vitalidad de la Consciencia, el núcleo dinámico de la Luz de la Consciencia que crea la apariencia pulsante del movimiento en la máxima inmovilidad. Al meditar en spanda, uno penetra a través del estado de Śakti hacia el terreno de la no dualidad (+ 1), en el cual, la triada de Nara (consciencia individualizada), Śakti y Śiva concurren en una unidad no diferenciada.[54] Abhinava alude a tres fases de la experiencia de spanda en el capítulo 5 de su obra *Luz sobre los tantras.* En la primera fase, la individualidad predomina y la vibración de la consciencia se enfoca en los objetos de su experien-

Ver p. 234

cia. En la segunda, el nivel de śakti de consciencia de unidad, uno alcanza la consciencia de que "todo lo que existe no es otra cosa que yo mismo". En la tercera fase, lo único que hay es el Uno, el "yo" universal. Todas estas formas son, no obstante, expresiones del terreno no dual, el innominado Cuarto.

Por último, y aún más importante para el desarrollo de la teología de la tradición, vemos el mismo esquema de 3 + 1 en la doctrina de Abhinava sobre la naturaleza primordial de la realidad. Algunos ven la realidad como inherentemente dualista, es decir, que la distinción es a fin de cuentas real (la visión de *bheda*). Estas personas realizan buenas obras y rinden culto a un Dios todopoderoso separado, esperando que éste los bendiga con su gracia. Otros ven distinciones subsumidas en una unidad mayor, donde la distinción y la unidad tienen el mismo valor dentro de la experiencia (la visión de *bhedābheda*), cultivan el conocimiento espiritual y saborean las cosas bellas como una vibración de la consciencia. Otros, en cambio, poseen una entera visión no dualista, es decir, que pueden ver la diferencia como no real, o real en un grado muy superficial, con la unidad como el elemento absolutamente dominante dentro de la experiencia (la visión de *abheda* o *advaita*). Estas personas rechazan cualquier práctica, ya sea sutil o burda, y viven en la percepción inmediata e intuitiva de la naturaleza del "yo" trascendente. Entonces, ¿en qué punto el + 1 entra en juego? De hecho, es la clave para entender la consumación máxima de la filosofía tántrika. Como puedes ver, la visión no dualista que acabo de mencionar *excluye* la visión dualista, considerándola simplemente algo erróneo, no es una visión no dualista global e incluyente, y tiende al trascendentalismo, que es una gran trampa en el camino espiritual; por esta razón, Abhinava Gupta presentó una visión llamada *paramādvaya,* o "la no dualidad suprema", a la que ya hice referencia en la sección que aborda el tema de las categorías. Esta visión incluye a la dualidad y la no dualidad como experiencias válidas y las considera niveles de percepción. La no dualidad trasciende a la dualidad, pero la "no dua-

Ver p. 163

lidad suprema" trasciende lo trascendente. ¿Cómo podemos entender esta aparente paradoja? El innominado Cuarto, que representa la no dualidad suprema, es al mismo tiempo trascendente e inmanente, incluye, engloba y *emana* en la forma de todas estas diferentes visiones, es el Corazón de la realidad que todo lo abarca, el poder dinámico de la Consciencia *(cidānanda),* que articula todas las posibilidades, se convierte en todo *y al mismo tiempo no es ninguna cosa.*

Desde esta perspectiva, el Señor Śiva en toda su compasión ha revelado las escrituras dualistas para el beneficio de aquellos que ven la realidad desde esa perspectiva, pero incluso en estos textos, Él ha ocultado señales e indicios que apuntan hacia una percepción no dualista, de tal manera que, quienes están en el camino dualista puedan, una vez que estén listos, "graduarse" hacia una consciencia no dualista más incluyente. Para ayudar a no atorarse en la tendencia no dualista de rechazar las formas dualistas, existe la enseñanza en torno a la "no dualidad suprema", que abarca todas las formas posibles y las incluye como niveles de emanación del Uno.

El innominado Cuarto es al mismo tiempo trascendente e inmanente.

Puesto que algunos pueden llegar a considerar todo esto como filosofía enrarecida, examinemos las implicaciones en el mundo real de la visión de 3+1. Abhinava Gupta aborda este tema en el cuarto capítulo de *Luz sobre los tantras,* y muestra cómo la doctrina de la no dualidad suprema resuelve los conflictos entre los dualistas y los no dualistas. Él escribe:

> *En la Ortodoxia dualista [la secta de Siddhānta], se transmite el culto a liṅga [el ídolo de piedra que representa a Śiva], con la intención de considerarlo la encarnación del Universo entero; por su parte, el Kula y otros sistemas similares prohíben el culto a liṅga para que uno logre ver al Universo en su propio cuerpo. Pero en la forma que todo lo integra [la forma de la no dualidad suprema], ¿qué razón habría para siquiera realizar el ritual de prohibición?* [55]

Luz Sobre los tantras

Abhinava también aborda y discute otras prácticas: los ritos miméticos de personificación de la deidad (donde el individuo se viste y se comporta como tal) con el objetivo de adquirir su poder, y que no dualistas rechazan al buscar comprender a la deidad como una entidad sin forma y que al mismo tiempo todo lo encarna; los peregrinajes a los sitios sagrados, denigrados por los no dualistas, quienes intentan descubrir que el Ser se encuentra en todas partes y lo abarca todo; el uso de símbolos sectarios y la observancia de las reglas dictadas dentro de los linajes, prohibidos por los no dualistas que buscan ver una Realidad indivisa.[56] Después, él afirma:

Tantrāloka 4.271–2

> *En nuestro camino, nada de esto se impone ni prohíbe. No se imponen prácticas específicas, ya que ninguna de ellas le garantiza [a un individuo determinado] ser un medio para acceder a Śiva. Tampoco queda prohibida ninguna práctica en específico [ni siquiera una práctica dualista] al no tener poder alguno para disminuir o dividir la Realidad [divina]. Dado que Señor lo abarca todo, los mandatos y las prohibiciones no son más que construcciones diferenciales dentro de su naturaleza, que no poseen capacidad alguna de poner en riesgo su naturaleza propia.*

Lejos de ser una doctrina que "todo lo permite", como podría parecerle a un occidental, aquí se argumenta que no existe una práctica que pueda funcionar universalmente como orden o prohibición para todos los practicantes. Cada individuo debe comprometerse con una práctica, pero cada práctica debe ser confeccionada con esmero, de acuerdo con la constitución, psicología y metas de cada quien. En este punto, Abhinava sigue un extraordinario pasaje que se encuentra en la escritura que constituyó su fuente primaria *(El triunfo final de la Diosa Adornada con las Letras o Mālinīvijayottara-tantra)*. Este pasaje resulta, en el contexto de cualquier cuerpo de literatura religiosa premoderna, inusual por su radical apertura de ideas. En ella se lee:

Aquí [es decir, en este "nivel" de la práctica] no hay ni pureza ni impureza, no hay dualismo ni no dualismo, ni ritual ni rechazo, no hay renunciación ni posesión... ninguna observancia, regla o norma [presente en otros tantras] es ni orden ni prohibición. Al mismo tiempo, todo puede ser orden, ¡y también todo puede ser prohibición! De hecho, no hay más que un mandamiento en este [camino superior], que es: Oh Reina de los Dioses, el yogī debe realizar cada esfuerzo para estabilizar su percepción de la realidad, debe practicar todo aquello que haga que esto le sea posible. [57]

Mālinīvijayottara-tantra, capítulo 18

La naturaleza verdaderamente radical contenida en este pasaje se pierde en su mayor parte entre los individuos del siglo XX que dan su mensaje por sentado. En el contexto de una tradición altamente sujeta a sus reglas, el pasaje resulta ser un extraordinario ejemplo de consciencia liberada. Sin embargo, incluso en el mundo moderno existen muchos que podrían beneficiarse de estas enseñanzas que, por otro lado, no están concebidas para principiantes en el camino, pues las prácticas básicas fundacionales son en gran medida las mismas para todo el mundo, y las personas insensatas pueden utilizar estas enseñanzas como pretexto para omitir estas prácticas.

Ya hemos visto cómo el esquema de 3+1 aplica en la fenomenología de la experiencia, en los poderes primarios de la Consciencia, en la metodología de la práctica, en los linajes primarios, en la práctica de spanda, en la naturaleza de la realidad, y también hemos visto indicios de cómo funciona cuando se ejerce en el mundo real. Si estudiamos más de cerca la teología de Abhinava, descubriremos una poderosa motivación que lo lleva a articular este sistema, que es, en esencia, el fruto de la síntesis de dos tradiciones primarias que él heredó: el *Trika* y el *Krama*. Abhinava fue iniciado en su juventud en la corriente radical no dualista del *Krama*, pero alcanzó la meta final a través de la gracia de un maestro del *Trika*, de tal modo que se vio obviamente obligado a integrar las enseñanzas de ambas corrientes en una forma mucho más armoniosa. Él no fue el primero en hacerlo, e incluso hay escrituras que contienen enseñanzas de esta síntesis excepcionalmente poderosa.

Podemos concluir esta sección considerando la teología de la síntesis de *Trika/Krama* como una instanciación del esquema de 3+1. En el *Trika* existen tres diosas (como ya lo discutiremos en su momento) que encarnan los tres aspectos de la experiencia: el Conocedor, el acto de Conocer y aquello que es Conocido (estas diosas también encarnan los poderes de la Voluntad, el Conocimiento y la Acción, que corresponden a estos tres aspectos). Desde la síntesis de *Trika/Krama,* estas tres diosas son vistas como emanaciones de la Diosa Suprema, algunas veces llamada Mātṛsadbhāva, que significa tanto "la esencia de todas las madres", como "la esencia de todos los conocedores". Abhinava también la identifica como Kālī Sankarṣaṇī, y éste es también el nombre de la Diosa superior de la tradición del *Krama.* Ella es la Innominada, el terreno atemporal, el Poder máximo de la Consciencia que todo lo consume, en el cual la disolución misma se disuelve. Ella es llamada el Cuarto, porque Ella es el terreno donde ocurre el triple proceso, que comprende la Creación, la Estasis y la Disolución, y que se ejerce sobre todas las cosas. Ella es el vacío máximo, la nada que es al mismo tiempo total completitud. Su integración en la teología del Trika proporciona el +1 en el esquema de 3+1.

Abhinava va más allá. La veneración a las fases de la Consciencia bajo la forma de los doce *kālikās*, o emanaciones de Kālī, es central en el Krama. Abhinava argumenta que estas doce diosas se yerguen a través de la confluencia de los tres aspectos de la experiencia (= las tres diosas del *Trika*) con las cuatro fases del *Krama*, es decir, Creación, Estasis, Disolución, y el terreno sin nombre (3 × 4 = 12). Como él lo plantea, "*Estos Poderes vibran en emisión, persistencia y retracción, y entonces se convierten en las doce.*" Las doce *kālīs* son pues, los puntos nodales y los abrevaderos del complejo patrón de interferencia establecido por la confluencia de las energías de las diosas del *Trika* junto con la Kālī Sankarṣaṇī del *Krama* en sus cuatro aspectos. [58]

Para ponerlo en términos más simples, estamos multiplicando los tres aspectos de la experiencia por las cuatro fases secuenciales (*krama* significa "fase"). Por ejemplo, la primera de las doce *kālīs* es Sṛṣṭikālī, cuya esencia expresa la creación (o mejor dicho, la emisión) del objeto de experiencia. La segunda es Raktakālī, la persistencia del objeto de experiencia, y así sucesivamente, hasta llegar a la doceava *kālī*, que es el terreno Innominado en el que el Conocedor se disuelve. Así pues, la serie de doce también constituye un mapa para la involución de la consciencia hasta su sitio final de reposo, con las facultades de la mente retraídas en el sujeto individual, el sujeto individual retraído en el Sujeto trascendental, y éste a su vez en Consciencia no subjetiva, pura e indescriptible (= la doceava *kālī*).

Los nombres de las doce *kālīs* precedieron al análisis de Abhinava, y dado que en su mayoría encajan bien en el mapa que Abhinava creó, dan peso a la argumentación de que él no inventó nada de esto, tan sólo iluminó el patrón oculto de la realidad máxima, que es la auto-revelación del Absoluto en la forma del cuerpo de la escritura, que es a su vez vista como un tipo de energía codificada, un código de la estructura profunda de la realidad. De hecho, Abhinava considera que las doce *kālīs* conforman el circuito primario de energía *(śakti-cakra)* en el análisis del poder innato de autoexpresión de la Consciencia. Todos los demás circuitos de deidades deben verse como formas condensadas o amplificadas de este circuito primario.[59]

El lector a quien esta enseñanza le parezca difícil quizá desee recibir una explicación más amplia, o al menos un esquema de las doce *kālīs*, sin embargo, esta enseñanza se considera altamente secreta dentro de la tradición, y no se imparte de forma casual. Siguiendo el ejemplo de Abhinava en el cuarto capítulo de *Esencia de los tantras,* estoy aludiendo a esta enseñanza clave sin presentarla en su totalidad. Aquellos que realmente deseen aprender más sobre ella, encontrarán la forma de hacerlo.

Las enseñanzas de Abhinava en torno a la síntesis de *Trika* y *Krama* resultaron ser tan exitosas que se convirtieron una voz influyente en la tradición posterior; su discípulo Kṣemarāja produjo la transmisión más condensada de su visión de la combinación de *Trika* y *Krama* en su texto fundacional, compuesto por veinte *sūtras* y comentarios, *El Corazón de la doctrina del Reconocimiento,* obra que traduje.

2
Historia del tantra shivaíta

Historia del tantra shivaíta

En la primera parte de este libro exploramos la filosofía espiritual del tantra no dualista, que constituye sólo una parte del total de la literatura tántrika. En la segunda parte presentaré la historia condensada junto con un resumen de la tradición entera del tantra shivaíta en todas sus distintas permutaciones. Al decir la historia condensada, me refiero a que sería necesario escribir muchos volúmenes para contar la historia completa de esta tradición; aunque hay que decir que el profesor Alexis Sanderson, quien es el erudito más importante del mundo en el tema del shivaísmo, ha hecho avances en este sentido al publicar más de 1,400 páginas de monografías de gran rigor académico, principalmente enfocadas en la historia del tantra shivaíta, que servirán como cimiento para los siguientes cien años de investigación en el tema. Esta sección jamás habría sido escrita de no ser por el trabajo del profesor Sanderson y sus estudiantes.

Historia temprana

La tradición en el marco de tiempo y espacio

El tantra se originó con un fenómeno religioso distintivamente indio, aunque con el tiempo se difundió a través de muchas culturas asiáticas. La primera evidencia concreta de ello data de hace 1,500 años en el norte de la India, durante una época turbulenta en la historia de esta nación, cuando el gran imperio Gupta se había derrumbado, dejando un buen número de pequeños reinos peleando entre sí. La vida era incierta en todo momento, no había seguridad en cuanto a tener una casa o sustento, ni siquiera de conservar la vida. En aquellos tiempos la gente ansiaba encontrar una forma de empoderamiento, y el tantra surgió como una vía para satisfacer esa necesidad, al ofrecer tecnologías nuevas y más efectivas orientadas hacia la transformación de la mente, el cuerpo y el medio ambiente. Aunque el tantra prometía ventajas terrenales a algunos, lo que brindaba era en última instancia el mayor de todos los poderes: el de determinar tu estado interno, sin importar cuáles sean las circunstancias externas.

Los eruditos llevan un tiempo debatiendo los orígenes exactos del tantra como un movimiento espiritual, una estética religiosa y una nueva forma de realizar prácticas yóguicas y rituales. Algunos dicen que sus inicios se perdieron sin remedio en la noche de los tiempos; otros consideran que se derivó de prácticas tribales o chamánicas lejanas al corazón brāhmínico de la India (el área llamada Āryāvarta, localizada en la región centro norte del país, donde prevaleció la religión principal india y que estuvo en buena medida bajo el control de la casta sacerdotal de los brāhmines, llegó a incluir a algunos pensadores brillantes, pero estuvo en general conformada por funcionarios de ritual pagados cuya visión era profundamente conservadora). Es difícil asegurar cuáles fueron los comienzos del tantra, ya que la única evidencia temprana que tenemos consiste en un par de manuscritos e inscripciones talladas en las paredes de los templos. No obstante, gracias al titánico esfuerzo del profesor Sanderson podemos hoy en día sacar algunas conclusiones firmes en torno a los orígenes del tantra. Sanderson demostró en fechas recientes (con varios cientos de páginas de evidencia como argumento) que el tantra fue un movimiento espiritual cuyos orígenes se encuentran por completo en la religión del shivaísmo, desde donde migró hacia el budismo y el vaishnavismo, para de ahí propagarse a través del subcontinente indio, Asia oriental y sudoriental e Indonesia.[60]

El tantra, en su origen, fue un movimiento espiritual que surgió de la religión del shivaísmo.

Línea de tiempo del tantra

0 CE · 100 · 200 · 300 · 400 · 500 · 600 · 700 · 800 · 900 · 1000 · 1100 · 1200 · 1300 · 1400 · 1500 · 1600 · 1700 · 1800 · 1900

- Diseminación de las religiones shivaítas pretántricas (sectas Pāśupata) y del budismo (mahāyāna), que contiene las semillas del pensamiento y la práctica tántrikas
- Nacimiento del tantra dentro del shivaísmo
- Escritura sobre tantra shivaíta más tempranamente datada
- El tantra se transmite al budismo, en el que crece rápidamente
- El tantra shivaíta florece en numerosas regiones y linajes; se componen la mayoría de sus escrituras; el yoga tántrico se desarrolla; Macchanda aparece y funda el linaje de los kaulas
- Los maestros (siddhas) del tantra shivaíta no dualista aparecen en Cachemira: Vasugupta, Kallaṭa y Jñānanetra
- Los kmehrs de Camboya adoptan el tantra shivaíta; el budismo tántriko lo sigue de cerca
- El vaiṣṇava tantra, también conocido como Pañacrāta, se desarrolla a lo largo de las líneas shivaítas
- Época de los grandes estudiosos y sabios del tantra shivaíta no dualista: Abhinava Gupta y su linaje
- Somaśambhu, abad del gran monasterio de tantra shivaíta de Golagī, compone el texto de referencia estándar de los rituales tántrikos
- Época del mayor estudioso y sabio de budismo tántrico indio: Abhayākara Gupta
- El tantra shivaíta y el Śākta florecen en el lejano sur en centro como Cidambaram; el budismo tántriko y el tantra shivaíta florecen en los reinos de Java y Bali
- Conquistas musulmanas; pérdida de patronazgo para las religiones tántrikas. Se escriben los últimos grandes textos filosóficos del shivaísmo
- El budismo desaparece de la India; el tantra shivaíta decae. Gorakṣa difunde el sistema del hatha-yoga, una simplificación de las prácticas del tantra shivaíta
- Una forma de vedānta profundamente influida por la escuela Śrīvidyā de tantra shivaíta florece en el extremo sur (y alcanza el presente)
- El último gran autor shivaíta en Cachemira: Sahīb Kaul
- Las últimas iniciaciones tántrikas de escala completa se efectúan en Cachemira

El contexto social del shivaísmo

Por definición, los miembros de la religión del shivaísmo que carecían de una iniciación formal no practicaban el tantra. Recuerda que el tantra constituye la dimensión mística, iniciática y *esotérica* de cualquier religión en que se encuentre. Sin embargo, al hacer un breve análisis del mundo de estos devotos no iniciados —conocidos como *Śiva-bhaktas* o *upāsakas*— encontramos una imagen mucho más completa del contexto y consciencia sociales del shivaísmo. Estos devotos también constituyeron la base primaria desde la cual surgieron los iniciados, ya que cualquiera de aquellos devotos que recibiera el descenso del Poder *(śaktipāta)* —un despertar espiritual que podía otorgársele a personas de cualquier casta o género— podía acceder a la iniciación a la forma tántrika de la religión.

Los devotos no iniciados se enfocaban principalmente en la disciplina de la devoción *(bhakti-yoga),* en lugar de hacerlo en el camino basado en los rituales, el yoga y el conocimiento que seguían los iniciados. Esta práctica se describe en un texto llamado *Śiva-dharma,* que significa "la religión de Śiva" o "la forma de vida alineada con las enseñanzas de Śiva". El *Śiva-dharma* enseña que:

Śiva-dharma

La devoción inquebrantable a Dios es la esencia de la religión de Śiva. Él ha dicho que sus ocho aspectos deben practicarse sin cesar y con diligencia. El Señor dijo:
1. Muestra el mismo afecto por mis devotos que el que una vaca siente por su becerro.
2. Practica tus alabanzas con devoción.
3. Regocíjate en las alabanzas de los demás.
4. Ofrece servicio desinteresado en mi honor.
5. Escucha mis historias con devoción.
6. Cultiva una devoción tan fuerte que afecte tu voz, tus ojos y tus extremidades,
7. Recuérdame, y

8. No vivas de mis ingresos.
El que practique esta óctuple devoción, incluso si es extranjero, es [tan bueno como] el máximo brāhmin, como un venerable sabio, como un asceta y como un erudito.

Estos "ocho mandamientos" nos dan una imagen de la vida religiosa de la mayoría de la gente en aquella época, y quizá también ilustren el tipo de práctica que debió considerarse como un requisito para la iniciación tántrika, aunque sabemos que en teoría los iniciados pudieron haber provenido de cualquier origen. [61]

Los devotos laicos también habrían participado en los grandes y hermosos festivales devocionales llamados *utsavas* o *mahās*. Estos festivales, como nos lo cuenta el *Śiva-dharma,* incluían una celebración que duraba toda la noche o "velada nocturna", en la que se cantaban cantos devocionales, se realizaban danzas sagradas, se contaban historias de Śiva y Pārvatī, se presentaban obras teatrales, y había juegos y columpios para niños. Al día siguiente se realizaba un desfile en el que una escritura sagrada del shivaísmo era llevada por toda la ciudad en un relicario de tres niveles sobre un elefante, con agua perfumada y flores, y se esparcía arroz por todos los lugares por donde pasaba. Los habitantes de la ciudad vestían de blanco, enarbolaban banderolas de colores en los tejados de sus casas y también arrojaban pétalos de flores y arroz. El rey prohibía todos los actos de violencia por el tiempo que durara el festival (¡incluso hacia las plantas!) y otorgaba amnistía a prisioneros.[62]

Este tipo de celebraciones sólo se llevaban a cabo en poblaciones donde hubiera un templo consagrado a Śiva. El complejo religioso constituía una parte importante de la vida, no sólo de los devotos, sino de todos los ciudadanos, puesto que ocupaba grandes extensiones de tierra, daba empleo a un buen número de personas y era el centro de la vida cívica y cultural (además de la que había en la corte del rey), también se comisionaba a arquitectos, escultores, pintores, bailarines, músicos y eruditos. Uno de estos templos shivaítas, edificado en el sur de la India en la cumbre del periodo tántriko, llegó a tener más de dos mil bailarinas residentes, junto con mil sirvientes encargados de atenderlas (me refiero al templo de Bṛhadīśvara en Thanjavur, cuya construcción se completó en el siglo XI. Una extensa inscripción en su base describe cómo era la vida dentro del templo hace mil años). El complejo religioso siempre se centraba en un santuario dedicado a Śiva en la forma de un *liṅga* (ver imagen abajo), en donde la presencia de Śiva había sido invocada e instaurada en la forma de sus mantras vivientes. Se consideraba a la deidad como una presencia viviente, e incluso como una entidad legal: Śiva era el propietario de las tierras y el patrón del personal que laboraba en templo.

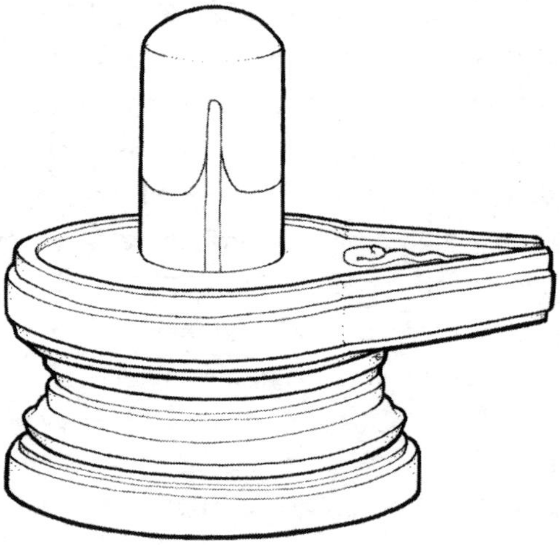

Śiva-liṅga

El complejo religioso incrementó su relevancia social a través de sus distintas instituciones adicionales, que por lo regular incluían instalaciones de bienestar, como clínica ayurvédica, sección de maternidad y dispensario de alimentos; de igual forma, este complejo casi siempre incluía un *maṭha* o *āśrama*, un monasterio en donde los iniciados dedicados de tiempo completo a la práctica vivían con un gurú o *ācārya* (que es el equivalente a alguien con un doctorado en tantra, lo cual requería de muchos años de estudio y práctica). El ambiente del *āśrama* era ideal para aquellos que deseaban dedicar algunos años de su vida al estudio de tiempo completo del camino, y en ocasiones el lugar estaba ligado a algo parecido a una universidad espiritual hecha y derecha, como fue el caso de los alguna vez famosos sitios del tantra shivaíta de Mattamayūra y Golagī. Estos centros, comparables a la universidad budista de Nālandā, fueron importantes centros de aprendizaje, producción literaria, debate y práctica, y acogieron a un gran número de practicantes eruditos (este tipo de instituciones por lo general eran dirigidas por autoridades de la corriente de derecha de Siddhānta, que estaba más institucionalizada que la corriente de izquierda. Más adelante hablaré de estas distinciones con más detalle). Por desgracia, estos sitios, al igual que Nālandā, fueron destruidos durante la invasión musulmana.

Existe un fuerte contraste entre el mundo de la veneración y celebración pública centrada en el templo y el mundo del iniciado, enfocado en la veneración en privado y la meditación, que tenían lugar en su casa o en la del gurú. La práctica del iniciado se orientaba principalmente hacia el interior y necesitaba pocos elementos externos, que por lo regular consistían de un *liṅga* y un *akṣa-sūtra* o rosario. En términos de estilo de vida, durante el periodo de prueba los iniciados más jóvenes *(samayins)* vivían en casa del gurú y recibían instrucción constante; quienes ya habían recibido la iniciación completa por lo regular estaban casados y tenían sus propios hogares, pero acudían a reuniones periódicas con su gurú. Estas reuniones o *satsang*s eran sólo para iniciados, y usualmente involucraban un ritual *(pūjā)*, una enseñanza *(upadeśa)*, y una celebración comunitaria. Las reuniones del *kula* de los Kaulas de la extrema izquierda podían llegar a ser muy sensuales, incluso orgiásticos. A estos encuentros se les llamaba *melāpas*, y en ellos los límites culturales y psicológicos comunes y corrientes se disolvían en un intento de derrumbar las construcciones mentales y desencadenar una experiencia de la consciencia pura, inmediata e intensa, saturada de la percepción dichosa de la belleza en todos los objetos. Aunque muchos occidentales se imaginen que esto era de lo que se trataba el tantra, este tipo de encuentros no eran comunes y de hecho se les consideraba externos a la corriente principal de la religión tántrika.

Los orígenes del tantra

Los textos e inscripciones más tempranos que se pueden denominar tántrikos datan de los siglos v al vii de nuestra era. Estos textos aparecieron aproximadamente al mismo tiempo dentro del shivaísmo y del budismo, las dos religiones que después se convertirían en las tradiciones tántrikas dominantes durante la Edad Media. Esto ha generado una gran controversia con respecto a dentro de cuál de estas dos religiones se originó el tantra, controversia que ahora puede disiparse haciendo una breve y simple revisión de las evidencias. Alrededor del año 600 de nuestra era, vemos al gran filósofo budista Dharmakīrti (quien no era un *tāntrika*) haciendo una crítica de una forma temprana del tantra shivaíta. Tomando en cuenta el estatus de Dharmakīrti, sabemos que no se habría tomado la molestia de articular ninguna crítica si para ese entonces el tantra shivaíta no hubiera alcanzado un éxito considerable. Él no hace mención de ninguna práctica tántrika dentro del budismo, pero quizá lo habría hecho si hubiera estado enterado de ellas.

El primer texto del tantra shivaíta en presentar un sistema completo y detallado de la práctica data de un siglo completo antes que el prrimer texto budista tántriko lo hiciera.

Existe evidencia aún más amplia en torno a la prioridad de la forma shivaíta del tantra: el primer texto del tantra shivaíta en presentar un sistema completo y detallado de la práctica (que garantizaba tanto la liberación espiritual como la adquisición de poderes mundanos) data, de acuerdo con la información actual, de un siglo antes que el primer texto budista tántriko con características similares (siglos vi y vii, respectivamente).[63] Los textos anteriores que algunos quisieran asignarle al tantra budista son en esencia pequeños manuales de magia práctica que no presentan ni un sistema completo de práctica espiritual, ni ninguna visión doctrinal o cosmología. En contraste, el texto temprano del tantra shivaíta (que ya discutiremos más adelante) es extenso, complejo y relativamente sofisticado, y demuestra en su contenido la existencia de una religión esotérica tántrika nueva y distinta, con doctrinas propias y únicas, claramente relacionadas y al mismo tiempo diferentes al shivaísmo no tántriko previo.

Por otra parte, los tantras budistas tempranos se defienden de las acusaciones de haber tomado rituales y mantras del shivaísmo. Uno de estos textos sustenta su defensa en la afirmación de que fue el *bodhisattva* llamado Mañjuśrī quien enseñó "todo lo que los habitantes de la tierra sin excepción consideran como la enseñanza de Śiva".[64] Existen algunos otros ejemplos dentro del budismo que también ilustran esta idea, incluyendo textos que enseñan de manera explícita los Śaiva mantras, pero no hay contraejemplos de textos shivaítas que presenten material budista (al menos no hasta 500 años más tarde). Investigaciones recientes realizadas por eruditos en el área han concluido que el origen del tantra se encuentra en el shivaísmo, aunque esto no sea aún del conocimiento general.

Conexiones con el shivaísmo pre-tántriko

La teoría de que el tantra como movimiento comenzó dentro del shivaísmo se ha fortalecido por el hecho de poseer muchas características definitorias comunes con el shivaísmo pre-tántriko que no comparte con ninguna otra tradición documentada. A esta forma temprana y no tántrika del shivaísmo se le llamó *Atimārga*, o "El Camino Superior" (debido a que se le consideraba una forma que trascendía tanto a la religión ordinaria como a la sociedad). Tal forma existió por al menos cuatro siglos antes de que el shivaísmo tántriko irrumpiera en escena, y contrario al tantra, su práctica estaba limitada a *brāhmines* renunciantes masculinos, no comprendía objetivos mundanos y no enfatizaba el concepto de comunidad espiritual (entre otras diferencias). No obstante, la tradición Atimārga también tenía muchos puntos en común con en tantra posterior, por ejemplo, los practicantes buscaban trascender el ego, el apego al cuerpo y el miedo a la muerte, y para lograrlo realizaban meditaciones en solitario cerca de sitios de cremación, utilizando los cinco *brahma-mantras* que después aparecieron en el tantra (estos cinco mantras constituyen uno de los pocos vínculos entre la tradición védica y el tantra y corresponden a los cinco rostros de Śiva; el más conocido de ellos hoy en día es el Rudra gāyatrī mantra: *Om tatpuruṣāya vidmahe | mahādevāya dhīmahi | tannorudraḥ prachodayāt,* que corresponde al rostro oriental del Señor Śiva). Algunos de estos ascetas —adoradores de Bhairava, o Śiva en su forma feroz— buscaban la trascendencia representando el llamado "Gran Voto" *(mahā-vrata),* el cual consistía en que el asceta imitaba a Bhairava, caminando desnudo, cubierto de ceniza, mendigando comida con un cuenco hecho a partir de un cráneo humano, meditando en sitios de cremación, y algunas veces pretendiendo demencia. Por sorprendente que pueda resultar, estos ascetas adoptaban de forma voluntaria el comportamiento y las características de los miembros más rechazados de la sociedad,[65] sin embargo, todo ello formaba parte de una cuidadosa estrategia diseñada para echar por tierra la programación social y la soberbia inflada, librarse del mal karma, y al mismo tiempo superar el miedo a la muerte y en última instancia acceder a un estado de divinidad. Su vida religiosa, incluyendo estas conductas poco convencionales, se detalla en un camino hacia la trascendencia minuciosamente diseñado, que está descrito en una escritura llamada *Pāśupata-sūtra*, que es de donde estos ascetas tomaron su nombre (los Pāśupatas).

Bhairava es el nombre bajo el que la divinidad absoluta se evoca con más frecuencia en el tantra shivaíta no dualista.

Podemos ver antinomias similares en cuanto a esta clase de comportamiento social deliberadamente anormal en algunas de las ramas más radicales del tantra no dualista, aunque debido a que sus practicantes eran personas de familia en lugar de ascetas, estos actos se realizaban en rituales privados en lugar de hacerse en espacios públicos. También debemos observar que Bhairava es el nombre bajo el que la divinidad absoluta se evoca con más frecuencia en el tantra shivaíta, de tal forma que tenemos un buen número de puntos de continuidad entre el shivaísmo (pre-tántriko) y el tantra que no se encuentran en otras religiones indias.

Además, existen aspectos parecidos en cuanto a la doctrina: los shivaítas de la corriente de Atimārga eran en esencia monoteístas, de los primeros monoteístas que existieron dentro de la religión india. Al igual que los *tāntrikas* shivaítas, creían en una Deidad suprema, a quien llamaban Śiva (de aquí el nombre de la religión: shivaísmo). Algunos de ellos también creían que Śiva tenía muchas emanaciones inferiores, llamadas Rudras, seres divinos que regían diversas dimensiones de la realidad. Su visión cosmológica, que comprendía una jerarquía de otros planos de existencia, era importante para su práctica porque creían que al adquirir conocimiento de cada uno de estos planos podrían, una vez que abandonasen el cuerpo, ascender al nivel más elevado de la realidad, el de Śiva en sí mismo, algo muy similar a una parte de la visión tántrika.

Tenemos entonces que el Atimārga ejerció influencia sobre el tantra en al menos tres formas:

- La práctica de yoga (= meditación) como un medio de liberación.
- La doctrina de la liberación por medio de la elevación a través de los planos de la realidad para convertirse en uno con la deidad.
- La trascendencia del karma mediante determinadas conductas antinómicas consideradas como formas de práctica espiritual.

Asimismo, los Atimārgines utilizaban mantras que se incorporarían a la práctica tántrika posterior (los *brahma-mantras*) y tenían ideas incipientes con respecto a la internalización de la geografía sagrada que se desarrollaron en la enseñanza pan-tántrika del cuerpo como un microcosmos del Universo sagrado.

Cualquier persona que tenga el interés de hacer una investigación no sesgada descubrirá más semejanzas doctrinales, culturales y estéticas entre el tantra y el shivaísmo Atimārgico que con ninguna otra religión india contemporánea, por lo que la conclusión más probable es que uno haya crecido de forma orgánica en el seno del otro.

TANTRA SHIVAÍTA TEMPRANO: ANTES DE LOS DESARROLLOS SECTARIOS

Muy poco sabemos de la historia temprana del tantra. El tantra shivaíta como tal, con casi todas las características que enlistamos en la introducción, tuvo su origen quizá por la mitad del siglo v (esta estimación está sustentada en la evidencia textual, la tradición oral ubicaría el comienzo del tantra mucho antes). Entre los años 500 y 550 de nuestra era surge el primer texto indiscutiblemente tántriko, el *Niśvāsa-tattva-saṃhitā*, que significa algo así como "el conjunto de principios que Dios exhaló". Este voluminoso texto es tan extenso y detallado en su cosmología que sugiere la existencia de una tradición oral previa de al menos uno o dos siglos de existencia. Su jerarquía de mundos se basa sin duda en las enseñanzas del Atimārga en torno al shivaísmo, lo que una vez más implica que el tantra bien pudo haber evolucionado a partir de esta religión. El *Niśvāsa* se escribió en algún lugar al norte de la India, y su único manuscrito sobreviviente se encuentra en Nepal.

Esta escritura en teoría pertenece a la primera de las nueve sectas del tantra que detallaré más adelante (es decir, el Siddhānta); de hecho, algunas veces se le ha considerado el texto raíz de esa escuela, aunque también exhibe algunas características que más tarde se asociarían con grupos muy diferentes (grupos transgresores, que rendían culto a las diosas). Lo anterior sugiere que en su fase más temprana, la tradición del tantra aún no se dividía en las dos corrientes principales que discutiremos en la siguiente sección (Siddhānta y Kaula).

El *Niśvāsa* contiene el capítulo más temprano que podemos obtener en torno al yoga tántriko (definido como una práctica espiritual con rasgos únicos del corpus escritural del tantra). Este capítulo se encuentra en la porción del texto llamado "Aforismos en el camino" (*Naya-sūtra*). A continuación ofrezco una breve pero fascinante cita de este capítulo: [66]

Nayasūtra 4.11-13

La Diosa dijo: "¿Cómo se dio la unión [yoga] con la Deidad Independiente [Nirālamba Śiva]? Habiendo experimentado el 'Sabor Único', ¿cómo se puede obtener [de forma permanente] el estado de Divinidad?"

El Señor dijo: "Aquello que los ojos pueden ver, aquello que está dentro del ámbito del discurso, las cosas que la mente piensa y lo que la imaginación crea, son aspectos del 'yo' [es decir, apropiados por el ego], así como cualquier cosa tiene una forma específica, [por lo tanto] uno debe buscar en su propio cuerpo el lugar donde no haya tal forma".

El conocimiento académico en el área aún se encuentra en su etapa temprana, pero el pasaje anterior nos muestra una aparente coincidencia con las ideas budistas, pues nos conmina a encontrar un lugar en nuestro interior que no tenga forma y que el ego no pueda apropiarse (el "hacedor de la autoimagen", como lo llaman los *tāntrikas*). Sin embargo, como se muestra en escrituras posteriores, la idea de un terreno innato del ser que no tiene forma y es indescriptible es parte tanto del tantra shivaíta como del budismo.

TANTRA SHIVAÍTA TEMPRANO: DOS CORRIENTES

Ahora demos un paso atrás y hagamos un esquema de las características más generales de la escena del tantra shivaíta en sus primeros siglos (en especial entre los años 700 y 1000 de nuestra era). Esta tradición tiene dos corrientes principales, una de ellas, algunas veces llamada "la corriente de derecha", es una tradición que:

- Enfatizaba la veneración a Śiva sin Śakti.
- Creía que la liberación sólo podía obtenerse como resultado de una poderosa iniciación ritual y subsecuente práctica ritual.
- No deseaba desafiar las normas sociales prescritas por los sacerdotes brāhmines de la sociedad védica, sino que buscaba su aceptación.

Esta corriente se conoce como *siddhānta* shivaíta (*siddhānta* significa "la doctrina establecida" o "la ortodoxia"), y sus adherentes eran conocidos como *saiddhāntikas*. El siddhānta shivaíta fue el primero de los grupos tántrikos en establecer un cuerpo coherente de textos escriturales y comentarios, y también dominó las instituciones religiosas organizadas del shivaísmo, como templos y monasterios.

Ya mencioné antes que los saiddhāntikas eran dualistas, esto significa que sostenían la doctrina de la existencia de tres principios de la realidad eternamente separados: Dios, el Universo manifiesto y el alma individual. Aquí, el Universo es visto como el origen de las ataduras; al conferirte su gracia, Dios libera tu alma, cuya cualidad divina permanece oculta en su propia encarnación, y esto te motiva a buscar un gurú que te otorgue la iniciación. Los mantras de ese ritual de iniciación, que Dios reveló con ese propósito, destruyen la mayor parte de tu karma y te aseguran que te liberarás del *saṃsāra* (el ciclo del sufrimiento y muerte que se repite una y otra vez) una vez que abandones el cuerpo que ahora encarnas. Lo anterior significa que tu divinidad innata se manifestará en toda su plenitud, y que entonces serás totalmente igual a Dios, pero seguirás estando separado. En este momento puede que estés pensando: "a mí esos saiddhāntikas no me parecen muy tántrikos que digamos"; esto es porque has caído en el malentendido común, que afirma que la *otra* corriente principal del tantra, la llamada corriente "de izquierda" (de la que hablaremos muy pronto), es el todo en lugar de ser sólo una parte. La verdad es que el siddhānta, te guste o no, es parte del tantra, ya que los saiddhāntikas se basaron en escrituras a todas luces tántrikas, utilizaron mantras tántrikos y crearon formas de yoga tántriko que influyeron en toda la tradición. Incluso los no dualistas de la corriente de izquierda reconocieron que los saiddhāntikas pertenecieron a la misma tradición, a pesar de haber lanzado fuertes argumentos contra sus interpretaciones dualistas. Para ilustrarlo con una analogía, podemos decir que el hecho de que las enseñanzas no dualistas de los místicos cristianos sean tan diferentes del cristianismo tradicional no significa que ambas corrientes no formen parte de la misma tradición religiosa.

La corriente de izquierda del tantra shivaíta, a cuya filosofía nos hemos referido como TSND a lo largo de la primera parte de este libro, fue un grupo de linajes predominantemente no dualistas que son difíciles de identificar por el hecho de estar menos homogeneizados e institucionalizados.[67] En términos generales, la corriente de izquierda:

- Enfatizaba la veneración a divinidades femeninas y deidades feroces.
- Enseñaba que la liberación podía alcanzarse durante esta vida (no únicamente en su final), como resultado de experiencias espirituales poderosas, alcanzadas a través del cultivo de la intuición y el yoga.
- Elegía desafiar el orden social tradicional de diferentes maneras, tales como empoderar a la mujer y realizar rituales con elementos transgresores (hablaré de esto más adelante).

Estos grupos fueron conocidos bajo una variedad de nombres, pero eventualmente se autodenominaron con el término *kaula*, que significa "de la familia *(kula)*", refiriéndose a la familia de diosas tántrikas esotéricas. Aunque la denominación resulta de cierta forma anacrónica y simplista, podemos designar a toda la corriente de izquierda como Kaula.[68]

Dicho esto, hay que mencionar que el texto principal de esta tradición de "terreno medio", el *Svacchanda-tantra,* posee una increíble riqueza en cuanto a cosmología y prácticas yóguicas, lleno de gemas ocultas que bien merecen ser extraídas. La influencia de este texto fue suficiente para que algunas de sus secciones se incorporaran a un texto posterior del Trika.

Es interesante observar que por lo general los kaulas no se llamaban a sí mismos tántrikos (o *tāntrika* en sánscrito). Este término estaba reservado para los seguidores de las escrituras tántrikas que no formaban parte del Kaula; en este punto nos encontramos en un estado de confusión terminológica, ya que la parte de la tradición a la que los occidentales hacen referencia cuando dicen "tántrico" es el kaula, que irónicamente es la corriente que prefería no usar ese término. Lo anterior se debe en parte a que *tāntrika* también puede hacer referencia a un ritualista, y a pesar de que los kaulas también realizaban ceremonias rituales, consideraban que habían trascendido la necesidad del ritual. Sin embargo, seguiremos dándole el uso habitual a *tántriko* como un término general que abarca todo lo que provenga de las escrituras conocidas como tantras.

Por último, es importante señalar que entre estas dos corrientes principales hubo algunas escuelas que abogaron por una especie de camino medio, que incorporase elementos de ambas. Este camino no supuso una moderación razonable entre dos visiones opuestas, sino un compromiso filosóficamente vago entre alternativas de práctica transgresoras y no transgresoras. Aunque rico en aspectos estéticos y culturales, el terreno medio era evasivo en su filosofía y por lo tanto no articuló una teología robusta. Aunque popular, el terreno medio no es tan importante en un contexto de historia de las ideas.

Las doctrinas principales en común del tantra shivaíta

¿Cuáles son los puntos comunes entre las dos corrientes? Ambas se adhieren a las doctrinas más elementales del tantra shivaíta, que resumiremos aquí. El alma individual es intrínsecamente divina; esto quiere decir que posee la misma naturaleza de Dios, pero existe en un estado velado, que es lo que te vuelve ignorante de tu verdadera naturaleza, y como resultado, sufres. El Señor, por su propia compasión, ha revelado escrituras que explican cómo el alma puede liberarse de su estado de atadura. Estas escrituras contienen la enseñanza de una ceremonia de iniciación llamada *dīkṣā,* en la que por medio de poderosos mantras (que de hecho son aspectos de la propia consciencia de Śiva) se queman los karmas que de otro modo harían que quedaras destinado a renacer muchas más veces, de este modo se te garantiza la capacidad de adquirir perfección espiritual y libertad, ya sea durante o al final de esta vida.

Śaktipāta, el descenso de la Gracia, es la única calificación para la iniciación.

Quienquiera que estuviera listo podía recibir la iniciación, incluyendo mujeres y personas de clases sociales bajas (tampoco se requería que te volvieras un renunciante después de la iniciación). Se consideraba que estabas listo una vez que hubieras recibido el llamado "Descenso de la Gracia", o *śakti-pāta,* que era visto como un acontecimiento privado, espiritual e interno en el que Dios infunde en ti su energía espiritual *(śakti)* y despierta tu anhelo por buscar a un gurú para recibir una iniciación. Una vez encontrado el gurú, este realizaba una evaluación para encontrar "signos" que pudieran indicar que el descenso hubiese ocurrido; ésa era la única calificación requerida para la iniciación (junto con tu *dakṣiṇā* o donación financiera). Después de dicha aprobación, se llevaba a cabo la ceremonia de *dīkṣā,* que podía celebrarse para una o más personas. El gurú realizaba el ritual de *dīkṣā* como un vehículo del Señor Śiva, quien es el verdadero iniciador. Esta ceremonia duraba por lo menos dos días y con frecuencia significaba un poderoso impacto en los iniciados. La iniciación fue pensada para remover algunos de los *malas,* o impurezas que nublan tu percepción y limitan tu ámbito de actividades. La iniciación también te confiere el poder para adoptar una práctica diaria con el propósito de facilitar tanto la liberación espiritual como el éxito en tus metas terrenales.

Ver pp. 168 y 271

Ver p. 275

Ver p. 165

Las diferencias clave

Estas coincidencias en las doctrinas principales ocultan lo distintas que eran entre sí las dos corrientes. Los saiddhāntikas de derecha creían que los *malas,* o impurezas, eran sustancia física que estropeaba el alma y que la única forma de purificarla era a través de un ritual (algo parecido a la visión de algunos católicos). Ellos comparaban a los *malas* con las cataratas que nublan la visión y que sólo pueden removerse vía intervención quirúrgica. En contraste, los seguidores de la corriente de izquierda (es decir, el TSND) argumentaban que los *malas* no eran otra cosa que ignorancia, y consideraban esa ignorancia (de nuestra verdadera naturaleza eterna) como la única causa de atadura y sufrimiento. Para ellos, la liberación era sencillamente la comprensión completa y permanente de la verdadera naturaleza de las cosas. La diferencia entre las dos corrientes es el resultado obligado de sus respectivas doctrinas, dualista y no dualista. Los no dualistas enseñaban que el alma nunca ha estado separada de Dios, porque la Divinidad es todo lo que existe, por lo tanto, la liberación no es más que el pleno reconocimiento de cómo son y siempre han sido las cosas. No hay ningún problema, ni nunca lo ha habido, más allá del hecho de que tú crees que hay un problema: el equivocado entendimiento humano, del cual brota todo el sufrimiento.

Estas contrastantes visiones también resultaron en formas de práctica distintas, por un lado los dualistas enfatizando los rituales, y por el otro los no dualistas, enfocados en la adquisición del conocimiento experiencial a través de la contemplación, la meditación u otras prácticas. Para los no dualistas, incluso los rituales podían ser un medio para adquirir sabiduría, y de hecho su único valor residía en que así lo fueran.

Ver p. 362

Estos puntos de vista también correspondían a formas distintas de entender el rol del gurú, que para los *saiddhāntikas* era en principio el de oficiar rituales, y no se requería ni se esperaba que fuera un maestro iluminado. Los kaulas, por su parte, preferían el tipo de gurú liberado y carismático, ya que sólo un gurú de este tipo podía transmitir el poder y la sabiduría experiencial que constituía el elemento central de su práctica (para decirlo de forma más clara, la transmisión mística del gurú no era la única manera de alcanzar el entendimiento liberador según la corriente de izquierda, pero era un medio que no estaba disponible para los seguidores de la corriente de derecha).

Diferencias en la esfera social

También hubo diferencias sociales entre las corrientes de izquierda y derecha. Los *saiddhāntikas* de derecha sí iniciaban a personas de las clases bajas, pero dada su actitud conformista con las normas de la sociedad india, seguían reconociendo las divisiones de casta en sus nombres de iniciación y requerían que las diferentes castas se reunieran por separado. En contraste, los kaulas declararon que *todos* los iniciados formaban una sola "casta", la de los amantes de Dios, dentro de la cual todos eran iguales. Si bien se les permitía a los iniciados acatar el sistema de castas en su vida cotidiana, en las reuniones del *kula* (comunidad de iniciados) no se hacía ninguna distinción, y de hecho, hacerla era motivo de expulsión del grupo. Algunos kaulas fueron aún más allá, iniciando incluso a las personas más marginales, aquellos pertenecientes a la clase más baja de todas, conocidos como los "intocables", a quienes se les consideraba casi como otra especie, absolutamente fuera del marco de la sociedad india idónea. Estos seguidores extremos de la corriente de izquierda del Kaula argumentaban que toda la noción del sistema de castas era una mera construcción cultural, no un hecho de la naturaleza, y por lo tanto debía de trascenderse por completo.

Ver pp. 386-387

A pesar de que los *saiddhāntikas* sí otorgaban la iniciación a mujeres, en general no les permitían seguir una práctica diaria. Como quizá ya lo habrás imaginado, los kaulas no sólo iniciaban a las mujeres, también las alentaban a seguir una práctica. El grupo más extremo del Kaula, conocido como *Krama* o *Mahānaya* (el Gran Camino), incluso consagraba mujeres como gurúes con todas las facultades. Este tipo de actitudes hacia los seres humanos de sexo femenino tenía un paralelismo con la forma en que cada grupo ejercía sus relaciones rituales con las diosas. Los *saiddhāntikas* rara vez reconocían y veneraban a Śakti, la contraparte femenina de Śiva. Los grupos del Kaula rendían culto a panteones de diosas, a las que se otorgaba mayor prevalencia sobre las deidades masculinas entre más "de izquierda" fuera el grupo (ver el diagrama que se presenta más adelante). El Krama fue el único grupo en rendir culto a la Diosa exclusivamente.

Los kaulas iniciaban a las mujeres y las alentaban a seguir una práctica.

Raíces chamánicas tempranas y su reinterpretación en el Kaula

La corriente de derecha del Siddhānta dio forma a su religión a partir del prototipo védico que había dominado en la religión de la élite india durante el periodo previo (en particular entre los años 1000 antes de Cristo y 400 de nuestra era). Por su parte, la corriente de izquierda del Kaula emergió de un estrato de la religión india igualmente antiguo, aunque más "populista", un mundo chamánico, visionario, fascinante y extraño, que propiciaba la creencia en diosas de la naturaleza y *yoginīs* con cabeza de animales. Ésta es un área de la religión india que no está muy bien documentada por haber carecido, en términos generales, de una tradición escrita, aunque es posible ver muchas señales de su influencia en las religiones letradas. Este mundo chamánico, que constituye el antecedente cultural más antiguo de la corriente del Kaula, proporcionó su base estética e incluyó rituales y ritos de poder que bien pueden parecernos perturbadores, inconcebibles o incluso aberrantes. Los *sādhakas* o practicantes ascéticos realizaban estos ritos en lugares aterradores, como sitios de cremación, y utilizaban elementos mortuorios como cráneos humanos y ceniza proveniente de las piras funerarias. Los ritos invocaban a grupos de diosas salvajes y feroces, a las que con frecuencia se les concebía como espíritus de la naturaleza (algunas veces se les llamaba *ḍākinīs* o *yoginīs*), e iban comandadas por una Diosa líder o por Bhairava, el aspecto feroz de Śiva, en la forma de una especie de "Señor de la Caza". Si la práctica del *sādhaka* era exitosa, las deidades se le aparecían, y en ese punto él debía realizar una ofrenda de sangre, usualmente de la suya propia. Si el practicante lograba resistirse al miedo y la confusión y mantenerse estable en su devoción, las diosas lo recibirían y lo elevarían al cielo con ellas, convertido en el líder de su banda salvaje, en otras palabras, el practicante se volvería exactamente como Bhairava. Así es como va la narrativa.[69]

Ahora bien, antes de que te asustes, permíteme aclarar algo: estas imágenes *no* describen el tipo de práctica que los kaulas del tantra no dualista realizaban durante el periodo que nos interesa, pero sí forman parte de sus antiguos antecedentes culturales, la religión popular, extraña y salvaje que heredó la tradición Kaula. Para finales del siglo IX, los kaulas eran en su mayoría personas con un alto nivel educativo, así como refinados estetas (amantes del arte y la belleza), y en ocasiones tenían relación con la corte real. Aun así, tenían que lidiar con una tradición escritural anterior que algunas veces hacía énfasis en este tipo de ritos mágicos sobrenaturales, algunos de los cuales resultaban ofensivos para la sociedad educada de la época. Como verás, la antigua India era una sociedad profundamente espiritual, en la que no había posibilidad de que alguien rechazara ningún estrato anterior de su tradición. Si esa tradición anterior no encajaba en el paradigma vigente, tenía que ser reinterpretada, y esto fue justo lo que los kaulas más sofisticados del tantra clásico hicieron: no tomaron de forma literal los ritos chamánicos antes mencionados, y en lugar de eso argumentaron (y sin duda creyeron) que las diosas salvajes eran expresiones de las diversas energías del cuerpo y la mente humana. Los símbolos mortuorios tenían como propósito representar la trascendencia del ego y el apego a la identidad basada en el cuerpo. Ellos enseñaban que cuando el ego se suspende, los objetos externos pierden su otredad y brillan dentro de la consciencia como los sabores de la experiencia puramente estética. Las diosas de las energías de los sentidos se sienten gratificadas por esta ofrenda de "néctar", y de este modo convergen, fusionándose con la consciencia radiante y expansiva del practicante; el practicante a su vez se experimenta a sí mismo como una única masa de consciencia dichosa, que finalmente vuela por los cielos, así como Bhairava fue tomado para indicar un estado divino e inspirador de asombro, en el que el practicante liberado vuela libre en el cielo la consciencia pura, sin las ataduras de las cogniciones ordinarias limitantes, pero aún encarnado, es decir, en pleno uso de sus sentidos y facultades (la banda de las diosas).[70]

Para los kaulas, las "diosas salvajes" eran expresiones de varias energías del cuerpo y la mente humanos.

El proceso de reinterpretación (algunas veces llamado *hermenéutica*) es una parte central de todas las religiones. Lo que es importante entender es que desde dentro de la religión, este proceso no tiene ninguna característica de artificialidad, de hecho, los intérpretes creen que lo que hacen es extraer el significado profundo y real de las escrituras tempranas, el significado que Dios siempre quiso transmitir (lo que no significa que los sofisticados intérpretes del Kaula hayan rechazado por completo a los ascetas que elegían realizar el ritual del sitio funerario y buscaban adquirir poderes; a aquellos ascetas, que para entonces se habían convertido en una minoría, se les toleraba con indulgencia y se les miraba como al pariente excéntrico e impertinente, que alguna veces nos avergüenza pero que a fin de cuentas es parte de la familia).

La sofisticada y culta expresión de la corriente de izquierda del tantra shivaíta no dualista "purificó" los elementos aterradores o repugnantes del anterior culto a la diosa, no rechazándolos, sino reinterpretándolos como elementos de una experiencia espiritual interior. Los kaulas fueron grandes estetas, sobre todo en Cachemira, donde floreció la corriente de izquierda. Para ellos, el estado más elevado de consciencia es el llamado *camatkāra,* que quiere decir maravilla o arrebato estético, la experiencia de asombro por la belleza desnuda y vívida de la existencia encarnada. La "estetización" que hicieron de la tradición temprana encajaba bien en el contexto de sus creencias no dualistas, porque hacía posible afrontar incluso los aparentemente horrendos estados de muerte y las llamadas impurezas, y mirarlos como aspectos de su propio ser divino interior, aspectos de la absoluta belleza de la existencia. Esta perspectiva puedes verla en ciertas formas de arte tántriko que aún sobreviven, como la de los newar del Valle de Katmandú, que retrata deidades feroces aunque benevolentes.[71] Las deidades feroces son una característica exclusiva del tantra no dualista.

SHIVAÍSMO DE CACHEMIRA

EL REFINAMIENTO DE LA TRADICIÓN DURANTE SU FASE POST-ESCRITURAL

Ya hemos mencionado que el tantra shivaíta fue un movimiento que se extendió a todo lo largo de la India, pero floreció de manera especial en la región de abarca desde el valle de Cachemira hasta el extremo norte del país. Cachemira se localiza en los confines geográficos de las regiones centro y sur de Asia, y su cercanía a los caminos de la Ruta de la Seda le confería un ambiente cosmopolita y multicultural que no era visto en el subcontinente indio. El valle de Cachemira está protegido por un sistema montañoso en tres de sus costados, lo que crea un entorno perfecto para establecer la capital de un pequeño reino. El nombre de la antigua ciudad, situada a orillas de un gran lago, era (y continúa siendo) Śrīnagar (La Ciudad Bendecida, o la Ciudad de las Diosas). A este sitio de exquisita belleza se le nombró el *tilak* (la marca sagrada de la frente) de la Madre India, ya que fue ahí donde florecieron todas las religiones indias, en especial las tradiciones de Śaiva, Śākta, Bauddha, Vaiṣṇava, y Saura, es decir, aquellas cuyas enseñanzas estaban dedicadas a Śiva, Śakti, el Buda, Viṣṇu y Sūrya (el dios-Sol), respectivamente. Además, los reyes de la Cachemira medieval eran mecenas de las artes y la filosofía, lo que permitió el desarrollo tanto de sofisticadas escuelas filosóficas como de una floreciente tradición literaria conformada por obras de teatro, intrincada poesía, sátira social llena de ingenio y teorías estéticas cuidadosamente elaboradas.

Fue dentro de este entorno que surgió una importante fase post-escritural o *exegética* del tantra shivaíta, que eventualmente haría patente su influencia hasta la punta del subcontinente. *Exégesis* significa explicar e interpretar los materiales escriturales, de tal forma que aquí estamos elaborando un amplio contraste de dos fases bien distintas, que se sucedieron de forma cronológica dentro de la tradición del tantra shivaíta. La primera de ellas es la de los nueve *sampradāyas* que ya hemos detallado, tal y como fueron revelados en las escrituras anónimas que se dice fueron reveladas por el propio Śiva (o bien, de acuerdo con la tradición de Krama, por Śakti). Estos textos con frecuencia eran misteriosos, redactados de forma elíptica, y se enfocaban más en la práctica que en la filosofía. La segunda fase, por su parte, está conformada por textos redactados por individuos de renombre, que con frecuencia eran personas con un nivel educativo elevado, quienes escribían en un estilo muy distinto de sánscrito.

Aunque el propósito de estas obras era el de explicar las escrituras, su contenido es altamente filosófico, o bien presentan una sofisticada teología. Estos autores muestran su saber en torno las teorías que prevalecían a lo largo de la India en cuanto a conocimiento y lógica y sus argumentos acerca de la naturaleza de la realidad están construidos en tres niveles: a través de la razón, a través de apelar a las escrituras, y a través de apelar a la experiencia personal. Estos tres métodos de discurso corresponden a tres esferas del discurso: el primero podría utilizarse para debatir con los budistas y otros no shivaítas, el segundo para debatir con escuelas shivaítas que fueran distintas a la del autor, y los tres para instruir a los discípulos del propio autor.

Ahora nos enfocaremos en la segunda fase, es decir, los escritos exegéticos de los maestros del tantra shivaíta de Cachemira. A principios del siglo XX, este cuerpo de escrituras recibió el nombre de "Shivaísmo de Cachemira" y sus enseñanzas se impartieron en occidente bajo ese nombre, aunque completamente disociadas del contexto total del tantra shivaíta y sus escrituras, que ya he descrito con detalle. Lo anterior es porque a pesar de que gran parte de la tradición tántrika ha sido olvidada, a inicios del siglo XX algunos eruditos comenzaron a leer los textos filosóficos aislados de su contexto, para luego publicarlos en inglés, acuñando el término "Shivaísmo de Cachemira" durante el proceso. Estas publicaciones, que continuaron surgiendo de forma esporádica a lo largo del siglo xx, mostraban poco o ningún conocimiento de las poderosas prácticas de la tradición. Incluso en la actualidad no existen aún traducciones fidedignas de las fuentes originales en sánscrito en torno a la *kuṇḍalinī* y las prácticas del cuerpo sutil tan cruciales dentro de la tradición clásica. Por otro lado, aquello que por lo regular presentaban las obras publicadas en el siglo xx con respecto a la filosofía del shivaísmo eran meras especulaciones enrarecidas y esotéricas de la naturaleza máxima de la realidad, que tenían poca conexión con la "vida real", cuando la prioridad fundamental de los autores tántrikos originales era dar testimonio de cómo la Consciencia crea la realidad de nuestra experiencia de la vida momento a momento.

La prioridad fundamental de los autores tántrikos originales era dar testimonio de cómo la Consciencia crea la realidad de nuestra experiencia de la vida momento a momento.

Volvamos a nuestro tema principal: los antiguos escritores exegéticos de Cachemira, quienes inspirándose en las escrituras, crearon elegantes y coherentes sistemas de pensamiento que no existían en el periodo anterior. Hay que enfatizar que esta línea de pensamiento espiritual nunca se divorció de la práctica, ni siquiera en su etapa más esotérica. A continuación haremos una breve revisión de los linajes clave del periodo exegético (900-1050 de nuestra era).

Las corrientes de Trika y Krama alcanzaron relevancia en el siglo IX, no entre las masas, sino entre un círculo de individuos relacionados con la corte real. Estos dos *sampradāyas* tuvieron entre sus adeptos a individuos con un nivel de educación extremadamente elevado, en el que se contaron incluso genios. Esos personajes crearon obras que dieron mayor sofisticación filosófica y respetabilidad a ambos grupos, y más importante aún, de acuerdo con la tradición, varios de estos autores fueron maestros totalmente liberados y despiertos, cuyas palabras vibraban con la plenitud del poder de su logro, brindando la introspección más directa que puede obtenerse por medio de las palabras en cuanto a la naturaleza de la realidad. Por todo lo anterior, la forma en que estos escritos llegaron a ser reverenciados fue equivalente a la de las escrituras.[72]

Ver pp. 386-387

El linaje de spanda

Los maestros del linaje de *spanda* (Vibración) se basaron tanto en el Trika como en el Krama para escribir sus obras, lo que dio como resultado una síntesis que había comenzado ya en las escrituras mismas. El primero y más original de estos maestros filósofos fue Vasugupta (825 -875 de nuestra era), quien reveló el texto conocido como *Los aforismos de Śiva* (*Śiva-sūtra*). La poco convencional innovación de este texto, a la que no es fácil relacionar con ninguna escuela conocida del tantra shivaíta, la explica Kṣemarāja varias generaciones después a través de esta historia:

Śiva-sūtra-vimarśinī: Reflexiones en torno a Los aforismos de Śiva

> *Una vez el Supremo Señor, en su deseo de evitar, para el beneficio de la humanidad, que la tradición esotérica [no dualista] desapareciera en una sociedad permeada casi en su totalidad por la doctrina dualista, honró a Vasugupta revelándole en un sueño que había una enseñanza esotérica [escrita] en una gran roca en aquella montaña [el monte Mahādeva] y que él la aprendería y la revelaría a aquellos seres capaces de recibir la gracia. Cuando Vasugupta despertó, fue en búsqueda de aquella gran roca, y al darle la vuelta con sólo un torque de su mano, pudo ver su sueño confirmado. A partir de ahí, él adquirió los* Aforismos de Śiva, *que son el epítome de las enseñanzas secretas de Śiva.*[73]

El propósito de esta historia era elevar el estatus de los *Śiva-sūtra* al nivel de escritura. Al mismo tiempo, múltiples fuentes reportan que el origen de los *Śiva-sūtra* se remonta a enseñanzas orales de las que no se tiene registro, provenientes de numerosos hombres y mujeres adeptos al tantra *(siddhas y yoginīs)*, de quienes Vasugupta recibió transmisión.

Los *Śiva-sūtra* son, en buena medida, difíciles de entender, y los comentarios que con los que contamos se realizaron seis generaciones después, aunque su valor aumenta por el hecho de que el linaje se mantuvo intacto a lo largo de todo ese periodo. A continuación, una pequeña muestra del texto, los sūtras 6–11, de un total de 77.

6. Cuando uno absorbe el círculo de Poderes, el Universo se retrae.
7. [Entonces] surge la expansión del Cuarto en las divisiones del estado de vigilia, sueños y sueño profundo.
8. El "estado de vigilia" es actividad cognitiva.
9. "Los Sueños" significan construcciones mentales.
10. "Sueño profundo" significa no discernimiento, ocultamiento.
11. Quien experimenta estos tres [como el Cuarto] es el Señor de los Héroes, [la forma encarnada de la Divinidad]:

Śiva-sūtra: Los aforismos de Śiva

Los Śiva-sūtra fueron objeto de dos importantes comentarios, obra de Bhāskara y Kṣemarāja, quienes pertenecieron, respectivamente, a seis y siete generaciones posteriores a Vasugupta.[74]

El discípulo de Vasugupta se llamó Kallaṭa (aprox. 850-900 de nuestra era) y su obra magistral es *Estrofas en torno a la Vibración* (*spanda-kārikās*). En ella, Kallata expande las enseñanzas de su gurú y añade sus propias contribuciones, para las cuales se basó en la corriente de Kālīkula. Aunque las *Estrofas* mantuvieron una postura filosófica neutral y no se inclinaron a favor de ninguna secta, son claramente no dualistas. El concepto primordial de esta obra de gran belleza y poder espiritual es que Dios no es otra cosa que la pulsación vibrante de la Consciencia, que se mueve a través de fases sucesivas de expansión y contracción. Las *Estrofas* fueron objeto de al menos siete comentarios, uno de ellos escrito por el mismo autor, y dos más por Kṣemarāja y Rājānaka Rāma, quien fue discípulo de Utpala Deva (de quien hablaré más adelante).

El linaje de pratyabhijñā

Aproximadamente dos generaciones después de Kallaṭa nació un nuevo linaje, conformado por maestros iniciados dentro del Trika, pero que una vez más escribieron en un lenguaje que trascendía las fronteras sectarias. El primer gurú de dicho linaje fue Somānanda (aprox. 900-950 de nuestra era), quien fue autor de *La Visión de Śiva* (*Śiva-dṛṣṭi*). En el primer verso, él deja implícito que su habilidad para haber creado esta obra surgió de un estado de unidad con la Divinidad. Por lo regular, el autor de un tratado espiritual comienza rindiendo homenaje a Dios, con el fin de invocar las bendiciones divinas y remover los obstáculos para la compleción del trabajo; sin embargo, como Somānanda no consideraba que hubiese separación alguna entre él y Dios, rezaba para que la Divinidad se honrara a sí misma a través suyo (luego de sortear todos los obstáculos, que como el no dualista que era, también consideraba como Dios):

La Visión de Śiva

> *asmad-rūpa-samāviṣṭaḥ svātmanātma-nivāraṇe śivaḥ karotu nijayā namaḥ śaktyā tatātmane || 1.1 ||*
>
> *Que Śiva, quien ha permeado por completo mi forma encarnada, se libre a sí mismo [de los obstáculos que son] él mismo, y por su propio Poder* [śakti] *se incline ante su propio Ser supremo*

Para que esta inusual invocación no fuera vista como un signo de delirio de grandeza del autor, Somānanda continúa con un segundo verso que enseña que la Divinidad constituye la identidad esencial de *todos* los seres, y que todas las formas de manifestación y cambio dinámico son expresión de sus poderes:

> *El Señor Śiva, de consciencia satisfecha, es el propio Ser vibrando en todas las cosas, su voluntad fluyendo libremente y su conocimiento y acción expandiéndose en todas direcciones. || 1.2 ||*

En este punto, Somānanda alude a los seis Poderes principales de la Divinidad: Consciencia *(cit-śakti),* Dicha *(ānanda-śakti),* Autonomía *(svātan-*

trya-śakti), Voluntad *(icchā-śakti),* Conocimiento *(jñāna-śakti),* y Acción *(kriyā-śakti),* que también son los poderes principales del ser encarnado.

Ver p. 112

El discípulo de Somānanda fue el gran maestro *siddha* Utpala Deva (aprox. 925-975 de nuestra era), quien fue dueño tanto de uno de los más grandes intelectos, como de uno de los más apasionados y devotos corazones de los que se tenga registro en la historia documentada del tantra shivaíta no dualista. Utpala fue autor de muchas obras, pero son dos libros excepcionales por los que mejor se le conoce y recuerda. El primero de ellos es *Estrofas en torno al Reconocimiento de [Uno mismo como] el Señor o Īśvara-pratyabhijñā-kārikās.*

Es de esta obra de donde la escuela de pratyabhijñā o "Reconocimiento" toma su nombre. Se trata de una obra densa, que representa todo un desafío para el intelecto, rica en su trabajo filosófico, y que en su última etapa también incluye algunos extraordinarios pasajes místicos. Uno de estos versos muestra la deuda que Utpala siente hacia su gurú por sus enseñanzas:

> *Sólo hay una Gran Divinidad, y es el propio Ser interior de todas las criaturas. Ella se encarna a sí misma como todas las cosas, llena de tres tipos de consciencia inquebrantable: "yo", "esto" y "yo soy esto".*

El Reconocimiento del Señor

Existe un número de comentarios sobre las *Estrofas en torno al Reconocimiento* que han logrado sobrevivir y que dan fe de la importancia de este texto.

Utpala también escribió una gran cantidad de himnos y versos devocionales, que después conformaron una antología llamada *Guirnalda de Himnos a Śiva* (*Śiva-stotrāvalī*). Estos extraordinarios versos muestran lo multifacéticos que son los seres despiertos como Utpala, y lo difícil que es encasillarlos. Mientras las *Estrofas en torno al Reconocimiento* hacen despliegue de un elevado intelecto y una profunda comprensión de los temas filosóficos más sutiles y complejos de la época, la *Guirnalda* muestra un corazón desbordante de amor, anhelo y devoción. Sin ser demasiado autobiográficos, los himnos plasman los sentimientos y experiencias de Utpala con un nivel de intimidad poco común para un escritor en lengua sánscrita. En los himnos, vemos a Utpala recorrer distintos estados de ánimo: angustiado y dudoso de sí mismo, lleno de dulce anhelo, exultante en la extática experiencia de la Divinidad, confundido en cuanto a cómo recapturar la experiencia, y dichosamente despierto ante la presencia de su Señor dentro de sí mismo y de todas las situaciones de su vida cotidiana. Citemos ahora algunos versos que capturan algo de la esencia de esta obra, y que expresan con gran belleza la singular visión del tantra en torno a la espiritualidad en el mundo:

Śiva-stotrāvalī: Guirnalda de Himnos a Śiva

Que al venerarte pueda yo aspirar a la liberación, sin tener que abandonar la experiencia y el mundo, y sin siquiera buscar el dominio, sino sólo intoxicarme con el abundante licor de la devoción. || 15.4 ||

Morar en medio del mar del néctar supremo, con el corazón y la mente completamente inmersos en la veneración a ti, que pueda yo llevar a cabo todas las ocupaciones comunes del hombre, y al mismo tiempo saborear lo inefable en cada cosa. || 18.13 ||

Al manifestarte en todo tu esplendor, haces que todas las cosas se manifiesten; al contemplar tu propia forma, estás contemplando al Universo. Mientras giras, intoxicado por el jugo del arrebato estético de tu propia naturaleza, el círculo entero de objetos existentes danza y resplandece en su manifestación. || 13.15 ||

Lakṣmaṇa Gupta fue el discípulo de Utpala, y sus escritos, si es que llegó a realizar alguno, no sobrevivieron; a su vez, tuvo como discípulo al gran Abhinava Gupta, el más prolífico autor de todo el linaje. Abordaremos a Abhinava Gupta en detalle una vez más, ya que fue heredero de varios linajes, pero por el momento sólo mencionaré que destacó la importancia de las *Estrofas en torno al Reconocimiento* no con uno, sino con dos importantes comentarios, de los cuales el segundo y más largo, cuyo original en sánscrito abarca varios volúmenes, fue quizá su última obra (y que se completó, según sus propias palabras, en una oscura noche de diciembre del año 1015). Este texto es una obra maestra, y de entre todas sus demás obras, la única que podría rivalizarle es el *Tantrāloka*.

Kṣemarāja, discípulo de Abhinava Gupta, fue casi tan prolífico como su maestro. Fue autor de diversos comentarios en torno a las escrituras principales del shivaísmo, que abordó desde una perspectiva no dualista, y también escribió una serie de obras independientes. Aunque no fue tan brillante y carismático como su maestro, Kṣemarāja hizo una gran contribución al linaje de pratyabhijñā a través de una obra corta —veinte *sūtras* y sus propios comentarios— que resume las enseñanzas del Reconocimiento de forma clara y hermosa, como él mismo lo dijo, para lectores con inclinaciones espirituales pero sin el riguroso entrenamiento que requiere la disciplina de la filosofía lógica. Esta obra es el *pratyabhijñā-hṛdayam* o *El Corazón de la doctrina del Reconocimiento*, y cumplió su objetivo de manera admirable, pues los maestros del shivaísmo de Cachemira la continuaron enseñando casi hasta nuestros días.[75] A continuación presento algunos de los *sūtras* como muestra de las enseñanzas de esta gran obra.

La Consciencia, libre e independiente, es la causa de la realización de todo || 1 ||

Ella despliega el Universo a través de su propia voluntad y sobre su propio lienzo. || 2 ||

pratyabhijñā-hṛdayam:
El Corazón de la doctrina del Reconocimiento

> *Eso se diversifica gracias a la división de sujetos y objetos que se adaptan mutuamente. || 3 ||*
>
> *El ser de consciencia contraída, como una forma condensada de la Consciencia universal, encarna al Universo entero a nivel microcósmico. || 4 ||*

Abhinava Gupta: erudito, académico, esteta, poeta y mahāsiddha

Cuando estudiamos los escritos de los *tāntrikas* del shivaísmo de Cachemira, nos percatamos de que hay una figura que es el eje fundamental de esta rama de la tradición, el punto de convergencia de mucho de aquello que precedió y la fuente de una buena parte de lo que vendría después: el incomparable maestro Abhinava Gupta (aprox. 975-1025 de nuestra era). Los padres de Abhinava fueron practicantes tántrikos avanzados, quienes lo engendraron durante un ritual kaula; por lo tanto, se decía que Abhinava era un *yoginī-bhū,* "nacido de una *yoginī*", lo que le confería una capacidad especial para alcanzar la liberación. Abhinava alude a sus progenitores y a su concepción en su verso más representativo, que figura al inicio de cinco de sus obras principales. Este verso tiene un *double entendre,* es decir, un doble significado: el primario es una alabanza a Dios y a la Diosa (Śiva y Śakti), una celebración a la energía pulsante de su naturaleza unificada, que es la fuente del Universo y el Corazón mismo de todos los seres; en el significado secundario está contenido el aspecto autobiográfico.

Tantrāloka: Luz sobre los tantras

> *vimala-kalāśrayābhinava-sṛṣṭi-mahā jananī*
> *bharita-tanuś ca pañca-mukha-gupta-rucir janakaḥ |*
> *tad-ubhaya-yāmala-sphurita-bhāva-visarga-mayaṃ*
> *hṛdayam anuttarāmṛta-kulaṃ mama saṃsphuratāt || 1 ||*

Significado primario: *Ella es la Madre, quien es el terreno del poder puro, radiante con una génesis siempre nueva. Él es el Padre, que está lleno [de todas las śaktis], manteniendo su Luz a través de sus cinco rostros. ¡Que mi Corazón, que es uno con la diversa creación que fluye a partir de la fusión de estos dos, encarnando el néctar del Absoluto, resplandezca!*

Significado secundario: *Mi madre, Vimalā, para quien el nacimiento de Abhinava fue un festival de alegría; mi padre es reconocido como Siṃhagupta, lleno [del estado de Śiva]. ¡Que mi corazón, que tomó su forma a partir de las emisiones del estado extático de la unión de ambos, encarnando el néctar del Absoluto, resplandezca!*

Sanderson analiza a fondo este extraordinario verso en su "Comentario en torno a los Primeros Versos del *Tantrasāra* de Abhinavagupta", su artículo más destacado sobre la filosofía de Abhinava; por lo tanto, haré sólo unas cuantas observaciones. El verso funciona como punto coyuntural para todas sus enseñanzas, así como para su historia personal, y en este sentido, expresa a la perfección una idea que es central en esta teología: que la Divinidad es la fuente trascendente de todas las cosas, y al mismo tiempo es completamente inmanente a todas las cosas, en especial a los seres encarnados conscientes de sí mismos. Estos dos modos se compenetran en un dinamismo equilibrado, por siempre unificado y que al mismo tiempo surge fresco a cada momento de la experiencia. Es por esto que cada acto sexual procreativo entre dos seres humanos en equilibrio dinámico recapitula el acto divino de creación (y su recreación, que surge eternamente) del Universo. La diferencia en el caso de los padres de Abhinava es que ellos estaban plenamente conscientes de esta verdad y la encarnaron en su totalidad cuando lo engendraron (o al menos eso es lo que él nos dice). Es así que los dos diferentes significados del verso expresan una misma verdad en sus modos expandido y contraído, que se reflejan el uno al otro. Todo esto hace alusión a las doctrinas de spanda y pratyabhijñā.

Las otras enseñanzas clave que están integradas en el verso son cinco:

- Todo lo que existe expresa la naturaleza de la Diosa, quien es el terreno inmaculado de Poder absoluto, el lugar desde donde emanan todas las formas específicas de poder y energía, y al cual todas regresan.
- Todas las cosas y estados son aspectos de la única Luz de la Consciencia, que surge sin cesar en un juego dinámico que expresa la intuición creativa de esa Luz en su modo de autoconsciencia.
- Dios es quien provee de unidad y cohesión a todos los distintos poderes *(śaktis)*, y por tanto da estructura al dinamismo de la Diosa, que fluye libremente.
- La Deidad máxima, la Realidad máxima, es la fusión de estos dos elementos, como la paradoja de dos-en-uno *(yāmala)*, la realidad conocida como el Corazón *(hṛdaya)* o la Esencia, ya que es el lugar desde donde emana toda la creación.
- Cuando este Corazón penetra e impregna cada nivel de nuestra encarnación, se experimenta como el insuperable y dulce néctar de alegría y vida eterna.

Podemos apreciar cómo Abhinava Gupta logró impregnar en este verso muchas de las enseñanzas que transmitiría a través de miles de otros versos, lo que lo convierte en la semilla de las cinco grandes obras a las que dio origen. El hecho de que Abhinava haya hecho todo esto y al mismo tiempo haya honrado las circunstancias específicas de su propia encarnación, inclinándose ante el *siddha* y la *yoginī* que lo engendraron, hace de este verso uno de los logros literarios más extraordinarios de toda la tradición.

La muerte de Vimalā, la madre de Abhinava, a una edad relativamente joven, pudo haber contribuido a la pasión que él desarrolló por la espiritualidad. Abhinava aprendió sánscrito de su padre, Narasiṃha Gupta (comúnmente llamado Cukhulaka), y recibió a una edad temprana la iniciación en el linaje de Krama de parte del gurú de Krama de su padre, Bhūtirāja, quien a su vez había sido discípulo directo del famoso Cakrabhānu. A sus veinte años escribió su primera obra, un himno a los poderes de las diosas del Krama, el cual por desgracia se perdió. Más tarde escribiría un comentario en torno al *Bhagavad-Gītā,* mismo que se conserva hasta el día de hoy, y en el que podemos apreciar a un joven Abhinava educado aunque aún inexperto, cuyas palabras carecían del poder, la precisión, la madurez y la sabiduría de sus obras posteriores. En este comentario, él alude a sus conocimientos sobre las enseñanzas esotéricas del Krama, pero no las revela, de tal modo que aquellos lectores que quieran encontrar en este comentario una interpretación tántrika del *Gītā* se sentirán decepcionados.

Con el tiempo, Abhinava llegó a estudiar con un buen número de gurúes, alrededor de diecisiete en total, y recibió transmisión directa en los linajes de Trika, pratyabhijñā, Krama y Saiddhāntika. La única transmisión directa que le faltó recibir fue en el linaje de spanda, cuyas obras no obstante estudió a profundidad. Abhinava se describía a sí mismo como una abeja, que volaba de flor en flor, recolectando el néctar de cada una de estas ramas de la tradición para elaborar con todas ellas la más dulce de las mieles. Sin embargo, no fue hasta que conoció a su verdadero maestro *(sadguru)* que experimentó en carne propia la realización de todo aquello que había estudiado. Este encuentro fue comparable al que tuvieron Rumi y Shams, pues para ese entonces Abhinava ya era un experto erudito de las escrituras y no carecía de experiencia espiritual. Con todo, aún había un componente que hacía falta: el descenso final de la gracia *(śaktipāta),* que detonó la expansión completa y permanente en la dichosa consciencia no dualista que todo lo abarca, expresada y enraizada en la encarnación. En la tradición de Kaula se decía que este estado sólo podía obtenerse por medio de un gurú que ya lo hubiese alcanzado; para Abhinava, este maestro fue un hombre llamado Śambhu Nātha, quien llegó a Cachemira proveniente del gran *śakti-pīṭha,* o sitio sagrado de Jālandhara, en la región de Puñjab. Śambhu fue maestro de las dos formas de Trika (kaula y no-kaula), que aprendió de un gurú de Mahārāṣṭra, el lugar donde se dice que nació el linaje de Trika. Abhinava atribuía su autorrealización a este maestro, y por ende siempre le rendía pleitesía antes que a sus otros maestros; por ejemplo, al presentar sus dos obras principales en torno a la filosofía y práctica tántrikas (*Tantrāloka* 1.21 y *Tantrasāra* 1.3), invita al lector a estudiar el texto diciendo:

Tantrāloka

> *Como un acto de veneración divina, que todos contemplemos el loto del corazón de Abhinava Gupta, <su capullo se abrió por la luz que cae de los rayos del sol, || su contracción por siempre proscrita por la sabiduría que desciende de los pies del iluminador [mi maestro], Śambhu Nātha.*

Ver p. 197

En este verso también hay un tipo de *double entendre,* aunque no exprese dos significados separados, sino uno solo, transmitido a través de una metáfora. Traduje una frase dos veces, la metáfora y lo que él quiere decir con ella, separando ambas con el símbolo ||.

Luego de haber alcanzado este logro, Abhinava escribió sus obras más maduras. Todas ellas están escritas desde la perspectiva del Trika, que fue su punto principal de referencia debido a la influencia de su *sadguru* Śambhu Nātha. Sin embargo, Abhinava mantuvo su compromiso hacia las enseñanzas del Krama, que incorporó como el corazón esotérico de su teología. Sus obras fundamentales incluyen su *Comentario en torno al Mālinīvijaya,* que destaca por su explicación mística del origen y naturaleza del canon del shivaísmo tántriko; su comentario titulado *Desplegando los Treinta Versos de Parā* (*Parātriṃśika-vivaraṇa*);[76] y el más sobresaliente de todos, su magnum opus, al que está dedicada la siguiente sección.

Luz sobre los tantras

El *Tantrāloka* constituye una explicación monumental en torno a la práctica y filosofía tántrika, realizada a través de 5,800 versos. Su alcance es de dimensiones enciclopédicas, aunque no esté organizado como una enciclopedia, ya que en lugar de limitarse a enumerar las teorías y prácticas, las coloca en un marco coherente, en el cual cada pieza ocupa su propio lugar y tiene sentido en relación con el todo; es entonces un estupendo trabajo de síntesis, que presenta al lector la visión del tantra shivaíta como un sistema unificado de gran alcance, poderosa cohesión y complejo aunque claro en sus interrelaciones. Para lograr esta síntesis, Abhinava tuvo por supuesto que explicar las aparentes contradicciones entre las escrituras, que originalmente estuvieron destinadas a audiencias distintas en periodos diferentes, y lo hizo creando una jerarquía de entendimiento. Por ejemplo, explicó que el dualismo es una visión válida de la realidad dentro de un determinado nivel de entendimiento y desarrollo, y que por lo tanto Dios, en su gran compasión, reveló las escrituras dualistas para aquellos que aún no pudieran comprender o relacionarse con el no dualismo. El no dualismo es, por consiguiente, un entendimiento y a la vez una experiencia más elevados, hacia los cuales uno puede progresar. Más allá del no dualismo existe una enseñanza aún más elevada: *paramādvaya,* o "no dualismo supremo", la visión que al mismo tiempo engloba y subsume tanto al dualismo como al no dualismo, es la visión que rebasa por completo la noción de "niveles de entendimiento", es la experiencia inexpresable de la totalidad de la realidad, en la que no se excluye ninguna perspectiva, ya que se considera que cada una encaja en el patrón de un todo más grande. Sin embargo, es muy claro que desde el punto de vista de Abhinava, uno debe ascender cuidadosamente a través de los niveles cada vez más refinados de comprensión para poder alcanzar el estado sin niveles que todo lo abarca. No podemos aspirar a intentar saltar directamente a ese ámbito, pues se ser así todo entendimiento caería en un relativismo incoherente.

Ver pp. 162 y 202

Abhinava vivía en la cosmopolita ciudad capital de Śrīnagar. Cuando sus discípulos y amigos le suplicaron que escribiera el *Tantrāloka,* él aceptó y decidió mudarse fuera de la capital, a un poblado más tranquilo en el valle, donde los habitantes eran fieles devotos del shivaísmo. Fue en esta pequeña localidad, cuyo nombre desconocemos, en una casa que le proveyó un antiguo funcionario de gobierno, quien se había retirado para dedicarse a la religión, donde Abhinava escribió su obra maestra. Debido a su profundo significado para la tradición y la generalizada curiosidad de la que es objeto, daré a continuación un bosquejo de su contenido.

Contenido del *Tantrāloka*

El capítulo 1 establece los fundamentos: la naturaleza de la atadura y la liberación, el papel que juega la introspección, y los cuatro medios hacia la liberación (que más adelante discutiremos a profundidad).

El capítulo 2 explica el primero de los cuatro medios, *anupāya* o la realización súbita, detonada por una sola enseñanza-transmisión de un maestro realizado.

Ver p. 301

El capítulo 3 abarca el segundo medio, el método de la intuición no discursiva y directa, llamado *śāmbhava-upāya* o "El Medio Divino", junto con una meditación prolongada en las bases metafísicas del alfabeto sánscrito.

Ver p. 307

El capítulo 4 trata sobre la liberación a través del conocimiento, por ejemplo, la cultivación de patrones de pensamiento alineados con la naturaleza de la realidad; éste es el tercer medio, llamado también *śākta-upāya* o "el Medio Empoderado". El capítulo también incluye un excurso en torno a la gradación de la condición de gurú.

Ver p. 336

El capítulo 5 expone los métodos de meditación, visualización y práctica de respiración, que en su conjunto reciben el nombre de *āṇava-upāya* o "el Medio Encarnado", que es el cuarto y último medio hacia la liberación.

Casi todo lo que viene después del capítulo 5 puede entenderse como una continuación de la explicación del "Medio Empoderado", ya que los métodos que enfatizan el uso del cuerpo (y del cuerpo sutil) conforman la mayor parte de todas las prácticas espirituales. Este extenso cuerpo de técnicas puede, a grandes rasgos, dividirse en dos categorías interrelacionadas: yoga y *kriyā* (ritual).

Los capítulos 6 y 7 abarcan el yoga del tiempo:

- El capítulo 6 explica cómo los ciclos del tiempo se correlacionan con el flujo de energía vital en el cuerpo, cómo meditar en esos ciclos, y cómo trascender el tiempo por completo.
- El capítulo 7 muestra la forma en que las secuencias de diversos mantras deben dominarse a través de la repetición contemplativa dentro del flujo cíclico de la respiración.

Los capítulos 8 al 11 abordan las dimensiones del espacio; todas ellas poseen aspectos cósmicos y microcósmicos (la última se encuentra dentro del cuerpo sutil del practicante), y por ello se les utiliza tanto en el ritual como en el yoga.

- En el capítulo 8 se detalla la jerarquía de "mundos" o dimensiones de existencia *(bhuvanas).*
- El capítulo 9 aborda la jerarquía de *tattvas* o 36 Principios de la Realidad, junto con un excurso en torno a la causalidad. Ver p. 138
- En el capítulo 10 se discuten las siete capas de consciencia o tipos de seres conscientes, junto con un excurso en torno a la objetividad.
- En el capítulo 11 aprendemos sobre las cinco divisiones cósmicas / poderes creativos primordiales (*kalā*), que son también los cinco componentes del cuerpo sutil.

Ver p. 179

El capítulo 12 culmina y resume estas discusiones al abordar los seis distintos caminos hacia la liberación (los *adhvans),* tres de los cuales ya fueron estudiados con detalle *(kalā, tattva* y *bhuvana).*

Ver pp. 165 y 271

El capítulo 13 gira en torno al Descenso del Poder *(śaktipāta),* o la gracia a través de la cual la Consciencia encarnada se libera, ya sea de forma directa (o más comúnmente) a través de la iniciación.

El capítulo 14 aborda la fuerza opuesta: el poder de la oclusión, por medio del cual la Consciencia se ata a sí misma.

Los capítulos 15 al 33 tratan sobre el ritual y sus distintos elementos.

Ver p. 362

Ver p. 282

- El capítulo 15 es el más largo, aborda el entendimiento no dualista del ritual, la forma básica de ritual de iniciación y las reglas de disciplina para los iniciados.[138]
- Los capítulos 16 y 17 describen la forma completa de la iniciación liberadora *(nirvāṇa-dīkṣā).*
- Capítulo 18: La Iniciación abreviada.
- Capítulo 19: La Iniciación para aquellos que están cercanos a la muerte.
- Capítulo 20: El ritual conocido como la iniciación en dimensiones.
- Capítulo 21: La iniciación para aquellos que acaban de abandonar el cuerpo.
- Capítulo 22: La Iniciación que sucede a la conversión de adeptos de otras fes.
- Capítulo 23: El ritual de consagración de gurúes.
- Capítulo 24: Los rituales de cremación.
- Capítulo 25: El ritual de realizar ofrendas a los ancestros.
- Capítulo 26: El ritual tántriko diario de veneración.
- Capítulo 27: La consagración de substratos de veneración personal (estatuas, etc.)
- Capítulo 28: Ritos misceláneos, incluyendo la veneración a las *yoginīs* (en forma humana), ritos que precedían las enseñanzas

de las escrituras y la veneración a la persona del gurú, más un excurso en torno a la naturaleza de la muerte y los caminos que el alma toma luego de esta.

- Capítulo 29: Ritos del Kaula Trika, incluyendo la iniciación kaula y su ritual sexual (*ādi-yāga* o "veneración primordial")
- Capítulo 30: Mantras
- Capítulo 31: *Maṇḍalas*
- Capítulo 32: *Mudrās* o "sellos", configuraciones del cuerpo, el *prāṇa* y la consciencia para alcanzar estados determinados.
- Capítulo 33: Deidades secundarias del Trika.
- Capítulo 34: La relación entre los tres medios hacia la liberación descritos en los capítulos 1 al 5.
- Capítulo 35: Los preceptos de las escrituras y la jerarquía de la revelación.
- Capítulo 36: La transmisión de las escrituras clave del Trika: *La doctrina de las yoginīs perfeccionadas (Siddha-yogeśvarī-mata)* y *El último triunfo de la Diosa del Alfabeto (Mālinī-vijaya-uttara)*
- Capítulo 37: Por qué *Tantrāloka* es valioso y el árbol genealógico de Abhinava, más sus gurúes y un (breve) recuento de su historia espiritual, así como un reconocimiento de sus discípulos cercanos.

Ver p. 383

Esta tabla de contenidos nos muestra que durante la época de Abhinava, el tantra se había extendido hasta alcanzar el ámbito de la religión exotérica. Abhinava siempre se mantuvo fiel a sus objetivos esotéricos, y enfocó su trabajo en prevenir que la corriente se degradara hacia la rutina y la adherencia sin un sentido significativo, así como en dejar establecido lo que implica involucrarse en un movimiento así; por ello, enseñó que los mantras, las meditaciones y los rituales del tantra son encarnaciones vivas de la Divinidad, y que no tienen ninguna utilidad real si se les separa de la energía, que es Consciencia plena y completa. Una vez que estos elementos pierden su poder, ya sea por

Los mantras, las meditaciones y los rituales del tantra son encarnaciones vivas de la Divinidad.

la falta de entendimiento, fe o consciencia del practicante, se convierten en algo parecido a cuerpos muertos, que sólo pueden volver a la vida por medio del contacto con un gurú para quien aún vibren con la energía vital, impregnada de *śakti.* Por esta razón, Abhinava permitió que el tantra abarcara tanto el ámbito de la religión como el de la espiritualidad, aunque siempre se esforzó por que la potencia del esoterismo de la segunda impregnase la esfera exotérica de la primera. A fin de cuentas, éste es el objetivo real del tantra: experimentar la Divinidad no sólo dentro de ambientes "espirituales" enrarecidos, sino en todos los aspectos de la vida mundana.

El *Tantrāloka* constituye una obra de tal significancia que Abhinava decidió reescribirla dos veces, para el beneficio de aquellos que no contaran con una educación tan elevada en cuanto a las complejidades de la filosofía india. El primer nuevo escrito fue *Esencia de los tantras (Tantrasāra),* una obra escrita principalmente en prosa, con algunos versos clave al final de cada capítulo a modo de resumen. El propósito principal del *Tantrasāra* es resumir el *Tantrāloka,* pero Abhinava, siempre lleno de ideas frescas, también incorporó nuevo material. Yo diría que el *Tantrasāra* constituye una obra de mayor importancia para aquellos que tengan un interés práctico en el tantra, ya que al dejar de lado la mayor parte del discurso en torno al debate lógico/intelectual que vemos en el *Tantrāloka,* Abhinava logró un escrito más enfocado y poderoso, donde cada frase resuena con la Verdad. El tono de la obra es justo lo que esperaríamos que sucediera si, habiendo descubierto que el *Tantrāloka* resultaba demasiado difícil para la mayoría de la gente, Abhinava se hubiese dicho: "Muy bien, tomémonos esto en serio y vayamos a la esencia *(sāra)* de lo que realmente importa". El resultado es algo que se siente más como una transmisión que como una disertación. En el futuro cercano publicaré mi propia traducción de la primera mitad del *Tantrasāra.*

Después del *Tantrasāra,* Abhinava redactó su recensión más corta en torno a este material, para lo cual se limitó a tomar los versos que resumen el *Tantrasāra* y dar un comentario breve sobre cada uno de ellos en una obra titulada *Tantroccaya.* Ninguna de estas obras está disponible en inglés hasta el momento, pero los primeros cinco capítulos del *Tantrāloka* ya se han publicado en francés, y la obra completa está disponible en italiano, aunque en una traducción deficiente.

La última entre las grandes obras que Abhinava escribió sobre filosofía tántrika fueron sus comentarios sobre las *Estrofas en torno al Reconocimiento del Señor* de Utpala Deva, que ya mencioné párrafos arriba. Abhinava también compuso una serie de exquisitos poemas filosóficos y devocionales, como el *Himno a Bhairava* y *Quince Versos en torno al Despertar.* Finalmente, debemos observar que Abhinava fue un muy reconocido filósofo de la estética, y escribió varias obras sobre aquello que vuelve al arte hermoso y conmovedor, obras que (en su mayor parte) estuvieron separadas de sus escritos espirituales. Abhinava también se especializó en el estudio de la poesía, y su trabajo más importante en este campo fue su comentario en torno a la *Luz sobre la Teoría de la Sugestión (Dhvanyāloka),* una obra temprana que tiene un profundo significado en cuanto al estudio de la estética. En su erudito y reflexivo comentario, él analiza la naturaleza de la experiencia estética en términos de cómo se produce, qué significa y cuáles son sus distintas dimensiones. Su exposición de los nueve *rasas* o "sabores de la experiencia estética" se ha vuelto muy famoso. De hecho, sus obras en esta área son más conocidas entre los académicos sanscritistas que sus escritos espirituales.

Ver p. 385

Uno de mis maestros, el magistral erudito Somadeva Vasudeva, explicó a la perfección la teoría de *rasa* en el siguiente escrito:

Rasa *es aquello que uno experimenta cuando está mirando una obra de arte, y se refiere a la experiencia en sí misma, por lo tanto,* rasa *no se ubica en la obra, sino en el espectador.* Rasa *no se refiere a las emociones cotidianas, como el amor, la tristeza, el humor, etc., sino a su transformación en un sentimiento estético. La transformación de las emociones mundanas en un sentimiento estético sucede cuando nos hacemos vivamente conscientes de*

Somadeva Vasudeva

> *ellas en el corazón. Este acto de percepción, en el que somos testigos del surgimiento de una emoción básica (amor, tristeza, risa, etc.), conlleva a su transformación en un sentimiento estético. Este acto de percepción y sincronía es rasa.*

Se piensa que ésta es una experiencia que (las personas que no son practicantes espirituales) pueden obtener por medio de la experiencia del arte, pues es sólo a través del arte que nos permitimos abstraernos lo suficiente como para convertirnos en testigos de nuestros propios estados emocionales.

Los nueve *rasas* son: el erótico *(śṛṅgāra),* el cómico *(hāsya),* el iracundo *(raudra),* el compasivo *(kāruṇya),* el repulsivo *(bībhatsa),* el terrorífico *(bhayānaka),* el heroico o inspirador *(vīrya),* el asombroso *(adbhuta),* y el pacífico *(śānta).* Lo que resulta tan interesante de esta lista es que todos estos componentes son experiencias generadas por el arte, por consiguiente, deben entenderse como experiencias de belleza. Podemos encontrar muestras de cada uno de ellos con facilidad en (por dar un ejemplo) el cine contemporáneo, aunque si cualquier ejemplo que constituya "arte" está sujeto a debate, en el contexto de la teoría de *rasa,* ese debate debe centrarse en si el filme en cuestión logró transformar la emoción en un verdadero sentimiento estético.

Los nueve *rasas* son "sabores" de la experiencia estética.

Podemos encontrar principios espirituales dentro de la teoría de *rasa:* el primero de ellos es que la función del arte es centrarnos en nosotros mismos, para saborear la vibración de la consciencia, aderezada por el *rasa* en particular que el arte haya evocado. El segundo es el hecho de que el arte permite transformar emociones desagradables en una experiencia de belleza, por ejemplo, la lujuria se transforma en el *rasa* erótico, la tristeza en el *rasa* compasivo, el enojo en el *rasa* iracundo, y el hastío del mundo en el *rasa* pacífico.

Aunque la influencia de Abhinava Gupta no se extendió, sí alcanzó niveles profundos. La síntesis de Kaula-Trika-Krama que él introdujo fue lo bastante convincente como para que la adoptaran otros linajes;

Ver p. 197

y no sólo eso, otras escuelas del shivaísmo, como la de Śrī-vidyā, formularon su línea de pensamiento paralela a la de Abhinava y sus discípulos. Esta influencia llegó a sentirse incluso en otras religiones: la escritura del Vaiṣṇava tántriko llamada *Lakṣmī tantra* claramente tomó prestadas ideas de *El Corazón de la doctrina del Reconocimiento,* del discípulo de Abhinava, Kṣemarāja.

Las enseñanzas del linaje de Abhinava se siguieron transmitiendo por siglos en dos lugares en específico: su nativa Cachemira (donde los linajes que preservaron estas enseñanzas disminuyeron notablemente a partir de la conquista musulmana en 1300), y en el extremo sur del subcontinente, lugar que también fue centro espiritual por muchos siglos. Al parecer, un habitante de Madurai, una antigua ciudad de la nación Tamiḷ, viajó 2,000 millas para recibir la iniciación del propio Abhinava. Este hombre, llamado Madhurāja, escribió una hermosa descripción de Abhinava como parte de un conjunto de versos que compuso para meditar en su gurú. La naturaleza estilizada de este retrato ha llevado a los académicos a cuestionarse si Madhurāja realmente conoció a Abhinava. En este sentido, yo argumentaría que los estándares literarios presentes en este himno difícilmente desmentirían que hubo un encuentro entre ambos personajes. También tenemos la certeza de que las enseñanzas de Abhinava eran conocidas en la región de Tamiḷ poco después de su fallecimiento. A continuación, la descripción que Madhurāja realizó de la figura de Abhinava, en traducción de Paul Muller-Ortega:

En su profunda compasión, [Śiva] tomó una nueva encarnación en la forma de Abhinava Gupta y vino a Cachemira. Él está sentado en medio de un jardín de uvas, dentro de un pabellón [adornado con] cristal y lleno de hermosas pinturas [de la naturaleza]. Un maravilloso aroma llena la habitación, pues hay guirnaldas de flores, varas de incienso y lámparas de aceite. Los instrumentos musicales resuenan constantemente y tocan canciones y también

Gurunātha-parāmarśa de Madhurāja

> *hay danzas. Hay una multitud de* yogīs *y* yoginīs, *seres realizados y* siddhas*... en el centro de la habitación hay un asiento de oro, del que cuelgan perlas y tiene una suave marquesina que hace las veces de dosel. Ahí está sentado Abhinava Gupta, rodeado de sus numerosos estudiantes, con Kṣemarāja a la cabeza, quienes escriben todo cuanto Abhinava dice... sus ojos [semicerrados] tiemblan en éxtasis. En medio de la frente lleva impreso un llamativo* tilaka, *hecho de cenizas sagradas; de su oreja pende una cuenta de* rudrākṣa; *su largo cabello está sujeto por una guirnalda de flores. Su barba es larga y su tez tiene un tono marrón rojizo; su cuello es oscuro y reluce con almizcle y pasta de sándalo. Dos* dūtīs *se encuentran a su lado y sostienen refrigerios [vino, etc.]. Abhinava viste un* dhoti *de seda, blanco como la luz de la Luna, y está sentado en la postura yóguica conocida como* vīrāsana. *Una mano descansa sobre su rodilla y sostiene un japa-mālā, y sus dedos forman el* mudrā *que muestra su conocimiento del Śiva más elevado. Toca un resonante laúd* [ektār] *con las puntas de los temblorosos dedos de su mano izquierda, que es como un loto.*

Aunque no se trate de una descripción histórica real, este retrato nos habla del concepto que tenían de Abhinava sus contemporáneos. Lo que más llama la atención es el énfasis en la refinada y sensual belleza, que se adapta a la descripción de un maestro tántriko.

Los linajes de Kaula

Para cerrar la sección de la historia de la tradición del tantra clásico, daremos un muy breve vistazo a la formación del linaje de Kaula. Antes ya utilicé la palabra *Kaula* para referirme a la totalidad de la corriente de izquierda del tantra shivaíta, es decir, el ala que veneraba a las Diosas; no obstante, dentro del rubro general hubo un linaje específico llamado *Kula* o *Kaula*, que fue de hecho la fuente original del término general. A la cabeza de este linaje está la figura semi-histórica y semi-legendaria, originaria tal vez del siglo VIII, de Macchanda Nātha (llamado también Matsyendra), "El Señor Pescador". Macchanda es uno de los maestros más reverenciados del tantra, considerado un *mahāsiddha* tanto por el budismo como por el shivaísmo, e incluso hecho deidad en el valle de Kāthmāndu en Nepāl, donde aún se celebra todos los años un festival en su honor, aunque sus enseñanzas fueron hace mucho olvidadas. En las fuentes originales, Macchanda es reverenciado como el *avatār,* o revelador de la Verdad en la cuarta y actual era, es decir, *kali-yuga,* la "era de la discordia", denominación que no tiene nada qué ver con la diosa Kālī. Este personaje era originario de Kāmarūpa (Assam en la actualidad) en el extremo oriental de la India, sin embargo, debe haber viajado extensamente, ya que sabemos que su consorte y compañera era apodada Konkanāmbā, "la Madre de Konkan", un lugar situado en la costa oeste, al sur de la moderna ciudad de Mumbai (Bombay) (Ver mapa). Por desgracia, el nombre de esta mujer no es tan bien recordado como el de su compañero, a pesar de que en un principio a ambos se les reverenció como dos maestros despiertos. Ellos veneraban a Śiva y Śakti como dos cónyuges bajo los nombres de Kuleśvara y Kuleśvarī (El Señor y la Señora de la Familia). Más adelante, los practicantes influenciados por el kaulismo llegaron a usar con frecuencia esos nombres para referirse a cualesquiera que fueran las formas específicas de Śiva y Śakti a las que les rendían culto.

Se dice que Macchanda y Konkanāmbā tuvieron doce hijos varones, de los cuales seis se convirtieron en ascetas célibes y los otros seis se casaron y pasaron a ser hombres de familia. Fue a estos últimos seis a quienes Macchanda y Konkanāmbā iniciaron y a quienes les transmitieron sus enseñanzas y su sabiduría. Un dato interesante aquí es que estos seis no tienen nombres en sánscrito, sino nombres asociados con tribus que van más allá de los límites de la sociedad india normal, y que por consiguiente aluden a los orígenes chamánicos tempranos de las enseñanzas del Kaula. Estos seis hijos se convirtieron (junto con sus esposas) en cabezas de seis linajes llamados *ovallis*. Estos linajes se desarrollaron hasta formar clanes específicos, que mantenían redes de albergues cerca de lugares sagrados a lo largo del subcontinente y tenían gestos especiales con las manos que sus miembros utilizaban para reconocerse entre sí. Los nombres de estos seis clanes fueron Ānanda, Bodhi, Āvali, Prabhu, Pāda, y Yogī, y sus miembros tenían nombres que terminaban en el clan al que pertenecían.

Ver p. 385

Este linaje del Kaula que inició con Macchanda y Konkanāmbā no está incluido en las nueve escuelas principales que ya hemos visto porque no constituyó una escuela separada en el mismo sentido, es decir, con sus propias doctrinas sectarias y su culto específico. En vez de ello, fue una forma particular de practicar el tantra (es decir, con un gran énfasis en lo sensual), y su significado real yace en la profunda influencia que ejerció sobre algunas de las escuelas de la corriente de izquierda, de tal modo que con el tiempo llegaron a reconocerse dos variantes de algunas sectas, por ejemplo, el Trika regular y el Kaula Trika. Hubo un grupo, el Krama, que solamente existió en la forma de Kaula, y que surgió de la manera en que lo hizo bajo una gran influencia de este linaje. Dicha influencia sirvió para hacer un contrapeso al énfasis trascendentalista que podía verse en algunas partes de la tradición, ya que lo que caracterizó al Kaula por encima de todo lo demás fue en énfasis en la prioridad del cuerpo y en el aspecto inmanente de la Divinidad. Este linaje se basó enteramente en la práctica, y enseñó a usar las experiencias sensuales como un trampolín para alcanzar la Presencia divina, por lo que fue sólo dentro de los linajes influidos por el Kaula que se llevaron a cabo ritos sexuales y donde diversas sustancias transgresoras eran ofrecidas a Dios y consumidas por quienes realizaban tales ofrendas (por considerarse necesario desde la visión no dualista de "practicar lo que se predica").

La única fuente donde podemos encontrar detalles del ritual sexual tántriko *(kula-yāga),* es en el capítulo 29 del *Tantrāloka* de Abhinava, donde se le presenta en el contexto de la iniciación Kaula. Uno de los propósitos fundamentales del rito, de acuerdo con la descripción de este texto, es el de producir las sustancias sacramentales que se utilizarían en ese tipo de iniciación, lo que además implica que, de acuerdo con la visión de Abhinava, el *kula-yāga* debía de practicarse sólo por gurúes calificados.

El tantra post-clásico y el advenimiento del *hatha-yoga*

Dedicaré la parte final de la sección de historia a hacer un breve recuento de las ramificaciones de la tradición en los siglos posteriores al periodo clásico (800-1200 de nuestra era). Después de la disolución de la base institucional del tantra shivaíta como resultado de la llegada del Islam, los linajes que mejor sobrevivieron fueron aquellos influidos por la corriente de Kaula, cuya base estructural no estaba institucionalizada. Al mismo tiempo, la palabra *kaula* se volvió cada vez más ambigua a medida que se fue convirtiendo en un término de libre flotación, asociado con una amplia variedad de prácticas corporales transgresoras que proliferaron durante el periodo post-clásico del tantrismo tardío (más o menos a partir del año 1300). La pérdida de la base institucional del tantra (tanto shivaíta como budista) en este periodo, así como la evaporación de los grandes fondos que alguna vez esta base logró atraer, dieron como resultado que la facción dominante en el periodo clásico de la tradición, conformada por gente de familia, comenzara a contraerse y a desaparecer, y que la tradición misma pasara gradualmente a manos de un grupo de *yogīs* tántrikos que eran ascetas errantes. Este fenómeno representó un problema, pues aunque aquellos *yogīs* gozaban del apoyo del público en general (que les proveía de alimento y en ocasiones de albergue), también eran temidos y mirados con sospecha, ya que se sabía que muchos de ellos buscaban la adquisición de poderes sobrenaturales. También representó un problema el que aquellos *sādhus*, que con frecuencia eran parcial o completamente analfabetas, no realizaran una documentación sistemática de sus descubrimientos yóguicos; además del hecho de que muchos de estos *yogīs* tántikos se ganaban la vida realizando rituales mágicos para clientes que buscaban riqueza, una mujer o dañar a algún enemigo.

Éste fue, por lo tanto, el principio del proceso por el que el tantra adquirió una mala reputación durante los periodos medieval tardío y moderno temprano. En mi opinión, el marcado declive en el número de practicantes mujeres durante este periodo de transición, en el que la tradición pasó de tener su base entre gente de familia a estar conformada por ascetas errantes, explica en parte la pérdida del equilibrio que permitió que la búsqueda de poderes mundanos volviera a cobrar prevalencia en la tradición, tal y como había sucedido más de quinientos antes.[77] Desde luego, también hubo muchos practicantes que buscaban la liberación en una forma sobria y dedicada, pero constituían una minoría cada vez más escasa.

A continuación haremos un breve recorrido por el desarrollo (que algunos considerarían como el declive) del tantra hacia lo que en el periodo post-clásico sería conocido como *haṭha-yoga*. Este tema requiere aún de mucha más investigación; no obstante, en fechas recientes un grupo de académicos europeos realizó un trabajo que ha arrojado algo de la tan necesitada luz. En los siglos XII y XIII, el Śāmbhavānanda, linaje del tantra shivaíta originario del sur de la India (ver los *sampradāyas* 8 y 9), presentó una práctica yóguica centrada en el ascenso de la energía *kuṇḍalinī* a través de seis centros sutiles llamados *cakras*. Éste es justo el sistema que encontramos en los textos del *haṭha-yoga* que surgieron tiempo después. El texto puente entre el linaje Śāmbhavānanda del tantra shivaíta y el posterior *haṭha-yoga* es el *Compendio de Matsyendra,* recientemente traducido por el erudito europeo Csaba Kiss, que relata la historia de Matsyendra y su discípulo principal, el hombre a quien se le da el crédito de haber fundado la tradición de la práctica del *haṭha-yoga.*

De acuerdo con el relato del *Compendio de Matsyendra,* en el siglo XII, un miembro de la familia real del reino de Chola (hoy en día Tamiḷ Nāḍu), que más tarde sería conocido como Gorakṣa Nātha, conoció a un maestro llamado Matsyendra (quien claramente recibió su nombre en honor al hombre que fundara el kaulismo cinco siglos antes). Esta reunión causó en Gorakṣa tal impresión que por dos años vagó a por toda la India buscando a Matsyendra, hasta que por fin lo encontró en la nación occidental. Matsyendra se encontraba retozando entre vino y mujeres, y Gorakṣa se le acercó con humildad, sin mostrar un ápice de juicio hacia semejante conducta, con lo que superó la prueba y recibió la iniciación de parte del maestro.

Hoy en día muchos consideran a Gorakṣa el fundador del sistema de *haṭha-yoga,* y aunque él no utilizó ese término exacto, quizá haya algo de verdad en esta afirmación. Al parecer, Gorakṣa viajó extensamente, enseñando prácticas de purificación del cuerpo, posturas llamadas *bandhas*, *karaṇas*, y *mudrās*; *āsanas*; visualizaciones del cuerpo sutil y meditaciones —todas ellas diseñadas con el fin de despertar la energía interna de la meditación llamada *kuṇḍalinī*, que conduce a un estado de unión con la Divinidad—. Él es también el probable autor de algunos de los textos tempranos asociados al *haṭha-yoga,* tales como *El Sol del Discernimiento (Viveka-mārtaṇḍa)* y *Los Cien Versos de Gorakṣa.* Estos textos, junto con *La Obtención del Néctar,* de Virūpākṣa Nātha,[78] habrían sido adaptados por un linaje cuyos miembros fueron conocidos como los Nāth Yogīs, quienes consideraban a Gorakṣa Nātha (también conocido como Gorakh Nāth) su fundador y a Matsyendra Nātha (también llamado Macchendra Nāth) como su santo patrón.

En la actualidad Goraksha es considerado por muchos el fundador del sistema del *haṭha-yoga.*

Los Nāths fueron *yogīs* ascetas cuasi-tántrikos, quienes se dedicaron a propagar prácticas no brāhmínicas, plasmadas en textos, que si bien contenían una visión no dualista, carecían de un componente filosófico

El texto más importante del linaje del grupo Nāth Yogī es el *Hatha Yoga-Pradipika,* que data del siglo xv.

robusto. Este grupo veneraba a los nueve *nāthas* o maestros, comenzando por Matsyendra y Gorakṣa Nātha. El texto (quizá) más importante que se produjo dentro del linaje de los Nāth Yogīs fue el *Haṭha-[yoga]-pradīpikā,* que data del siglo xv. Este texto, el primero en incluir una gran variedad de posturas bajo el nombre de *āsanas*, tuvo una gran importancia, ya que se convirtió en el texto de *haṭha-yoga* más citado después del siglo xv. El *Haṭha-pradīpikā* no es una obra original, sino una recopilación de obras anteriores, y hace referencia a más de veinte escrituras que lo precedieron. Curiosamente, los Nāth Yogīs abandonaron la práctica de yoga después del siglo xvi, aunque otros linajes preservaron sus prácticas, de entre los cuales destaca el de los Dasnāmī Sannyāsins, quienes permanecen activos hasta nuestros días y constituyen el linaje yóguico de más alto perfil en la India moderna.[79]

Antes de abordar el tema del yoga moderno, dejemos un poco más clara la relación entre el *haṭha-yoga,* precursor del yoga moderno, y el tantra shivaíta. Si los comparamos con este último, veremos que los textos del *haṭha-yoga* presentan una marcada carencia en cuanto a las enseñanzas de la Visión (la "filosofía"), quizá debido a que en su época no hubo el patrocinio que *sí* existió durante el periodo del tantra clásico, mismo que hizo posible la adquisición de un conocimiento tan profundo. Estos textos también dejaron fuera el complejo sistema de mantras tan característico de la práctica tántrika clásica. Sin embargo, la mayor parte de las prácticas descritas en los textos del *haṭha-yoga* son formas simplificadas de aquellas que aparecen en el tantra clásico, como ya lo veremos. Estos textos, por lo tanto, pueden ser vistos como un intento de capturar las prácticas tántrikas *más esenciales, en especial aquellas* relacionadas con el cuerpo sutil, de cara a la disolución de la tradición clásica. Esto explica por qué el lenguaje que se utilizó en estos textos es relativamente simple: se pretendía que fueran comprensibles para las personas que no podían emprender el estudio de años que requerían los sistemas tántrikos clásicos.

Evidencia de las raíces tántrikas del hatha-yoga

Debido a que en nuestros días prevalece un generalizado malentendido en cuanto a la idea de que el *haṭha-yoga* se deriva de o está relacionado con el yoga de Patañjali (algunos practicantes del yoga moderno de posturas incluso cantan una invocación dedicada a esta figura antes de iniciar su práctica), sería de utilidad hacer un breve recuento de las fuentes principales del *haṭha-yoga* que demuestran que de hecho fueron (y se veían como tal) herederas de la tradición tántrika y de ninguna otra más. El erudito en yoga Christopher Tompkins ha llevado a cabo un revolucionario estudio en el que documenta que docenas de pasajes de *Los Cien Versos de Gorakṣa* provienen de escrituras del yoga tántriko mucho más tempranas (en específico, el influyente texto titulado *Trascendencia del Tiempo).*[80] A continuación, muestro una lista de ejemplos de material que algunos académicos (y también el público en general) consideran derivado del *haṭha-yoga,* y que Tompkins prueba que en realidad tiene orígenes en el yoga tántriko:

Enseñanzas contenidas en los textos del *haṭha-yoga* cuya fuente directa son las escrituras tántrikas

La fisiología del cuerpo sutil, conformada por 72,000 canales *(nāḍīs)* con 10 canales primarios, de los cuales tres son los más importantes.

- ❖ La analogía de esos tres canales primarios con los tres resplandores: el Sol, la Luna y el fuego.
- ❖ La explicación de las funciones de esas diez energías vitales (*prāṇa-vāyus).*
- ❖ La instalación y activación de los mantas en los centros sutiles del cuerpo.
- ❖ El mantra de la "recitación del Ser" *(haṃsa, so'ham),* que ocurre de forma natural 21,600 veces al día.

- La apertura del centro del corazón, representado con la analogía de un loto en flor.
- El ascenso del alma a través del canal central *(suṣumnā nāḍī)* por medio de *prāṇāyāma, dhāraṇā,* y *dhyāna.*
- Descripción de la Diosa primordial, quien efectúa este proceso como el "poder serpentino" *(kuṇḍalinī).*

La fructificación de la *yoga-sādhanā,* conocida como la experiencia de "impregnación del néctar".

Gorakṣa tomó todos estos conceptos directamente de *La trascendencia del Tiempo* o de alguna fuente intermedia que haya transmitido su esencia con fidelidad. Como ya hemos visto, los tantras de Kubjikā fueron otra clara fuente en la cual él se basó.

Para decirlo de la forma más sencilla posible: no hay una conexión directa entre el yoga pre-tántriko de Patañjali y la disciplina conocida como *haṭha-yoga*, cuyos respectivos periodos de influencia están separados por más de mil años. De hecho, muchos de los textos de la tradición del *haṭha-yoga* se describen a sí mismos de forma explícita como prácticas heredadas de la tradición tántrika. El tantra en sí mismo ya había absorbido las enseñanzas de Patañjali en torno a la práctica (al tiempo que rechazó su dualismo filosófico), y aunque las citas a los *Yoga-sūtras* son raras en la literatura tántrika, la tradición tántrika no olvidó ninguna de sus t*écnicas. La sección de los Yoga-sūtras* que aparece una y otra vez durante el periodo medieval es la formulación de las ocho prácticas principales del yoga *(aṣṭānga-yoga),* las cuales fueron absorbidas por el tantra y de ahí pasaron al *haṭha-yoga.*[81]

Haṭha-yoga es una amplificación tántrika del *aṣṭānga-yoga*.

Una fuente en sánscrito correspondiente al periodo moderno temprano nos muestra de manera bien clara cómo las autoridades de aquel entonces no consideraban al *aṣṭānga-yoga* ("el yoga de los ocho elementos") como algo distinto al *haṭha-yoga.* De hecho, para ellos el *haṭha-yoga* era una amplificación tántrika del *aṣṭānga-yoga.* Esto podemos verlo en la presentación de un yoga de quince elementos que data del siglo XVIII, en el que casi todos los elementos adicionales *(aṅgas)* provienen de fuentes tántrikas.[82] Los componentes en negritas pertenecen al *aṣṭānga-yoga* de Patañjali; las explicaciones de las prácticas que vienen entre corchetes pertenecen a este texto del periodo moderno temprano en particular, cuyo entendimiento en torno a muchos de estos elementos difiere del de Patañjali.

1. **Los cinco *yamas*** [= a los de Patañjali]
2. **Los cinco *niyamas*** [= a los de Patañjali]
   2a. Los diez *niyamas* del *Haṭha-pradīpikā*
3. *tyāga*, renunciación [el desapego de la mente y el cuerpo a los objetos mundanos]
4. *mauna*, silencio [hablar sólo con la verdad, si es que se tiene que hablar en lo absoluto]
5. *deśa*, el lugar de la práctica
6. *kāla*, el tiempo [un momento astrológico auspicioso]
7. *mūlabandha*, el candado de la raíz [que se presenta en conjunto con su respectiva *āsana*]
8. ***āsana*, postura**
9. ***prāṇāyāma*, control de la respiración** [se entiende como purificación del *nāḍī-cakra*]
10. *deha-sāmya*, ecuanimidad del cuerpo
11. *dṛk-sthiti*, fijar la mirada

    Aṅgas adicionales [opcional]:
    - *ṣaṭkarma*, las seis purificaciones
    - *aṣṭa-kumbhaka*, ocho subtipos de retención de la respiración
    - *nāḍī-śuddhi*, purificación de los canales del cuerpo
    - *Kuṇḍalinī*
    - *Khecarī mudrā* [equivalente a elevar la energía del tercer ojo y disolverla en la meditación]

12. ***pratyāhāra*, retracción de los sentidos**

13. ***dhāraṇā*, fijar** la atención
    13a. disolver la mente en el *turya-pada*, el estado del Cuarto
14. ***dhyāna*,** visualización de *paramaśiva* o el Ser
15. ***samādhi*, absorción**
    15a. *nāda*, experiencias sonoras en *samādhi*
    15b. *unmanī*, estado transmental
    15c. *mukti*, liberación

Un buen número de los términos en sánscrito que se incluyen en esta lista tiene sus orígenes en fuentes tántrikas. Examinar esta evidencia, junto con la que presento a continuación, nos lleva forzosamente a la conclusión de que abordar los *Yoga-sūtras* como un texto separado del tantra sería caer en un avivamiento artificial, divorciado de la historia orgánica de la tradición del yoga. Sin embargo, aunque a lo largo de los últimos 120 años se haya publicado más de un centenar de traducciones al inglés de los *Yoga-sūtras*, y aunque poseer una sección de ellos sea un requerimiento en casi todos los cursos de certificación como maestro de yoga moderno, no muchos se han percatado aún del hecho de que el yoga que este texto describe guarda muy poca semejanza con la práctica moderna que lleva mismo nombre. Por ejemplo, en todo el texto sólo se hace referencia a las posturas en dos oraciones (no obstante, debo resaltar que su valor *intrínseco* es muy elevado para cualquiera que practique la meditación). Éste es el "elefante en la habitación" al que no se le ha prestado la suficiente atención en el ámbito de los planes de estudio del yoga moderno.[83]

Por el contrario, cuando dirigimos nuestra atención a las fuentes en sánscrito del *haṭha-yoga*, encontramos un buen número de las prácticas que se imparten hoy en día en el yoga moderno, y como ya lo hemos observado, estos textos en específico están asociados a la tradición tántrika, de la cual extrajeron muchas de sus enseñanzas. Un ejemplo de lo anterior es el *Śiva-saṃhitā* (aprox. 1500 de nuestra era), que se define a sí mismo como un tantra y se presenta bajo la forma de un diálogo entre Śiva y Śakti, la forma clásica de las escrituras tántrikas. Por otro lado, el *Gheraṇḍa-saṃhitā* (aprox. 1700 de nuestra era), que si bien no es un texto que pretenda tener autoridad escritural, se define a sí mismo como el compendio de enseñanzas que un *haṭha-yogī* llamado Gheraṇḍa transmitió a su alumno Chaṇḍa Kāpāli, "El Feroz Portador de Cráneos", un nombre explícitamente tántriko. Además, este texto define sus enseñanzas clave como secretos que habían estado ocultos en las escrituras tántrikas; por ejemplo, la inversión llamada *viparīta-karaṇī*, que hoy en día se practica de forma regular en yoga, se menciona en el verso 3.30 como "oculta en todos los tantras". De hecho, esta frase es casi un cliché en estos textos.

El principio organizativo en los textos clásicos (es decir, los más influyentes) del *haṭha-yoga* es el concepto de la elevación del "poder latente e innato de la Diosa", también llamado *kuṇḍalinī-śakti*. Este término, así como la fisiología del cuerpo sutil que implica, es la quintaesencia del tantra, y se le encuentra en las escrituras tántrikas bajo ese y otros nombres, tales como *kula-kuṇḍalī* y *kaulikī-śakti*, que aluden a la definición de *kuṇḍalinī* como la inteligencia organizativa fundamental de la Consciencia encarnada. Encontramos un ejemplo arquetípico de cómo el *haṭha-yoga* se apropió de estas enseñanzas en el *Gheraṇḍa-saṃhitā*, que presento a continuación en la traducción de Sir James Mallinson, uno de los eruditos más eminentes del *haṭha-yoga* que viven en la actualidad:

El haṭha yoga se enfoca en el despertar de *kuṇḍalinī-śakti.*

Sentado en siddhāsana, *y habiendo llevado el* Prāṇa *hacia sí por medio de la realización repetida de* kākī-mudrā, *él debe unirlo con el* apāna *y meditar en los seis* cakras *en sucesión. Por medio de los* mantras hum *y* hamsa, *el* yogī *sabio traerá a la Diosa-serpiente dormida a la consciencia, y la hará ascender junto con* jīva *[=alma] hasta el loto más elevado. Una vez que se ha convertido en un ser hecho de Śakti, él debe visualizar la unión suprema con Śiva, así como los diversos placeres, los disfrutes y la dicha*

Gheraṇḍa-saṃhitā

> *última. Como resultado de la unión de Śiva y Śakti, él experimentará la meta final [mientras] está en la Tierra.*

No necesito siquiera hacer la observación de que este pasaje es completamente tántriko en su lenguaje, tono y tenor.

Para concluir la sección en torno al *haṭha-yoga,* me gustaría llevar la atención al texto que evidencia el hecho de que el *haṭha-yoga* continuó siendo una tradición viva y que produjo material escrito hasta la era moderna: *El ornamento del yoga (Yoga-karṇikā),* una escritura aún desconocida para el público y escrita probablemente en Vārānasī durante los siglos XVIII o XIX, que corrobora mi argumento en torno a las raíces del *haṭha-yoga,* pues presenta prácticas tántrikas y utiliza mantras tántrikos. Este texto también prueba que la tradición del *haṭha-yoga* tuvo un creciente interés en las posturas físicas *(āsanas)* incluso antes de la influencia del movimiento internacional de cultura física que ocurrió en la India (del cual ya hablaremos). Aunque este texto se presenta como una escritura, también es una compilación explícita, ya que posee una organización temática y compara las instrucciones de la práctica descritas en textos más tempranos del *haṭha-yoga.*

Otros elementos del Tantrismo post-clásico

La tradición de *haṭha-yoga* no fue la única del medioevo tardío en preservar algunas de las enseñanzas del tantra clásico. De hecho, hubo muchas otras que también lo hicieron, y cada una de ellas conservó una pieza distinta de entre el todo original. El ritual tántriko se practicó y estudió en el sur, especialmente bajo la forma del Śrīvidyā, que llegó a tiempo para incorporarse a la práctica de los seguidores de la cada vez más exitosa filosofía del Vedānta (observa que el *Śiva-saṃhitā* del que ya hemos hablado muestra que tuvo influencia tanto del Śrīvidyā como del Vedānta). El influjo que tuvo la corriente de Śrīvidyā fue tan extenso que incluso los representantes más ortodoxos del Vedānta adoptaron su práctica, me refiero a los *Śaṅkarācāryas* de los principales monasterios del sur de la India, en las regiones de Śringeri y Kāncīpuram, figuras que eran equivalentes a los arzobispos en el cristianismo. Uno de estos personajes escribió un texto famoso llamado *Saundarya-laharī (Oleadas de belleza)*, en el que una vez más se combinan el Vedānta y el Śrīvidyā, aunque predomina la visión y estética del segundo.

La evidencia contenida en los manuscritos avala que el tantra se estudió y practicó en Kerala, en Andhra, en Orissa y en Nepāl, donde floreció de manera especial a lo largo de todo el segundo milenio. Hubo *āshrams* dedicados al tantra shivaíta en Rājasthān (donde también floreció el *haṭha-yoga*) que funcionaron casi hasta nuestros días. También sabemos, por ejemplo, que en el siglo XIX un rey de esa región fue iniciado en el tantra, y que de acuerdo con la tradición oral, fue ahí cuando Swāmī Satyānanda, quien fuera quizá el más grande experto del siglo XX en las prácticas del tantra shivaíta, obtuvo al menos una parte de sus conocimientos en la materia.

El tantra post-clásico ciertamente floreció en Bengala, donde el culto a las diosas adquirió mucha fuerza. Fue en esta región oriental donde se desarrolló la tradición de *daśa-mahā-vidyās* o "Las diez diosas del mantra".

Los diez *Mahāvidyās*

- Kālī (La Diosa Oscura)
- Tārā (La Salvadora)
- Tripurasundarī (Hermosa en los Tres Mundos)
- Bhuvaneśvarī (La que Cuyo Cuerpo es la Tierra)
- Chinnamastā (La Diosa Auto-decapitada)
- Bhairavī (La Diosa Feroz)
- Dhūmāvatī (La Viuda del Color del Humo)
- Bagalamukhī (La que Paraliza a los Demonios)
- Mātangī (La Diosa Proscrita)
- Kamalā (La Diosa del Loto)

Este conjunto de diez dosas, que sigue siendo popular hasta el día de hoy, representa, tal y como sus nombres lo indican, una síntesis de las escuelas tántrikas que en un principio estuvieron separadas: Kālī (de las tradiciones de Kālīkula); Tārā y Chinnamastā (del tantra budista); Tripura-sundarī, también llamada Ṣoḍaśī (de la tradición de Śrīvidyā), y Bhairavī (probablemente del Trika). Observa que el uso de la palabra *vidyā* para referirse a "una diosa encarnada en un mantra" es exclusivamente tántriko. Para obtener más información de este conjunto de diez, ver la magnífica obra de David Kinsley: *Visiones tántricas de la Divinidad femenina: Las diez Mahāvidyās,* de la Casa Editorial de la Universidad de California.

Una variedad de textos provenientes de los extremos sur y oriente de la India documenta esta fase del tantra tardío (1400-1800), sincrética y en gran medida libre de filosofía, que se enfatizó de manera casi exclusiva en la realización de la *sādhanā* (es decir, la práctica del mantra, el yantra y la visualización) en torno a una deidad en particular, con la finalidad de convertirse en la encarnación de esa deidad y activar sus poderes dentro de uno mismo (algo que también encontramos en la tradición clásica, con la diferencia de que aquí la deidad *no* se concibe como la única Divinidad que todo lo abarca, y se le invoca con el solo propósito de alcanzar metas mundanas específicas). El erudito Gudrun Bühnemann se ha dedicado a estudiar un buen número de estos textos, y sus publicaciones constituyen una fuente de consulta confiable.

Por último, debemos considerar el caso de Cachemira. A pesar de que en este lugar la tradición se contrajo de forma considerable bajo el dominio musulmán, se siguió transmitiendo un cuerpo de enseñanzas relacionadas con el logro de la liberación a través de tres medios primarios: el ritual, la meditación y el conocimiento místico (*karma, yoga, jñāna*). La gran cantidad de evidencia textual que existe en torno al periodo moderno temprano (siglos XVI al XVIII) en Cachemira muestra que la forma de meditación yóguica preferida en la época era una variedad de *kuṇḍalinī-yoga* tomada directamente de fuentes del tantra shivaíta. Se dice que en esta práctica uno alcanza la identidad con Śiva al retraer la energía vital hacia el canal central a través de la regulación de la respiración *(prāṇāyāma)* a medida que se repite mentalmente *Om*, elevando de ese modo la *kuṇḍalinī* hasta la coronilla de la cabeza, penetrando los seis *cakras* durante el trayecto.[84] Más aún, el conocimiento místico liberador *(jñāna)* que se enseñó en este lugar está basado en el saber de Abhinava Gupta; por consiguiente, los gurúes de Cachemira del siglo XX, como Swāmī Lakṣhman Jū, bien pudieron afirmar ser herederos de una transmisión continua que se remontaba hasta el periodo clásico, aunque por su condición de gurúes en la India no pudieron reconocer cuánto se perdió durante aquel periodo. Lakṣhman Jū es con frecuencia citado como el último maestro viviente del linaje de Trika, y hablaremos más acerca de él en la conclusión. Ver p. 391

YOGA MODERNO DE POSTURAS

El principal responsable de la creación del sistema que los eruditos llaman "yoga moderno de posturas", que en occidente es hoy en día practicado en cualquiera de sus formas por más de 20 millones de personas, tomó una gran cantidad de material de las enseñanzas del *haṭha-yoga.* El nombre de este personaje fue Kriṣhṇamācārya, y la escuela de yoga que fundó en Mysore, al sur de la India, se convirtió durante la década de 1930 en el terreno donde surgió la disciplina moderna. Tal y como usualmente se practica en nuestros días, el yoga moderno de posturas (YMP) es un tipo de ejercicio que apenas guarda un leve parecido con la tradición de *haṭha-yoga* de la cual se inspiró. Aunque la mayoría de las posturas de este nuevo sistema se acuñaron en el siglo XX, es posible documentar que al menos 80 de ellas provienen del *haṭha-yoga* premoderno, además de los elementos no posturales, que se derivan de la misma fuente. El erudito Mark Singleton ha mostrado a través de su trabajo de investigación que

Cerca de 100 asanas del yoga moderno de posturasse derivan del *haṭha-yoga* premoderno.

a pesar de que se afirme lo contrario, el YMP es un producto de la globalización moderna, que también recibió influencia de formas europeas y estadounidenses de acondicionamiento físico de inicios del siglo XX, como la gimnasia armónica.[85]

Krishṇamācārya deseaba hacer énfasis en las raíces tradicionales del YMP y por lo tanto afirmaba haber recibido transmisión de conocimiento sagrado de parte de un *siddha* desencarnado a quien él llamaba Nātha-muni (toma nota de la conexión con los Nāths de los que ya he hablado). Krishṇamācārya documentó esta transmisión en un texto en

Ver p. 259

sánscrito titulado *El secreto del Yoga (Yoga-rahasya),* que él claramente pretendía convertir en la autoridad escritural de esta instanciación moderna del yoga. Tal afirmación es perfectamente válida dentro de la tradición, la cual posee un "precepto abierto" —que en teoría puede añadirse en cualquier momento— y la transmisión por parte de seres desencarnados, ya sea en sueños o en visiones, que es un fenómeno

Ver p. 259

bien testimoniado, como ya lo hemos visto.

Hablando en los términos más amplios posibles, podemos decir que si Krishṇamācārya es el padre del yoga moderno de posturas, su abuelo fue Gorakṣa, un *nāth* perteneciente a un linaje influio por el Kaula, lo que convierte a Matsyendra, el creador de ese linaje, en el bisabuelo de este sistema (recuerda que el gurú de Gorakṣa recibió su nombre en honor al Matsyendra original, y bien pudo haber sido una invención literaria basada en este personaje, con el propósito de fortalecer los lazos entre la nueva disciplina del hatha-yoga y el tantra shivaíta del cual proviene). Debido a que Matsyendra/Macchanda fue un gurú del tantra shivaíta, creo legítimo decir que cuando los maestros de yoga moderno intentan reintegrar la práctica a su contexto espiritual, y en consecuencia buscan alinearse con el antiguo sistema de pensamiento que encaje de manera más armoniosa con esta práctica —y que por consiguiente le confiera poder y potencia— el sistema en el que encuentran mayor sentido es el mismo en donde yacen los orígenes del yoga moderno: el tantra shivaíta clásico.[86]

3
Introducción a la práctica del tantra shivaíta

Con esto damos por concluida esta reseña en torno a la historia del tantra shivaíta y sus figuras clave. A continuación realizaremos una exploración a través de las enseñanzas de la práctica tántrika, que hasta el momento apenas hemos tocado.

En esta sección del libro nos dedicaremos a realizar un breve examen de las diversas prácticas que se realizaban dentro del contexto del tantra shivaíta clásico, las cuales han sobrevivido hasta nuestros días casi en su totalidad, aunque no sean del conocimiento común. También prestaremos especial atención a la teoría de la práctica encontrada en el TSND, así como sus prerrequisitos.

El contexto de la práctica: *Śaktipāta* y *dīkṣā*

Como ya lo mencionamos en la sección de historia, para practicar el tantra y tener acceso a sus escrituras y a un gurú, el prospecto de estudiante debía recibir una iniciación. Desde el contexto histórico, la iniciación estaba disponible para cualquiera que de verdad la quisiera y demostrara un sincero anhelo a través de una devoción leal y reverente por la tradición *(bhakti),* ofrendas y servicio desinteresado *(sevā),* así como donativos económicos provenientes de los ingresos del postulante *(dāna, dakṣinā*[87]*).* Se pensaba que el anhelo por recibir la inicia-

Ver p. 166

ción era un resultado directo del despertar espiritual llamado *śakti-pāta,* el "Descenso de la Gracia" o el "Influjo del Poder de Dios".

El Descenso de la Gracia podía también considerarse una experiencia de conversión, al tratarse de un despertar que lleva a la persona hacia el camino espiritual, sin importar si esa persona había tenido o no inclinaciones espirituales de cualquier tipo. Estos despertares son parte de todas las tradiciones espirituales, pero en el tantra shivaíta se les da una especial relevancia debido a que, de acuerdo con esta tradición, ninguna persona podía recibir la iniciación a menos que el gurú tuviera buenas razones para creer que el candidato había experimentado el despertar del *śaktipāta.* Desde la perspectiva de la rama dualista de la tradición, esto quiere decir que un gurú tenía que creer que Śiva quería que esa persona fuera iniciada y por consiguiente buscaría señales de que él o ella hubiese recibido el *śaktipāta,* señales que examinaremos a continuación (también veremos que este aspecto también es más sutil en la rama no dualista).

La doctrina del *śaktipāta* sobrevive hasta el d*ía de hoy* en linajes como los de Swāmī Viṣhṇu Tīrth y Swāmī Muktānanda (el segundo recibió una gran influencia del primero). Para estos gurúes del siglo xx, el *śaktipāta* es sinónimo del despertar de la *kuṇḍalinī-śakti,* y argumentan que es ocasionado por intervención de un maestro realizado. En contraste, la visión típica del tantra clásico en torno al *śaktipāta* es que es un hecho que sucede de forma espontánea, que impulsa al receptor a comenzar a buscar al gurú.

Mis estudios en religiones comparadas me inspiran a considerar al *śaktipāta* como una manera de nombrar a una experiencia humana real, universal e independiente de la cultura, un cambio en la consciencia que es biológicamente posible para todos los seres humanos. Si despojamos a la experiencia misma de todas las ideas religiosas y culturales que por lo regular conlleva, encontramos que comparte aspectos muy similares con otras culturas. *Śaktipāta,* o como queramos llamarle, es una experiencia directa y transformadora de aquello a lo que algunos llaman "Dios", otros "el Ser interior", y otros más "naturaleza del Buda", una experiencia que lo consagra a uno en el camino espiritual. Algunos experimentan dos transmisiones de la gracia de este tipo: una de ellas, por lo regular más suave, que marca el inicio de la búsqueda de un maestro o de un camino, y otra más poderosa, que es cuando el buscador ha encontrado su camino o a su maestro.

El efecto del *śaktipāta,* sin importar si es subjetivamente fuerte o débil, resulta ser el mismo para cada persona: el de una experiencia que cambia la vida y altera para siempre la forma de ver la realidad, aunque esta alteración sucede de inmediato cuando el *śaktipāta* es intenso, y de forma gradual cuando este es más débil, pero en cualquier caso tiene la capacidad de "cambiar el juego" de forma tan profunda, que quienes no han experimentado este despertar encuentran difícil de creer que una cosa así pueda ser real y suponen que es producto de la ilusión, de una imaginación hiperactiva o de una mente enferma. Sin embargo, aquellos que sí lo han vivido no dudan en lo absoluto que han tenido un atisbo del orden oculto de las cosas, de algo mucho más verdadero y significativo que aquello que la mayoría de la gente llama realidad.

Mi experiencia del *śaktipāta.*

Mi propia experiencia con el *śaktipāta* ocurrió cuando tenía 16 años de edad, a través un encuentro con un poderoso y amoroso maestro de meditación. La experiencia no fue producto de la ilusión porque yo ni siquiera quería estar ahí, al menos no a nivel de la mente consciente. Mi madre me había convencido de asistir a un retiro de meditación de dos días y yo accedí sólo porque me interesaba obtener la recompensa que ella me estaba ofreciendo a cambio, pero no tenía ni expectativas ni esperanzas de que algo particularmente mágico fuera a suceder, y de hecho, todo el asunto fue un tanto aburrido, aunque para la última meditación del fin de semana hice un reticente esfuerzo por estar bien presente en la cálida y oscura quietud de la sala de meditación. El proceso fue agradable, pero nada especial, hasta que abrí los ojos y caminé hacia afuera. Quedé atónito al descubrir que el mundo entero parecía haber cambiado: todo era más vívido y real, casi chispeante. Además de eso, podía sentir una increíble energía en el corazón, que fluía de forma palpable entre mi corazón y el corazón de cada una de las personas a quienes miraba. Le llamo "energía" a falta de una mejor palabra, no era una sensación pasiva, sino una fuerza o poder tangible, y poseía la naturaleza del amor puro y exquisito, que se conectaba con los corazones de todas las personas que estaban a mi alrededor, fluyendo con total libertad en una especie de red o cuadrícula, sin importar en lo absoluto si esas personas se caían bien o no. Entonces me percaté de que esta energía estaba en todos lados, parecía incluso espesar el aire mismo que me rodeaba, y era sin duda alguna el elemento más "real" en la propia realidad, ¡aunque a la vez no era perceptible por ninguno de los cinco sentidos! Fue una experiencia impactante, y desde ese momento no volví nunca a ser el mismo, pues ya sabía que este poder, este amor más allá de todo lo que yo había jamás imaginado, era una posibilidad real en la vida humana. He continuado cultivando y profundizando en esta experiencia, manteniendo esta perspectiva y tratando de vivir desde este lugar. La experiencia comenzó a revelar un proceso que yo mismo he facilitado y también resistido, y desde entonces nunca ha existido para mí la posibilidad de jugar el juego de la vida de ninguna otra forma.

Śaktipāta, un acto de gracia, no se logra por ser una "buena persona" y puede ocurrirle a cualquiera y en cualquier momento.

Utilizamos la palabra *gracia* para referimos a *śaktipāta* porque este despertar no se logra siendo "buena persona", y puede ocurrirle a cualquiera en cualquier momento. Como lo dice Abhinava Gupta: "El *śaktipāta* y la devoción a la Divinidad no dependen de la familia, la casta, el cuerpo, las acciones *(karma)*, la edad, las prácticas religiosas ni la riqueza". Esta poderosa infusión de la gracia la experimentan con frecuencia aquellos que han entrado en contacto con un ser plenamente despierto, como un maestro de meditación. Sin embargo, hay que observar que la noción moderna de *śaktipāta* como algo que un gurú otorga no es lo que podemos encontrar en la antigua tradición, donde *śaktipāta* se entiende como algo que proviene de Dios, donde el papel gurú es sólo el de ser un conducto posible. La confusión en este sentido se debe a la confluencia de dos términos: *śaktipāta* y *dīkṣā* (iniciación), pero mientras que el *śaktipāta* es espontáneo y capaz de fluir a través de prácticamente cualquier conducto, la iniciación siempre es otorgada por un gurú (aunque el *śaktipāta* puede ocurrir de manera espontánea *durante* una iniciación). Daré detalles de esto más adelante.

La única forma de detonar el *śaktipāta* es orar con devoción e intentar permanecer tan abiertos a su llegada como nos sea posible, pues trasciende la voluntad individual. Como quizá ya lo hayas intuido, reservar la iniciación sólo para quienes ya hubieran experimentado este despertar fue una decisión que se tomó en un intento por crear una comunidad espiritual auténtica, conformada por grupos de personas para quienes la religión no era un acto cívico, cultural o político, sino una vivencia real y profunda. Desde luego que no tenemos forma de saber la frecuencia con la que este ideal se cumplía en la práctica, pero es claro que la idea de que todos los iniciados debían haber recibido esta infusión de gracia divina se extendió a lo largo de la tradición. Ahora demos un vistazo a algunas de las señales de *śaktipāta* que describen las escrituras.

Aquellas almas encarnadas, en quienes Śakti desciende para la liberación de sus ataduras, muestran las siguientes señales: anhelo por liberarse, aversión a permanecer en el plano mundano de la ilusión y el sufrimiento [saṃsāra], devoción por aquellos seres consagrados a Dios, fe en sus maestros y sus ritos.

Mṛgendra-tantra

El Descenso del Poder erosiona las impurezas (de la individualidad separada del ser), que es la causa del ciclo de sufrimiento. Una vez que las impurezas han cedido, surge el deseo de alcanzar la insuperable y más elevada beatitud. Al haber encontrado un guía [=gurú] que corte las ataduras por medio de la iniciación, él alcanza la identidad con Dios, libre de impurezas y aflicción.

Svayambhuva-sūtra-sangraha

Estos pasajes representan el punto de vista predominante de la tradición en torno al *śaktipāta,* que se concibe más o menos como el acto de "obtener la religión". Los textos no dualistas describen al *śaktipāta* en términos de una poderosa experiencia mística: oleadas de dicha, sensación de unidad, lágrimas que brotan de forma espontánea, temblor en el cuerpo, entre otras cosas. Esto nos dice que los no dualistas buscaban señales más significativas en cuanto a una real infusión de la energía divina, un cambio interno mayor y más notorio que el simple hecho comenzar a interesarse en la vida religiosa.

En sus dos obras maestras —*Luz sobre los tantras* y *Esencia de los tantras*— Abhinava Gupta sostiene un argumento que lleva a la comprensión del *śaktipāta* desde una perspectiva no dualista. En *Esencia de los tantras,* escribe:

Tantrasāra: *cap. 11*

> *En nuestra tradición, que se apega a la Visión de la no dualidad y de la autonomía de la Divinidad Suprema, ocurre de esta forma: la Divinidad Suprema, en el juego de esconder su propia naturaleza, se convierte en una alma atada, un individuo, un ser contraído, y sin embargo no hay contradicción de su verdadera naturaleza al manifestarse dentro de las divisiones circunscritas de espacio, tiempo y forma particular. Como una expresión complementaria más del mismo juego, cuando pone fin al ocultamiento de su verdadera naturaleza y experimenta el regreso a ella, ya sea de forma gradual o instantánea, se convierte en un alma individual que es un recipiente adecuado para el* śaktipāta, *y a través de todo este proceso Él es el Supremo Śiva, cuya esencia no es otra cosa que su total autonomía: el uno que causa que el Poder descienda.*

En este bello pasaje, Abhinava argumenta que la "Divinidad Suprema", y "el alma individual y contraída" son sólo nombres diferentes para la Consciencia en dos etapas o fases distintas. Entonces, aunque el *śaktipāta* siga considerándose un acto de gracia, es de hecho un acto en el que te otorgas a ti mismo esa gracia, ya que en tu naturaleza fundamental, tú eres ese poder que otorga la gracia de Dios. El *śaktipāta* es un momento de gran profundidad, en el que te diriges hacia el nivel más hondo de tu ser, en una elección que tu ser-Śiva realiza para comenzar el fin de esta fase contraída de tu existencia e iniciar el proceso de expandirte de vuelta a la plenitud de tu verdadera naturaleza.

En un pasaje paralelo de *Luz Sobre los tantras,* Abhinava escribe, haciendo referencia a la afirmación de los dualistas de que Dios "espera a que llegue el momento adecuado" para otorgar su gracia a alguien que es "apto":

Tantrāloka: *13.204–7*

> *El "momento particular" [kāla] al que nos referimos es el de una actividad específica [kalanā], que consiste en enfocar la percepción en la propia naturaleza de uno mismo. De acuerdo con nuestra filosofía, la "aptitud" es la cualidad de estar listo para el proceso espiritual [yoga] de identificación con la Divinidad. Entonces, la pregunta de "¿Por qué sucede sólo entonces y no antes?" no es la adecuada, ya que no existe ninguna otra ocasión para que el Descenso del Poder se manifieste además de ésta. No obstante, cuando su Poder resplandece en esta forma, por su propia autonomía, el poder del tiempo no puede contradecir esta expansión, al ser una forma de su majestad, surgiendo desde dentro de Dios.*

Los dualistas sugieren que uno puede hacerse merecedor del *śaktipāta* a través de acciones religiosas y buenas obras, una idea a la que Abhinava se opone rotundamente. De acuerdo con su visión, el *śaktipāta* no puede depender de una cuestión *de mérito, ya que eso lo relegaría al ámbito del karma, y dejaría de ser una* manifestación de la gracia divina. Él escribe:

Tantrāloka: *13.259–62*

"Pero seguramente", puede decir el objetante, "aquellos que alcanzan el estado de liberación lo hacen a través de la veneración [pūjā], *la repetición de mantras* [japa], *la meditación, un ferviente servicio a Dios* [sevā], *etcétera. ¿Cómo es entonces que este logro pueda ser independiente de las acciones?" Nosotros [los no dualistas] decimos que no es así. Comencemos por investigar la razón por la que, en primer lugar, este tipo de personas se involucran en actividades como la repetición de mantras, la meditación en la Divinidad trascendente y demás... Si tu respuesta es la Voluntad del Señor, entonces la única causa posible es el Descenso del Poder [śaktipāta].*

En este punto, Abhinava coloca sobre la mesa un interesante argumento: en lugar de que sean las "buenas obras" las que atraigan la gracia de Dios, es sólo por medio de la gracia en la forma de *śaktipāta* que podemos tener una capacidad real para, o un interés perdurable en, este tipo de prácticas espirituales. Esta afirmación es acorde con su visión en cuanto a que *śaktipāta* marca el inicio del verdadero camino espiritual, no es un punto que se obtiene por *méritos alcanzados a lo largo del camino.* Además, todas las actividades que se llevan a cabo en este camino son una expresión del Poder divino, y por consiguiente no son parte de la configuración kármica normal. Esto es porque su propósito es, de acuerdo con Abhinava, generar una identificación con la verdadera naturaleza de uno mismo, en lugar de producir cambios dentro de la matriz de la realidad ordinaria, como es el caso de las acciones ordinarias. Él explica:

Tantrāloka: *13.262–3*

La repetición de mantras, así como las demás prácticas, son expresiones del Poder divino de la Acción [kriyā-śakti], *y no del karma, ya que el uso general del "karma" se relaciona con aquello que confiere a las formas más bajas de la experiencia y oscurece la verdadera naturaleza del experimentador.*

En las dos obras que hemos citado, Abhinava menciona nueve tipos de *śaktipāta,* en una escala que va de mayor a menor intensidad. Haremos una breve revisión de estos tipos, haciendo una paráfrasis del recuento que figura en *Esencia de los tantras.* Para que no haya ningún malentendido, quizá deba aclarar que *śaktipāta* no es un término cuyo uso general sea el de referirse a *cualquier* infusión de poder divino (el término general sería *samāveśa*), sino a algo que sucede una o dos veces en la vida.

El grado más fuerte de *śaktipāta* es tan poderoso que resulta en una liberación inmediata, un despertar violento y total. La experiencia es tan intensa que tiene el desafortunado efecto secundario de causar el abandono del cuerpo (es decir, la muerte física). No es necesario decir que esto es en extremo inusual. El segundo grado, también muy raro, provoca que la percepción intuitiva surja de forma espontánea, lo cual lleva al despertar pleno. Cuando este conocimiento intuitivo emerge y crece rápidamente y por sí solo hasta alcanzar su dimensión completa, entonces se dice que el receptor se convierte en un "gurú auto-revelado", un dador de disfrute y liberación, que muestra los seis signos de la realización. Por otro lado, si la percepción intuitiva es inestable o no se ha completado, el receptor o receptora necesitará echar mano de las escrituras y acercarse a un maestro para confirmar y fortalecer el proceso. Abhinava dice que dependiendo de la firmeza o inestabilidad de la intuición, uno debe realizar un auto-refinamiento a través del voto sagrado de la práctica disciplinada del yoga, ya sea por uno mismo o con la guía de un gurú.

El tercer grado es mucho más común y es el nivel más débil de *śaktipāta* que aún permite alcanzar la liberación en el mismo ciclo de vida. Alguien que lo haya recibido experimenta un fuerte deseo por encontrar un gurú y tiene la intuición necesaria para reconocer a este maestro. En este tercer nivel, las apremiantes preguntas en torno a ¿qué es la verdad?, y ¿quién conoce esa verdad?, llevan al receptor, a través de la intuición o de la compañía de amigos espirituales, a desarrollar el anhelo por conocer a un maestro (*Tantrāloka* 13.222). Abhinava dice que si este deseo es lo suficientemente fuerte, el anhelo se cumplirá sin lugar a dudas. Una vez que el receptor ha encontrado a su maestro, en poco tiempo logrará percibir las cosas como en realidad son, lo que culmina en su liberación en vida.

Abhinava apunta que éste también es el tipo de *śaktipāta* que ayuda a abandonar al falso gurú y a acercarse al verdadero maestro. Él escribe: "Hay una cosa que distingue a un gurú, y es la sabiduría, que de forma experta pone en práctica" (*Tantrāloka* 13.333). Un verdadero gurú (*sadguru*) es un ser despierto que posee una integridad perfecta y quien puede otorgar la transmisión por cualquiera de los medios posibles. Aunque un gurú encarnado es por mucho el más efectivo, en caso de no encontrarlo, es posible invocar un encuentro con un gurú dentro del mundo de los sueños, o bien convertirse en discípulo de algún maestro que ya haya abandonado su cuerpo, pero en este último caso, sólo bajo la condición de que tal maestro esté vivo para ti. Lo anterior quiere decir que no es suficiente con sentir un gran afecto por las inspiradoras palabras de un gurú ya fallecido: ese gurú debe manifestarse ante ti en tus sueños y en tus visiones como una fuerza viva, y darte transmisiones y presentarte desafíos para tu práctica. En otras palabras, de acuerdo con el tantra, la única forma en que una relación con un gurú desencarnado funcione, es que la presencia de esa persona sea tan palpable para ti como si se tratase de un gurú viviente.

Un verdadero gurú *(sadguru)* es un ser despierto que posee una integridad perfecta y quien puede otorgar la transmisión por cualquiera de los medios posibles

¿Es absolutamente necesario tener un gurú? De acuerdo con el tantra, si no has recibido el *śaktipāta* en sus niveles más elevados (es decir, 1 o 2), sí lo es. Aunque en última instancia el gurú te da el poder para que te conviertas en gurú de ti mismo, y ese gurú interno es tu refugio final, la mayoría de nosotros estamos demasiado desorientados y confundidos como para encontrar refugio por nuestra propia cuenta. De acuerdo con la tradición del Kaula, todos necesitamos la transmisión del maestro, que esclarece y empodera, que para algunos será suficiente con una vez, pero otros la necesitarán muchas veces. Los medios de esta transmisión son escuchar las palabras del gurú, estar en su compañía, recibir su mirada compasiva, leer las escrituras a su lado, practicar junto con él o ella, recibir un mantra de sus labios, mirarle realizando un ritual, aceptar su transmisión directa de energía, o bien algún otro medio secreto (*Tantrāloka* 13.227-28). Observa que estos medios de iniciación sólo pueden ser recibidos de parte de un gurú auto-realizado y no es necesario que formen parte de un intento consciente del propio gurú. Si tu karma ha madurado y por consiguiente tu "leña" está seca, bastará con la proximidad del fuego para que pueda encenderse. Tampoco es necesario que el gurú sepa quién eres en el plano superficial (tu historia, psicología, etcétera).

El cuarto grado de *śaktipāta* lleva a una persona a tomar la iniciación, aunque su percepción de la divinidad de su Ser verdadero no es tan firme como lo sería en un receptor del grado tercero, puesto que en este nivel es aún difícil romper con las convicciones condicionadas y construcciones mentales de la realidad; sin embargo, con la maduración gradual de la percepción a través de la práctica, el receptor de cuarto grado se funde con la Divinidad al abandonar el cuerpo. Éste y los niveles que le siguen abarcan a la mayoría de la gente que está en el camino (cuando digo "el camino", me refiero a que en realidad existe un solo camino de transformación espiritual, sin importar el nombre que se le dé o dentro de qué religión o cultura se haya articulado). Las personas que reciben los grados quinto y sexto están listas para el camino espiritual, pero al mismo tiempo conservan un gran deseo por los disfrutes mundanos y la prosperidad; entonces buscan, y encuentran, un maestro que los apoye en ambos empeños. Estas personas practican yoga, que los lleva al disfrute y posteriormente a la liberación, que sucede al dejar el cuerpo o poco tiempo después.

Aquellos quienes reciben los tres niveles más bajos de *śaktipāta* son personas cuyo deseo por los placeres es mayor que su anhelo por la liberación. Estos grados de despertar garantizan el camino hacia el

El grado de śaktipāta que recibas no depende de qué tan "merecedor" seas.

disfrute a través del yoga, que culmina en la liberación en una vida futura. A estos grados no se les presta mucha atención en los textos, pero es importante observar que el grado de *śaktipāta* que recibas no depende de qué tan "merecedor" seas, sino de la intensidad de tu anhelo por despertar en relación con el deseo por disfrutar de "la buena vida". Aunque este último es descrito como el camino más lento, no se le denigra dentro de la tradición tántrika. De hecho, integrar tu deseo de abundancia con tu práctica espiritual en lugar de mantener ambos aspectos separados asegura que, con el tiempo, lograrás alcanzar el objetivo final. Abhinava escribe:

Tantrasāra: *cap. 11*

> *Dado que un* yogī *satisface su deseo por los placeres a través de los mantras y el yoga de Śiva, este deseo sin duda culminará en algún momento en la liberación. Así que aún podemos decir que alguien así recibe el* śaktipāta*. Recibir la gracia divina en la forma del Descenso del Poder es lo más importante incluso para quienes desean los disfrutes.*

Ahora examinemos el segundo prerrequisito para la práctica del tantra, que está estrechamente relacionado con el primero: el *dīkṣā,* o iniciación.

DĪKṢĀ:
El rito de iniciación y sus efectos

La iniciación fue el rito central en todas las formas del tantra a lo largo de casi toda su historia, y también tuvo un papel crucial en la psicología de la religión al relacionarse con la creencia profundamente arraigada del karma, o la repercusión que generan las acciones realizadas en vidas pasadas. La creencia de que el número de encarnaciones anteriores era incalculable hacía que depósito kármico pareciera demasiado vasto como para resolverse en una sola vida. Esta opresiva creencia convertía al objetivo de alcanzar la libertad radical (*mokṣa*), el poder de determinar el propio estado interior, en algo remoto e inalcanzable. Uno de los aspectos más importantes de las nuevas enseñanzas tántrikas era la ceremonia de iniciación (*dīkṣā*) —o mejor dicho, los mantras revelados por medio de la divinidad que se empleaban durante esta ceremonia— cuyo propósito era liberar al individuo de todo el karma destinado a dar fruto en vidas futuras, y que ponía la meta del camino al alcance en el transcurso de una sola vida. No es necesario cuestionar si el aspecto metafísico de esta doctrina era "verdadero", ya que está claro el efecto psicológico de empoderamiento que la ceremonia daba a aquellos que recibían la iniciación, quienes al creer que el rito funcionaba de verdad, abrían la posibilidad de lograr la liberación durante el presente ciclo de vida *(jīvanmukti).* Existen registros históricos de muchos que de hecho alcanzaron este objetivo.

En la sociedad india tradicional, los ritos iniciáticos sólo se otorgaban a quienes tenían un *adhikāra* apropiado, es decir, algo parecido a una "legitimación" o "cualificación". La casta y el género determinaban por completo el *adhikāra* para la iniciación *en* los estudios védicos, de tal modo que la enseñanza tántrika, que aceptaba a los candidatos para la iniciación con base en la evidencia de su *śaktipāta* (confirmado por un gurú o *ācārya* calificado), sin tomar como referencia otros factores, como casta, clase, género u origen étnico, constituía una desviación radical de la norma (se esperaba que los iniciados ofrecieran un porcentaje considerable de sus ingresos como una forma de reconocer el inestimable valor de la iniciación; no obstante, esto no necesariamente implicaba que las personas de escasos recursos quedaran excluidas, siempre y cuando esta regla de porcentajes se ejerciera de forma apropiada). Recibir la iniciación aseguraba el *adhikāra* en un sentido un poco distinto: el privilegio y la obligación *de estudiar las escrituras.*

la iniciación podía obtenerse de un maestro despierto a través de sólo una palabra, una mirada, un toque o un pensamiento.

Existían dos niveles de iniciación: el *samaya-dīkṣā,* un tipo de iniciación probatoria para novicios, y el *nirvāṇa-dīkṣā,* una iniciación completa que lo colocaba a uno en el irrevocable camino hacia la liberación *(nirvāṇa).* Dentro de la tradición más radical de Kaula, en la que (como ya hemos visto) la iniciación podía obtenerse de un maestro despierto a través de sólo una palabra, una mirada, un toque o un pensamiento, algunas veces se dispensaba esta elaborada ceremonia de dos días de duración. Los no dualistas creían que para ser efectiva, la iniciación debía detonar un segundo *śaktipāta,* mismo que era observable en la medida en que el iniciado se viera afectado por la ceremonia.

La primera forma de iniciación, el *samaya-dīkṣā,* le otorgaba al iniciado el derecho y la obligación de estudiar las escrituras y comenzar una práctica diaria. Los *samayines*, como se les llamaba, debían tomar un voto y seguir un estricto código de conducta (o *samaya*), descrito en esta nota al final del libro.[88] Los samayines solteros por lo regular vivían en casa del gurú con el fin de recibir instrucción y ser observados durante este periodo de prueba. Pasado un cierto tiempo (tal vez entre uno y cinco años), y si ya se sentían listos, y los resultados de las evaluaciones confirmaban que lo estaban, tomarían la iniciación completa.

Ver p. 388

El *nirvāṇa-dīkṣā* era el rito principal de todas las formas del tantra shivaíta que existieron a lo largo de la India y el sureste asiático; los budistas tántrikos lo adoptaron con pequeños cambios, y de hecho podemos ver que algunos de sus elementos se han preservado hasta el día de hoy en el budismo tibetano. Si tomamos la realización del *nirvāṇa-dīkṣā* como indicador principal para calcular la supervivencia de la tradición del tantra shivaíta, entonces debemos afirmar que la tradición murió a inicios del siglo XX, cuando se llevaron a cabo los últimos *nirvāṇa-dīkṣās* genuinos; sin embargo, en aquel entonces el shivaísmo también existía en forma puramente gnóstica (es decir, basada en la introspección en lugar del ritual), así que no es necesario que consideremos el rito como indicador primario de la supervivencia de la tradición (ver la conclusión de esta discusión). Daremos una breve descripción de la ceremonia de *dīkṣā,* tanto por el rol central que tuvo en la tradición por un periodo tan extendido, como por su belleza. El primero de los dos días de ritual se realizaba para todos los estudiantes, ya sea que fueran a tomar el *samaya-dīkṣā* o el *nirvāṇa-dīkṣā.* El segundo día de ritual se hacía sólo para quienes recibirían *nirvāṇa-dīkṣā.*

En la preparación el gurú y sus asistentes creaban un espacio sagrado que se centraba en el *mandala* de iniciación (o diagrama sagrado) de ese linaje. El *mandala,* que podía medir entre 12 y 35 pies de largo, se dibujaba cuidadosamente con tiza y se rellenaba con polvos de diferentes colores, algo muy similar a los *mandalas* budistas que aún pueden verse hoy en día (cuyo diseño básico tiene sus orígenes en el shivaísmo).

Un dosel blanco suspendido sobre el *mandala,* con cortinas hechas de telas multicolores que colgaban de sus cuatro lados, ocultaba el *mandala* de la vista y creaba un contenedor para la energía que se generaría dentro. La cara interna de las cortinas estaba decorada con estandartes, banderines y espejos, así como guirnaldas de flores, cordones con pequeñas campanas e hilos protectores en cinco distintos colores. En todo el perí-

metro se acomodaban docenas de lámparas que quemaban *ghee*, cuya flama generaba un cálido resplandor; en distintos puntos del *mandala* se colocaban parasoles, batidores hechos de cola de yak y vasos sagrados de bronce que contenían una moneda de oro y se llenaban de agua y flores y se decoraban con una cinta de tela y una guirnalda de flores.[89]

En los puntos apropiados dentro del *mandala,* el gurú colocaba las energías de las deidades (que los no dualistas consideraban aspectos de la Deidad) en la forma de mantras, dando de esta forma vida al diagrama sagrado. Estas formas sónicas o "mántricas" de la Divinidad son, paradójicamente, tanto instrumentos primarios de veneración como receptores de las alabanzas ofrecidas. Este tipo de veneración se realizaba por medio de recitación de mantras, concentración en sus formas visualizadas, y también ofrendas elementales de flores, fuego, incienso, campanas y agua. El gurú que realizaba el rito primero meditaba en su identidad con la Deidad, quien realizaría la iniciación a través suyo.

Por tradición, la ceremonia constaba de entre uno y cinco iniciantes, que se colocaban de pie fuera del dosel que cubría el espacio sagrado, y eran consagrados con mantras, agua bendita, ceniza sagrada y hierba *darbha.* Después, se les vendaban los ojos y se les conducía dentro del espacio sagrado, donde cada uno arrojaba una flor en el *mandala.* El lugar del *mandala* donde caía la flor determinaba la deidad que el iniciante tendría que venerar en lo sucesivo, así como el nombre que recibiría. Luego de recibir el nombre, se le retiraba la venda de los ojos y él o ella podían por fin mirar por primera vez el *mandala* secreto, dispuesto en el centro del espacio sagrado con absoluta exquisitez y resplandeciendo con los poderes de los mantras que se le habían inculcado. Ese momento de la ceremonia era tan mágico, que según nos han contado, muchos iniciantes rompían a llorar de alegría, mientras que otros temblaban, reían o se desmayaban. Abhinava dice que es en este punto cuando los poderes del mantra del *mandala* entran en el cuerpo del discípulo, protegiéndolo y confiriéndole poder.[90]

El siguiente elemento clave del ritual es el *Śiva-hasta-vidhi,* o el rito de imposición de manos que han sido empoderadas por un mantra. El gurú o *ācārya* colocaba los mantras en su mano derecha, les dedicaba una alabanza, y cuando sentía su mano vibrar con energía, la colocaba sobre la cabeza del iniciante. Este poderoso momento comienza el proceso en el que el estudiante se vuelve uno con los poderes del mantra de su identidad divina. Después, se les realizaban ofrendas, tanto al iniciante como encarnación de la Divinidad, como al fuego sagrado consagrado. Entre estas ofrendas había algunas que tenían la facultad de remover la casta del iniciante (lo cual era una idea radical, ya que muchas personas en la cultura india creían que la casta era una característica permanente heredada) y darle un estatus igual al de la casta superior, sin importar sus orígenes. Por supuesto, la sociedad india en general no reconocía este cambio, aunque sí debió haber tenido un fuerte impacto psicológico en el iniciado, al crearle un sentido de identidad secreta, interna y más verdadera, dentro de su imagen socialmente construida.

A continuación, el gurú realizaba una elaborada visualización meditativa en la que fundía el canal central *(suṣumnā)* de su propio cuerpo sutil con el canal central del iniciante. Luego, a través de la visualización meditativa y de *mudrās* especiales, el gurú fundía también su propia consciencia –su alma si lo quieres ver de este modo—con la del iniciante y la elevaba a través de su propio canal central, recorriendo los centros de las deidades *(cakras),* y llevándola a un estado superior antes de fusionar esta consciencia purificada y elevada en el cuerpo del iniciante. Con este proceso yóguico se concluía el primer día, y aquellos que iban a recibir la iniciación completa de *nirvāna-dīkṣā* se recostaban en el espacio sagrado para dormir y soñar.

A la mañana siguiente, luego de haber sostenido una plática con el gurú en torno a los sueños que había experimentado, el iniciante comenzaba el ritual primario de fuego. Este ritual consistía de un proceso que incineraba todos los karmas del discípulo, o efectos de las acciones del pasado, destinadas a rendir fruto en encarnaciones futuras. El objetivo de practicar este ritual era el de darle al discípulo la facultad de alcanzar la liberación en su encarnación presente; por supuesto, el karma destinado a rendir fruto en ella quedaba intacto. ¿Cómo es que se queman los demás karmas? A través de un complejo proceso de visualización, mantra, ofrendas de fuego, y (a falta de una mejor definición) de manipular la consciencia. Para dar un ejemplo de la tecnicidad de este ritual, en un punto, el gurú imagina vívidamente las innumerables matrices en las que esta alma está destinada a encarnar, luego convoca a la Diosa de la Suprema Palabra *(Vāgīśī, Parāvāk),* y la visualiza impregnando todas esas matrices; después entra en el cuerpo del iniciante a través de su exhalación (la del gurú), separa la consciencia del iniciante de su corazón, la dirige hasta la parte superior de su cabeza con el *ankuśa-mudrā,* inhala y la lleva hacia su propio corazón con el *saṃhāra-mudrā,* sostiene la respiración *kumbhaka* mientras medita en el mantra principal, eleva la consciencia hasta el punto *dvādaśānta* encima de su cabeza, la sostiene ahí, y con el gesto de arrojar con el puño girado hacia arriba *(bhava-mudrā),* la encarna al unísono en todas esas matrices. Luego, con las ofrendas de fuego, recorre con rapidez y de forma simultánea las vidas de todas esas encarnaciones, realizando sus respectivos rituales de ciclo de vida, y dando pie a que sus karmas rindan sus frutos y se disuelvan de manera inocua.[91] De hecho, ésta es una descripción muy abreviada y simplificada.

Ver p. 164

Entonces, el gurú separaba el alma del iniciante de las ataduras de *āṇava-mala, māyīya-mala,* y *kārma-mala,* y ofrecía los ocho elementos de su cuerpo sutil a las cinco deidades de la Causa.[92] Finalmente, el ritual llegaba a su culminación: el rito de fundir la consciencia del iniciante con la Divinidad Absoluta *(śiva-yojanikā).* No voy a dar detalles de este ritual aquí; basta decir que a un nivel se centra en elevar con éxito el alma (es decir, el núcleo de la consciencia individual) hasta el canal central de *dvādaśānta,* el nivel del Absoluto en el límite superior del cuerpo sutil del individuo. La experiencia resultante, de ser perceptible para el iniciante (ahora ya un iniciado en plena forma), no es más que una prueba de la liberación final que él o ella experimentará. El que la experiencia resultante sea perceptible dependerá de la fuerza del *śaktipāta* que detone este acto culminante de fusión con la Divinidad, [93] aunque se piensa que en cualquier caso el efecto será el mismo: el iniciado ahora es un núcleo potencial de manifestación de la divinidad, o para decirlo de otra forma, las barreras para alcanzar la liberación se han desvanecido.

Debido a que los dos elementos clave del *nirvāṇa-dīkṣā* son la destrucción de las tres ataduras principales y la fusión (momentánea) del alma con la Divinidad, cuando los linajes bajo la influencia del Kaula afirman que un gurú carismático y poderoso puede otorgar la iniciación con una sola mirada, palabra, o con un toque, lo que están afirmando es que esos actos son capaces de transmitir suficiente poder espiritual para realizar los dos aspectos de la iniciación.

Rājānaka Kṣemarāja [94] aborda las críticas a la doctrina del shivaísmo en torno al efecto liberador de la iniciación en un enigmático pasaje incluido en el excepcional ensayo que aparece al final de su comentario del capítulo cinco del *Svacchanda-tantra.* Sus oponentes argumentan que "Incluso después de la iniciación, podemos ver que los fallos en el carácter, junto con los *saṃskāras* [impresiones kármicas sutiles] que dan origen a estos fallos, siguen intactos en el iniciado. ¿Qué es lo que los mantras (de iniciación) realmente han hecho por esta persona?" Kṣemarāja responde:

Así como los mantras de manipulación pueden hacer que una belleza celestial quede sujeta al control de un hombre feo sin que a éste le sea necesario deshacerse de su fealdad, los mantras de liberación [de iniciación] destruyen el poder de las tres ataduras, pero no necesariamente acaban con el apego, la aversión y sus derivados.

Svacchanda-tantra-uddyota

Él implica que ésta es la razón por la que la práctica espiritual es necesaria. Después, continúa:

> *Y también, como ya hemos visto en cientos de ocasiones, el apego y la aversión quedan sofocados inmediatamente después de la iniciación en aquellos que han sido purificados por medio de un* śaktipāta *intenso.*

Aquí Kṣemarāja testifica que en este linaje la verdadera transformación se observa con frecuencia después de la iniciación, y vincula este cambio con la intensidad del *śaktipāta,* y no con el ritual de iniciación. Kṣemarāja responde a la objeción de que en algunas ceremonias el iniciado no ha sentido nada, y escribe:

> *Si la objeción está relacionada a la pregunta de "¿por qué esta manifestación de la divinidad no se da en ese preciso momento?", podemos responder que de hecho hemos visto a esta manifestación ocurrir infinidad de veces, cuando la iniciación la han realizado gurúes poseídos por la intuición más elevada.*

El único factor que puede influir en la efectividad de la iniciación, además de la madurez del iniciante, es el nivel de acceso que el gurú tenga a la energía de la verdadera intuición, y quizá esta sea la razón por la que los linajes del Kaula enfatizaron en que la transmisión de poder se realizara a través de un gurú perfeccionado que pudiera detonar el *śaktipāta* como la "verdadera iniciación".[95] En una cita final proveniente de la misma fuente, Kṣemarāja resume con acierto nuestra discusión en torno a los conceptos asociados de *śaktipāta* y *dīkṣā:*

> *Por lo tanto, la purificación del ser –destruir las ataduras de* āṇava *y demás, así como conferir la capacidad para la manifestación*

de la Divinidad—se alcanza a través de la iniciación, que se logra luego del Descenso del Poder [śaktipāta], *el cual se infiere al observar la devoción del discípulo y su deseo espontáneo de acercarse a un gurú, entre otras cosas. En la tradición sagrada, esto se enseña con el siguiente verso:*

"La esencia de la intuición [en la verdadera naturaleza del ser] está dada; los saṃskāras *que atan el alma se destruyen. Por lo tanto [porque] da* [dī] *y al mismo tiempo destruye* [kṣi], *es que en nuestro sistema se le conoce como* dīkṣā."

El cuestionamiento de si alguien podría hoy en día adoptar una práctica tántrika, o bien una práctica de yoga en un modo tántriko, sin *śaktipāta* o *dīkṣā,* se aborda en las conclusiones. Ahora sólo voy a agregar que se dice que las prácticas son notablemente menos efectivas sin el *śaktipāta* (por ejemplo, los mantras tienen muy poca o ninguna potencia). Si ya has tenido un cierto éxito en tu *sādhanā,* recibir el *śaktipāta* será como una inyección de combustible para cohetes. En caso de que aún no hayas experimentado este profundo despertar, esta poderosa infusión de gracia divina *(rudra-śakti),* y aunque no haya nada que puedas hacer para que *suceda,* sí puedes incrementar en gran medida las probabilidades de que se manifieste si la pides con devoción en tus plegarias, agudizas el fuego de tu anhelo y practicas el abrirte tanto como puedas. Si el camino espiritual es el aspecto dominante de tu vida y sientes de forma palpable los efectos de los mantras y las prácticas yóguicas, entonces ya has recibido el *śaktipāta* pero aún no sabes cómo llamarlo.

Ver pp. 379 y ss.

El asunto es más complejo en lo que concierne al *dīkṣā;* el tantra auténtico pareciera requerir de algún tipo de iniciación o ceremonia con el mismo efecto, y por razones que abordaré en la conclusión, tal ceremonia no puede ser una réplica exacta de la ceremonia *nirvāṇa-dīkṣā* original.

El papel del gurú

La corriente de la derecha, el tantra, ve al gurú como el maestro de la doctrina, mientras que en la de la izquierda, el Kaula, se presenta como un maestro liberado capaz de transmitir la verdadera experiencia de la esencia de la propia naturaleza.

En Occidente prevalecen sentimientos polarizados y acusados en torno a la figura del gurú, con fuertes opiniones a favor y en contra. Aunque en la tradición india también ha habido un amplio rango de puntos de vista a lo largo de los siglos, no puede negarse el papel central que tuvo la figura del gurú en todos los tipos de tantra. En lo que concierne a la tradición original, para poder ser un *tāntrika* debes tener un gurú viviente, aunque el grado de involucramiento directo que el gurú tenga en tu vida espiritual puede variar. Un modelo que tal vez muchas personas siguieron fue el de tomar el *samaya-dīkṣā* a una edad relativamente temprana, por ejemplo entre los 16 y los 24 años, y vivir por un periodo de tiempo en casa del gurú junto con otros *samayines (guru-kula).* Esto le permitía al iniciado conectarse de manera profunda con el sistema y al mismo tiempo ser observado durante este periodo de prueba con el fin de determinar si era apto para recibir el *nirvāṇa-dīkṣā* completo. Por lo regular, después de obtener este último, el iniciado se convertiría en una persona de familia independiente, y como tal, él o ella se rotaría con otros discípulos para auspiciar reuniones regulares en la casa del gurú, en las que se llevaban a cabo rituales y sesiones de *satsang,* y los miembros de la comunidad comían juntos y recibían las enseñanzas del gurú. Como ya lo mencioné, éste es un modelo que muestra cómo una comunidad de co-iniciados *(guru-kula)* funcionaría, y quizá también haya habido otras formas.

Ya hemos hecho alusión a la diferencia entre la corriente de derecha, donde la imagen del gurú es la de un sacerdote y maestro de la doctrina *(= ācārya),* en contraste con el gurú de la corriente de izquierda del Kaula, que se presenta como un maestro liberado capaz de transmitir la verdadera experiencia de la esencia de la propia naturaleza. Sin duda los practicantes se relacionaban de manera muy diferente con estos dos tipos de gurúes. Por ejemplo, Abhinava Gupta nos dice que él tuvo varios gurúes y estudió tradiciones pertenecientes a distintos linajes, pero no fue hasta que encontró a su *sadguru* que finalmente alcanzó el máximo estado, al permitir que su corazón se abriera por completo a la sabiduría encarnada de su maestro. En el *Tantrāloka* 1.16 él describe su propio estado como *bodha-ujjvala,* "en llamas con la Consciencia despierta", un estado que según sus palabras surge de la devoción tanto a su gurú Śambhunātha como a la consorte del mismo, una devoción que "removió el veneno de las ataduras que [causan la percepción de que] nada es otra cosa que esa Consciencia". Después elogia la relación entre el gurú y su discípulo en un hermoso verso que ya hemos citado:

Que todos puedan contemplar el loto del corazón de Abhinava Gupta, < su flor se abrió por la luz que cayó de los rayos del sol || su contracción por siempre proscrita por la sabiduría que desciende desde los pies del iluminador,> [mi gurú] Śambhunātha.

Tantrāloka *1.21*

En principio no había ninguna prohibición en cuanto a recibir iniciación de más de un gurú, siempre y cuando cada una de ellas fuera superior a la anterior (es decir que no podías ir con un gurú distinto a que te diera el mismo tipo de iniciación que ya hubieras recibido, en caso de que tuvieras dudas de su eficacia). Como Abhinava lo describe, algunas personas iban progresando a través de una serie de iniciaciones, cada una más elevada, más especializada y más secreta que la anterior.

Con el tiempo, el discípulo podía progresar hasta alcanzar el grado de gurú, aunque este nunca era un papel en el que alguien pudiera autodesignarse. Para poder asumir la función de un gurú, debías haber recibido una consagración (llamada *abhiṣeka*) de tu propio gurú. Contrario a lo que los occidentales puedan esperar, no era necesario haber alcanzado un grado espiritual en particular para calificar a este papel. Tu consagración podía basarse exclusivamente en que tu gurú te considerara capaz de iniciar e instruir a otros. Esto nos dice que el título de "gurú" no era garantía de ningún logro espiritual específico, lo cual me parece un sistema muy inteligente, porque requería que sus devotos ejercieran su propio discernimiento para realizar una evaluación personal.

GURÚ-YOGA

Como lo podemos ver en las reglas para los *samayines* (ver la nota 137), la figura del gurú era tratada con especial reverencia. Durante tu práctica debías ver a tu gurú como el Señor Śiva hecho carne[96] cuando él o ella estuvieran realizando una práctica ritual o impartiendo una enseñanza formal (corriente de derecha), o todo el tiempo (corriente de izquierda). Desde luego, todo esto se hacía para el beneficio espiritual del devoto, no para el del gurú. Con el tiempo se desarrolló en la tradición tántrika una práctica de gurú-yoga, en donde, en estado de meditación interna, se contempla al gurú como idéntico al Śiva Supremo. Este tipo de prácticas ponen nerviosa a la mente occidental, tan apegada al valor de la autodeterminación independiente. Muchas personas con quienes he hablado critican la práctica de gurú-yoga, y todos los caminos que la recomiendan, debido a los diversos abusos que gurúes fraudulentos han perpetrado a través de los años. No obstante, lo anterior no indica otra cosa que un falso entendimiento de la práctica, ya que de hecho uno no necesita renunciar a su propia autodeterminación, o en todo caso no ante otro ser humano. Sencillamente no hay nada en la práctica de gurú-yoga que indique que el discípulo deba renunciar a su capacidad de pensamiento crítico independiente. Aunque esto pueda sonar muy extraño, la práctica de *mirar* al gurú como el Señor Śiva no requiere que uno en verdad crea que él *es* Śiva. Lo anterior significa que en esta práctica uno no se involucra con el gurú como un ser humano sino como Esencia divina, por lo tanto, no es necesario "divinizar" su personalidad o convencerse de que su humanidad encaja en un ideal abstracto de conducta perfecta que de hecho nadie es capaz de alcanzar. Los indios parecen entender este principio de manera instintiva, y pueden ser asiduos practicantes de gurú-yoga sin tener por fuerza que prestar atención a nada que diga su gurú que no provenga de un lugar muy profundo. La falta de comprensión de todo esto ha sido responsable de que algunos discípulos

No hay nada en la práctica de gurú-yoga que indique que el discípulo deba renunciar a su capacidad de pensamiento crítico independiente.

occidentales se hayan hecho auto-lavados de cerebro con resultados trágicos, y algunos de estos gurúes, por desgracia, han estado encantados de seguir la corriente (aunque si los gurúes eran indios, quizá ni siquiera se hayan dado cuenta del estado psicológico ilusorio en el que sus devotos occidentales se encontraban). Al final, de acuerdo con esta tradición, es decisión de cada individuo mantener la agudeza y ejercitar el discernimiento, y si no consigue hacerlo y cae en manos de un gurú fraudulento, no hay nadie a quién culpar más que a sí mismo.

El gurú-yoga es un medio de actualizar el estado del propio gurú en ti mismo.

Habiendo dicho lo anterior, dedicaré unas cuantas palabras más al gurú-yoga. Aunque involucre toda clase de ejercicios de visualización, así como rituales internos y externos, lo que yace en la raíz es la sencilla práctica de usar a tu gurú como un "icono de esencia",[97] y proyectar en él, y ver en él a la luz Absoluta de la Consciencia divina. Esta luz existe en todos nosotros, pero es sólo a través de una práctica dedicada que uno puede llegar a verla en cualquier persona. El principio aquí es "ama completamente a una persona, ama al Universo entero".[98] Esta práctica no implica degradarse a uno mismo en forma alguna; por paradójico que parezca, debes tener un gran respeto por ti mismo para poder involucrarte en una práctica de gurú-yoga, ya que es un medio para materializar el estado del gurú en tu propio ser. Entonces, la sensación que el discípulo experimenta es de equidad entre su gurú y él mismo, aunque los dos lados de la ecuación son, respectivamente, el potencial expresado y el potencial sin expresarse, un entendimiento que mantiene la humildad en el discípulo.

Ama completamente a una persona, ama al Universo entero.

Ahora bien, hasta este punto he sugerido que dicha práctica tiene mucho que ver con el esfuerzo del discípulo y nada que ver con el gurú. No obstante, entre más perfecta sea la integración del gurú con el Absoluto, menos difícil será para el discípulo la práctica de gurú-yoga. Esto es, es más fácil seguir la *sādhanā* de ver al gurú como divino si su propio estado de unión *con la Divinidad* está más o menos completado y por consiguiente su conducta no representa un impedimento para el desarrollo de la *sādhanā*.[98] Aquí nos encontramos con la extraña paradoja (para la mente occidental) de que entre menos evolucionado sea el gurú, más perfecta debe ser la devoción hacia él. Y si tuviste la calamidad kármica de estar con un gurú falso, tu devoción debe ser de una perfección absoluta y sublime para que la práctica de gurú-yoga funcione (desde luego que si te das cuenta de la situación, es probable que decidas moverte de ahí). Lo anterior puede parecerte peligroso, a menos que recuerdes que la práctica de gurú-yoga no implica que tengas que hacer todo lo que tu gurú te diga —el discernimiento debe siempre operar en esta dimensión, ya que no puedes acortar tu proceso individual de realización—. La práctica de mirar al gurú como divino a pesar de sus imperfecciones humanas, en otras palabras, amarlo de manera incondicional, nos prepara para extender ese sentimiento hacia todos los demás seres. En la siguiente nota al final del libro y también en la conclusión encontrarás más detalles de esto.[99]

Ahora vayamos a las prácticas específicas del tantra shivaíta.

UPĀYA: LOS TRES MEDIOS HÁBILES HACIA LA LIBERACIÓN

Una de las enseñanzas clave del gran maestro Abhinava Gupta, que tuvo una gran influencia en el resto de la tradición tántrika, fue la de los tres *upāyas*, o Medios Hábiles hacia la Liberación, tres modos de cultivar la liberación de la intuición espiritual, que aunque distintos, conducen todos al mismo objetivo, el de *samāveśa,* la inmersión continua en la Realidad divina. De acuerdo con Abhinava, esta meta puede alcanzarse ya sea a través de *śāmbhava-upāya,* el método de acceder a la Consciencia por medio de la intuición directa; *śākta-upāya,* el método que enfatiza el trabajo con la energía de las construcciones de pensamiento y los sentimientos que éstas producen; *āṇava-upāya,* el método que se enfoca en el cuerpo físico, la respiración y la imaginación, o bien de los tres, de manera ya sea simultánea o secuencial. Los tres *upāyas* se muestran a continuación en formato tabulado.

Casi siempre hemos presentado las categorías de la filosofía tántrika por medio de un mapa de la realidad en un esquema ascendente (por ejemplo, de la Tierra a Śiva en los *tattvas*). Sin embargo, en el caso de los *upāyas* procederemos a presentarlos de arriba hacia abajo, ya que en el terreno de la práctica siempre comenzamos por lo más elevado. Esto es en parte porque cabe la posibilidad de que a algunos aspirantes "les llegue" de inmediato a través del medio más directo de la percepción intuitiva, y por consiguiente queremos ofrecer esta oportunidad. No obstante, la gran mayoría necesitará recurrir a las diferentes prácticas basadas en el cuerpo para crear la apertura que haga posible esta percepción. De hecho, casi siempre es el caso que aquellos en quienes el método directo *(śāmbhava-upāya)* tiene un éxito inmediato ya han trabajado para crear una mente y un cuerpo claros, alineados y abiertos.

En el terreno de la práctica siempre empezamos por lo más elevado.

Ver p. 100

Método *(upāya)*	**Poder Operativo**	**Nivel de experiencia**	**Centro**	**Proceso**
El Medio Divino *śāmbhava-upāya*	Voluntad *icchā-śakti*	Unidad *abheda*	Espíritu/ intuición	No secuencial *akrama*
El Medio Empoderado *śākta-upāya*	Saber *jñāna-śakti*	Unidad en la Diversidad *bhedābheda*	Corazón-mente/ energía	secuencial-no secuencial *kramākrama*
El Medio Individual *āṇava-upāya*	Actuar *kriyā-śakti*	Pluraridad *Bheda*	Cuerpo	Secuencial *krama*

La búsqueda primordial de la práctica tántrika es una total integración de nuestro ser, la realización de nosotros mismos como una masa unitaria e indivisa de consciencia despierta, es por esto que tiene sentido que Abhinava aborde el *sādhanā* tántriko como algo que debe funcionar en los tres niveles: cuerpo, corazón-mente y espíritu.[100] Incluso si nuestra búsqueda primaria se enfoca en una de las tres modalidades, ésta debe incluir a las otras dos para poder lograr la perfección. Conforme progresamos en la práctica, estos tres distintos aspectos de nosotros mismos (cuerpo-mente-espíritu) comienzan a parecer menos diferenciables entre sí, hasta que, como dice Abhinava, el néctar de la autoconsciencia dichosa inunda y desborda los diques internos que nos dividen, disolviendo todas las distinciones. Es entonces que nos experimentamos a nosotros mismos como una completa unidad, una masa de Consciencia dichosa, percibiéndose a sí misma (*cidānanda-ghana*), y respondiendo espontáneamente con el todo de nuestro ser a cada momento de la experiencia.

AN-UPĀYA: EL "NO-MEDIO"

Antes de entrar en forma al tema de los tres *upāyas*, demos un vistazo a lo que Abhinava Gupta llama el "no-medio", que aplica sólo en casos en extremo raros, y consiste en un despertar de *śaktipāta* tan intenso que basta con una sola enseñanza de un verdadero gurú para estabilizar ese despertar de forma permanente. Para una persona así no hay necesidad de practicar, a menos que contemos el breve periodo durante el que él o ella reflexiona en torno a las enseñanzas del gurú y las absorbe exitosamente en todas y cada una de las capas de su ser.

La enseñanza del nivel *an-upāya* puede ser peligrosa, ya que es frecuente que alguien que ha tenido un despertar muy poderoso lo confunda con la liberación final, y llegue a pensar que está por encima y más allá de cualquier necesidad de seguir la *sādhanā.* Un error así es trágico, debido a que si esta creencia se extiende por demasiado tiempo ya no puede ser rectificada en el transcurso de esta vida, lo que da como resultado que el gran *śaktipāta* que esa persona recibió, y que hubiera podido representar un beneficio para todos los seres, se desperdicie. Por sorprendente que resulte escuchar esto, la realidad es que si se le malinterpreta, incluso el más puro y poderoso de los despertares puede generar engaño. Peor aún, si ese individuo se designa a sí mismo como gurú, engañará a otras personas, con lo que incurrirá en repercusiones kármicas de gravedad extrema. Ten cuidado: una persona así puede tener el poder y el carisma de una deidad menor, y aun así ser alguien engañado y peligroso. *¿Cómo puedes darte cuenta de esto?* Por medio de una cuidadosa y sobria evaluación en torno a los logros espirituales de su comunidad de seguidores. Toma en cuenta que la evidencia anecdótica de uno o dos seguidores de un gurú no es suficiente, para obtener una muestra que te permita llevar a cabo una evaluación debes pasar un cierto tiempo en esa comunidad.

Una vez dicho lo anterior, hay casos muy raros de seres que alcanzan todo en un periodo de tiempo muy corto y sin necesidad de ningún tipo de práctica espiritual formal. Un ejemplo del siglo xx es el de Bhagavān Nityānanda, quien se estableció en el estado más elevado a la edad de dieciocho años, sin haber antes seguido una *sādhanā* como tal. Se dice que seres así se han entregado a la *sādhanā* con inmensa dedicación *durante sus vidas pasadas.*

Abhinava Gupta nos da un ejemplo del tipo de enseñanza que, cuando uno de estos seres pondera y asimila, es todo lo que necesita para alcanzar el estado más elevado. Lo traduzco a continuación. Éste es un ejemplo de una enseñanza completa, que te liberará para siempre sólo si de verdad puedes comprenderla y sentirla en su totalidad, y sólo si permites que sus implicaciones se ramifiquen en todos los niveles de tu ser. Sin embargo, si eres igual al 99.9% de la humanidad, esta enseñanza no tendrá tal efecto, y deberás realizar la práctica espiritual que remueva los distintos velos de ignorancia, hasta que la misma Verdad que has escuchado cientos o miles de veces por fin estalle por completo de forma viva y vibrante en cada célula de tu ser.

Ahora toma una inhalación profunda, céntrate y observa si puedes sentir un poco del poder de una afirmación de la Verdad (*śuddha-vikalpa*). Aquí Abhinava describe el súbito despliegue de sabiduría que surge en aquel que ha escuchado y entendido la declaración de su gurú que dice *Tat-tvam-asi*, "Tú eres esa Realidad".

Tantrasāra: *cap. 2*

Esta misma Divinidad Superior, el ser manifiesto de la Luz de la Consciencia, siempre ha sido mi propio Ser —siendo éste el caso—, ¿qué es lo que podría lograr cualquier método de práctica? No la obtención de mi verdadera naturaleza, ya que ella está presente eternamente; no hacer que esa naturaleza se vuelva aparente, ya que ella está siempre iluminándose a sí misma; no la remoción de los velos, porque en realidad no existe ningún "velo"; no la penetración en Eso, puesto que nada más que Eso existe para ser penetrado. ¿Qué método puede haber aquí, cuando nada puede estar separado de Eso?

Por lo tanto, esta existencia entera es Una realidad: Consciencia sola, inquebrantable por el tiempo, incircunscripta por el espacio, desanublada de atributos, libre de los confines de la forma, inexpresable por medio de las palabras, no aprehendida por los medios ordinarios de conocimiento. Dado que es la causa, y por medio sólo de su Voluntad, a través de la cual todas estas fuentes de limitación—desde el tiempo hasta los medios ordinarios de conocimiento—adquieren su propia naturaleza. Esta Realidad es libre e independiente, una masa de dicha, y yo no soy otra cosa que Eso; por consiguiente, el Universo entero se sostiene como un reflejo dentro de mí.

Aunque aquí se le representa con palabras, con frecuencia la experiencia de *an-upāya* carece de ellas; puede desarrollarse en unos cuantos segundos o en el transcurso de varias semanas. Alguien que ya la ha experimentado no necesita identificarse a sí mismo como tal (de hecho, hacerlo probaría lo contrario), ya que la confirmación vendrá a su tiempo, tanto de labios del gurú como de la evidencia misma que indique que la revelación de la naturaleza de la Realidad ha echado raíz y está perdurando.

ŚĀMBHAVA-UPĀYA
EL MEDIO DIVINO

El más sutil –es decir, el más refinado, directo y difícil de comprender—de los tres *upāyas* es el llamado *śāmbhava.* Aunque se trata de un método, en este nivel no hay prácticas en sí, al menos no del tipo que se puedan expresar con palabras ordinarias, puesto que este nivel trasciende el pensamiento conceptual. Resumiré las características destacables del "Medio Divino", y luego lo desentrañaremos. Como puedes ver en el diagrama de arriba, para funcionar, *śāmbhava* requiere sólo del Poder de la Voluntad pura *(icchā-śakti),* el surgimiento espontáneo y creativo de la Consciencia, así como del metapoder de la Autonomía *(svātantrya-śakti);* es la intuición directa que podemos tener del Ser puro al llevar nuestra atención al brote del flujo dinámico de la voluntad de la Consciencia para percibir (de forma completamente independiente de aquello que es percibido). Esta intuición *(pratibhā)* resulta en una introspección sin palabras en torno a alguna faceta de la verdad, que florece de manera espontánea y en un solo instante; enfatiza la percepción subjetiva, y no objetiva, en especial la unidad trascendental del sujeto con todo lo que percibe; accede al cielo espacioso y expansivo de Consciencia pura *(cidākāśa).* Este nivel de percepción funciona "dentro de la esfera indivisa de Consciencia pura de Śiva, quien, libre de todas las construcciones de pensamiento, [constituye] el sujeto universal, que contiene en su interior toda la objetividad."[101] En otras palabras, el nivel de *śāmbhava* es el nivel de completa unidad de la consciencia, que subsume toda la dualidad aparente. Al mismo tiempo, su alcance también llega más allá de la unidad de la consciencia, ya que en última instancia accede al vacío inmaculado e infinitamente vasto de la Mente de Śiva, que trasciende tanto la existencia como la no-existencia, y contiene dentro de sí todo lo que es y todo lo que no es.

Al enseñar la "práctica" de *śāmbhava-upāya,* podemos enfatizar en tres aspectos primarios. El primero de ellos es que este *upāya* es una *vía de*

Abrirse a la gracia en todo momento.

gracia. La práctica consiste básicamente en abrirse a la gracia en todo momento. Alguien que esté en verdad listo para practicar en este nivel no ve la distinción entre lo espiritual y lo mundano y se mueve por el mundo esperando (y por consiguiente encontrando) enseñanzas y aprendizajes divinos a la vuelta de cada esquina. Esta persona puede ver al gurú, no sólo en su propio maestro, sino en todos los seres; siente y se da cuenta de la gracia incesante que se le ofrece, y en consecuencia siempre está abierta a recibirla; es capaz de ver la Luz divina en todas las demás personas y en todas las situaciones, y aunque aún no es constante, ese es su punto de referencia (como ya te habrás dado cuenta, en el nivel de *śāmbhava* el camino y la meta no están claramente definidos). Trabajar en el *śāmbhava-upāya* involucra la manera en que te mueves por el mundo, y alcanza a tocar los momentos de tu vida en los que no estás *realizando ninguna práctica espiritual en forma.* Si siempre estás "atendiendo tus asuntos", y crees que sabes quién eres y qué es lo que estás haciendo, es posible que te pierdas de muchos de los movimientos sutiles e inesperados de la gracia que todo el tiempo se te están ofreciendo. De esta forma cultivas un tipo de desconocimiento divino, ya que *no saber* puede ser un estado de apertura y viveza. Este *upāya* te invita a explorar la delicada y expansiva alegría de transitar en el filo de la incertidumbre divina.

El segundo aspecto de la práctica de *śāmbhava* es la enseñanza de *spanda* de "asir el primer momento de percepción", o bien "llevar la atención al surgimiento inicial de un estado de energía" (dos formas distintas de traducir *unmeṣa-daśā-niṣevaṇa*). En esta práctica te sintonizas con la voluntad de percibir la generación de cada nueva experiencia antes de involucrar a la mente analítica y clasificadora. Puedes aprender en un proceso de momento a momento, a través de una percepción no analítica del estado de tu energía, a sensibilizarte ante aquello que surja en el transcurso del día: humor, estados de ánimo, sentimientos. En lugar de saltar al pensamiento de "esto es hambre", "esto es tristeza", o "esto es contentamiento", te limitas a percibir el sutil cambio inicial para luego reposar en la sensación particular de esa vibración. Si tus interpretaciones de la experiencia son inmediatas a ésta, tal y como le ocurre a la mayoría de la gente, tal vez aún no estés listo para practicar este sutil *upāya.* No obstante, aquellos que han logrado ralentizar su mente lo suficiente (usualmente a través de la meditación) como para analizar las fases de cognición, tienen la posibilidad de asirse al incipiente inicio de una percepción y permanecer en el simple flujo de la percepción en sí misma antes de involucrar cualquier forma de comprensión mental. Abhinava escribe en *Luz sobre los tantras:*

> *Se dice que aquello que brilla y se comprende de forma directa en el primer momento de la percepción autoconsciente, el único terreno libre de construcciones de pensamiento diferenciadas, es el Impulso puro [para percibir la Consciencia de manera directa]. Como un objeto aparece ante alguien cuyos ojos se encuentran abiertos y sin la intervención de ninguna cognición determinada, la naturaleza de Śiva lo hace para algunos.*[102]

Tantrāloka *1.146–7*

Esta práctica resulta virtualmente imposible dentro del estilo de vida del americano promedio, bombardeado como lo está por toda clase de estímulos, donde el "ruido de fondo" resulta ser demasiado alto. Pero si has logrado crear espacio suficiente y silencio en tu vida como para poder percibir varias veces al día el sutil movimiento de energía que se da cada vez que surge un nuevo estado del cuerpo y la mente, tienes una oportunidad fantástica de entrar en una fácil armonía con aquello que es. Por supuesto que la cuestión aquí no es tratar de cambiar lo que sea que emane, puesto que este deseo nace después de que la mente ha etiquetado lo que surgió como malo o indeseable, y esta práctica consiste en llegar a una percepción libre de *vikalpas.*

Para ayudar a comprender el *śāmbhava-upāya* (aunque el único propósito de comprenderlo a nivel intelectual es, por supuesto, alistar a la mente para el proceso de su propia negación), debemos volver una vez más al *Vijñāna-bhairava-tantra*. Aunque en general *śāmbhava-upāya* no es algo que se pueda explicar, y por ello ha habido pocos intentos de hacerlo, esta escritura atípica incluye una serie de técnicas similares a las practicadas en la tradición Zen, que Kṣemarāja, el discípulo de Abhinava, catalogó como *śāmbhava-upāya.*[103] Estas técnicas suponen el acceso directo al espacio de consciencia pura sin ningún apoyo además de la percepción inmediata del individuo sobre un estado u objeto. Por ejemplo, en el verso 59 del *Vijñāna-bhairava,* uno se limita a permitir que la percepción se absorba en el espacio dentro de una jarra o vasija; en el verso 60, uno observa un vasto espacio abierto o una pared blanca; en el verso 84, uno observa el cielo y permite que la mente se vuelva similar a él; en el verso 89, uno se somete a la privación sensorial para percibir el vacío interno; en el verso 101, uno se enfoca con agudeza en el surgimiento de cualquier emoción intensa. Este texto no da ninguna instrucción: tan sólo percibe y déjate absorber, permite a la mente disolverse y la entrada a la consciencia de Śiva ocurrirá de forma espontánea.

Ahora bien, si crees que esto es fácil, quizá estés confundiendo el estado de Śiva con un estado de trance. Entrar en trance *no* es el propósito aquí, sino algo mucho más difícil de alcanzar para la mayoría de la gente: presencia clara y despierta, libre sin esfuerzo de toda construcción de pensamiento; por el contrario, las características del estado de trance son embotamiento, aletargamiento, y en ocasiones una luminosidad placentera, aunque difusa y sin esa claridad despierta y aguda. Incluso permanecer en el estado de Śiva al menos por unos instantes es un comienzo exitoso de la práctica de *śāmbhava-upāya.* Sin embargo, si requieres hacer un esfuerzo más allá del acto sutil de entregarte a esta presencia que fluye, entonces no estás en el nivel de *śāmbhava-upāya,* sino en el de *āṇava-upāya.* La sensación de *śāmbhava* es de entrega y apertura más que de enfoque. Por último, el practicante de *śāmbhava* debe realizar indagaciones contemplativas frecuentes para determinar si de verdad está accediendo al estado de *nir-vikalpa* durante las prácticas de meditación no conceptual,

Ver p. 336

o si en realidad está permaneciendo en un *vikalpa* sutil de meditación (está bien si esto no tiene sentido para ti ahora). Si te identificas más con el segundo caso, necesitarás trabajar más en los niveles de *śākta* y *āṇava*.

El tercer y último aspecto de la práctica de *śāmbhava*, que es muy importante dentro del Trika, es trabajar con los mantras en niveles no conceptuales. Los mantras no conceptuales son aquellos que no tienen un valor semántico ni un significado específico, pero se consideran vibraciones de la Divinidad (como OṂ, AIṂ, y HRĪṂ). En esta práctica, las unidades fonéticas sutiles (es decir, inaudibles) del mantra se experimentan de forma interna, tomando su naturaleza esencial como modos de consciencia de Śiva. El practicante accede de manera directa a estos modos de consciencia expandida, que expresan potencias fundamentales de la Divinidad a través de las sílabas en sánscrito que les dan forma. Si tomas esta práctica como una técnica (por ejemplo *mantra-uccāra*), estás realizando *āṇava-upāya*, y si la tomas como una contemplación, entonces estás haciendo *śākta-upāya*. Sin embargo, el *śāmbhava-upāya* puro tiene una forma propia de involucrarse en la práctica de mantras, y es por medio de una técnica poco comprendida a través de la que accedes a *icchā-śakti* enfocándote en un fonema determinado sin su componente vocálico, una letra impronunciable, como puede ser una "k" sin vocal, algo así como llevar el impulso de articular a su límite, como la sensación que tienes cuando estás a punto de decir algo, pero lo olvidaste —excepto que en lugar de esforzarte por recordarlo, te quedas en el borde de ese estado de "a punto de hacer"—.

Ver p. 336

Debido a que no hay una forma de explicar *śāmbhava* sólo a través de sus propios *términos*, ya que está más allá de la mente, Abhinava recurre a una presentación más bien arcaica de la doctrina de Trika de misticismo lingüístico en el capítulo del *Tantrāloka* dedicado a *śāmbhava-upāya* (#3), una estrategia que ha confundido a muchos de sus lectores modernos. Uno de los pocos eruditos en el mundo en haber logrado comprender este material en torno al misticismo lingüístico es Paul Muller-Ortega, académico, practicante y especialista en Abhinava Gupta.

Aquí ofrezco una muestra del trabajo de Paul, donde replica el método de Abhinava (y también aprovecha el lenguaje de la mecánica cuántica) para ofrecer una refinada contemplación *śākta-upāya* del proceso de *śāmbhava-upāya.*

> *Abhinava explica el proceso de* parāmarśa, *establecer cogniciones separadas que harán surgir al universo fenoménico de la experiencia diaria en términos de la coagulación o espesamiento de las realidades alrededor de patrones de interferencia configurados en el fundamentalmente inquebrantable e imperturbable Shiva. El orden vocálico de los fonemas representa el orden de poderes que emergen cuando dos masas o corrientes de consciencia colisionan. Es así que se generan perturbaciones en la perfecta sincronía de la consciencia indivisa y autorreferente, y ocurren patrones de interferencia. Estas perturbaciones son áreas trazadas de actividad vibratoria que resultan de la fusión de las śaktis. Podrían entenderse como los constituyentes de las matrices generadoras de los objetos finitos y pueden percibirse como zonas de acontecimientos aislados.*
>
> *Paul Muller-Ortega*

Leer el tercer capítulo del *Tantrāloka* (o sus anotaciones correspondientes en el *Tantrasāra*), que la mayoría de la gente encuentra extremadamente intelectual y difícil, ofrece un indicio de la sutileza de acceder al *śāmbhava-upāya* de misticismo lingüístico, que de hecho no es un tema de filosofía intelectual, sino una experiencia directa no conceptual de las energías puras de la consciencia de Śiva. Por lo tanto, sostengo que el postulado de Abhinava debe ser comprendido por medio de la intuición y la introspección meditativa, y no a través del intelecto.

Para resumir, *Śāmbhava-upāya* es la comprensión intuitiva inmediata de flujo total de la realidad tal como es, libre de construcciones de pensamiento, surgiendo plena y completa dentro de la percepción *(pūrṇa),* aun si es momentánea. Los conceptos clave para entender este *upāya* son: 1) *icchā,* el impulso precognitivo de la consciencia hacia la autopercepción dentro de una percepción determinada, previa a cualquier forma de lenguaje, con excepción del nivel 2) *paśyantī,* la fase visionaria del lenguaje, donde los fonemas vibran en su esencia pura como los componentes tanto del lenguaje como de la realidad manifiesta; 3) *abheda,* la unidad de percepción subjetiva, que abarca a todos los objetos de percepción, y 4) *pratyakṣa,* la percepción directa del terreno del Ser mientras éste se manifiesta a cada momento de la percepción, incluso en la percepción de la nada.

Ver p. 182

En el verso que resume el tercer capítulo de la *Esencia de los tantras,* Abhinava Gupta canta:

> *El Universo entero brilla aquí dentro del Ser, tal y como una compleja creación se refleja en un solo espejo. Sin embargo, la Consciencia despierta articula deliberadamente el Universo como una expresión de la dulzura nectárea de su propia autopercepción -ningún espejo puede hacer algo así.*[104] ||

Tantrasāra

Este verso sugiere que el enfoque que Abhinava le da al misticismo lingüístico en su discusión en torno al *śāmbhava-upāya* se debe al hecho de que para él la articulación es el resultado natural de la cualidad recursiva dentro de la Consciencia a través de la que ésta se percibe a sí misma. De hecho, él usa la misma palabra *—parāmarśa—* para "fonema" y "autoconsciencia". Los fonemas representan los componentes de la realidad, y es por esto que vemos al Universo entero como una variedad de expresiones de la amorosa autoconsciencia del Absoluto.

ŚĀKTA-UPĀYA
El medio empoderado

El enfoque del Medio Empoderado es el de deshacer las construcciones mentales que no estén alineadas con la realidad *(aśuddha-vikalpas),* y cultivar la sabiduría, es decir, formas de comprensión que estén alineadas con la realidad *(śuddha-vikalpas).* Justamente el proceso de cultivar la sabiduría es análogo a la práctica de *āsanas* en yoga, pues nos reta a estirar nuestro entendimiento al adoptar posturas que nos concientizan. Al adoptar este tipo de posturas, buscamos descubrir las alineaciones que nos dan mayor fuerza y estabilidad, y al mismo tiempo facilidad y soltura. Permitimos que estas posturas sustituyan nuestras viejas formas de sostenernos a nosotros mismos y a nuestro mundo, formas que no están alineadas, y por lo tanto son causa de enfermedad. Exploraremos a fondo este proceso que confiere un profundo empoderamiento.

En el *śākta-upāya* predomina el Poder del Conocimiento *(jñāna-śakti)*. Este *upāya* no requiere apoyos externos, sino que hace énfasis en el proceso de cognición sobre los objetos conocidos, por lo que resulta adecuado para aquellos que deseen trabajar de forma directa con el corazón y la mente. De acuerdo con la formulación que realizó Abhinava, *śākta-upāya* básicamente consiste en refinar, purificar, pulir y perfeccionar nuestras representaciones mentales de la realidad *(vikalpas)* hasta que éstas queden alineadas por completo con el orden divino, la verdadera naturaleza de las cosas. En términos más simples, reemplazamos nuestras narrativas "negativas" o desalineadas por "positivas" o alineadas. Cuando nuestras representaciones mentales quedan totalmente alineadas con la realidad, desaparecen porque dejamos de necesitarlas; podemos entonces experimentar la belleza de la realidad sin ninguna historia de por medio. Es así que *śākta-upāya* se convierte de forma natural en *śāmbhava-upāya*, que da paso a una comprensión intuitiva inmediata de la Realidad sin que intervenga la mente pensante.

Ver p. 119

Śākta-upāya consiste en purificar nuestra mente para reemplazar nuestras narrativas dealineadas por otras bien alineadas.

Este medio está relacionado con la Diosa *(Śakti)*, puesto que se enfoca en la energía *(śakti)* —la energía inherente a los pensamientos y las emociones, que está ligada a ambos de modo inextricable—. Ahora, una de las críticas más fascinantes que la filosofía india puede ofrecer en torno a las nociones comunes que se tienen en Occidente es que "mente" y "corazón" son dos nombres distintos para la misma cosa, y su única función es enfatizar diferentes aspectos de esa entidad. Esto es, la tradición india sostiene que el núcleo de la emoción y el núcleo del pensamiento son lo mismo, por lo tanto los pensamientos subconscientes a menudo se manifiestan como emociones, y las emociones subconscientes lo hacen en forma de pensamientos. Ver p. 104

Asimilar lo que esto implica puede tomar unos cuantos minutos (o años), ya que socava por completo la tendencia occidental de privilegiar los sentimientos sobre los pensamientos o viceversa. Hace un par de generaciones a la gente se le enseñaba a confiar en su razón por encima y en contra de sus imprevisibles e irracionales emociones. A las emociones se les consideraba una guía de acción poco confiable. Hoy en día, por el contrario, se nos dice que "escuchemos a nuestro corazón", lo cual en muchas ocasiones significa, por desgracia, "conéctate con tu programación más profunda". Se nos dice que "sigamos a nuestro corazón", y a menudo eso se toma como "haz lo que quieras y deja la razón de lado, sin importar cuáles sean las consecuencias". Si tomas como muestra de todo esto las entrevistas que se realizan en televisión, verás que al parecer ya nadie pide opiniones razonadas: "¿Cómo te sientes en cuanto a esto?" "Lo que yo en realidad siento es..." lo cual por lo regular no es más que una forma de dar una opinión irreflexiva, misma que la persona no tendrá que verse en la obligación de defender porque, después de todo, es sólo su *sentimiento.* Si realizo esta aguda crítica en torno a esta visión de las cosas es porque representa la tendencia actual, y por supuesto que el lado opuesto es igual de peligroso. Todos conocemos a alguien que es extremadamente racional e inteligente, pero que al no poder contactar con sus sentimientos humanos es capaz de realizar actos que pueden parecer inhumanos e insensibles.

En contraste, un *yogī* que busque tomar una decisión sabia se tomará el tiempo de consultar en todos los aspectos de su ser con cuidado y sobriedad: pensamientos, sentimientos, intuición, instinto, luego hará un balance de todo ello junto con los comentarios de su maestro o maestros, y sus amigos de más confianza. El *yogī* no privilegia ninguna fuente por encima de las demás, y al hacer esto de forma constante se acerca cada vez más a la des-integración.

Antecedentes de esta visión

Ver p. 104

Ahora indaguemos un poco más a fondo en lo que implica el hecho de que la lengua sánscrita no tenga dos términos diferenciados para "mente" y "corazón". Ambos términos se utilizan para traducir la palabra *citta* (desde luego, a la esencia o núcleo de nuestro ser en ocasiones también se le llama Corazón *[hṛdaya],* pero no en el sentido del corazón emocional que es ámbito de la psicología y de los enamorados). El sánscrito tampoco tiene términos distintos para "pensamiento" y "emoción", a ambos se les denomina *citta-vṛtti*s, "vibraciones del material de la mente" o "movimientos en el corazón". Si investigas un poco, te darás cuenta de que los antiguos sabios estaban en lo cierto, y que nuestra falta de reflexión nos hace visualizarnos como seres con dos centros separados, con uno de estos centros privilegiado por encima del otro. Las implicaciones que esto acarrea son cruciales en el camino del yoga.

Antes que nada, esto significa que los estados emocionales con frecuencia están ligados a un pensamiento subconsciente o a un patrón de pensamiento. Cuando salimos de nuestro estado natural para entrar en un estado contraído, casi siempre nos encontramos involucrados en un esquema de pensamiento de la realidad que genera un estado de ánimo en particular. Sentir aversión hacia ese estado de ánimo, o sentir aversión hacia tu propia persona por tener ese estado de ánimo –incluso si se trata la más oscura depresión, o de los celos más horrendos, o cualquier otra cosa— es perder el punto, ya que el estado de ánimo expresa nuestra inteligencia natural encarnada, y nos señala que es necesario realizar una autorreflexión. La naturaleza nunca actúa sin razón, y por consiguiente todas las formas de descontento son una invitación a la reflexión (por supuesto que esto no debe tomarse en el sentido de que "mereces" encontrarte en el terrible estado en el que estás, este tipo de pensamiento no es más que una forma sutil de odio hacia uno mismo. Tampoco quiere decir que "el Universo está tratando de mostrarme algo"; puesto que esto con frecuencia tiene más qué ver con el dios judeocristiano, o en otras palabras, con el juicio). Si en nuestra indagación somos brutalmente honestos y radicalmente sinceros con nosotros mismos, por lo regular nos daremos cuenta de que aquello que provocó nuestro "mal día" (semana o mes) haya sido un patrón de pensamiento negativo, que quizá apenas hayamos notado en su momento, pero que creímos e hilamos en una historia, o imagen en torno a la realidad, que no es cierta y nos quita poder. No hay nada que pueda drenar nuestra energía vital *(prāṇa-śakti)* más rápido y de forma más efectiva que una historia bien hilada *(vikalpa)* y que al mismo tiempo no está alineada con la realidad. El problema es que con frecuencia ni siquiera estamos conscientes de nuestras propias historias; para ser más específico, entre más encaje la historia con nuestra imagen generalizada de la realidad (nuestros *miedos* acerca de cómo la realidad "es en verdad"), menos capaces seremos de identificarla conscientemente. Debemos desentrañar estas historias a través de la autorreflexión. La mayor parte del tiempo estas historias, que nos arrebatan de nuestro estado natural, son variaciones de la historia primordial que nos aparta de la Presencia. Para poner un ejemplo, digamos que al inicio del día cometiste un pequeño error que le creó un problema a alguien. Esta persona se molesta, pero luego ve que el problema no es importante, y te disculpa. En lo que concierne a él o ella, el asunto está resuelto, y tú logras sentirte bien de momento, pero después tienes un día espantoso en el que nada parece salir bien, lo que te lleva a experimentar un estado de mal humor que puede ir desde moderado a severo, hasta que llegas a casa y tomas una cerveza o te pones a mirar televisión, con lo que mitigas tu estado actual en lugar de indagar en él. Lo que ha sucedido es simple pero quizá no sea obvio: el incidente que sucedió al inicio del día reavivó la persistente historia subconsciente de que "no eres lo suficientemente bueno", "que siempre echas todo a perder", o cualquier otra cosa. Dado que tu creencia en este *vikalpa* es lo bastante profunda, bastará con darle un poco de energía para que empiece a hacer ebullición bajo el umbral de tu consciencia, moldeando tu experiencia de la realidad a lo largo del día. Una vez que este pensamiento cínico o negativo se ha activado, encontrarás más y más evidencia que lo confirme, puesto que ahora estás viendo la realidad desde esa perspectiva. Todo esto mantiene al *vikalpa* cocinándose, y por ende tu día parece ir mal (lo cual en realidad no es otra cosa que una indicación de que algo que está *dentro* se está proyectando hacia afuera). Con frecuencia sentimos la necesidad de contrarrestar esta historia negativa y bullente, y sofocarla de manera temporal, a través, por ejemplo, del elogio masivo de nuestros amigos de Facebook. No obstante, mientras no terminemos de digerir y disolver ese *vikalpa*, siempre habrá algo que lo vuelva a encender una y otra vez, ¿te suena esto familiar? Es la naturaleza del estofado cíclico al que conocemos como *saṃsāra*, que con frecuencia llamamos océano del *saṃsāra*, lo que significa que es un estofado muy grande.

Después de trabajar mucho en el ámbito del *śākta-upāya* (que describiré más adelante), pensé que me encontraba en mayor medida libre de *vikalpas*, esas historias en torno a la realidad que nos apartan de la Presencia natural y fluyente, y sin embargo, aún tenía días malos. Cuando uno realmente está libre de *vikalpas*, jamás vuelve a experimentar un "mal día"; momentos dolorosos, seguro, tal vez un gran número de ellos en consecución, pero un día entero (o semana o mes) sólo puede ser "malo" con la ayuda de las historias. A sabiendas de esto, lo que me quedaba era reflexionar, y al hacerlo me di cuenta de que aún prevalecía en mí una sutil historia: si pasaba por una buena racha, donde todo iba bien y las cosas parecían sencillamente embonar en su lugar, se detonaba el *vikalpa* de "estoy bendecido y favorecido de forma especial, todo se está acomodando, mi vida continúa mejorando". Puedes preguntarte qué hay de malo en esto, y el problema aquí es que un *vikalpa* sólo puede existir en estrecha relación con su opuesto, y siempre que quedemos atrapados en un par de opuestos, cualquiera que éste sea, nos moveremos en medio de dos polos y nunca podremos permanecer sólo de un lado. Como resultado, bastaba con que unas cuantas cosas no sucedieran como yo esperaba, sobre todo en el transcurso de la mañana, para que se detonara el *vikalpa* opuesto: "Nada está saliendo bien, mi vida no está yendo hacia ningún lado, las cosas no se están acomodando", y entonces me deprimía, *a pesar de no estar consciente de la historia.* Aunque ahora puedo hacer esta afirmación con claridad, en aquella época era muy sutil. Yo no sabía en realidad por qué estaba deprimido hasta que realicé un tipo de auto indagación capaz atravesar la realidad, junto con una dosis de honestidad radical —el tipo de honestidad que surge sólo cuando logro deshacerme de cualquier sentido de vergüenza por el hecho de pensar cosas tan absurdas como las que estaba pensando—.

Lo anterior ilustra la razón por la que debemos en algún momento liberarnos de todos nuestros *vikalpas*, y es que cuando descubrimos que tener como punto de referencia base de nuestra existencia la experiencia sin palabras de "estar bendecido" es *muy* diferente a sólo tener el *vikalpa*; un estado del ser no necesita darle pie a su opuesto, pues no es una construcción, sino que se ha vuelto realidad.

Un malentendido común, y que debe ser corregido aquí mismo, es que experimentar una emoción "negativa" es evidencia de que hay algo que está "mal" o bien que no estás alineado con la realidad, aunque con frecuencia *es* cierto que mantener una visión de las cosas que no está alineada hará que surjan estados de ánimo o humores que nos parezcan (o a otras personas) desagradables. Si esto lo articulamos con la estructura de la oración anterior, estamos en peligro de caer en un paradigma de pecado y culpa disfrazado. Un *tāntrika* se esfuerza por entender cada estado mental, humor o sentimiento, como un regalo de la Diosa; el *tāntrika* tiene dos formas de aprender sobre su propia naturaleza verdadera: desde los estados de expansión y desde los estados de contracción. Es una visión absolutamente falsa pensar que un modo es mejor que el otro, o bien medir tu valor como ser humano, o tus capacidades como *yogī*, con base en cuánto tiempo pasas en estados expandidos y cuánto en estados contraídos. La verdadera expansión de tu naturaleza divina en toda su plenitud comienza cuando renuncias de forma radical a todos estos juicios dualistas. Este tipo de expansión necesita muy poco o ningún esfuerzo para mantenerse, pues significa la entrada a tu propia naturaleza verdadera, mientras que el estado de expansión dualista sí requiere de un esfuerzo para sostenerlo, ya que cuando estamos en él todavía nos encontramos atrapados en los pares de opuestos, y cada polo tarde o temprano le dará paso a su opuesto. Es la ley natural.

Todos los estados de la mente, todas las emociones o estados de ánimo, son vibraciones de la *śakti*, manifestaciones del único poder/Diosa; esto significa que el *tāntrika* experimenta enojo, miedo o deseo, reconoce que es una vibración de la energía, y que toda la energía es una manifestación de la Diosa, y como resultado se inclina ante su propia emoción (cualquiera que ésta sea) con sentida gratitud, diciendo: "Oh, Diosa, gracias por manifestarte en esta forma, ¿qué lección tienes que enseñarme?" Observa cuan diferente es esta postura de la autocensura causada por la ansiedad del llamado *yogī* que cree que ha caído de la gracia o que ha perdido su contacto con Dios por el simple hecho de experimentar una emoción "negativa". Alguien así no aprenderá lo que aquella emoción tenga para enseñarle si su único objetivo es volver a sentirse bien lo antes posible, y volverá a experimentar la misma emoción una y otra vez, puesto que no ha logrado abrirse y mirarla como una maestra y por ende, tampoco ha conseguido integrar su energía. Hay una cantidad de energía tan grande contenida en las emociones "negativas" que no podemos sacar provecho de nosotros mismos sin esa sencilla aceptación. Cuando nos elevamos por encima de la autocondena y nos aceptamos, y aceptamos lo que estamos sintiendo, esa energía revela de forma natural su cualidad benéfica al mostrarnos una experiencia más profunda de nuestra auténtica naturaleza. Permitámonos abandonar todo este concepto de "emociones negativas", que por lo regular quiere decir "emociones que no deberíamos tener", pues en este camino no existe tal cosa; practicar en el nivel de *śākta-upāya* significa olvidarse para siempre de la noción de que un estado mental es "mejor" que otro, y que "deberías" sentirte de esta forma o de aquella, sencillamente aceptamos lo que es y trabajamos con lo que venga y hacemos nuestra *sādhanā* con base en la realidad. Los *tāntrikas no deben temerle al miedo o a los sentimientos intensos de ningún tipo o pensar que son ajenos a Dios, ya que al hacerlo se separan de una gran fuente de energía.* Los *tāntrikas* son a veces llamados *vīras*, "héroes" o "adeptos", porque se requiere de un valor heroico para mirar nuestro dolor con claridad, y en lugar de rechazarlo y decir "eso no soy yo", abrazar su poder. Todas las emociones son energía, y toda la energía (*śakti*) tiene la facultad de empoderarnos.

Todas la emociones con energía, y toda la energía es un poder de transformación.

También debemos prestar atención a la otra cara del paradigma del que ya hemos hablado: con frecuencia ese tipo de pensamientos están ligados a emociones ocultas. Yo me formé como académico, y en el mundo de la academia se nos enseña que hay que ser "objetivos", así que tanto los académicos como otros intelectuales tienden a expresar sus intereses intelectuales como si tales intereses existieran en un vacío, divorciados de sus sentimientos y su humanidad. Sin embargo, nada existe en un vacío, y una vez que llegas a conocer a un académico (en particular en mi campo de estudios religiosos y culturales), descubres que sus proyectos intelectuales específicos de hecho están íntimamente ligados a su historia de vida, su psicología y su trasfondo emocional. Al no reconocer estas fuerzas que tienen un impacto en el punto de vista que defendemos, perdemos la transparencia y eso nos hacer volvemos menos objetivos. Esta hipocresía o pretensión que existe en el mundo académico ha sido dolorosa para mí como un académico y practicante quien hasta ahora ha estado "en el clóset". Este libro, que busca integrar mi formación académica con mi vida espiritual, es en parte mi manera personal de "clamar en el desierto" contra la compartimentación de mi humanidad que exige la cultura de la academia moderna.

Si eres una persona "cerebral", quien no contacta totalmente con sus sentimientos, tienes en tus manos una herramienta ahora que ya entiendes el vínculo entre pensamientos y emociones del que hemos estado hablando. Observa con qué opiniones y puntos de vista te identificas más, aunque en apariencia seas imparcial, y rastréalos hasta ese lugar dentro de tu ser en donde existen en forma de emoción pura. Por ejemplo, puedes tener una opinión sólida acerca de lo que para ti constituye "la justicia" o "la equidad". Puedo apostarte a que si buscas esas visiones abstractas en tus emociones, bien podrías descubrir que guardas enojo reprimido por aquellas veces en que *tú* te has sentido agraviado. Te invito a que realices esta búsqueda y liberes su poder.[105]

Cuando hagas esto, no estarás moviéndote de un centro al otro (por ejemplo, de la "mente" intelectual al "corazón" emocional) sino descubriendo los hilos ocultos de las estructuras energéticas, que son mucho más grandes de lo que habías creído. Una vez más, los pensamientos y los sentimientos existen como un continuo, en el que el extremo del "pensamiento" se define por su charlatanería, su racionalización y la parcial supresión de la carga completa del *bhāva* ("sentimiento, estado del corazón-mente") en cuestión, y el extremo del "sentimiento" se define por su ausencia de palabras y por la aparición de la carga completa de energía en este *bhāva.* Cuando descubrimos el componente de sentimiento en un pensamiento, o el pensamiento oculto en un sentimiento, nos volvemos plenamente conscientes de la totalidad de la estructura energética condensada, lo que nos ayuda a revelar tanto su verdadera naturaleza como sus efectos en nuestra realidad.

ŚĀKTA-UPĀYA EN PRÁCTICA

Una vez que nos hemos orientado en este sentido, investiguemos el método de *śākta-upāya* que el maestro tántriko Abhinava Gupta nos ofrece en el cuarto capítulo de sus obras *Tantrāloka* y *Tantrasāra.* Como lo indiqué antes, él hace una distinción entre *śuddha-vikalpa,* las construcciones de pensamiento (o "historias") que están alineadas con la naturaleza de la realidad, y *aśuddha-vikalpa,* aquellas construcciones que no están alineadas. De hecho, ningún *vikalpa* puede expresar la realidad de forma directa (es decir, nada que pueda articularse con palabras es completa ni permanentemente cierto), lo que nos libera de entrar en debates innecesarios en torno a cuáles proposiciones son "ciertas" y cuáles son "falsas", y al mismo tiempo nos permite enfocarnos en aquellas que "logran" producir una experiencia directa de la realidad y aquellas que no; ésta es, entonces, la diferencia entre los dos tipos de *vikalpas:* los que no están alineados generan una serie interminable de construcciones de pensamiento que derivan en un ciclo estéril, como el de una serpiente que se muerde su propia cola, mientras que los que sí están alineados te llevan de modo natural a la experiencia directa, sin palabras ni historias, de la realidad (donde después se disuelven), totalmente abierta, nítidamente real y absolutamente libre. ¿Alguna vez has caído en una discusión con un ser amado, de esas que sólo dan vueltas y vueltas, hasta que ambos se cansan y al final se perdonan el uno al otro, sin llegar a ninguna conclusión ni alcanzar un verdadero entendimiento? Cuando, ya sea por mera suerte, a través del discernimiento o gracias a la ayuda de tu maestro, logras arrojar luz sobre un *śuddha-vikalpa,* este te conduce a un lugar de profundo contacto con la experiencia de la realidad tal cual es. Expresar esta verdad te conduce a un momento en el que el corazón comienza a suavizarse y a fundirse, cuando tus ojos se llenan de lágrimas, cuando te conectas a nivel profundo con otra persona en una conversación, sin importar quién haya articulado la verdad.

El rasgo que caracteriza a los *vikalpas* comunes y corrientes es aquel de crear divisiones mentales artificiales dentro de la totalidad de la única Consciencia, que se manifiesta como el ser y también como el mundo. Por el contrario, los *vikalpas* purificados y refinados, que tienen un alto grado de destilación, han sido cuidadosamente contemplados, son lúcidos, precisos y al ajustarse a la verdadera naturaleza de la realidad nos ayudan a llegar a una realización liberadora de esa realidad en toda su plenitud. Estos *vikalpas* poseen la particularidad de mostrarnos, más allá de sí mismos, la experiencia de la realidad en bruto, sin intermediaciones ni conceptualizaciones (*aśuddha-vikalpa* -> *śuddha-vikalpa* -> *nirvikalpa*[106]) ¿Cómo es que esto sucede?

Los *vikalpas* son, en mayor medida, algo parecido a los programas que descargas de internet y que afectan la forma en que opera tu computadora. Descargamos programas que provienen de nuestros padres, maestros, la televisión y demás, y lo hacemos incluso desde antes de ser capaces de comprender el lenguaje; somos conscientes de algunos de ellos, pero otros logran descargarse solos y sin que nos demos cuenta. Todos estos programas quedan instalados en el “disco duro” de nuestro cerebro, y algunos tienen incluso la capacidad de reescribir el código de nuestro sistema operativo. Si descargamos e instalamos un “virus”, este puede tomar el control por completo y formar una visión limitada que puede hacer que parezca imposible escapar de él. Comenzamos a trabajar con *śākta-upāya* en el momento en que nos damos cuenta de que la forma en que vemos y experimentamos la realidad está en gran parte (y en algunos casos totalmente) dictada por la red de programas que se han instalado en nosotros, y que no obstante hay formas muy distintas de experimentar la realidad que no estarán a nuestro alcance hasta que realicemos una reprogramación. De hecho, al estudiar e internalizar la filosofía espiritual nos estamos haciendo un “lavado de cerebro” en el sentido literal de la palabra, es decir, nos estamos limpiando de aquellos programas que no están alineados con la Realidad máxima. Este proceso es una expresión de *svātantriya-śakti,* el poder de la autonom*ía, ya que ahora estás dirigiendo conscientemente* lo que se escribe en tu *código, en lugar de instala*r de forma automática cualquier cosa que se te presente, como lo hacías cuando eras niño. Ahora te estás reprogramando con la verdad, puesto que sabes que su resultado será la libertad, la conexión, la respuesta adecuada ante tu situación, y la autodeterminación. Algunas veces, sin embargo, podemos llegar a enfrentarnos con severas resistencias durante el proceso de desafiar todo aquello que conocíamos, mientras los viejos programas se reafirman a sí mismos con violencia. Es posible que pases por la fase de ver a tu maestro como un mojigato, presumido y manipulador; a las enseñanzas como basura y a tu comunidad espiritual como un montón de farsantes; es natural que estos episodios de disonancia cognitiva aparezcan durante el proceso. Cuando te conectas con tu Núcleo, sabes que estás en el lugar correcto, llevando a cabo el trabajo necesario, y de esa forma puedes sobrellevar ese tipo de etapas.

Explicar las cosas de esta forma puede dar pie a una objeción, sobre todo en aquellas mentes familiarizadas en alguna medida con el pensamiento postmoderno: ¿Cómo podemos saber que este nuevo programa, al que llamamos "verdad", trae consigo una relación con la realidad más íntima y fidedigna que el viejo programa?, ¿no nos hemos acaso limitado a reemplazar un programa que nos hacía sentir miserables con otro que nos hacer ser más felices en la vida? Esto por sí mismo difícilmente constituye una garantía de estar más alineado con la naturaleza de la realidad, y si presentamos como contraargumento que estos *śuddha-vikalpas* nos llevan más allá de las palabras y se disuelven en una experiencia silenciosa, el objetante puede replicar que tal cosa puede ser cierta para cualquier *vikalpa* que se haya enraizado con suficiente profundidad, es decir que cualquier programa instalado en la "memoria raíz" (el nivel de *paśyantī*) moldea nuestra experiencia de la realidad en formas que son fundamentales y están fuera de nuestra percepción consciente. En respuesta a esa objeción, podemos decir en primer lugar que incluso en el caso de que fuera correcta, habría alternativas peores que la de imponer, sobre este caos amorfo y sin sentido que llamamos realidad, una visión que nos hace dichosos y nos llena de amor por todas las criaturas vivientes. Desde esta perspectiva, no hace falta que nos molestemos en refutar ninguna objeción; no obstante, Abhinava lo hace desde su compasión hacia el alma del objetante, identificada con el intelecto y el sufrimiento.

Abhinava argumenta que la experiencia de la realidad arraigada en las construcciones mentales diferenciadas puede socavarse, desestabilizarse, y eventualmente eliminarse a través del cultivo de formas de pensamiento purificadas, refinadas y alineadas, pero no a la inversa; esto significa que ninguna construcción de pensamiento dualista es capaz de socavar o desestabilizar la verdadera experiencia del mundo, posible a través de la práctica espiritual integrada en cuerpo, mente y espíritu, y fortalecida por vía de la correcta Visión. La razón de esto es que la experiencia de la Realidad tal y como es no está supeditada a las construcciones de pensamiento; de hecho, ninguna construcción de pensamiento puede contribuir a manifestarla o socavarla en forma alguna. Aquí el Ver p. 186

objetante responde: "¿Qué?, creí que habías dicho que estas formas de pensamiento purificado pueden ayudar a que se manifieste". Abhinava responde que los *śuddha-vikalpas* sirven para destruir a los *aśuddha-vikalpas*, los cuales constituyen el sustrato de la falsa experiencia que hace ver la dualidad como aquello que es fundamentalmente real. Cuando éstos son destruidos, las formas de pensamiento purificado, una vez cumplido su trabajo, se disuelven de manera natural, y es entonces cuando sin más podemos ver las cosas como son en verdad. Esta visión genuina ya no puede ser suplantada, y sin las imposiciones de la mente programada podremos ver siempre aquello que está justo frente a nuestros ojos, porque la Realidad se manifiesta a sí misma eternamente y no necesita hacerlo a través de ningún *vikalpa*. La fuente de toda la luz no necesita ser iluminada porque ya es luminosa por sí misma.

Esta enseñanza constituye una gran prueba para determinar si estás experimentando la Realidad o sólo una construcción mental de ella (puesto que si la construcción es lo bastante refinada, puede resultar *muy* difícil discernir su presencia). Si la opinión, los argumentos o las palabras de otras personas pueden de alguna forma apartarte de tu sentido de poder o integridad en cuanto a tu experiencia espiritual, aunque sea sólo un poco, entonces tu llamada "experiencia" es o se ha convertido en un *vikalpa*, y (todavía) no se ha enraizado por completo en la Realidad (y no hay que decir que esto no tenga sus beneficios). Ésta es la razón por la cual los gurúes sabios en un determinado momento enviarán a sus estudiantes de vuelta a sus hogares o les pedirán que consigan un empleo. Vivir dentro de la burbuja de la comunidad espiritual, o alrededor de personas que en mayor o menor medida están de acuerdo con tus valores, puede hacerte pensar que has alcanzado un nivel elevado. En cambio, cuando te rodees de gente que piense que eres un fenómeno o un tipo raro por practicar este camino, y que menos aún comparta tus principios, podrás ver cuáles han sido tus logros reales y te darás cuenta de tu verdadera situación. Como dicen mis maestros, cuando la teoría se pone a prueba te das cuenta de lo que realmente tienes. Una vez que te hayas conectado con esa hu-

¿Estás experimentando la Realidad o un constructo mental mental de ella?

mildad, quizá tengas que comenzar de nuevo, pero ahora el comienzo será verdadero. Ya has visto que vivir en un *vikalpa* (construcción mental) de la vida espiritual no es el objetivo. El objetivo es experimentar la realidad de manera directa, sin mediaciones de los *vikalpas.* Con una visión clara puedes obtener resultados reales en tu práctica.

Es difícil imaginar la experiencia de la percepción de *nirvikalpa,* la visión clara sin la mediación de las construcciones mentales, hasta que ya la has tenido. Para los intelectuales posmodernos, de quienes ya he hablado, esto resulta en extremo difícil, tan difícil que ni siquiera pueden creer que algo así sea posible. Basta con decir, sin embargo, que quienes han experimentado la percepción de *nirvikalpa* jamás dudarán que es real, ya que es una *experiencia enteramente distinta* a la que puede proporcionar cualquier forma que esté bajo la mediación de los *vikalpas.* Para comenzar a aproximarnos con palabras, la experiencia es luminosa y clara, nítida y vívida, totalmente presente y conectada, inefablemente hermosa, *real* más allá de las palabras; es capaz de implosionar en la consciencia en un instante, con suavidad o violencia, y sin esfuerzo alguno arrasar con todo aquello que la mente pueda pensar. Te sientes tan vulnerable y en carne viva, como si a tu alma la hubieran desnudado, y al mismo tiempo fuerte e invencible, y todas estas palabras vendrán después, cuando trates de explicarlo, pero no pongas demasiado empeño en ello para no objetivar la experiencia, pues si se convierte en otro *vikalpa,* ya no podrás acceder a su poder, y pasará a ser otro recuerdo apropiado por tu ego.

Vayamos ahora a las palabras exactas del maestro. Abhinava escribe:

Cuando una persona elige purificar y refinar de manera gradual sus construcciones mentales de la realidad como medio para lograr la realización experiencial de la verdadera naturaleza de las cosas, entonces emplea un proceso de contemplación [bhāvanā] *que presupone un sólido razonamiento* [sat-tarka], *escrituras verdaderas* [sad-āgama], *y la instrucción de un verdadero gurú* [sad-guru].

Tantrasāra: *cap. 4*

Ver p. 104

Para lograr una total estabilidad en este proceso, necesitamos un triple soporte, que consta de *sat-tarka, sad-āgama,* y *sad-guru.* Las escrituras (que por supuesto son *śuddha-vikalpas*) requieren que un verdadero maestro las explique (cuyas palabras también sean *śuddha-vikalpas*), y además apoye y potencie el desarrollo de nuestros propios *śuddha-vikalpas,* los cuales proporcionarán solidez a nuestro propio discernimiento. Las "verdaderas escrituras" son aquellas que han ayudado a que seres alcancen con éxito la liberación final y que los linajes han transmitido de generación en generación. Un "verdadero maestro" es alguien que se ha basado en la experiencia para contemplar su propio entendimiento, y cuyas palabras son dichas en beneficio de todos los seres (aceptando el beneficio personal como mero efecto colateral). Un *sadguru,* por lo tanto, no es un maestro que se limite a proveer información, *sino alguien que transmite el poder del entendimiento experiencial. Cuando un maestro habla acerca de una verdad que haya experimentado a plenitud, y lo hace con claridad y una convicción proveniente del corazón, en ese momento él o ella se transforma en un sadguru* (sin embargo, para ser un gurú "de tiempo completo" es necesario que tu propio gurú te autorice y dé el poder para desempeñar este papel). Abhinava continúa:

Tantrasāra: *cap. 4*

> *El solo poder de las construcciones mentales diferenciadas hace que los seres sintientes imaginen que están atados, y esta concepción tan egoica es la causa que nos ata al repetitivo ciclo de sufrimiento mundano. Entonces, cuando surge una construcción mental opuesta a esta concepción y logra establecerse, destruye esa construcción mental que origina el saṃsāra, y contribuye [de forma indirecta] a la salvación.*

Tantrāloka: *cap. 15*

> *Así como el hombre que piensa con intensidad que es un pecador en eso se convierte, quien se piensa a sí mismo como Śiva, y como nadie más que Él, se transforma en Śiva. Esta certeza, que penetra y se afirma en nuestros pensamientos, coincide con una percepción*

libre de construcciones de pensamiento, engendradas por una serie de representaciones mentales diferenciadas [refinadas o purificadas], del objeto que constituye nuestra identidad con Śiva.[107]

Abhinava continúa y presenta un ejemplo de una forma de pensamiento purificado, que si se cultiva e internaliza profundamente, tiene el poder de destruir los *vikalpas* dualistas. Al leer estas palabras, observa que *viśva,* que aquí se traduce como "el Universo", también significa "todas las cosas".

Tantrasāra: *cap. 4*

Esa Consciencia pura e ilimitada —que trasciende todos los principios de la realidad que están limitados por la naturaleza, desde la Tierra hasta Śiva —es por sí sola la realidad suprema, el terreno para que todas las cosas se establezcan; es la esencia vital [ojas] del Universo, el medio por el cual el Universo vive y respira, y yo no soy otra cosa que Eso. Por lo tanto, soy la encarnación del Universo y al mismo tiempo trasciendo al Universo.[108]

Ahora, si leemos este pasaje con el único propósito de sentirnos bien con nosotros mismos, es decir, como una "afirmación", nos estaremos privando del poder de la práctica de *vikalpa-saṃskāra.* En lugar de ello, si queremos trabajar de esta forma con este o cualquier otro pasaje, debemos seguir los siguientes pasos, que constituyen el *bhāvanā-krama* o las etapas de contemplación. Este proceso puede ocurrir en un día o en el transcurso de muchos días.

Etapas de la contemplación

1. Asegúrate de que el pasaje resuene en ti; en caso contrario, "masajea" el texto hasta que esto ocurra, o encuentra otro pasaje con el que sí te conectes.
2. Consulta cualquier palabra que no conozcas bien, y familiarízate con el significado del pasaje en el nivel de *vaikharī,* o el nivel

literal de las palabras. De acuerdo con la tradición, en esta etapa te aprenderías de memoria el pasaje.

3. Pondera el significado del pasaje a un nivel más profundo, y permite que tu mente recorra otras ideas asociadas. Pregúntate cómo percibirías tu entorno si pudieras sentir plenamente la verdad dentro de esa afirmación; imagina cómo sería vivir en el mundo si pudieras experimentar por completo su significado (éste es el nivel de *madhyamā).*

Ver p. 184

4. Cuando llegues al punto en que comiences a sentirte un tanto aburrido con tu pasaje, y creas que ya lo entiendes a detalle, siéntate a meditar en él (o en un fragmento, como la oración final del pasaje de arriba). Deja que se convierta en un mantra, invoca al poder de la gracia y pide por llegar a un entendimiento más profundo que el que puedes obtener a través del intelecto, luego, permite que surja cualquier cosa que tenga que surgir. Si la meditación se estanca, pregúntale a la sabiduría más profunda si existe algo más, siéntate y espera en silencio (éste es el nivel de *paśyantī).*
5. Durante algunos días, vete a la cama con el pasaje, despierta con el pasaje, revisítalo varias veces a lo largo del día. En tus momentos de autorreflexión, examina cualquier resistencia que puedas tener hacia recibir esta sabiduría en el nivel más profundo de tu ser e investiga las posibles causas.
6. Después, suéltalo, pero observa cómo la sabiduría que has internalizado se manifiesta en la experiencia de la vida cotidiana.

Podría añadir más etapas, pero en este punto el proceso se vuelve altamente orgánico e individual. Puedes iniciar el proceso de nuevo con otro pasaje. Si esta práctica, a la que algunas veces se le denomina "meditación introspectiva", se realiza como debe ser, tiene como resultado la asimilación total de la enseñanza al nivel más profundo, y sabes que esto ha ocurrido porque puedes explicarla de forma clara y usando un lenguaje muy diferente de aquel con el que la aprendiste (por ejemplo, cuando la compartes con un amigo o familiar que no tenga una práctica espiritual como la tuya y desconozca su jerga). Como decía uno de mis maestros: "Si no puedes enseñarla, es que no la sabes en realidad". Si has asimilado una enseñanza a profundidad, podrás reconocer su "energía característica" y por consiguiente serás capaz de identificar esa misma enseñanza cuando la veas en otras tradiciones religiosas que la expresen en un lenguaje distinto. De todo lo anterior, lo más significativo es el hecho de que una enseñanza asimilada es una realidad viva, no es necesario que recuerdes la enseñanza mentalmente, puesto que es un poder pulsante dentro de ti, un poder de gracia que tiene la capacidad de abrirte a experimentar la divinidad en cualquier momento. Es una aliada, como un mantra o una deidad.

Una vez que hayas realizado varias veces el proceso con distintas enseñanzas de este libro, trata de redactar tu propio *śuddha-vikalpa.* Abhinava Gupta nos enseña a reemplazar un *vikalpa* impuro (falso) por su opuesto. Una vez más, un *vikalpa* impuro es aquel que, cuando creemos en él, nos separa de la esencia de nuestra naturaleza. Para involucrarte en el proceso de remover estos *vikalpas* de la forma en que Abhinava lo recomienda, primero debes identificar uno de los mensajes negativos o "cintas" que tiendes a reproducir cuando has hecho algo "malo" o "equivocado". Por ejemplo, cuando creía que había arruinado algo, solía castigarme diciéndome (y creyendo) "¡Soy tan estúpido!" Después, uno de mis maestros me dijo, "Ésa es una buena manera de garantizar que repetirás ese comportamiento". Yo me pregunté, "¿Cómo? ¿Por qué?" Creía que si me hacía sentir a mí mismo lo bastante mal, me aseguraría de no volver a cometer el mismo error. En retrospectiva, esto era claramente la internalización de la técnica parental de castigo (que por cierto es por completo inefectiva: prueba de ello es que toda la gente la utiliza, y mira el mundo que tenemos). Mi maestro decía: "Si te convences a ti mismo de que eres estúpido, la consecuencia obvia será que sigas haciendo todo lo que hace la gente 'estúpida'. Recuerda que la prioridad del ego es mantener su autoimagen, y prefiere estar en lo correcto que estar contento, así que si sigues repitiendo la conducta 'estúpida', el ego se sentirá satisfecho" (por supuesto que la enseñanza de renunciar al juicio personal no debe construirse en torno a la idea de que podemos abandonar el discernimiento de lo que constituye una acción hábil en comparación con una acción inhábil).

Todos tenemos creencias acerca de nosotros mismos que a nuestros seres queridos les parecen absurdas, y a pesar de eso nos aferramos a ellas porque pensamos que tenemos amplia evidencia que las confirma. Sin embargo, nuestro pensamiento es erróneo, pues creer en nuestra autoimagen es la razón por la que vemos el mundo en formas que confirman nuestra visión. Cuando nos planteamos la pregunta "¿Prefiero ser feliz o estar en lo correcto?" damos un salto de fe. Si esperamos a tener suficiente "evidencia" para cambiar la manera en que nos vemos a nosotros mismos, nos quedaremos esperando para siempre, y en ese lapso envejeceremos y nos petrificaremos en nuestra visión. Ahora identifica alguno de esos mensajes negativos que te repites a ti mismo, y como lo sugiere Abhinava, elabora un antídoto para ese mensaje. Si mi mensaje es, por ejemplo, "soy tan estúpido", podría pensar que el antídoto es "¡de hecho soy muy listo!" Por desgracia, una réplica tan endeble como esta no logrará desplazar un pensamiento impuro que se ha enraizado a nivel profundo y te ha atormentado por años. Abhinava enseña que la nueva forma de pensamiento purificado debe 1) ser muy poderosa y 2) concluir en la Realidad máxima. La única forma de hacer que esto suceda es llevar todo hasta el nivel de Dios, entonces, en lugar de decir "de hecho soy muy listo", podría formularlo como "la inteligencia divina que creó el Universo entero mora dentro de mí y bajo la forma de mi propio ser, y al contactar con ella puedo comprender cualquier cosa que realmente necesite saber en esta vida"; esta oración contiene el poder con el que podré trabajar, y es un *vikalpa* capaz de *llevarme más allá de sí mismo,* que si bien recuerdas es una de las definiciones de un *śuddha-vikalpa.*

Si logras encontrar un verdadero antídoto que contrarreste los mensajes negativos que te envías a ti mismo, lo sabrás porque quizá te parezca incómodo repetirlo. Puede ser que te sientas tonto al decirlo, o que comiences a llorar. Mientras trabajaba con esta técnica, una estudiante mía identificó el mensaje negativo de "soy una mala madre"; cuando elaboró el débil antídoto de "soy una buena madre", la desafié a enraizar su *śuddha-vikalpa* en Dios, entonces ella formuló: "soy una manifestación de la Madre Divina", y estalló en llanto; luego dijo, "pero yo no lo creo". Nos dimos cuenta de que la afirmación debía ser auténtica para ella, así que reformulamos la oración a "soy una manifestación de la Madre Divina *en proceso de reconocer y encarnar mi verdadera naturaleza*". Puedes intentar con algo similar, que te desafíe y al mismo tiempo te resuene como cierto, para después enfrentar el reto máximo: mirarte a los ojos frente al espejo y repetir tu *śuddha-vikalpa,* sin importar cuán tonto puedas sentirte, hasta que superes el punto de sentirte un tonto. Lo que puede ocurrir después quizá te sorprenda (si el espejo no te funciona, puedes pedirle a un ser querido que haga las veces de tu "espejo").

Al final del cuarto capítulo de *Esencia de los tantras,* Abhinava ofrece una serie de incisivos versos en torno a la práctica que he descrito, y que reproduzco a continuación. Puede que te parezca que el entendimiento de la psicología humana que demuestra esta práctica es asombrosamente moderno, tomando en cuenta que fue concebida hace mil años, en un contexto cultural tan diferente como el de la Cachemira medieval. Quizá podamos tomar esto como evidencia de que la consciencia plenamente despierta e integrada de *mahāsiddha* en verdad trasciende sus propios confines culturales, aunque siga expresándose a sí misma en el lenguaje de esa cultura en particular. Abhinava escribe:

Tantrasāra: *cap. 4*

Un alma atada tiene convicciones tales como "soy sólo material inerte, estoy atado a mi karma por completo, soy impuro, soy una víctima". Cuando esta alma logra arraigar una firme convicción en visiones opuestas a éstas, de inmediato se convierte en el Señor, cuyo cuerpo es el Universo entero y cuya alma es la Consciencia.

> *Un yogī superior debe cultivar esta convicción en todo momento, sin importar cómo haya llegado a ella, y no debe permitir que surjan dudas causadas por la masa de enseñanzas tontas que existen en el mundo, es decir, cualquier punto de vista que no esté cimentado en la naturaleza real de las cosas.*

Después añade dos hermosos y poéticos versos, que no están escritos en sánscrito sino en la lengua prākṛt, que se acercaba mucho más a la lengua que hablaba el común de la gente:

> *"Soy un asqueroso pecador", "soy una criatura atada", "estoy separado de todos los demás seres", e incluso "trasciendo todas las cosas".* [109] *Cuando estas creencias tan firmes son manchas innatas del corazón, ¿cómo puede la visión de la realidad suprema alumbrar a alguien así?*
>
> *En el corazón del loto de la consciencia, que ha florecido a partir de un intenso Descenso del rayo de luz del sol de la Divinidad más Elevada, las fases de la percepción emiten la exquisita fragancia del Ser y revelan su naturaleza secreta: ahí la abeja de la Autopercepción vibra, acariciando la experiencia de su propio núcleo radiante, y exclamando en un zumbido: "¡Soy el divino Señor, que se desborda en la realidad de todos los seres!"*

El último verso alude a la otra gran enseñanza del *śākta-upāya:* la veneración a las fases sutiles de la cognición como doce aspectos de la diosa Kālī; no nos detendremos a examinar esta doctrina secreta del Krama, en vez de ello, concluiremos esta sección dando un vistazo a lo que Abhinava dice en torno a las prácticas de yoga y *kriyā* en el contexto de *śākta-upāya.* Él argumenta que ninguna de las ramas del yoga (meditación, ritual, *yamas* y *niyamas*, etcétera) puede considerarse un medio directo hacia la liberación; todas tienen un valor espiritual en la medida en que contribuyan al único medio directo, que es la verdadera introspección en la realidad *(sat-tarka),* que se manifiesta como Sabiduría Pura *(śuddha-vidyā).* A la luz de lo anterior, Abhinava presenta el sentido interior de *śākta-upāya* y el significado de las prácticas más comunes de *āṇava-upāya;* al hacerlo, pretende implicar que 1) es el tipo de entendimiento capaz de empoderar estas prácticas externas, y de hecho constituye la esencia misma para quien busca la liberación, y 2) si asimilamos este entendimiento en toda su extensión, no necesariamente requeriremos de las prácticas externas (aunque hay que decirlo una vez más, son muy raros los seres que lo logran sin apoyos externos).

Abhinava elabora una lista de las prácticas espirituales tradicionales de la India, y describe su significado en una *sādhanā* de la Consciencia.

Tantrasāra: *cap. 4*

pūjā: *La veneración es la ofrenda de todas las cosas que existen y de todos los estados del ser [bhāvas] a la Divinidad Superior, con el fin de adquirir el firme entendimiento de que todos subsisten dentro de la Divinidad Superior, y que no hay nada más que Eso.*

Por ser placenteras para el corazón, comenzamos ofreciendo cosas que pueden disolverse espontáneamente en consciencia dichosa y por lo tanto son fáciles de ofrecer a Dios. Por esta razón, [las escrituras] nos enseñan a usar en la práctica externa aquello que deleite los sentidos estéticos, como flores, libación de vinos fragantes o ungüentos perfumados.[110]

¿Qué significa ofrecer algo a la Divinidad Superior? Significa disolver tu percepción de ella como algo distinto de la única Consciencia divina; significa fundir las estructuras de pensamiento que hacen que veas tu propia ofrenda como distinta a Dios. Ahora, debido a que algunas cosas son más fáciles de ver como divinas que otras, Abhinava sugiere que en el contexto del ritual comencemos por ofrecer objetos que sean placenteros en el sentido estético. Cuando miramos, olemos, saboreamos y tocamos cosas bellas, nos toma poco o ningún esfuerzo reposar en la percepción. Tomemos como ejemplo un poema que nos parezca muy hermoso, y observemos que cuando este termina no nos ponemos a diseccionar su significado de inmediato, en lugar de ello, nos permitimos reposar, aunque sea por unos cuantos segundos, en el *rasa* o sabor de la percepción que el poema ha creado. A este reposo dentro de la percepción innata se le llama *viśrānti* y es de gran importancia dentro de las enseñanzas de Abhinava. Si además este reposo se expande por medio de un arrebato estético y trae consigo una cierta medida de autopercepción amorosa, se le llama *ānanda*, que con frecuencia se traduce como dicha, pero que de hecho connota algo mucho más sutil que la emoción o incluso el éxtasis.

En el estado de *ānanda*, el objeto de percepción y el perceptor no están diferenciados, y al amar al objeto, el perceptor se está amando a sí mismo, está amando al poder de la percepción, que es Dios. Es así que la práctica de *pūjā* comienza con aquellas cosas que a uno le parecen hermosas, de modo que uno pueda observar cómo es reposar (aunque sea por un momento) en un estado en el que no hay diferenciación entre el objeto, la percepción de éste, y el Poder divino que hace posible la percepción —con la experiencia entera envuelta de *amor hacia el simple hecho de estar consciente*—. Toma nota de que cuando alguien huele un aroma sublime, o prueba un sabor sublime, cierra los ojos por un momento. Lo que esa persona está haciendo es saborear la consciencia en sí misma, en lugar de permanecer en la llamada realidad objetiva. Ésta no es más que una pequeña muestra del arrebato estético que Abhinava nos invita a cultivar.

Ānanda es el amor incondicional por el propio poder de estar consciente.

Sin embargo, Abhinava nos dice que hay que ofrecer *todas* las cosas a la Divinidad Superior, no sólo aquellas que más nos gustan; esto quiere decir que el placer estético de *pūjā* es sólo un campo de entrenamiento para una práctica más difícil. El principio que hay que trabajar aquí es el *desbordamiento*, es decir, cuando cultivas la experiencia de la belleza, expandes tu capacidad para experimentar lo bello; cuando cultivas la experiencia del amor, expandes tu capacidad de amar; es como si experimentaras un ímpetu de amor, y luego éste se desbordara y te hiciera descubrir que eres capaz de amar a seres que en el pasado te generaron dificultades. Permitir ese desbordamiento de manera consciente es crucial si queremos liberarnos de la esclavitud a la que nos someten las preferencias de la mente.

Por consiguiente, puedes practicar en tu altar de veneración el reposo en la dulzura de la consciencia aderezada por la belleza, pero sólo por un tiempo; después, prueba con otras experiencias. Para llevar a cabo esta práctica, cuando te encuentres ante algo que te repugne, te asuste, te aburra o te divierta, intenta llevar tu percepción a tu propia subjetividad a la consciencia en sí misma, aderezada por ese objeto —y no a la ilusión de la dualidad sujeto-objeto—. Déjate fascinar por la "textura", "el color" y "el sabor" de una consciencia temporalmente impregnada del objeto en cuestión; deléitate y da las gracias por el mero hecho de estar consciente. De esta manera puedes ir más allá del nivel superficial de gusto o desagrado, y permitir que el milagro de la consciencia en sí misma te absorba. Al final, recuerda ofrecer a Dios todos los estados de la mente y el corazón, contemplando el hecho de que son vibraciones de la única energía y dándote cuenta de que no son diferentes de Eso.

Ahora demos un vistazo al significado interno de las ofrendas de fuego.

HOMA: *Todas las cosas y todos los estados existentes están conformados de la energía radiante [tejas] de la Divinidad Superior, y es con el fin de llegar a un entendimiento sólido de este hecho que se realizan las ofrendas de fuego [homa], donde todas las cosas y todos los estados existentes se disuelven en la fulgurante energía del Fuego de la Consciencia, que es la Divinidad Superior —y que anhela el arrebato estético de "devorar" todas las cosas y todos los estados existentes— de tal forma que todo lo que permanezca sea esa energía.*

Tantrasāra: *cap. 4*

La misma enseñanza que ya hemos visto, que afirma que todo es una forma de Dios, se vuelve a dar aquí en una forma distinta (al fin y al cabo, es la enseñanza central de Abhinava). La diferencia clave es que en la práctica previa había un remanente de percepción objetiva, es decir, uno trabajaba con la consciencia impregnada del sabor de su objeto. En esta práctica, en cambio, el objeto es totalmente devorado en el sentido de que ya no se le percibe como ninguna otra cosa que no sea la energía única, por lo tanto, uno no mantiene la percepción de diferenciación sino que experimenta a todas las cosas como poseedoras de la misma sustancia y esencia *(sāmarasya)*, el fulgor abrasador del Fuego Divino de la consciencia que todo lo consume. La práctica anterior se enfatizaba en la creación, la diosa Parā, mientras que esta otra lo hace en la disolución, la diosa Kālī (estas dos deidades, por supuesto, son aspectos la una de la otra). La siguiente práctica lleva a la percepción al terreno tanto de la creación como de la disolución.

Tantrasāra: *cap. 4*

JAPA: *De la misma manera, el propósito de la repetición del mantra es elevar el estado de percepción que subyace en ambas [las funciones de creación y disolución de la Consciencia], que consiste en tener la siguiente percepción interna: "la Realidad suprema, que existe en la forma de mi esencia más íntima, permanece tal y como es, no afectada por las entidades diferenciadas o los estados que conforman los diversos objetos de la consciencia, ya sea internos o externos".*[111]

En este punto, el practicante afirma el entendimiento, que es el verdadero *mantra* (observa que la etimología interpretativa de *mantra* es "el que protege a quien lo piensa"). Aunque la consciencia está impregnada por el sabor de sus objetos, siempre hay un aspecto de ella que es completamente trascendente y que no está contraído por ninguna percepción. Si repites esta afirmación con profunda convicción puedes aumentar tu capacidad de conectarte con este nivel. Abhinava nos dice:

Aunque la realidad máxima que constituye nuestra propia naturaleza innata no depende de ningún vikalpa, *puede brillar a través de sus distintas conceptualizaciones (arriba descritas), que son aspectos de la Sabiduría Pura* [śuddha-vidyā].

Por último, Abhinava nos ofrece una fascinante, y hasta donde sé, excepcional definición del yoga.

YOGA: *En este contexto, yoga es un tipo especial de* vikalpa, *que en esencia constituye una investigación en la verdadera naturaleza de Eso [la Realidad], con la finalidad de alcanzar nada menos que su manifestación constante y uniforme.*

Debido a que "yoga" casi siempre denota una *práctica psicofísica, cuyo propósito es disolver la mente tal y como la entendemos,* resulta sorprendente que Abhinava lo describa como un "tipo especial de *vikalpa*". Mi interpretación de sus palabras es que el yoga supone un marco mental específico que nos permite investigar en la verdadera naturaleza de las cosas y darnos cuenta de nuestra unidad con ella. La paradoja tántrika es que adoptar un marco mental yóguico nos libera de la creencia de que no somos otra cosa que la mente. Aquí el punto importante es que así como el yoga físico implica el reacondicionamiento del cuerpo, todas las prácticas espirituales, incluso aquellas que son transmentales, deben traer consigo el reacondicionamiento de la mente para amoldarla a la estructura profunda de la realidad, el patrón innato de la Consciencia.

Si bien pudiéramos sospechar que Abhinava está favoreciendo sus propias motivaciones al hipercodificar su interpretación mística y gnóstica en torno a estas prácticas, quiero señalar que de hecho hay escrituras que fundamentan sus interpretaciones: el *Vijñāna-bhairava-tantra.* Veamos ahora los últimos versos de este texto; ellos brindan una lectura esotérica sobre el ritual y el yoga que, aunque mucho más condensada, tiene un cercano paralelismo con los escritos de Abhinava.

Vijñāna-bhairava-tantra

La reverenciada Diosa dijo: "Oh, Señor, si ésta es la verdadera forma de Parā [la Diosa Suprema], ¿cómo puede existir un mantra, o su repetición en el estado [no dualista] que hayas enseñado? ¿Qué es lo que debemos visualizar, qué debemos venerar y gratificar? ¿Y quién está ahí para recibir las ofrendas?" El reverenciado Bhairava dijo: "En esta [vía superior], oh, ser de ojos de ciervo, los procedimientos externos son considerados burdos [sthūla]. *Aquí* japa *es la absorción meditativa cada vez mayor* [bhāvanā] *en el estado supremo; y el mantra a repetirse es la resonancia que surge espontáneamente [de la experiencia interna] y que se alinea con eso. En cuanto a la "visualización meditativa"* [dhyāna], *se trata de una mente que se ha vuelto inmóvil, libre de formas y sin soporte alguno, sin imaginarse una deidad con un cuerpo, ojos, rostro y demás.* Pūjā *tampoco es la ofrenda de flores y todo aquello. Una mente firme, que a través de una cuidadosa atención se disuelve en el Vacío máximo [de Consciencia pura], libre de pensamientos, eso es* pūjā.[112]

Estas interpretaciones esotéricas cumplen mejor su función cuando consiguen interiorizar y profundizar en las formas de práctica exotérica previamente adquiridas.

Mientras que *śāmbhava-upāya* es una intuición directa no secuencial *(akrama)*, y *āṇava-upāya* involucra un proceso *(krama)* que se desarrolla en etapas específicas, *śākta-upāya* es descrito como "secuencial y al mismo tiempo no secuencial" *(kramākrama)* porque implica el cultivo gradual del entendimiento marcado por saltos súbitos de intuición. Estos saltos ocurren cuando el entendimiento o la construcción mental con las que estemos trabajando se acercan tanto a la realidad que de pronto se colapsan en ella, disolviéndose en una experiencia directa (no conceptual). De la misma forma que las *āsanas* del yoga moderno de posturas desafían el cuerpo, estirándolo en formas nuevas, rehaciendo patrones y creando con el tiempo un cuerpo totalmente nuevo, en *śākta-upāya* alcanzamos niveles de entendimiento más expandidos, "posturas mentales" cuya función es reformar nuestra consciencia, creando una mente nueva, más fresca, abierta y luminosa, dueña de una mayor capacidad de admiración infantil, sumada a una madura sabiduría. Esta nueva mente también es mucho más flexible y adaptable, capaz de responder de forma adecuada ante todo tipo de situaciones; es clara y fuerte, libre de *detritus* innecesarios. Para lograr que tu mente alcance este estado, debes saturarla con las palabras nectáreas de los sabios y los maestros. Pero no te conformes con entender estas palabras, ¡trabaja en ellas hasta que penetren en tus capas y hagan que todo tu ser vibre!

Este comentario nos conduce al otro aspecto del trabajo de *śākta-upāya.* Una vez que hayas trabajado de forma extensa con la energía *(śakti)* de tus propios pensamientos y sentimientos, podrás sintonizarte mejor y de manera más efectiva con "los poderes que operan en todas las actividades de la vida como pulsaciones particulares *(viśeṣa-spanda)* en el ritmo universal *(sāmānya-spanda)* del Poder de la Consciencia".[113] Esta práctica no puede ser descrita con un método de paso por paso, puesto que consiste en una atención profunda y arraigada en los patrones sutiles de la energía que se mueve en y como todas las cosas, tanto patrones universales que se repiten, como hechos únicos que ocurren en momentos particulares. Basta con decir que esta práctica comienza a desplegarse de manera espontánea una vez que has elevado tu consciencia y ralentizado el ritmo de tu vida lo suficiente como para poder mirar más profundo que en el nivel superficial de las cosas. Cuando ya no estás proyectando tu mundo mental en todo, comienzas a percibir con naturalidad la danza rítmica de la energía vital en todo tu entorno. Esta integración en el patrón más profundo puede dar paso a sincronías asombrosas, incluso a una sensación de magia, ya que puedes ver cómo la forma en que todo encaja con todo lo demás permite que tu vida fluya con menos esfuerzo.

La integración en el patrón más profundo puede dar paso a sincronías asombrosas.

Todo este capítulo ha sido en sí mismo un ejercicio de la práctica de *śākta-upāya.* Si leíste las palabras como algo más que mera información, quizá no seas la misma persona que eras cuando comenzaste esta sección, y ahora estás listo para comenzar de nuevo y realizar tu trabajo espiritual con intensidad renovada, alegría y fe.

ĀNAVA-UPĀYA: EL MEDIO ENCARNADO E INDIVIDUAL

Cualquier práctica espiritual que un observador externo pueda ver e identificar entra en la categoría del "Medio Encarnado", que abarca a la gran mayoría de los actos religiosos. Para la mayor parte de los practicantes, y en especial para aquellos que comienzan una práctica espiritual, *āṇava-upāya* es el método más apropiado. La palabra *āṇava* (individual) se deriva de *anu,* un término que se refiere a un alma individual encarnada *(jīva),* una forma contraída de la Consciencia. *Āṇava-upāya* es el medio encarnado/individual, el punto de partida adecuado para aquellos que se experimentan a sí mismos como seres para quienes la pluralidad aparenta ser el nivel más "real" de la realidad, en otras palabras, para las personas quienes la mayor parte del tiempo ven las cosas como objetos claramente diferenciados, es decir, casi todos nosotros. *Āṇava-upāya* es el método que hace énfasis en los objetos de percepción (en lugar de enfocarse en la percepción en sí misma), primordialmente el cuerpo, la respiración y los centros del cuerpo sutil. Este medio se fundamenta en el Poder de la Acción *(kriyā-śakti);* por lo tanto, es el más fácil de comprender y practicar de los tres medios, y dado que ayuda a refinar la percepción y hacerla más sutil, hace que otros dos medios se vuelvan más accesibles.

El yoga tradicionalmente incluye meditación pranayama, visualización, activación de los centros sutiles, posturas corporales y mantra.

Las técnicas de *āṇava-upāya* se conciben en general como aquellas que se agrupan bajo las denominaciones de *yoga* y *kriyā:* meditación, *prāṇāyāma,* visualización, repetición de mantras, activación de los centros sutiles, posturas físicas y realización de rituales meditativos. Casi todas estas técnicas se transmitieron a la tradición de *hatha yoga* (salvo la última, que se transmitió a la cultura de los templos hindúes) y de ahí al yoga moderno. De esta manera, casi todas las prácticas que hoy en día se enseñan con el nombre de yoga se considerarían como *āṇava-upāya*. Debido a que *āṇava* opera en la esfera de la pluralidad, comprende una gran variedad de prácticas, y cada practicante necesita dilucidar cuáles son las más efectivas para él o ella (aunque por tradición es un gurú, quien tendrá un mejor discernimiento en cuanto a qué funcionaría mejor que el practicante mismo, el que asigna una práctica determinada a los neófitos). Dado que estas prácticas yóguicas son bien conocidas, no voy a detenerme en sus formas básicas, basta con decir que *cualquier* práctica yóguica, cuando se realiza como un elemento integrado a una *sādhanā* tántrika, que a su vez está cimentada en una Visión tántrika, en automático se convierte en una práctica tántrika.

Como ya estás familiarizado con muchas de las prácticas de yoga que han sobrevivido hasta el presente, demos un vistazo a la forma en que estas prácticas se presentaban en el tantra clásico maduro, tomando como referencia *Luz sobre los tantras* y *Esencia de los tantras* de Abhinava Gupta. En ambas obras encontramos versiones mucho más sutiles de las prácticas que se conocen comúnmente. Abhinava describe dichas técnicas:

- Visualización meditativa en el flujo de los poderes de la consciencia a través de las facultades de los sentidos *(dhyāna)*
- Meditación en el flujo de las energías vitales *(prāṇa-uccāra)*
- Meditación en las sílabas-semilla empoderadas, mantras sutiles que están sincronizados con la respiración *(varṇa-uccāra)*
- Ejecución de posturas de yoga *(karaṇa)*
- Realización de la veneración ritual *(pūjā)*, en la que la energía a la cual se venera puede colocarse, ya sea en sustratos internos como la respiración, o lo que es más común, en sustratos externos, como *mandalas* o imágenes de deidades.

Haremos una breve descripción de algunas de estas prácticas, que Abhinava subordina al yoga más elevado de la mente y afirma que si se las aborda de la forma correcta, pueden conducirnos exactamente al mismo resultado. En otras palabras, sostiene la visión de que cualquier práctica llevada a su máxima conclusión nos hará vincular y "embarcar" cada parte de nuestro ser en el proceso (embarcar en este caso quiere decir "incorporar y deslizarnos en el flujo", o "causar que [algo] entre de forma gradual en sincronía", una palabra poco usual aunque muy yóguica). En teoría, cualquier práctica que se comprenda a fondo y se domine podría llevarnos hasta nuestro objetivo, sin embargo, para la mayoría de nosotros hay una ventaja clara si incorporamos una variedad de modalidades en nuestro camino espiritual. Abhinava escribe:

Tantrasāra: *cap. 5*

> *El Medio Individual [āṇava-upāya] es aquel que ocurre en las esferas de la imaginación, el* prāṇa, *el cuerpo y los objetos externos. No hay ninguna diferencia entre estos métodos en cuanto a que la práctica de cualquiera de ellos puede rendir el fruto supremo.*

Dhyāna

Ahora exploremos algunas de las prácticas que Abhinava coloca en la categoría de *āṇava-upāya* en su obra *Esencia de los tantras* (escrita originalmente en sánscrito alrededor del año 1010, y que aquí presento a través de mi traducción). La primera es la práctica de visualización meditativa *(dhyāna)* de un tipo usual en el tantra clásico, aunque aquí está cifrado con un significado espiritual más profundo del que por lo regular se le da. En esta práctica, el instrumento de la imaginación *(buddhi)* es predominante. Abhinava compuso los siguientes versos, que resumen la práctica de forma concisa y poética:

Tantrasāra: *cap. 5*

> *Una vez que hayamos internalizado la triada del conocedor, el conocimiento y lo conocido, debemos meditar en ella como la Realidad luminosa en sí misma que lo es todo, que porta en su interior la radiante morada de dicha en el corazón.*

Es necesario meditar en esa realidad omnipresente en la forma de la Rueda de Fuego que es Bhairava —con rayos de luz que son los doce grandes Poderes de la Consciencia— emanando desde una apertura en el cuerpo hacia un objeto externo, convirtiéndose en su creación, estasis y disolución.

El yogī debe entonces contemplar cómo la Rueda absorbe la totalidad de los objetos externos y sus impresiones internas, descansando en sí mismo como su propio terreno. Entonces su verdadera naturaleza se revelará.

Para ser realizable, la práctica necesita, desde luego, ser descrita de forma práctica y detallada. Primero que nada, presentaré una lista que resume los pasos, y después procederé a explicarlos en detalle.

Dhyāna tántriko **(visualización meditativa), como se describe en *Esencia de los tantras***

1. Centra tu percepción en el espacio del corazón, recordando que ahí es donde mora la luz divina, que es la naturaleza esencial de todas las cosas.
2. Visualiza tu cuerpo como un cuerpo de luz y enfoca tu visualización de forma vívida en los tres canales sutiles primarios *(nāḍīs)*, exhalando por el canal solar *(pingalā)*, e inhalando por el canal lunar *(iḍā)*, y sosteniendo la respiración en el canal central *(suṣumnā)* hasta que los tres "se fusionen" en el centro del corazón.
3. Visualiza la energía fusionada como una luz radiante de la Deidad en la forma de una rueda de fuego de doce radios, que se eleva desde el corazón y fluye hacia una de las aperturas sensoriales, para luego descansar en un objeto externo (que puede estar presente o ser imaginario).

4. Mientras la rueda gira, descansando en su objeto, contempla que la consciencia sola es la que crea al objeto, y esa sola consciencia lo mantiene y esa consciencia lo disuelve de vuelta en sí misma.
5. Luego de que el objeto se haya disuelto en la rueda de fuego, llévala de vuelta hacia tu propio ser, reposando en la quietud dinámica del terreno Absoluto del proceso en su totalidad.
6. El proceso se repite, con la excepción de que ahora es la impresión subliminal *(saṃskāra)* del objeto anterior.

Ahora que ya tienes una perspectiva general, exploremos estos pasos, así como la información que necesitamos para llevarlos a cabo. Tal y como sucede con todas las prácticas que Abhinava ofrece, comienza centrando tu percepción en tu corazón, que funciona como punto focal para la contemplación del Corazón máximo, que es el núcleo de tu ser en su totalidad, el único aspecto inmutable de ti mismo: la Consciencia autónoma. Citando la frase de Abhinava, llevar la atención al "espacio del Corazón" no significa volverte más consciente de tus sentimientos, sino llevar la percepción al hecho de la percepción en sí misma —el campo dentro del cual vibra cualquier pensamiento o sentimiento que surja—. Abhinava nos pide iniciar esta práctica de *dhyāna* "meditando en la Luz de la Consciencia que se revela a sí misma y que es inherente a todos los aspectos de la realidad como el poder de la percepción, que es el propio corazón del ser". Todo esto suena tremendamente idealista, pero de hecho apunta a algo tan simple como recordarte a ti mismo que existe ese lugar secreto y especial dentro de ti, donde puedes sentirte a *ti mismo* al máximo, donde experimentas un placer puro por ser tú, haciendo lo que haces. Es la parte de ti que se ha mantenido constante a lo largo de todas las experiencias de tu vida: el lugar donde no eres otra cosa que tú mismo, sin ningún esfuerzo, más allá de cualquier pensamiento o sentimiento específico *sobre* ti mismo; es el lugar donde sientes la verdadera identidad de tu ser. También lo podemos describir como *el sentido de autoconsciencia presente y amorosa, independiente de cualquier contenido específico.* Aquí digo "amoroso", pero no en un sentido tan activo como el verbo lo implica, sino como un lugar de profunda aceptación de lo que es, sencillamente *porque* lo es. En este punto estoy haciendo uso de las palabras para señalar algo que las palabras no pueden expresar, con la esperanza de que observes hacia dónde apuntan e intuyas a lo que se refieren. Ya conoces este lugar interno del que estoy hablando, pero quizá no le habías prestado tanta atención hasta este momento en que estás aprendiendo a hacerlo, o quizá hayas permitido que ciertos conceptos se impusieran sobre este espacio y ahora necesitas discernir en torno a su esencia pura. Este lugar es tu corazón, que es y siempre ha sido una expresión del Corazón universal.

El segundo paso en el proceso de *dhyāna* involucra una técnica central en la *sādhanā* tántrika, que es la visualización del cuerpo sutil. Abhinava nos pide que visualicemos la "triada de fuego, Sol y Luna", que a lo largo de la literatura tántrika se le conoce como "las tres luces" o "el triple resplandor" *(tri-dhāman).* Estos términos se refieren a las tres estructuras fundamentales del cuerpo sutil: los canales central, derecho e izquierdo, respectivamente. Los canales o *nāḍīs* del cuerpo sutil son arterias a través de las que se dice que fluye el *prāṇa*, la energía de la fuerza de vida (observa que la palabra *prāṇa* puede hacer referencia ya sea a la energía vital en general, o bien a la exhalación en particular). Se dice también que hay 72,000 de estos canales, pero esta cifra al parecer es una hipérbole, ya que sólo unas cuantas docenas de ellos (si acaso) aparecen descritos o ilustrados en las imágenes anteriores al siglo XX. De estos canales los más importantes son, por mucho, los tres que ya hemos mencionado y que presento a continuación en formato tabulado.

Nombre	Significado	Luz	Ubicación	Respiración	Aspecto cognitivo
suṣumnā	"grácil"	Fuego	Central (columna)	*udāna* (elevación)	Conocedor
pingalā	"rojizo"	Sol	Derecho dominante	*prāṇa* (exhalación)	Conocimiento
iḍā	"refrescante"	Luna	Izquierdo dominante	*apāna* (inhalación)	Conocido

Observa que esta imagen representa el sistema clásico del Trika de los cinco *cakras*, que corresponden a los cinco elementos primarios. Los triángulos en la base y la cúspide significan la Kuṇḍalinī superior e inferior. También podemos ver el *kanda* (bulbo), el corazón de loto con su "brote de fuego" y el *cakra* del paladar, rodeado por los seis puntos negros del elemento viento.

Los *nāḍīs* laterales *pingalā* e *iḍā* ondulan hacia atrás y hacia adelante, cruzando el canal central en un patrón tipo caduceo. *Pingalā,* que domina el lado derecho, es portador de la energía de la exhalación y se le identifica con el sol (en este yoga de autoconsciencia) porque conforme la respiración fluye hacia afuera, la consciencia se dirige hacia los objetos externos, iluminándolos. Tal y como el sol hace que los objetos se manifiesten en nuestra visión, la Luz de la Consciencia hace que los objetos se manifiesten en nuestra experiencia. Abhinava identifica a esta cálida respiración "solar", que fluye de dentro hacia afuera, con el proceso cognitivo, cuyo punto focal se encuentra en los sentidos. En la antigua tradición se pensaba que la consciencia se movía a través de los distintos canales de los sentidos con el fin de comprender sus objetos (contrario a nuestra visión moderna, en la que los sentidos son recipientes pasivos de la constante afluencia de información de las experiencias sensoriales). Entender este concepto ayuda a que las distintas asociaciones que aquí presento tengan más sentido.

El *iḍā nāḍī*, que domina el lado izquierdo, es portador de la energía de la inhalación. Se le identifica con la Luna porque a medida que la respiración fluye hacia dentro, la consciencia se mueve en esta misma dirección, llevando con ella la vibración del objeto para ser saboreado

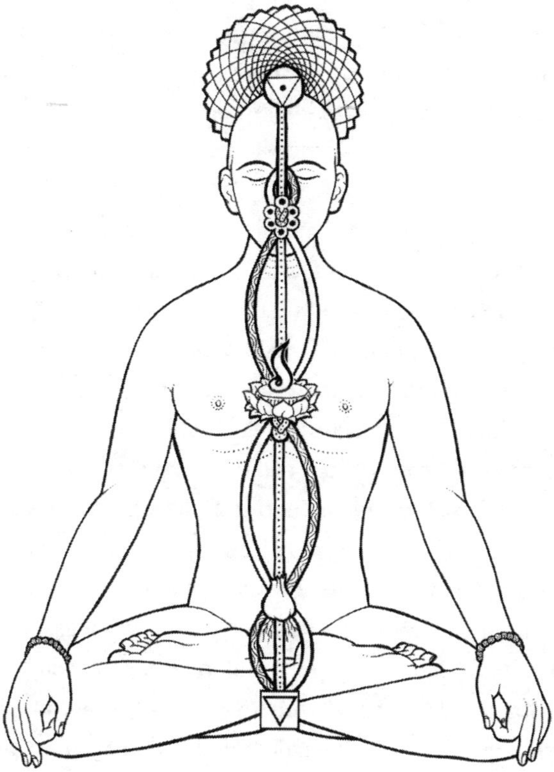

Esta imagen representa el sistema clásico Trika de cinco *cakras*, que corresponden a los cinco elementos primarios. Los triángulos en la base y la coronilla significanla *Kuṇḍalinī* Superior e Inferior; también vemos el *kanda* (bulbo), el loto del corazón con su "llamarada" y el *cakra del paladar*, rodeado por los seis puntos negros del elemento viento.

internamente. Tal y como la Luna refleja la luz del sol, aunque con una cualidad muy distinta a la que posee la luz solar directa, los objetos de nuestra experiencia nos reflejan el hecho mismo de nuestra consciencia, matizada por las características propias del objeto que produce este reflejo. Asimismo, en la literatura india a la Luna siempre se le ha visto como fría, refrescante y agradable, un bendito alivio luego de un día caluroso. El movimiento de inhalación es por lo tanto "lunar", pues literalmente refresca, y porque se le asocia con la internalización de los objetos de los sentidos que producen disfrute.

Observa que en todas las fuentes tántrikas clásicas el *prāṇa* es la exhalación, y el *apāna* la inhalación, mientras que muchos maestros modernos de yoga lo enseñan a la inversa. Aquí, la tradición más temprana debe considerarse como la más coherente y lógica en cuanto a su terminología. El significado literal en sánscrito de *pra + āna* es "respirar hacia adelante" y el de *ap + āna* es "respirar hacia abajo"; la inhalación es por lógica la respiración que se mueve hacia abajo. No obstante, toma nota también de que esto no necesariamente contradice al yoga moderno, que enseña que el cuerpo se eleva con la inhalación —de hecho, tiene mucho sentido que el cuerpo se eleve mientras el *prāṇa* se mueve hacia abajo—.

Ahora sólo nos falta en canal central o *suṣumnā nāḍī*. Se dice que éste se extiende desde el piso pélvico hasta la coronilla, y se le visualiza de diversas formas, que pueden ir desde una columna dorada de luz hasta un astil del diámetro de una flecha de color azul cobalto. El canal central está asociado con "el conocedor" o agente de la consciencia, y es un canal místico en el sentido de que cuando el *prāṇa* se mueve hacia su interior es por el puro propósito de nuestra liberación espiritual. Originalmente, a esta forma de *prāṇa* se le asociaba con *udāna-vāyu,* la energía vital cuyo movimiento es ascendente; las tradiciones posteriores del tantra y el *haṭha-yoga* le otorgaron el nombre especial de *kuṇḍalī* o *kuṇḍalinī.* Aquí la pregunta relevante es ¿qué es lo que causa que el *prāṇa* ascienda a lo largo de *suṣumnā nāḍī* en lugar de seguir su camino usual en la exhalación? Separar el flujo de energía vital de la respiración física, a la cual está estrechamente ligado, no es fácil. El TSND afirma que nuestra energía vital puede entrar en el canal central a través de la práctica yóguica o la introspección gnóstica ("introspección gnóstica" se refiere a la comprensión directa de algún aspecto de la naturaleza de la realidad que sea lo bastante poderoso como para manifestarse de inmediato en la experiencia). La práctica yóguica en cuestión, a la que aluden muchas Fuentes primarias, es poco conocida o entendida en nuestros días a pesar de su relativa sencillez. Cuando practicas por mucho tiempo el simple y al mismo tiempo poderoso *prāṇāyāma* de prolongar la inhalación y la exhalación, hacerlas iguales en duración y calidad, y retener la respiración luego de cada inhalación (por tanto tiempo como te sea cómodo), en algún momento *prāṇa* y *apāna* alcanzan un equilibrio perfecto. Si la retención del aire *(kumbhaka)* se realiza al mismo tiempo que la vibración de un mantra-semilla especial (el *kuṇḍalinī-bīja)* en el espacio del corazón, sucede algo excepcional y al mismo tiempo misterioso. Se dice que en uno de estos momentos de estasis profundo en *kumbhaka,* la energía se "fusiona" de forma espontánea, en un momento de simultaneidad atemporal y de pronto el canal central despierta. Éste es el momento que el *yogī* desea y por el que practica con devoción, ya que si el *prāṇa* alcanza la coronilla y ahí se funde completamente, el *yogī* ha llegado al final de su viaje.[114]

La introspección gnóstica capaz de lograr el mismo resultado es la profunda comprensión de que cualquier objeto conocido a través de cualquier medio de cognición —no importa si es un fenómeno externo o interno— no es más que un aspecto de tu propio ser, totalmente inseparable de la luz de tu consciencia, que ilumina ese objeto, vibra en afinidad con él y luego se disuelve en sí misma. En otras palabras, si realmente logramos comprender a través de la experiencia que el conocedor, el medio de conocimiento y el objeto conocido son tres aspectos de una misma realidad dinámica, hemos alcanzado, por otro medio, la fusión de los correspondientes tres canales sutiles y respiraciones. Esto es a lo que Abhinava se refiere en el paso dos de las instrucciones de *dhyāna* cuando dice: "uno debe visualizar en el corazón la triada de fuego, Sol y Luna, que son respectivamente las formas del conocedor, el medio de conocimiento y el objeto de conocimiento". Es así que podemos elegir entre estos dos enfoques: 1) manipular las energías del cuerpo sutil para detonar una experiencia espiritual liberadora que resulte en entendimiento, o 2) generar un entendimiento tan poderoso y completo que logre alinear consigo las energías del cuerpo sutil. Ambos enfoques suponen una unidad entre cuerpo y mente, y la creencia de que ambos son aspectos del otro es la fuerza impulsora de todas las prácticas yóguicas.

En el paso dos, si seguimos el enfoque yóguico, visualizaremos de forma vívida los tres canales del cuerpo sutil mientras practicamos la extensión de la respiración *(prāṇāyāma)*. Imagina que la respiración entra por el tercer ojo o por la coronilla y de ahí desciende hasta la base del corazón. Puedes inhalar en el canal izquierdo, de color blanco perlado, que domina el aspecto lunar, y ver cómo este resplandece a medida que el *prāṇa* fluye a todo su largo. La Luna se asienta en el centro del corazón (en el área del esternón o apófisis xifoides) y la respiración hace una pausa justo antes del "amanecer" en *kumbhaka* (retención del aire), mientras experimentas el estar absolutamente centrado. Después el Sol se eleva desde el centro del corazón y el *prāṇa* asciende a lo largo del canal derecho de color rojizo, que domina el aspecto solar, y sale a través de la coronilla. Continúa esta secuencia, incrementando con suavidad el tiempo de la pausa entre respiraciones y percibiéndola como una manera de mantener las vibraciones solares y lunares en perfecto equilibrio, hasta que una energía palpable (calor, presión o vibración, por dar algunos ejemplos) surja en el centro del corazón. Éste es el Fuego de Mahābhairava, la única energía que se expresa en los tres aspectos arriba descritos. Entre más practiques la técnica, más poderosa se vuelve.

Otra manera de hacer esta práctica, que descubrí gracias a la traducción de Chris Tompkins, es a través de la siguiente visualización: imagina de forma vívida al Sol elevándose desde la base del centro del corazón, y exhálalo lentamente por el canal central hasta que emerja por la coronilla; luego, visualiza la Luna llena por encima de la cabeza, inhálala por el canal central hasta que se asiente en la base del corazón y sostén *kumbhaka;* después visualiza al Sol elevándose de nuevo desde el mismo lugar. Continúa esta práctica de respiración y visualización hasta que al momento de hacer *kumbhaka* la Luna que se asienta y el Sol que se eleva coincidan en la base del corazón, enteramente presentes y en perfecto equilibrio, sus energías fundiéndose en el Fuego de Mahābhairava (la Luna blanca + el Sol rojo= el fuego anaranjado).

La rueda de fuego de doce rayos

Ahora dale forma a esta energía visualizándola como una Rueda de Fuego con doce rayos que representan a las doce *śaktis*. Permite que la rueda pulse y gire en tu corazón, luego invítala a fluir a lo largo de uno de los canales que llevan a los ojos, oídos o cualquier otra abertura en el cuerpo; visualízala emergiendo de tu cuerpo y reposando en un objeto externo que corresponda al canal desde donde salió, por ejemplo, un objeto visual en el caso de los ojos, un sonido para el oído, un aroma si se trata de la nariz, etcétera (como principiante, tendrás que seleccionar el objeto de manera consciente, luego hacer que la Rueda de Fuego fluya por el canal que corresponda; más adelante el proceso se volverá más espontáneo). Practica con el campo sensorial que sea más predominante para ti hasta que adquieras más experiencia. Si tu imaginación es lo bastante vívida, puedes también probar con un objeto que no esté físicamente presente.

En el cuarto paso, a medida que visualizas la Rueda de Fuego que pulsa y gira reposar en el objeto de percepción, siente que estás llenan-

La Rueda de Fuego de doce rayos

do este objeto con energía divina y al mismo tiempo contempla que el objeto es de hecho una emisión de tu propia consciencia; luego mantén el objeto en un estado de iluminación, donde se manifiesta su verdadera naturaleza como vibración de energía. Al final, disuelve completamente el objeto en la Rueda de Fuego, que reingresa al cuerpo a través de la abertura pertinente y se eleva por el canal central para disolverse con una larga exhalación en el Vacío en el espacio de la coronilla.

En el quinto paso, que sucede al momento que la Rueda de Fuego se ha elevado hasta la coronilla y se ha desvanecido en el profundo silencio del vasto espacio del *cakra* de la coronilla, todo lo que debes hacer es reposar en la perfecta quietud del terreno Absoluto del proceso en su totalidad, que es el perfecto vacío.

En el sexto y último paso debes repetir todo el proceso, pero esta vez la rueda de Fuego no abandona el cuerpo, sino que descansa en la impresión subliminal *(saṃskāra)* del objeto con el que trabajaste en los pasos uno al cinco, que para propósitos de esta práctica no significa más que utilizar la memoria del objeto como el punto de enfoque de la meditación.

Como sucede con cualquier práctica tántrika, dominarla nos conduce a la liberación. Abhinava escribe:

Tantrasāra: *cap. 5*

> *Quien medita descubre una y otra vez que los ciclos de creación, estasis y disolución son, en términos de la realidad más elevada, nada más que su propia consciencia, y por consiguiente descubre que la naturaleza máxima de la propia consciencia es el ejercicio libre e independiente de estos poderes. En el momento preciso en que alcanza la total comprensión de todo esto, se convierte en Dios. Es a través de la práctica repetida que se alcanzan todos los poderes y logros deseados, así como la liberación.*

Ahora demos un paso hacia atrás y leamos los versos que resumen la práctica de *dhyāna*, que ahora deberán tener mucho más sentido.

UCCĀRA

En este momento nos adentraremos en la segunda de las prácticas que Abhinava ofrece dentro de la categoría de *āṇava-upāya.* A esta práctica se le llama *uccāra,* que puede traducirse como "enunciación" y también como "elevación", y en ella el *prāṇa* es un elemento primordial. No obstante, antes de discutir la versión de *uccāra* que Abhinava presenta, debemos observar la forma que esta práctica toma en la tradición tántrika más amplia. En el periodo clásico, *uccāra* desempeñó un papel crucial en la *sādhanā* yóguica que casi todos los *tāntrikas* practicaban a diario. El punto nodal de *uccāra,* tal y como su nombre lo implica, es la elevación de una sílaba-semilla de poder a lo largo de canal central del practicante, hasta la coronilla. Aunque los elementos más comunes de la práctica tántrika —mantra, *mudra* y visualización—también están presentes aquí, el *prāṇa* es, como ya lo veremos, el elemento principal.

Tomemos como ejemplo la sílaba-semilla **hrīṃ**. Cuando este *bīja* asciende por el canal central, los elementos del mantra están dispuestos a lo largo de su eje; de esta manera, realizas el *mudra* apropiado en *mūlādhāra* (que de acuerdo con cada sistema, puede estar ubicado en la base de la columna, en el perineo o cuatro dedos por debajo del ombligo) y comienzas a enunciar una ***h*** apenas audible, elevándola (junto con el *mudra* y la visualización de un punto de luz brillante) hasta el ombligo, donde das inicio al sonido ***r***, que asciende hasta la base del corazón y ahí se transforma en la vocal ***ī***, que sube hasta la garganta, lugar en que la vocal empieza a nasalizarse; al llegar al nivel del paladar, el sonido se vuelve totalmente nasal, ligeramente matizado por la vocal precedente (***ī***) y justo ahí vibra con intensidad, emitiendo un sonido similar al zumbido de una abeja. Luego, el mantra sigue ascendiendo; el sonido, aún audible, se desvanece gradualmente mientras que la sutil vibración continúa subiendo hasta la coronilla y más allá de esta. Todo el proceso se lleva a cabo en una sola respiración, y se repite 3, 5, 7, 9, 12 o 108 veces. Puede realizarse con cualquier *bīja-mantra,* como haum (en cuyo caso, el sonido h asciende desde la base, la vocal "a" inicia en la base del corazón, *la "u" en la base de la garganta, y el sonido nasal a la altura del paladar).*

Ésta es, entonces, la forma estándar de *uccāra* en su esquema más básico.[115] Ten en cuenta que es improbable que esta práctica tenga éxito sin la guía de un maestro. No obstante, en su obra *Esencia de los tantras,* Abhinava Gupta divide *uccāra* en dos prácticas distintas, una que se enfoca más en el flujo del *prāṇa* y no hace un requerimiento explícito de ningún mantra, y la otra (denominada *varṇa-uccāra*), que sí requiere de un mantra. Aquí vamos a tomar en cuenta la primera de estas dos prácticas, puesto que la segunda no puede enseñarse en un libro. El *prāṇa-uccāra* de Abhinava difiere del *uccāra* de la corriente principal del tantra en dos aspectos importantes: primero, utiliza los cinco *prāṇa-vāyus* (aspectos de la energía vital), y no sólo la exhalación, y segundo, está gnósticamente sobrecodificado, lo que significa que se le interpreta en términos de conceptos espirituales liberadores. Es la forma de *uccāra* que se desarrolló dentro del llamado Trika *gnóstico (que llegó a ser la forma más longeva del* tantra en Cachemira), la que exploraremos a continuación.

Uccāra
Tal como se describe en *Esencia de los tantras*

Esta práctica puede parecer conceptualmente similar a la antes descrita Rueda de Fuego de *dhyāna,* y de hecho lo es, ya que pretende alcanzar el mismo objetivo: la comprensión de que todos y cada uno de los objetos de la experiencia constituyen una vibración de la Consciencia divina, que es idéntica a tu percepción innata. Sin embargo, en *dhyāna* la visualización es primordial, mientras que el elemento central en este *uccāra* es la sensación del flujo rítmico de la respiración. Algunos encontrarán esta última *más fácil y efectiva, pero dhyāna* les seguirá resultando más atractiva a las personas visuales.

Abhinava da seis pasos para esta práctica de *uccāra,* que corresponden a los cinco *prāṇa-vāyus* más un paso inicial, cuyo propósito es centrar y abrir a la gracia. Voy a citar sus palabras exactas, y explicaré más donde sea necesario.

1. En esta práctica, quien quiera hacer que la energía vital se eleve debe primero reposar en el espacio del corazón

En la página 386 podrás encontrar una discusión en torno a la noción de centrarse en el espacio del corazón

2. *Después, gracias a la exhalación* [prāṇa], *la percepción fluye a través de las facultades de los sentidos y descansa en un objeto externo.*

El primer paso de la práctica es hacer que tu percepción fluya a través de la exhalación "solar" que ilumina un objeto específico. Los principiantes deben utilizar un objeto físico externo, que puede ser un elemento del altar, mientras que los practicantes avanzados pueden usar algo más sutil. A medida que diriges tu exhalación hacia el objeto, siente la energía de tu consciencia fluyendo a lo largo de los canales de tus sentidos y manifestando el objeto justo frente a ti.

3. *Luego, al llenarse con la "Luna" contenida en la inhalación* [apāna], *y al traer el objeto junto con ella, él puede mirarse en todas las cosas y por lo tanto se libera de cualquier deseo por lo otro.*

En la inhalación "lunar", permite que la vibración o la "firma energética" del objeto navegue con la respiración y penetre en tu centro del corazón. Experimenta la inhalación como algo refrescante, que trae consigo la comprensión de que el objeto es y siempre ha sido parte de ti. Ésta es la razón por la que Abhinava afirma que el practicante se mira a sí mismo en todas las cosas y por lo tanto se libera de cualquier deseo por lo otro —ya que no puedes ansiar algo a menos que estés separado de él; así que en esta práctica comprendes que cualquier objeto es una

El practicante se ve a sí mismo en todas las cosas y por lo tanto se libera de cualquier deseo por lo otro.

manifestación de la verdadera esencia de tu naturaleza. Es maravilloso realizar esta práctica con objetos simbólicos hermosos en tu altar, incluyendo formas de deidades. No obstante, una vez que alcances un buen dominio, puedes ir subiendo el nivel y comenzar con la práctica más exigente de meditar en el flujo del *prāṇa* con objetos que simbolicen a una persona o situación que representen un desafío en tu vida. Al darte cuenta de que esa persona es una manifestación de la esencia de tu propia naturaleza, podrás transformar esa relación y llevarla hacia un camino más positivo (es decir, productivo).

Repite los pasos 2 y 3 hasta que sientas que has internalizado por completo la vibración del objeto.

4. *Después, y gracias al surgimiento de la ecualización de la energía vital* [samāna] *uno comienza a experimentar reposo en la unidad.*

La práctica del paso 4 es central en el yoga tántriko, y consiste en extender, equilibrar y ecualizar las inhalaciones y exhalaciones y retener el aire entre ambas. En su forma más simple, significa prolongar ambas a (por poner un ejemplo) nueve cuentas cada una, haciéndolas iguales en ritmo y fluidez, y realizar una pausa entre ellas, sosteniendo la respiración tanto como sea cómodo. Una forma intermedia sería sostener la respiración por un intervalo equivalente al de la inhalación y exhalación (por ejemplo 9-9-9). Las versiones avanzadas añaden una pausa en la exhalación (como 9-9-9-9) o bien utilizan una proporción de 1-4-2 (que puede ser 4 cuentas en la inhalación, 16 en la retención y 8 en la exhalación). Ante todo, por favor no practiques estos *prāṇāyāmas* con base sólo en este párrafo, para hacerlo necesitarás la guía de un maestro calificado.

El punto en todo esto es que si practicas por suficiente tiempo, las dos respiraciones (*prāṇa* y *apāna*) se fundirán espontáneamente en *samāna.* Cuando esto suceda lo sabrás, ya que sin ningún esfuerzo consciente de tu parte, tu respiración se volverá muy sutil, como si apenas se estuviera moviendo, y se detendrá de manera espontánea en un instante atemporal de eternidad, en el que no existen las formas de pensamiento. Esto es a lo que Abhinava llama *reposar en la unidad.* Todos los textos del tantra y del *hatha yoga* se refieren a la "unificación" de la inhalación y la exhalación, y sugieren la importancia de lograrla; cuando esto sucede, la respiración se torna, sin ningún esfuerzo, uniforme y equilibrada. Observa que en el paso 4 se afirma que *samāna* emerge en el corazón, si entendemos este término como "núcleo", podríamos situarlo en la región del ombligo o bien en el corazón físico.

5. *Entonces, cuando surge el fuego del aliento ascendente* [udāna], *él absorbe las funciones del que percibe, del objeto percibido y del proceso de percepción.*

Hay dos formas de practicar el paso 5. Luego del momento de quietud espontánea de la respiración y la mente que describí líneas arriba, puedes visualizar cómo el *prāṇa* se eleva por el canal central en una exhalación, esperando detonar su ascenso a través del poder de la percepción enfocada y la imaginación vívida (funcionará si estas últimas están lo bastante desarrolladas). También puedes esperar hasta que suceda espontáneamente y por su propia voluntad. Esto es, cuando la fusión de *samāna* se haya perfeccionado, el *prāṇa-śakti* se elevará de forma repentina (y a veces con contundencia) a lo largo del canal central en la forma de *udāna,* a la que después se le denominó *kundalinī-śakti.*[116] Abhinava dice que en este momento los tres aspectos del flujo dinámico de la consciencia –el conocedor, el acto de conocer y lo conocido—se colapsan en una unidad y se disuelven en el fuego del Supremo Conocedor, que es fundamento de los tres. Esta es la razón por la que sucede una ascensión espontánea hasta el centro espiritual más elevado, donde Śiva mora por siempre.

6. *Cuando el fuego que los absorbe disminuye y emerge la energía vital omnipresente* [vyāna], *entonces uno resplandece/vibra, libre de todas las limitaciones.*

La etapa final de *prāṇa-uccāra* no puede practicarse, sólo experimentarse. Cuando el fuego de la reabsorción se eleva por el canal central alcanza el Cielo de la Consciencia *(cidākāśa),* que está en el centro de la coronilla y es idéntico al Śiva trascendente. En este lugar el fuego se extingue (por falta de oxígeno, por decirlo de alguna manera) en el vasto espacio de quietud sin límites, que no obstante está preñado de un potencial de energía infinito. Si tu práctica se ha desarrollado lo suficiente, y no caes en algún estado inconsciente (por ejemplo, adormecido o aturdido) dentro de este Vacío infinito, entonces el *vyāna,* o la energía vital omnipresente, se derrama desde el centro de la coronilla, impregnando cada capa y cada nivel de tu ser con el néctar dichoso del Absoluto, extendiéndose por cada célula, fluyendo a través de cada poro, y permeando la totalidad de la realidad con su brillante e incandescente luz. Aquello que antes sólo se había experimentado como el Núcleo trascendente de tu propia identidad, ahora se revela a sí mismo como la totalidad de todas las cosas. *Sphurati,* dice Abhinava —él vibra y resplandece (puesto que la palabra en sánscrito significa ambas cosas), *libre de todas las limitaciones,* porque se ha convertido en todas las cosas—. Estabilizar este estado, llamado *Mahāvyāpti* o la Gran Omnipresencia (también se le conoce como *turyātīta*), significa, desde luego, la liberación y el despertar final.

Sin embargo, si los *saṃskāras* de tu existencia contraída son lo suficientemente fuertes, la experiencia de "impregnación del néctar" queda incompleta o es transitoria, y hay que volver a ella una y otra vez a través de la práctica, hasta que haya destruido los *saṃskāras* que te arrastran de vuelta al estado no despierto del ser. Abhinava escribe:

Tantrasāra: *cap.* 5

Habiendo reposado en estos niveles de uccāra, *practicándolos uno a uno, de dos en dos, o todos juntos, uno alcanza esa Realidad Suprema de la percepción centrada y arraigada, más allá del cuerpo, el prāṇa, la mente y el vacío.*

También se puede practicar *uccāra* con los *bīja-mantras* o sílabas-semilla, como Abhinava sugiere a continuación:

Ése es justo el secreto de realizar uccāra con las sílabas-semilla de creación y disolución; al sintetizarlas con la respiración, uno refinará, purificará y perfeccionará sus propias construcciones mentales hasta que estas se hayan alineado a la perfección con, y de ese modo se disuelvan en, la suprema naturaleza no dual de la realidad.

Las sílabas-semilla de las que hablamos son los mantras clave del Trika, que están asociados con Parā y Kālī, respectivamente, y que no proporcionaré en este libro. Podemos concluir esta discusión en torno a la práctica gnóstica no dualista de *uccāra* que Abhinava ofrece citando los versos que resumen esta práctica:

Al reposar, primero en la autopercepción y después en un objeto, uno debe llenarse por completo [a uno mismo] con ese objeto. Uno descansa aquí, en este estado expandido, luego la distinción entre el Conocedor y lo Conocido se disuelve rápidamente. Después, uno reposa en el estado omnipresente.

Estos cinco niveles del método uccāra -seis si incluimos [el primer paso] el espacio del corazón—son los cinco prāṇas, desde la exhalación hasta la respiración difusa, los cuales están asociados con los estados de consciencia: vigilia, sueños, estado de sueño profundo, el Cuarto y Más allá del Cuarto.

Quien está comprometido con su práctica ascenderá con rapidez a la radiante morada de la percepción de la creación y la disolución.

Karana: posturas del cuerpo y la percepción

El último tipo de práctica yóguica que figura bajo la categoría de *āṇava-upāya* o Medio Individual/Encarnado es el de *karaṇa* o posturas. Además de algunos ejemplos, tenemos poca evidencia en cuanto al significado preciso este término dentro del tantra clásico. A continuación haremos una breve exploración de estos ejemplos.

En tiempos modernos, utilizamos *āsana* para denotar toda clase de posturas físicas creadas para estirar y acondicionar el cuerpo (e idealmente, para ayudarnos a tener una experiencia integrada de nuestra encarnación); el uso de este término data del siglo XVIII, y desde el punto de vista de la tradición, existe una especie de apropiación indebida del mismo, pues el significado principal de *āsana* dentro del tantra es "trono", en específico el trono de la Deidad en nuestra práctica de visualizaciones. El tipo de trono que se visualiza es con frecuencia un *padmāsana* o trono de loto. Por añadidura, *āsana* adoptó la acepción de "asiento", razón por la que cualquier postura sentada de meditación puede recibir el nombre de *āsana,* como *siddhāsana* o *padmāsana,* (una postura sentada que recibe su nombre del trono de loto de la deidad). Sin embargo, el término general para postura en la tradición es *karaṇa,* que puede indicar inversiones, posturas de danza y ajustes internos sutiles, así como "posturas de percepción".

Āsana en el tantra generalmente significa "trono" o el asiento en nuestra práctica de visualizaciones.

¿Cuál es el tipo de *karaṇas* que encontramos en los tantras? No he realizado *aún* una exhaustiva investigación en torno a este tema, pero mencionaré algunos puntos de interés. Sin duda, la *karaṇa* más importante entre las descritas en los tantras es la llamada *divya-karaṇa* o "postura divina". A esta sutil postura para la cabeza, el cuello y el rostro se le considera crucial para lograr una meditación exitosa. Mis instrucciones para adoptar una postura de meditación, que incluyen la *divya-karaṇa,* van como sigue:

> Siéntate en un cojín que te eleve las caderas, de forma que queden por lo menos a la altura de las rodillas. Inclínate hacia ade-

> lante y jala hacia atrás la carne de los glúteos y muslos superiores y luego siéntate recto, creando una suave rotación en las caderas que le permita a la columna alargarse hacia arriba más fácilmente. Enraíza los isquiones con firmeza mientras la coronilla se eleva, creando elongación en la columna. Deja que tu cabeza flote en la parte superior de la columna, como si fuera un lirio acuático flotando en la superficie de un estanque. *[Divya-karaṇa:]* Mantén la parte posterior del cuello alargada y haz que la barbilla caiga con suavidad hacia adelante, aflojando los dientes y soltando la mandíbula. Suaviza y suelta todos los músculos del rostro (tal vez quieras darte un masaje con los nudillos desde el borde de las cejas hasta la línea de la mandíbula para ayudar a que se liberen). Deja que tus ojos se hundan en sus cuencas. Al final, enrolla suave y ligeramente la lengua hacia arriba y lleva su punta en dirección a la coronilla. Todos los demás músculos de la cabeza y el rostro deben estar flojos.[117]

Esta simple pero importante *karaṇa* puede significar un profundo impacto en tu capacidad para dejarte ir en la meditación. En cuanto al resto de las *karaṇas,* sabemos que el vasto compendio tántriko de *Jayadratha-yāmala-tantra* incluye formas de danza llamadas *karanas,* que se prescriben a aquellos que están realizando un tipo de *sādhanā* de veneración a la Diosa que implique vestirse e imitar a cualquier forma de la Diosa que constituya el punto focal de su devoción, aunque estos pasajes nunca han sido traducidos. También debemos observar que una de las posturas modernas de yoga aún conserva ese antiguo nombre, me refiero en específico a *viparīta-karaṇī,* la sencilla y al mismo tiempo poderosa inversión que describen los textos del *haṭha-yoga.*

En el capítulo 32 de su obra *Tantrāloka,* Abhinava Gupta da a entender que las palabras *karana* y *mudrā* son casi sinónimos. Para Abhinava (así como para los manuales de *hatha-yoga), mudrā* no sólo significa "gesto con la mano" sino cualquier postura de las manos, el cuerpo o incluso la consciencia que surge de forma espontánea en la meditación profunda o durante una experiencia mística *(samāveśa)*. En su definición, Abhinava alude al sentido literal de *mudrā*, que es "sello" o "señal", en el sentido de que un *mudrā* es un símbolo de consciencia despierta. Abhinava recomienda a aquellos quienes desean alcanzar el despertar que adopten y practiquen los *mudrās* que la *kuṇḍalinī-śakti* ha revelado a los meditadores avanzados. De la misma forma en que un *mudrā* espontáneo es un signo de consecución, uno puede usar un *mudrā* para sellar la experiencia del despertar de la consciencia. Dicho en otras palabras, y haciendo uso del lenguaje de Abhinava, un *mudrā* es un reflejo del estado interno y al mismo tiempo un medio para darse cuenta de ese estado (dependiendo si la trayectoria es hacia afuera o hacia adentro, respectivamente).

Un *mudrā* es cualquier postura de las manos, el cuerpo o la atención que surge de forma espontánea en la meditación y se le considera una señal de una consciencia despierta.

Para Abhinava, el *mudrā* más importante es el llamado *khecarī*, cuyo significado literal es "moverse en el cielo [de la consciencia]". La verdadera naturaleza de este *mudrā* ha sido olvidada desde los tiempos de los textos de *haṭha-yoga*, los cuales describen un proceso muy distinto (y un tanto estrafalario) bajo ese mismo nombre.[118] Abhinava dedica la mayor parte del capítulo 32 al *khecarī-mudrā*, que es en esencia el nombre para un procedimiento que tiene como finalidad intensificar la "energía central" (un nombre que se le da a la *kuṇḍalinī-śakti*) que está en la base de la columna y hacerla subir hasta la coronilla, con lo que se alcanza un estado elevado de consciencia. Como sucede con todas las formas de yoga tántriko, esto se consigue por medio de una combinación de control de la respiración, visualización y mantra.

Tantrāloka: *32.18–20*

Habiendo abandonado el estado de vacío [ākāśa], *él alcanza el Ser puro. Él cumple, al unificar el Tridente [de los Poderes], como un líquido disolviéndose en un líquido. Al experimentar el Tridente como un simple báculo [de energía], elevándose a través de los [tres] espacios, oh Amado, él adopta el Khecarī Mudrā, meditando en sí mismo bajo la forma de Bhairava, acogido por [las* Yoginīs*] del círculo de Khecarī.*

PŪJĀ: LA CEREMONIA DE VENERACIÓN

La práctica final que Abhinava incluye dentro de su clasificación de *āṇava-upāya* es *pūjā*, la veneración ritual, que él pefiere llamar *sthāna-prakalpana* y define como "visualizar [y venerar] las estructuras internas en los sustratos externos". A pesar de ser especializada, esta definición de *pūjā* nos señala un elemento clave en la veneración tántrika para todos los *tāntrikas*, que consiste en un procedimiento para convocar la energía de una deidad en particular en una forma que pueda acogerla de forma temporal, y luego venerar esa energía, esa vibración particular de la única Consciencia, sin confundirla nunca con la forma o imagen en la que está contenida. Aunque esta veneración es desde luego la consumación del rito, la mayor parte del ritual de *pūjā* tiene que ver con las purificaciones y "divinizaciones" que hacen posible convocar la energía de la deidad. Todo esto tiene sentido, puesto que son nuestros obstáculos kármicos y nuestra percepción contraída lo que nos impide experimentar el poder divino que en realidad está presente a cada momento. Son estas tecnologías de divinización y convocación la excepcional contribución que el tantra hizo al ámbito de los rituales indios (aunque el rito de la convocación está sin duda ligado a formas mucho más antiguas e indocumentadas de chamanismo).

EXCURSO EN TORNO A LOS DIOSES, ESPÍRITUS Y LA VISIÓN TRADICIONAL DEL MUNDO

Al articular estas tecnologías, el tantra generó un cambio en el paradigma de las religiones de la India, pues integró formas de la religión popular en una sofisticada práctica yóguica. Como podrás ver, en la época en que comenzó el movimiento tántriko (siglo v), la antigua religión védica se había vuelto tan mecanizada en sus rituales que hasta sus propias autoridades creían que las deidades que se nombraban en dichos rituales no existían más allá de sus nombres. Aunque tales nombres eran mantras, los ritualistas no consideraban que tuvieran propiedades místicas. De hecho, en aquella época las autoridades védicas más conservadoras

El tantra generó un cambio en el paradigma de las religiones de la India, pues integró formas de la religión popular en una sofisticada práctica yóguica.

eran firmemente ateas, e incluso enseñaban que los rituales debían llevarse a cabo por ningún otro motivo que el hecho de que los Vedas así lo indicaban. Estas autoridades tampoco veían ninguna verdad en los mitos e historias de los Vedas, que según sus palabras, no tenían otro propósito que el de inspirar a las personas impresionables para que llevaran a cabo los rituales. Todo esto es muy distinto de la Visión tántrika, que es más parecida a la religión popular en cuanto a que considera que mundo entero es un lugar lleno de energías, algunas de las cuales pueden llamarse "espíritus", y sostiene que estos espíritus pueden contactarse a través de la vibración sonora de sus mantras.

Tomemos un momento para explorar esta visión, que con frecuencia es malentendida. Primero que nada, es importante tomar en cuenta que los cuestionamientos que los occidentales plantean cuando se topan con esta visión del mundo tradicional no son necesariamente los mismos que harían quienes están dentro de la tradición. Por ejemplo, debido a que la psicología es el sistema de creencias dominante en el occidente moderno, los occidentales querrán saber si los espíritus de la visión tradicional están concebidos como agentes independientes, ya que de lo contrario podrían explicarse en términos psicológicos como aspectos de nuestra propia mente —lo que hace sentir cómodos a la mayoría de los occidentales y los anima a asentir juiciosamente, con entendimiento y concordancia—. Nos encanta escuchar información que elabore y confirme que aquello que ya hemos decidido (o que estamos programados para creer) es cierto. Los occidentales nos sentimos muy cómodos, si acaso un poco solos, con nuestra arraigada creencia de que los humanos somos los únicos seres autoconscientes, y que ciertamente no existen otros seres conscientes que los cinco sentidos que conocemos no puedan percibir. No obstante, antes de desechar todas las demás posibilidades, deberíamos ponderar el hecho de que ninguna sociedad tradicional ha estado jamás de acuerdo con este punto de vista; de hecho, hay que observar que son las sociedades tecnológicas modernas, las cuales han perdido su conexión íntima con la naturaleza, las únicas que sostienen esta visión. Para el ser humano tradicional, que vive en la naturaleza, el mundo está lleno en su totalidad de seres visibles y no visibles con quienes debe convivir en un delicado y respetuoso equilibrio. Estos seres conforman una vasta jerarquía en forma de un *mandala* de poder consciente, del cual nosotros somos sólo una parte. Algunos de estos espíritus son vistos como esencias de aspectos tangibles de la naturaleza, como los espíritus-árbol *(yakṣas)* y los espíritus-serpiente *(nāgas)*, mientras que otros no están conectados con ningún rasgo de la naturaleza en particular. Ahora bien, no estamos distorsionando demasiado la visión tradicional de la India si consideramos a estos espíritus como energías, patrones de flujo de la energía vital. Aunque es cierto que los más tradicionales consideran que tanto los espíritus como los dioses poseen agencia (volición consciente), estas personas también son de forma instintiva menos dualistas que nosotros; esto quiere decir que a pesar de que sus interacciones rituales con los espíritus puedan parecernos como una negociación con una entidad independiente e invisible, quienes realizan estos rituales los ven como un simple elemento de su papel en el patrón natural, la respuesta orgánica a cómo la energía fluye en su entorno. Lo anterior se sustenta en el hecho de que la gente que habita en las zonas rurales de la India que no cree en los espíritus como entidades independientes realiza los mismos rituales que quienes sí tienen esta creencia.

La pregunta en torno a la existencia e independencia de espíritus parece cobrar relevancia para los occidentales, ya que el hecho de que los antiguos *tāntrikas* de verdad creyeran en todo ese "sinsentido supersticioso" da por resultado que nos sintamos tentados a desechar esta visión del mundo en su conjunto. Esta pregunta también surge del miedo, es decir, a los materialistas occidentales con frecuencia les asusta sobremanera el confrontarse con cualquier evidencia de lo sobrenatural, que (tal vez como resultado de la influencia del racionalismo cristiano) por instinto consideran como amenazante y malévolo. Sin embargo, la perspectiva tradicional india en torno a los fantasmas y entidades similares es muy realista; eso significa que estos espíritus invisibles son vistos sólo como un reto más con el que hay que lidiar en la vida, y por lo regular no son algo que cause miedo en particular. Si vives en respetuosa armonía con los seres invisibles, éstos no se meterán contigo. Estos seres son tal como los humanos, algunos son bondadosos, otros son malvados, y a la mayoría de ellos no podrías importarles menos.

Ahora que ya hemos abordado la visión tradicional, detengámonos en la visión de un *tāntrika* en torno al mundo invisible. Al ser no dualista, este individuo es de forma natural monoteísta, es decir, sostiene que no hay muchos dioses, sino Uno solo. En el contexto indio, esto *no* significa que se venere a la Deidad bajo un solo nombre (que es la forma en que lo entienden los monoteístas en occidente). En lugar de eso, se rinde homenaje a muchas deidades como expresiones del Uno (sabiendo esto, ya puedes entender cómo es que para un indio es más fácil creer que todos somos hijos de Dios, encarnaciones divinas, en la misma proporción). La deidad que se convoca y venera en el ritual de *pūjā* es siempre un aspecto de la Divinidad Superior *(parameśvara)*, pero debido a que este aspecto posee sus propios atributos y cualidades, se le propicia para un propósito en específico y en una forma única a ese propósito.

En su discusión en torno a los rituales, Abhinava Gupta con frecuencia enfatiza la comprensión no dualista, puesto que el ritual puede parecer muy dualista. Por ejemplo, debido a que la Deidad —en cualquiera de sus muchas formas— es omnipresente, aquello a lo que usualmente se le llama "invocar" es entendido de forma correcta como "evocar la percepción" de la presencia en esa forma de la Deidad. Ya que la realización del ritual diario era, desde el punto de vista histórico, el aspecto más prominente y visible de la práctica tántrika, investiguemos este tema de forma más exhaustiva, comenzando por la teoría no dualista del ritual.

Sólo Dios puede venerar a Dios: La teoría del ritual tántriko

Cuando investigamos las prácticas tántrikas del yoga y el ritual, las divisiones y diferencias irreconciliables que parecen ser tan claras en el nivel de la doctrina, por ejemplo el dualismo en comparación con el no dualismo, con frecuencia se disuelven. Lo anterior significa que aunque la perspectiva de la doctrina dualista Saiddhāntika sostenga que el alma individual y Dios están eternamente separados, también afirma, junto con los no dualistas, que sólo Dios puede venerar a Dios, y que por lo tanto, para poder venerar a Śiva uno debe transformarse en Śiva. La diferencia entre convertirte en "un" Śiva y meditar en tu naturaleza de Śiva, innata y universal puede ser importante para los filósofos, pero a los practicantes quizá les resulte un tema meramente académico, sobre todo porque en ambos casos las formas del ritual son más o menos idénticas. Recuerda que la tradición tántrika comparte la misma estructura ritual y los mismos tipos de práctica yóguica, sin importar cuál sea su doctrina.[119] Lo que distingue a tu linaje de los demás es más que nada el mantra específico con el que se te otorgó la iniciación, la forma de la Deidad a la que este corresponde, así como el séquito de deidades del mantra relacionadas a esa forma. A nivel secundario, aquello que te distingue a ti es el entendimiento que cimenta y estimula tu práctica, y al decir nivel secundario me refiero a la perspectiva de los manuales de la práctica, porque de hecho la visión que sostienes en torno al ritual y durante la realización del mismo resulta ser crucial, ya que dirige la energía de tu esfuerzo hacia un determinado objetivo, que puede ser la liberación espiritual o algo menor.

Aquí es donde los dualistas y los no dualistas toman caminos separados en el ámbito del ritual: los primeros no creen que sea importante que el ritual genere una experiencia interna, mientras que los segundos afirman que el ritual solamente es significativo y efectivo en la medida en que logre provocar una experiencia interna. Dicho de otra forma, los no dualistas se resisten con rigor a la tendencia de rutinización y mecanización que existe en todas las religiones. Alexis Sanderson aborda este tema en su fundamental y magistral artículo titulado "El significado en el ritual tántriko", donde explica que el ritual puede carecer de significado, ser significativo en grado débil, o bien ser significativo en grado fuerte. El ritual es significativo en grado débil si quien lo realiza posee un entendimiento intelectual del significado simbólico del ritual y su propósito; sin embargo, el ritual se vuelve significativo en grado fuerte cuando evoca y expresa una percepción liberadora de la realidad a medida que el practicante lo realiza.[120] Hacer que esta percepción liberadora sea alcanzable para el practicante es justo el objetivo de Abhinava al presentar su teoría del ritual en el capítulo 15 de *Luz sobre los tantras,* que discutiremos más adelante.

Primero, debemos comprender que para Abhinava todos los actos de veneración son modalidades de *samāveśa,* es decir, métodos para representar y experimentar la inmersión en la Realidad divina, que es tanto el camino como la meta. Por sorprendente que resulte, la veneración ritual logra esta inmersión a través del mismo método que la meditación contemplativa de la Verdad máxima utiliza para llegar al mismo objetivo, es decir, *vikalpa-saṃskāra,* que significa "refinamiento y purificación de las construcciones de pensamiento con el fin de alinearlas con la naturaleza de la realidad" (ver la sección en torno a *śākta-upāya).* Puede que no parezca que tal sea el resultado de toda esta parafernalia ritual, pero para un no dualista como Abhinava, para quien la impureza básica *(mala)* no es una sustancia sino simple ignorancia, el ritual *debe* ser una forma de *vikalpa-saṃskāra* si es que siquiera se le va a incluir en su sistema. Abhinava tampoco consideraba que se pudiera prescindir del ritual diario, ya que éste constituía la forma mejor establecida de la práctica tántrika, la base misma de la tradición. No obstante, se arriesgó a generar controversia al argumentar que algunos seres excepcionales poseen la aptitud de alcanzar la realización total sólo a través del poder de la percepción, sin tener que recurrir a ningún tipo de acción, y que por lo tanto no necesitan llevar a cabo las prácticas de yoga y *kriyā* (ritual). La razón por la que Abhinava presenta los otros *upāyas* antes de *āṇava-upāya* es porque existe una pequeña posibilidad de que puedas alcanzar la liberación y el despertar total a través de cualquiera de ellos, sin necesidad de llevar a cabo las prácticas de *āṇava.* Pero una vez más, presta atención al hecho de que otras autoridades argumentan que las prácticas basadas en el cuerpo son necesarias para todos, y que incluso si no lo fueran, sería peligroso para tu práctica el suponer que tú eres uno de esos pocos que pueden alcanzar la liberación total sólo a través de la reflexión y la intuición. Lo que es cierto es que 1) *todos* nos beneficiamos de las prácticas fundacionales (que incluyen la purificación y alineación de la mente y el cuerpo), y 2) nadie alcanza la liberación total por medio de estas prácticas, a menos que la práctica misma consiga penetrar en todos los niveles del ser.

Incluso si consideras que eres uno de esos raros seres que no la necesitan, la práctica diaria de yoga y *kriyā* sin duda te aportará beneficios, ya que estabilizará, integrará y acrecentará las realizaciones espontáneas de la Verdad que hayas experimentado. Si como yo, alguna vez has tenido una experiencia espiritual maravillosa que te haya hecho pensar que bien podrías morar por siempre en la consciencia que ésta te trajo, y al mismo tiempo te das cuenta que se escapa durante los días y semanas subsecuentes, es porque tu práctica diaria fue insuficiente. No lograste mantener la energía de esta experiencia porque el recipiente era débil y permeable. La práctica fortalece ese recipiente y tapa sus fugas. El maestro Abhinava Gupta ciertamente no necesitaba seguir una práctica diaria de yoga y *kriyā,* pero la realizaba de todas maneras, ya fuera por puro placer, o quizá porque aun el estado de despertar final, que no es estático, requiere que se le nutra de forma constante (si lo que buscas es un camino cuya meta sea el cese total, un punto en el cual puedas finalmente detenerte, entonces el tantra no es tu camino).

Volvamos ahora a la noción en torno al significado del ritual y el entendimiento que podemos cultivar a través de él (debo mencionar que con frecuencia asocio yoga con ritual ya que hay un estrecho vínculo entre ambos elementos. Todos los rituales tántrikos contienen elementos yóguicos, y todas las prácticas de yoga tántriko están en cierta medida ritualizadas). En su otro artículo principal, "Mandala e identidad āgámica", Sanderson explica cómo la realización del ritual, cuando se le entiende adecuadamente, puede ser una forma de *vikalpa-saṃskāra.* Al llevar a cabo sus ritos diarios, el *tāntrika* está ensayando la intuición liberadora en torno al hecho de que su verdadero ser es el terreno no diferenciado de la Deidad, que contiene los poderes divinos de la Consciencia en una fusión dichosa *(cidānanda-sanghaṭṭa).* Sanderson argumenta que, través del monólogo interno del ritual, el practicante menoscaba esa identidad que existe dentro del mundo de los sujetos y objetos mutuamente excluyentes, y utiliza el espejo de su *mandala* para proyectar la visión de su verdadera identidad, que es un Ser que todo lo contiene y que abarca no sólo al "yo" ordinario, sino a *todos* los "yos" y también al mundo de los objetos y valores que le hacen creer que es un ser condicionado. De esta forma, el ritual y la meditación tienen el propósito de crear un campo de percepción en el que los límites que confinan a este ser inferior y público están ausentes. A través de la repetición constante *(abhyāsa),* el practicante transforma la proyección visionaria y la contemplación creativa *(bhāvanā)* en su identidad fundamental, y las experimenta a cada momento. Sanderson concluye con estas palabras: "Por lo tanto, la esencia de la Palabra escritural que penetró a través de la iniciación habla de forma cada vez más clara y consistente, como el continuo de su ritual y su meditación, hasta que al fin se queda en silencio, en un autoconocimiento indubitable".[121]

Ahora que contamos con esta explicación, que Sanderson plasma de forma tan bella, como marco para guiar nuestro entendimiento, enfoquémonos en lo que escribió Abhinava Gupta en torno a este tema en la parte central del capítulo 15 de *Tantrāloka,* obra que tuve la fortuna de estudiar con el propio Sanderson en la Universidad de Oxford. Abhinava dice que en el TSND la veneración ritual conlleva un "estado de identidad de todos los factores de acción con Śiva" (*Tantrāloka* 15.147).

Los factores de acción son el agente del ritual, el objeto de su veneración, el o los instrumentos de veneración, el propósito de la veneración, el punto desde el cual surge la veneración y el enfoque de la veneración (estos elementos corresponden a los distintos casos gramaticales del sánscrito). En otras palabras, Abhinava nos dice que el correcto entendimiento que hay que cultivar durante la realización del ritual es el siguiente: "Yo, Dios, venero a Dios, por medio de Dios, en Dios, desde Dios y en aras de Dios".[122] A esto se le conoce como "la no dualidad de los factores de acción", y es el darse cuenta de que todos estos distintos elementos —causa, efecto, agente, instrumento y propósito discursivo— son diferentes sólo desde la perspectiva de la mente. De hecho, todos estos elementos son Consciencia, la única luz blanca difractada en un espectro de colores para crear bellas obras de arte. Este punto de vista presenta el ritual como un juego, que se juega por la única razón de expresar y encarnar nuestra divinidad innata. Este no sólo resulta el único enfoque posible en torno al ritual desde la perspectiva de un no dualista; también resulta crucial que lo comprendamos de esta manera si lo que queremos es evitar que se fortalezca el *āṇava-mala* que resulta de un ritual llevado a cabo con la falsa visión de "yo, una criatura patética e indefensa, hago una petición a una deidad separada, esperando ser bendecido con algún beneficio". Esta visión no sólo es falsa por las razones obvias, también lo es porque el objetivo de la liberación nunca podrá alcanzarse por medio de la acumulación de beneficios; en otras palabras, no es más que materialismo espiritual, un insidioso impostor que se hace pasar por la verdadera vida espiritual.

Abhinava enseña que el ritual que se realiza desde un entendimiento no dualista es un terreno de práctica, un espacio para ensayar la experiencia de la no dualidad en la vida diaria. El ritual de veneración es un paradigma que debe realizarse y encarnarse en las actividades cotidianas. Él escribe:

Ver p. 164

Así como un caballo bien entrenado mantiene la disciplina de su entrenamiento cuando se le sueltan las riendas, incluso en medio de la más caótica batalla, alguien que a través de la práctica de la veneración ha convertido todos los factores de acción en Dios, disipa la dualidad de esos factores de acción, incluso en las acciones cotidianas.

Tantrāloka *15.149–150*

Lo anterior nos dice que al practicar la percepción no dualista dentro del contexto intensificado y controlado de la acción del ritual estamos pavimentando el camino para el surgimiento espontáneo de la percepción no dualista en todas nuestras actividades mundanas. En otras palabras, a través del principio de "derrame", una vez que hemos experimentado la no dualidad de los factores de acción con la suficiente intensidad en el contexto del ritual o del yoga, comenzamos a experimentar lo mismo en la vida diaria: lavar la vajilla, caminar por la calle, cuidar a los niños o lavar ropa, todo se convierte en el hermoso juego de Dios, el único Actor, la única luz, difractada en esta gama de colores. Sin la dualidad de la acción (el mundo mental de "necesito hacer esto; si le doy esto a tal persona, entonces sucederá aquello; él me hizo esto y ahora tengo que hacer aquello", etcétera), nos relajamos en el flujo y en la soltura, escuchando y actuando a favor de los movimientos orgánicos del patrón más profundo y entregando su realización (para algunos, esto puede sonar como un logro muy elevado, pero de hecho es tu estado natural, que se revela cuando se disuelven tus construcciones mentales en torno a la acción). De hecho, si esta visión no se derrama en tu vida diaria, significa que aún mantienes la división artificial entre la vida espiritual y la mundana, que es característica de las religiones dualistas. Si percibes esta división, entonces el tantra te desafía a borrar esos límites artificiales, ya que la vida espiritual no sirve a su propósito real si permanece confinada en el estudio de yoga o en la sala de meditación.

Abhinava culmina esta fascinante y crucial discusión con uno de mis pasajes favoritos de todos los tiempos, que está empapado en la alegría de su consciencia plenamente despierta:

Tantrāloka *15.151ff*

> *Para aquel que se dedica a la práctica constante de la unidad en esta forma, todo el Universo explotará poderosamente en vida, revelándose a sí mismo como [es en realidad:] bailando en el éxtasis de la intensa animación de su divinidad perfecta y que lo abarca todo.*[123]

Como lo dijo el gurú de mi gurú en su Himno a la Veneración: "¡Oh!, el extraordinario festival que es la veneración a Dios, lleno de dulce néctar, en el que se despliegan los treinta y seis niveles de la realidad en su totalidad."[124]

Quienes realizan una veneración de este tipo alcanzan el estado en el que se sumergen en la experiencia del Universo como la perfecta plenitud de Dios, y son también divinos. ¿Qué objetivo les queda por lograr a aquellos que ya están perfectamente completos?[125]

Encontramos un sentimiento similar, quizá inspirado por este pasaje, en el himno de Nāga, *Treinta versos en torno a la verdadera veneración,* un himno Krama que afirma que el rito de veneración que carece de una experiencia espiritual difícilmente merece ser llamado como tal.[126]

¿Qué tipo de veneración es aquella en la que uno no se libera de los trabajos de la vida mundana y no contempla la totalidad que, hermosa junto con el despliegue del corazón, impregna el cielo de la Consciencia como el ciclo de sus cinco flujos?

¿Qué tipo de veneración es aquella en la que uno no descubre el auge de la expansión de la consciencia dentro de todos y cada uno de los movimientos de percepción, que se cobija en la repentina meditación [sāhasa-samādhi], *inundada con percepción pura y vibrante? (Treinta Versos en torno a la Verdadera Veneración de Nāga)*

Queda claro que para algunos linajes del TSND, el ritual de veneración *(pūjā),* al igual que todas las demás prácticas, era una forma de propiciar el despertar de la consciencia.

La estructura del ritual tántriko

Ahora que ya tenemos una buena noción tanto de las razones por las que se realizaba el ritual dentro del TSND, como de la actitud que debía cultivarse a lo largo de su celebración, dirijamos nuestra atención al aspecto que tiene el ritual en sí mismo. Observa que aquí utilizo el tiempo presente, pues ésta es la faceta del tantra que ha sobrevivido de manera más obvia a las vicisitudes del tiempo y a las conquistas extranjeras. Las formas del ritual que se conservan hasta el día de hoy en los templos de Śaiva y Śākta están fuertemente impregnadas por el modelo tántriko, aun cuando quienes llevan a cabo estos rituales puedan no estar conscientes de este hecho.

No obstante, el corazón de la práctica del ritual tántriko durante el periodo clásico no tenía nada qué ver con los templos o la religión pública, por el contrario, su cimiento lo constituían los ritos que los iniciados realizaban cada día en privado, con su pequeña imagen personal consagrada. Cuando observamos la corriente principal del tantra en la época de su florecimiento, podemos ver que ser un tántrika ante todo significaba ser un iniciado en la veneración de un mantra-deidad tántriko y venerar a esa deidad todos los días.

¿Qué son en realidad esas "deidades" *(devas)*? La respuesta a esta pregunta varía enormemente dependiendo de la secta de la que estemos hablando. Para algunos, estas deidades son consideradas "personas", seres poseedores de un poder más allá de la comprensión, con quienes podemos relacionarnos; seres cuyo poder aumenta a través de nuestra veneración, al tiempo que nos transmiten sus bendiciones. Para otros, las deidades no son otra cosa que vibraciones particulares de la Luz (*deva* de hecho significa "el brillante"), frecuencias armoniosas, por decirlo de alguna forma, de la Única energía, que nosotros experimentamos como los diversos sabores de la Consciencia exaltada. Lo que yo encuentro interesante es que los *tāntrikas* pertenecientes a ambos extremos del espectro que acabo de describir concuerdan en que el mantra primario de una deidad *es* la deidad misma en forma de sonido. Lo anterior nos dice que, al contrario

Las deidades o "los brillantes" son vibraciones particulares de la Luz.

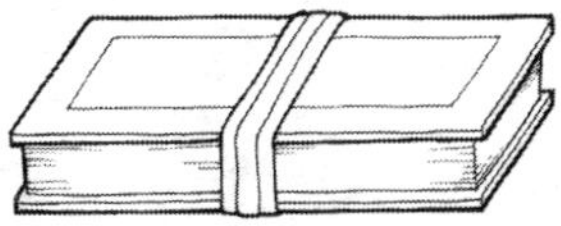

de lo que ocurre en otras religiones, tú puedes (y debes) tener contacto directo con tu deidad todos los días; al recitar el mantra estás acariciando el "cuerpo sónico" de la deidad con la lengua. Desde luego que debes haber recibido la iniciación en el mantra en cuestión para que este pueda cobrar vida (*caitanya*) para ti (aunque en raras ocasiones, un mantra puede cobrar vida de manera espontánea para alguien en específico—si esto te ha sucedido a ti, lo sabrás sin necesidad de cuestionártelo). Un mantra muerto o inerte (*jaḍa*) es tan sólo una palabra.

De este modo, cuando indagamos en la naturaleza de la deidad tántrika, encontramos cuatro aspectos en juego: en tres "cuerpos" (*mūrti*) y una esencia (*svabhāva*). Desde el más grueso hasta el más sutil, desde el menos esencial hasta el más esencial, tenemos: 1) la imagen antropomórfica e iconográfica de la deidad (que posee un gran número de brazos y sostiene ciertos implementos simbólicos, etcétera); 2) el *mandala* o diagrama místico de la deidad (conocido hoy en día como yantra);[127] 3) el mantra de la deidad, y 4) la esencia de la naturaleza o energía de la deidad, que puede o no habitar en cualquiera de los tres cuerpos anteriores. El mantra es el más esencial de estos tres cuerpos porque la energía de la deidad *siempre* se transmite en el mantra, si es que ya lo has recibido en estado vivo, es decir, si un gurú o *ācārya* calificado, para quien este mantra esté plenamente vivo, te ha otorgado la iniciación. En contraste, la deidad puede convocarse en los dos primeros cuerpos cada vez que se realice la veneración. Ésta es la razón por la que utilizamos la expresión "mantra-deidad" cuando nos referimos a la forma fundamental de energía con la que un iniciado trabaja durante el ritual. Recuerda que en el periodo clásico la denominación con la que el tantra shivaíta se llamó a sí mismo fue *Mantra-mārga*, "El Camino de los Mantras", ahora empiezas a entender por qué.

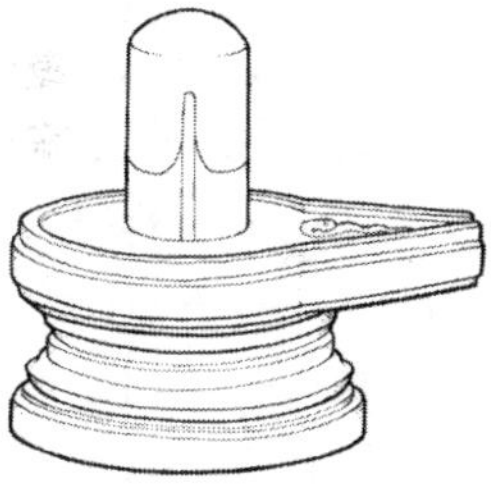

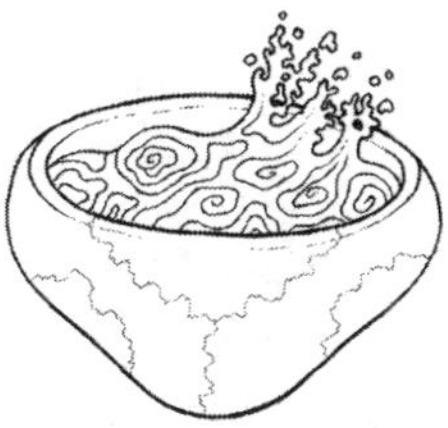

Un practicante también puede convocar la energía de la deidad hacia otros sustratos prescritos (cualquiera de los cuales puede funcionar como el cuerpo número uno arriba mencionado), la lista clásica va como sigue: una superficie lisa como de espejo, un *liṅga*, un rosario *(mālā)*, un recipiente hecho a partir de un cráneo, un báculo de cráneo *(khaṭvāṅga)*, una estatua que puede estar hecha de cedro de los Himalayas, oro, o barro quemado y pintado, una espada, un espejo, una escritura tántrika, una imagen de la deidad pintada en tela, o una imagen grabada en un cráneo humano.[128]

Aquí es crucial observar que la energía de la deidad también puede convocarse hacia un sustrato *interno* (como puede ser una visualización), lo mismo que hacia uno externo (como una estatua, una imagen o un diagrama místico). De hecho, el rito interno es primordial, pues el rito externo no puede llevarse a cabo sin el interno, pero no a la inversa.

ESQUEMA DEL RITUAL TÁNTRIKO DE ACUERDO CON LAS FUENTES ORIGINALES[129]

El ritual tántriko diario consta de estos tres componentes básicos:

I. Veneración a los guardianes de la puerta y remoción de obstáculos
II. Cinco tipos de purificación/divinización (*pañca-śuddhi*) y veneración interna (*antar-yāga*)
III. Veneración externa

La veneración externa puede omitirse en ciertas ocasiones (de acuerdo con algunas autoridades), lo que nos dice que la veneración interna es el elemento indispensable de la práctica diaria. Incluso quienes omiten la veneración externa siempre la realizarán en los días (o noches) sagrados para la tradición, como la octava y decimocuarta noche de cada ciclo lunar. El segundo y tercer elemento representan un complejo conjunto de procedimientos que pueden resumirse de la siguiente forma:

II. Cinco tipos de purificación/divinización *(pañca-śuddhi)*:

1. Purificación del sitio

2. Purificación del cuerpo físico y el cuerpo sutil, seguida por un proceso de veneración interna *(antar-yāga)* y meditación en uno mismo como manifestación de la deidad *(śiva-karaṇa).*
3. Purificación de los materiales de veneración
4. Purificación de los mantras
5. Purificación del *liṅga* o icono

III. Veneración externa

1. Veneración al trono de la deidad *(āsana)*
2. Colocación del sustrato de la deidad o forma-semilla *(mūrti)*
3. Invocación a la energía de la deidad
   a. *āvāhana* (invocar)
   b. *sthāpana* (establecer)
   c. *sannidhāna* (fijar)
4. Colocación de las "extremidades" y la comitiva de la deidad (en forma de mantras)
5. Veneración: ofrendas consistentes en:
   a. agua para lavar los pies y enjuagar la boca
   b. *arghya* (una mezcla de agua, hojas de hierbas y sustancias fragantes)
   c. flores *(puṣpa)*
   d. incienso *(dhūpa)*
   e. flama *(dīpa)*
   f. comida *(naivedya)*
6. Mostrar el *mudrā*
7. *Japa* (repetición de los mantras de la deidad), ofrenda del *japa*
8. Circunvalación *(pradakṣiṇa)*, postración
9. Ofrendas de fuego *(homa).* Opcional de acuerdo con algunos.
10. Ofrenda del ritual y sus frutos *(karma-nivedana)*
11. Disolución del *maṇḍala (visarjana)*

Este esquema de 16 pasos está en cierta forma abreviado, pero nos da una idea de la complejidad del ritual tántriko. Realizar una versión más elaborada puede tomar casi tres horas, mientras que la versión simplificada se lleva a cabo en la tercera parte del tiempo. Éste es un ritual estratificado en su significado, aunque el agente del ritual no necesita entender el significado y función específicos de cada etapa para sentirse conmovido por su totalidad. A continuación discutiremos algunos de los puntos sobresalientes. No pierdas de vista que esta relación está lejos de describir un tratamiento completo.

I. Veneración a los guardianes de la puerta y remoción de obstáculos

De acuerdo con la visión ancestral de la India, los seres de todos tipos se sienten atraídos hacia los centros de poder, como los animales salvajes a un pozo de agua, y no todos ellos serán benevolentes hacia tu práctica, por esto, el espacio del ritual se debe limpiar y proteger con mantras y visualizaciones. Una de las primeras acciones que se deben hacer antes de entrar al espacio sagrado *(yāga-gṛham),* es impregnar una flor con nuestro mantra-arma y llevarla al santuario. La función de la flor será la de una especie de granada, que expulsará a los diversos espíritus que flotan en el entorno. Como ya lo hemos visto, esta práctica se lleva a cabo aun si no crees en estos *vighnas*, o seres que pudieran obstaculizar tu veneración, puesto que en lo que seguramente sí crees es en los "impedimentos para el yoga", que son la pereza, la enfermedad, la negligencia, la apatía, la incertidumbre, la falta de concentración, la falta de confianza, la depresión, la distracción, la inhibición, y por encima de todo, el desinterés. Ahora bien, la palabra en sánscrito que se da a estos estados de la mente es *vighna*, la misma que se utiliza para referirse a los espíritus que nos generan impedimentos, lo que nos dice que los primeros son en realidad encarnaciones de los segundos. La mente tradicional no percibe ninguna diferencia relevante entre las dos acepciones de la palabra, y en caso de que tú sí la distingas, quizá tampoco tenga importancia. Los *vighnas*, del tipo que sean, deben ser removidos antes de iniciar el ritual, y es por eso que al inicio de cualquier tarea honramos a Ganesh, también conocido como *Vighneśvara.* Observa que el solo hecho de realizar *namas* (activar el sentimiento de devoción con una reverencia) ayuda por sí mismo a disipar estos obstáculos.[130]

II. Cinco tipos de purificación/divinización

Una vez disueltos los impedimentos y los obstáculos, el espacio se consagra y se sella energéticamente. Esto se lleva a cabo, como en todas las acciones en el ritual tántriko, a través de una combinación sincronizada de mantras, *mudrās* (gestos hechos con las manos) y visualización. Esta integración de las facultades del cuerpo, la mente y el espíritu en una sola acción también es crucial para determinar el impacto que el ritual tendrá en nuestro ser.

En el ámbito dualista, antes del ritual es necesario llevar a cabo la purificación de uno mismo, del sitio, de los implementos del ritual, de los mantras y de la imagen o sustrato. El no dualista realiza las mismas acciones, pero las entiende desde otra perspectiva, la de purificar su *percepción* de estos objetos, es decir, activar el entendimiento de que éstos no son más que Consciencia divina, y que no son distintos a Śiva, y aunque ya eran divinos antes de esta "purificación", desde nuestra visión no iluminada experimentamos este proceso como una infusión de energía que santifica y diviniza los objetos en cuestión.

La segunda de estas "purificaciones" se llama *ātma-śuddhi* o auto-divinización, y es la más importante. Esta etapa toma un poco más de tiempo que las demás, ya que incluye la fundamental meditación contemplativa llamada "veneración interna", y consta de los siguientes pasos:

1. Eliminación del concepto del cuerpo como materia burda, así como la identificación con él, incinerándolo con fuego psíquico y soplando las cenizas que representan las impresiones sutiles de la identificación con el cuerpo (= *deha-śuddhi,* también

llamado *tattva-śuddhi* o *bhūta-śuddhi,* si el cuerpo se purifica en la secuencia de los cinco grandes elementos).

2. Creación de un cuerpo de energía divina de luz radiante a través de la colocación y activación de los mantras de la deidad y su séquito de emanaciones.
3. Veneración de uno mismo como manifestación de la propia deidad por medio de ofrendas visualizadas.

Después de estos pasos de auto-divinización, procedemos con la veneración interna, que también consta de tres pasos.

1. Instauración del trono de la deidad en nuestra propia energía de fuerza vital (por ejemplo, en el Trika esto se representaba con el tridente coronado por tres lotos blancos, colocados a lo largo del canal central del *prāṇa*).
2. Colocación de la deidad y su séquito bajo la forma de mantras y visualizaciones
3. Veneración al poder de la deidad bajo la forma de este *mandala* de la deidad tridimensional, hecha de luz y sonido.

III. Veneración externa

Una vez que se ha consagrado agua (o vino en el caso del ritual de la corriente de izquierda) y se ha rociado sobre la imagen, los implementos del ritual y demás, procedemos a llevar a cabo el ritual externo. Se invoca la energía de la deidad y se le coloca en el sustrato externo (una vez más, utilizando del mantra, el *mudrā* y la visualización), se instala también el séquito completo de emanaciones y guardianes (el *yāga* de la deidad) y se realiza la veneración en forma de ofrendas de sustancias elementales (agua, fuego, etc.) en la manera en que se presentan a un huésped respetado o a un rey. El *pūjā* tántriko es desde luego muy sensual: hermosas flores en abundancia, agua dulce o vino, hierbas, sublimes fragancias de pasta de incienso y sándalo, flamas resplandecientes y deliciosas viandas servidas para gratificar hasta la saciedad a las diosas de los sentidos.

Después de todas las ofrendas, se procede a "mostrar el *mudrā,*" que en la tradición más antigua consistía en imitar a la deidad en formas que hoy en día nos parecerían extrañas, aterradoras, divertidas o tal vez "primitivas". Algunas veces esta etapa podría tomar la forma de una danza de posesión. En el tantra clásico maduro, mostrar el *mudrā* era un proceso completamente interno, una postura *(karaṇa)* de Consciencia. Un claro ejemplo de lo anterior es *śāmbhavī mudrā,* que consiste en mantener los ojos bien abiertos (como la deidad Bhairava), mientras que tu consciencia está totalmente volcada hacia adentro. En el Trika, esta etapa del ritual consistía en realizar *khecarī mudrā,* que como ya hemos visto, significa elevar la energía *kuṇḍalinī* a lo largo de la columna vertebral.

Después de efectuar el círculo ritual alrededor del espacio sagrado y de hacer las reverencias, hay ciertas ofrendas de fuego que deberán hacerse en ocasiones especiales (para los śaivas, por ejemplo, el octavo y decimocuarto día de cada ciclo lunar) antes de ofrecer el fruto del ritual para el beneficio de todos los seres y finalmente disolver el *mandala,* liberando las energías que han estado sujetas al espacio sagrado.

Con esto terminamos nuestra discusión en torno a *āṇava-upāya,* el método que enfatiza el Poder de la Acción, se basa en las técnicas que se enseñan en las escrituras y utiliza apoyos externos para el desarrollo de la consciencia, y que por lo tanto es apropiado para aquellos cuya percepción sucede en términos de dualidad sujeto-objeto. Recuerda que sólo nos hemos enfocado en aquellas prácticas de *āṇava-upāya* que aún no han quedado bien entendidas, desde luego que hay muchas más que se enseñan en la actualidad bajo la denominación de yoga, si por yoga nos referimos no sólo a lo que por lo regular se imparte en los estudios de yoga, sino también a lo que enseñan instituciones como Yoga Integral, Siddha Yoga, Bihar Yoga o Adi-yoga. Esta última es, hasta donde sé, la que imparte el mayor número de prácticas tántrikas entre las escuelas modernas.

Con esto concluimos nuestra presentación de los *upāyas*, o medios hacia la liberación, así como la sección dedicada a la práctica de este libro.

Conclusión

La adopción de una *sādhanā* tántrika en el mundo moderno

Luego de haber aprendido a detalle la gama increíblemente rica y poderosa de enseñanzas y prácticas tántrikas, es natural que algunos se sientan atraídos por la idea de adoptar una práctica tántrika, o al menos incorporar ciertos elementos en su práctica de yoga habitual. No obstante, esto puede resultar problemático y no puede llevarse a cabo sin antes realizar una cuidadosa reflexión en torno a los distintos focos de alerta que por lógica surgirán cuando se estudia el contexto original de estas prácticas. De hecho, los eruditos europeos se muestran incrédulos y perplejos cuando se enteran del deseo de la gente de América por involucrarse en la práctica de esta tradición. Esta incredulidad no es infundada, ya que estos académicos están conscientes de algunos de los obstáculos que un occidental enfrentará al intentar abordar la tradición con ese propósito. Dado que algunos lectores de este libro querrán adoptar la práctica, y tomando en cuenta mi propia creencia en cuanto a que revivir la práctica de la tradición del tantra shivaíta no dualista sería en beneficio de todos los seres, plantearé algunos de estos obstáculos y la forma en que pueden superarse. Incluso si no consideras que los puntos a tratar sean impedimentos reales, siempre viene bien moderar el entusiasmo ferviente con un compromiso cuidadoso, responsable y devoto.

El problema del acceso

El primer problema lo representa el acceso en sí mismo, puesto que gran parte de los linajes tántrikos se han extinto, la mayoría de las escrituras están aún sin publicar, casi todas existen sólo en sánscrito, y muchas de ellas se encuentran en un estado de corrupción lingüística tal que sólo los mejores eruditos europeos podrían restaurarlas (prácticamente no hay ningún académico en los Estados Unidos que tenga los conocimientos lingüísticos necesarios para llevar a cabo esta tarea).

El tema del acceso está ligado al de la secrecía. La tradición siempre se ha protegido de la desaparición transmitiendo sus poderosas enseñanzas de forma selectiva y sólo a aquellos que den prueba de su dedicación. Los pocos maestros tántrikos que aún quedan en India, Nepal y el Tíbet se muestran reticentes a impartir sus elevadas enseñanzas a los occidentales, y con justa razón; si hablas con cualquier maestro en la India, ya sea de música, sánscrito, cocina o cualquier otro campo, te dirá que si acaso el uno por ciento de sus alumnos occidentales permanece con ellos el suficiente tiempo para dominar la disciplina. Los occidentales (en general) sencillamente no demuestran la capacidad de paciencia y permanencia que estas tradiciones requieren. Ahora, este libro ayuda a mitigar el problema de acceso y secrecía, pero al mismo tiempo conlleva otro problema: algunos de los lectores llegarán a creer que el solo hecho de leerlo será suficiente para adoptar la práctica. De hecho, la tradición declara de forma unánime que los mantras y las prácticas que se obtienen de un libro son inertes e inútiles a menos que un maestro calificado los active; creer lo contrario puede conducirte al engaño.

El papel del gurú

El problema con el papel del gurú, del que hablé brevemente líneas arriba, también es en parte un problema de acceso. En este sentido nos enfrentamos con la disyuntiva de elegir entre los maestros asiáticos, cuyo dominio del idioma inglés con frecuencia no es suficiente como para determinar si es su entendimiento o su vocabulario lo que carece de profundidad y matiz, y los maestros occidentales, que por lo común son carismáticos y elocuentes, pero en su mayor parte prematuros en su decisión de asumirse como gurúes. Mi sugerencia personal ante esta situación es que el estudiante interesado en el tantra siga la recomendación de Abhinava y vuele como una abeja de flor en flor, recolectando el dulce néctar de todas ellas, pero sin dejar de buscar aquella flor —el maestro— que parezca ofrecer un manantial inagotable de néctar y con quien amerite permanecer por un espacio de tiempo prolongado. Más adelante en esta sección nombraré una lista de maestros con quienes puedes involucrarte en el proceso. Observa que a lo que me refiero es a acudir con estos maestros en persona, y no limitarse a leer sus libros. Los planos de una casa no constituyen la casa en sí.

Ver p. 395

Base cultural exotérica

Otro aspecto relacionado con un potencial renacimiento del tantra shivaíta tiene que ver con su conexión en la cultura en que se encuentra inmerso, y en este sentido es necesario que dé una explicación. Históricamente, el shivaísmo se extendió sólo en las regiones del mundo en donde precedió la cultura brāhmínica ortodoxa proveniente de la India, para ser más específico, el sureste de Asia e Indonesia. Esto es porque el tantra shivaíta estuvo, en su mayor parte, inextricablemente ligado a la religión védica que después trascendió. Lo anterior quiere decir que el ritual de iniciación que constituyó una parte medular del tantra se calibró de forma muy cuidadosa con el fin de erradicar el sentido de identidad egoica que se construyó dentro de la sociedad brāhmínica. En estos momentos no debe quedarte duda en cuanto a que la disolución de autoimágenes o construcciones de identidad es crucial para el proceso liberador de la práctica tántrika, y que este proceso se encuentra codificado en sus rituales de iniciación; ahora bien, si estos rituales fueran a desarrollarse en, digamos, el sector judeocristiano de los Estados Unidos, sería necesario reescribirlos y facultarlos para erradicar las construcciones de identidad específicas que la Biblia ha determinado, en lugar de aquellas que los Vedas han determinado (tomando en cuenta que tanto la Biblia como los Vedas contienen todas las reglas, programas y narrativas en torno a la realidad que la ortodoxia de esas comunidades en específico han establecido).

Ahora, lo que resulta especialmente interesante en el tantra es el hecho de que este proceso *no* busca condenar o repudiar la cultura religiosa de la que ha liberado al iniciado; por el contrario, se esperaba que un *tāntrika* mantuviera su identidad exterior, respetable, cívica y religiosa, quizá sólo como un tipo de disfraz que ocultara su "Ser tántriko", empoderado y libre de todos los determinantes y compulsiones construidos socialmente, y es este ser al que el *tāntrika* considera su identidad real, de tal forma que no se ve atado por el papel que juega en la sociedad normal (esto es a lo que los eruditos tántrikos llaman el paradigma de Clark Kent y Superman). El *tāntrika* no debía considerar que la religión cívica determinada por la sociedad tuviese ningún valor espiritual, excepto cuando ésta apuntara hacia la revelación esotérica tántrika que por sí sola pudiese elevar al individuo por encima de las construcciones sociales y egoicas de la identidad (ya que llegar a la realización del Ser tántriko no se limita a reemplazar una identidad religiosa por otra, sino comprenderla como la esencia propia de la Luz de la Consciencia en sí misma, absolutamente indescriptible, transindividual, transmental, incluyente e ilimitada). Esto nos dice que para revivir el tantra original de forma fidedigna *sería necesario adecuarlo a la cultura específica que ha de trascender.* Lo anterior cobra sentido si logramos comprender que la libertad no se consigue con sólo afirmarla; es indispensable ver y comprender a fondo aquello que se está trascendiendo, de otra manera la trascendencia será algo ilusorio, el reemplazo de una identidad construida por otra, que por consiguiente es igual de limitada. Vivir en un *vikalpa* de la Verdad es muy distinto que vivir en la Verdad, aunque la primera nos haga sentir relativamente mejor que nuestra identidad anterior.

El tantra shivaíta, tal y como fue concebido tradicionalmente, no podría haber existido sin la base de aquello que se trasciende, es decir, la identidad cívica, cultural y religiosa específica fuera de la cual se expande. En otras palabras, aquí opera una paradoja extraña aunque verdadera: para ir más allá del ego, debes primero tener un ego fuerte y saludable. Es necesario que exista una identidad específica qué trascender, de otra forma tu proceso de transformación no estará suficientemente enraizado en lo real. En la India medieval, esa identidad estaba determinada por los Vedas, y por lo tanto todas las personas tenían más o menos los mismos complejos, que no es el caso en el diverso mundo moderno de Occidente. Este obstáculo podría superarse si el gurú diseñara un ritual de iniciación específico para cada individuo, pero esta idea presupone que el gurú tiene una idea clara de la psicología de cada individuo, y aquí es donde puedes empezar a ver el problema: en los Estados Unidos de la actualidad (o Inglaterra, Francia, etcétera) ya no existen las sociedades tradicionales, y cada persona tiene un conjunto de programas psicológicos más o menos único que debe superar. Lo anterior hace que el propósito original del ritual de *dīkṣā,* que es absolutamente medular en el tantra, quede anulado. El gran reto que enfrenta un maestro tántriko moderno consiste en parte en ayudar a sus estudiantes a encontrar formas de liberarse de sus autoimágenes sin tener claro cuáles son éstas.

Percepción pública del tantra como sexo

El siguiente problema que quiero abordar tiene que ver con la percepción popular del tantra como algo principalmente conectado con el sexo. En lo que respecta a la tradición india, como ya hemos visto, esto es notoriamente falso, ya que ninguna de las fuentes escriturales del tantra shivaíta enseña ningún ritual sexual o técnicas sexuales de ninguna clase.[131] Una de las fuentes post-escriturales enseña un ritual sexual extraído de la tradición Kaula, me refiero al capítulo 29 del *Tantrāloka* de Abhinava Gupta, y aun así no constituye la fuente del neo-tantra moderno americano, ya que a) esta escritura nunca se ha traducido, y b) el ritual meditativo que describe es muy distinto a lo que se enseña en los talleres de "sexo tántrico". Entonces, ¿de dónde surgió esta corriente? Aunque su origen continúa siendo un misterio, es posible que todas las enseñanzas del llamado "sexo tántrico" que se imparten en Norteamérica puedan rastrearse hasta Pierre Bernard, también conocido como "Oom el Omnipotente", quien a partir de 1905 comenzó a enseñar en San Francisco una extraña e idiosincrática versión de yoga y tantra (ver *El Cuerpo Sutil* de Stephanie Syman, *El*

Gran Oom de Robert Love y el detallado artículo de Hugh Urban). Bernard fue el primer "maestro espiritual" en los Estados Unidos que utilizó las enseñanzas tántrikas para satisfacer su impresionante apetito sexual (el comienzo de una larga y sórdida historia). Él obtuvo información de un inmigrante bengalí que se había mudado a su natal Iowa (Bengala es la única parte de la India donde el tantra con una dimensión sexual sobrevivió hasta la era moderna).

Por siglos, el imaginario occidental se ha estimulado con las imágenes del "exótico oriente", y se ha fascinado con las supuestas evidencias de una cultura sexual mucho más avanzada, que pueden ilustrarse a través de las geishas del Japón o del *Kāma-sūtra* de la India, lo que ayuda a explicar el interés que los occidentales mostraron por el tantra, basado en los rumores de un extraño rito sexual. Algunos, asqueados por esta noción, la presentaron como la prueba de la degeneración moral de la India, mientras que otros sintieron una profunda atracción por esa misma noción y la percibieron como la clave para llevar al sexo fuera del ámbito del pecado. Sin embargo, prácticamente nadie tuvo una experiencia directa de la realidad detrás de los rumores. Gente como Pierre Bernard o Aleister Crowley, quienes no tuvieron acceso a las fuentes originales, se limitaron a inventar sus propios ritos de "magia sexual", inspirados por lo poco que sabían acerca del tantra, y estos ritos han evolucionado a lo largo de más de cien años. A pesar de que no existe una conexión directa entre el "sexo tántrico" moderno y el ritual sexual del tantra shivaíta original, dedicaremos un momento a este último para que podamos ver lo distinto que realmente es. Primero que nada, el placer no era el propósito de este ritual, sino la trascendencia de las nociones brāhamínicas contraídas en torno a la pureza y la impureza, nociones que eran específicas de la cultura india. Existieron dos versiones del ritual transgresor; una de ellas se enfocaba en las "cinco joyas", es decir, sustancias transgresoras que se utilizaban durante la veneración y que el devoto ingería: semen, menstruación, orina, heces y flema; se utilizaban pequeñas cantidades de estas sustancias y se sumergían en una porción generosa de vino para hacerlas agradables al paladar. En la cultura india, se consideraba que estas sustancias eran las más "impuras", por lo tanto consumirlas era una prueba de que el practicante había superado la mezquina noción dualista de que hay cosas que son más puras o más divinas que otras. La segunda versión del ritual transgresor involucraba "las tres emes": carne *(māṃsa)*, vino *(madya)*, y sexo extramarital *(maithuna)*.[132] Quizá estés pensando que todo esto suena muy parecido al neo-tantra; sin embargo, esta segunda versión del rito no es en esencia distinta a la primera, ya que ambas fueron diseñadas para confrontar al practicante con actos y sustancias que, dentro de aquel entorno cultural, eran vistas con un grado de horror que un "librepensador" moderno apenas podría imaginar. Esta confrontación en esencia desafiaba al practicante a "practicar lo que predicaba" en torno a las enseñanzas no dualistas, ya que después de todo, estas sustancias son también manifestaciones de la misma Luz divina que existe en las más bellas flores, los cachorritos y los bebés, por lo que rechazar estas "cinco joyas" se toma como evidencia de que en realidad no crees de corazón y desde tus entrañas que todas las cosas forman parte de la misma Luz divina (si en este punto argumentas que tu preocupación es en términos puramente higiénicos, los Kaula *tāntrikas* te responderán que una energía corporal fuerte es capaz de digerir *cualquier cosa* sin causarse daño).

El ritual de "las tres emes" aparenta ser más placentero que el de las "cinco joyas", y de hecho las distintas ramas de Kaula lo constituyeron tomando en cuenta la sensual belleza estética que era elemento central en aquel linaje. No obstante, el último clavo en el ataúd de aquellos que fantasean en torno al llamado "sexo tántrico" es el siguiente: tal y como se especifica en el capítulo 29 del *Tantrāloka*, la pareja sexual durante el ritual debe ser alguien hacia quien *no te sientas atraído*, pues de lo contrario el deseo sexual ordinario predominaría, y eso arruinaría el propósito liberador del ritual (ésta es la razón por la que se elegía por defecto a una persona distinta al cónyuge).

Además, si el practicante pertenecía a una casta superior, la pareja *(dūtī)* debía provenir de una casta más baja, como un reto para superar las construcciones culturales que distinguen castas y estatus social —pues el rito requiere que el practicante perciba a su pareja como una encarnación de la Divinidad—. Sin embargo, para Abhinava lo primero y lo más importante es el hecho de que el *kula-yāga* o ritual sexual es una forma de meditación, y de hecho, él argumenta que para el practicante avanzado, que ha trascendido la lujuria, el *kula-yāga* puede representar un medio directo hacia la liberación.

Ahora ya puedes ver cómo la re-creación del ritual transgresor tendría que adaptarse a la cultura del individuo que está llevando a cabo la práctica. Por ejemplo, un estudiante mío bromeaba que un típico californiano, amante de lo verde y miembro del movimiento "New Age", debería comer una hamburguesa de McDonald's y mirarla como una manifestación de la Consciencia divina. Aunque suene gracioso, esto ilustra la línea en la que debemos pensar si nos tomamos en serio el trabajo espiritual que el ritual transgresor representa.

El siguiente problema del que hablaré en esta sección no es de importancia para todos los lectores, pero aun así vale la pena abordarlo, y se refiere a si la tradición misma permite la iniciación de extranjeros, o "bárbaros" no indios *(mlecchas)* en los misterios tántrikos. Después de todo (suponiendo que no eres Groucho Marx), ¿querrías ser miembro de una religión que no te acepta? Cualquier occidental que haya sido rechazado de un templo hindú por el color de su piel se dará cuenta que este tema sí tiene una importancia considerable (el tantra budista, como extensión de una religión proselitista no tenía este problema). Sin embargo, encontramos que de hecho las escrituras del tantra shivaíta aprueban la iniciación de extranjeros en el contexto de sus afirmaciones en torno a la falsedad de las castas. Las fuentes primarias argumentan, a través de una crítica asombrosamente moderna, que las castas no son más que construcciones culturales *(kalpanā)* carentes de una base concreta, y que por consiguiente todos los devotos de Dios (Śiva) conforman una sola comunidad, en la que no importa el origen. El argumento que ofrece la escritura llamada *Pauṣkara-pārameśvara* va más allá:

> *Solamente hay una casta, que es la de los seres humanos. Ninguna "casta" se decretó para ellos, ni un color como el blanco. Todos surgen de la unión de un* linga *y un* yoni, *y por lo tanto todas las almas son una sola. Alguien que mire con sabiduría verá a Dios en todos ellos.*[133]

Pauṣkara-pārameśvara

Aunque este concepto pueda parecerle obvio a un lector occidental moderno, ya que es un valor fundamental para nosotros, me es imposible expresar lo inusual que es leer una afirmación semejante en una fuente india de la Antigüedad. Ver algo así, escrito en su fuente original en sánscrito, es como reconocer la firma de alguien de nuestra era que ha viajado hacia atrás en el tiempo. Este repudio al sistema de castas sólo era aceptado en su totalidad por la corriente de izquierda, en la que hacer referencia (o peor aún, menospreciar) a la casta anterior de algún compañero iniciado era causal de expulsión de la comunidad espiritual. El igualitarismo constituía un comportamiento notablemente transgresor en el contexto de la India medieval (y a fin de cuentas no se le toleraba). Además, tenemos registro de dos ponentes que afirman que es mejor iniciar a un extranjero sincero que a un brāhmin deshonesto, lo que apoya mis comentarios previos en cuanto a que la iniciación se basaba sobre todo en el anhelo sincero del candidato. Dado que estos argumentos fueros esgrimidos por los linajes que se encontraban bajo la influencia de la corriente de izquierda de Kaula, serían por consiguiente los más apropiados para los occidentales que desearan seguir la práctica, lo que supone una feliz coincidencia, ya que estos linajes poseen las enseñanzas con las que he encontrado que los occidentales resuenan más.

Ver p. 282

La práctica en el siglo XXI

Por último, existe el problema de cómo a los occidentales les gustaría practicar su tantra. Este problema reside en el hecho de que a lo largo de casi toda la historia de la tradición, el elemento central para ser un *tāntrika* lo constituía la realización diaria de una elaborada práctica ritual, sumada a una variedad de deberes adicionales que a los occidentales modernos podrían parecerles gravosos. Por fortuna, la tradición posee una variedad de posibilidades que se ajustan al siglo XXI (lo que no significa que un mayor compromiso hacia la práctica no sea benéfico; de hecho, se cree que entre más obstáculos haya para llevar a cabo la práctica, más grandes serán sus frutos). Por ejemplo, en lugar del costoso y complejo ritual *dīkṣā* de iniciación, Abhinava da una forma simple de iniciación Kaula en el capítulo 30 de *Luz sobre los tantras,* que tiene la facultad de empoderar al receptor con los mantras de las tres Diosas de la Sabiduría, que se cree que son tan poderosos que sólo recitarlos cada día puede sustituir la práctica ritual.

La tradición Krama ofrece información detallada para la vida ritual; sin embargo, no requiere que ésta se lleve a cabo, y permite que la práctica se centre en la contemplación e internalización de los estados comprimidos de poder llamados *chummās*, que contienen enseñanzas reveladoras en forma de semilla, siempre y cuando estas enseñanzas sean recibidas como debe ser, es decir, de parte de un maestro calificado y que se trabaje con ellas en el contexto de una comunidad de iniciados. Esta opción convierte al Krama en la elección lógica para los practicantes occidentales modernos que buscan una escuela, y si a lo anterior aunamos el hecho de que esta escuela ha sido la que ha logrado liberarse con más éxito de los programas culturales dominantes que hoy en día podríamos considerar sexistas o racistas, tenemos que el Krama es de forma natural la corriente que empoderará más a la mujer y la que más fácilmente aceptará iniciados no indios. Podría afirmar que el Krama es la escuela tántrika *por excelencia,* la consumación de la tradición, en el sentido que toma las dimensiones del pensamiento tántriko que en otras escuelas se encuentran en estado de inmadurez o parcial inhibición y las desarrolla en toda su plenitud. En otras palabras, de entre todas las tradiciones tántrikas, la corriente de Krama es la que más trasciende el marco cultural que la vio nacer, además de ser la más sofisticada en su análisis de la Consciencia, al articular una meditación en el proceso de cognición que es universal y aplica para todos los seres sintientes. Finalmente, es la escuela shivaíta que se acerca más a determinados linajes budistas que sobreviven hasta el día de hoy (por ejemplo, el Dzogchen y el Mahāmudrā), y que constituyen tradiciones hermanas y aliadas del Krama. Por esta y por otras razones, que exploraré en subsecuentes publicaciones, el Kaula Krama o Mahārtha se erige como la escuela del tantra shivaíta no dualista que los occidentales del siglo XXI pueden practicar de la forma más auténtica.

Ver p. 399

Epílogo
Sobrevivientes modernos del tantra shivaíta
o "¿Dónde puedo aprender más?"

Aunque el tantra shivaíta es el tipo de tantra más antiguo del que se tenga documentación, y del cual claramente todos los demás se derivan, estuvo a punto de no sobrevivir hasta nuestros días. Resulta sorprendente que el shivaísmo, que llegó a ser la religión dominante en todo el subcontinente indio y buena parte del sureste asiático e Indonesia, hoy en día esté casi olvidado, a pesar de la enorme influencia que tuvo en culturas enteras (como Nepāl y el Tíbet), a pesar de que hoy en día millones puedan apreciar la belleza de sus edificaciones (como el templo de Bṛhadīśvara en Tamiḷ Nāḍu o Angkor Wat en Camboya), a pesar de que miles sean aún testigos de versiones de sus rituales (tanto en los templos de Nepāl como en los extremos sur y este de la India), y también a pesar de que en Occidente millones tengan alguna noción de sus doctrinas elementales, aunque sea en forma de meros clichés —ya que el concepto de que "todo es una sola Consciencia"—, que tuvo una gran repercusión durante la década de 1960, puede rastrearse hasta maestros espirituales cuyas enseñanzas estuvieron influidas por ideales tántrikos (sin importar si los maestros estuvieran o no conscientes de este hecho).

El shivaísmo pasó a través del ojo de la aguja, el punto en el que casi se perdió, y a partir de ahí ha conseguido recuperar terreno. Ese momento se dio hacia la mitad del siglo XX. Las últimas ceremonias *dīkṣā* auténticas del tantra shivaíta se llevaron a cabo en Cachemira durante la década de 1920, aunque su propósito ya se había olvidado mucho tiempo antes. No obstante, justo en ese mismo periodo el Mahārāja de Cachemira, un rey hindú que reinaba en una región casi por completo musulmana, consideró adecuado ordenar la publicación (en original en sánscrito) de todos los textos tántrikos principales que aún existían en la región, que resultaron ser un número considerable. Gracias a Dios, el rey llevó a cabo este rescate, pues la publicación de alrededor de un centenar de volúmenes de "Las series de textos y estudios de Cachemira" resultó ser la acción más relevante que se haya tomado en el siglo XX a favor de la preservación del tantra original. El gobierno de Cachemira, luego de preguntarse qué hacer con todos aquellos libros, que virtualmente nadie en su propia nación se interesaría en leer, decidió donar juegos completos de estas series a distintas bibliotecas en universidades occidentales, que en un inicio no tenían ni la mejor idea de qué era lo que habían recibido; no obstante, algunos eruditos europeos comenzaron a leer aquellos textos, y en las décadas de 1960 y 1970 un pequeño grupo (en el que se incluyó Alexis Sanderson) emprendió el viaje a Cachemira para conocer al último maestro de esta filosofía que quedaba en la región: Swāmī Lakṣman Jū de Śrīnagar, quien les impartió sus enseñanzas tanto a ellos como a los jóvenes que comenzaron a llegar en busca de entendimiento espiritual del misterioso oriente. Lakṣman Jū estaba familiarizado con muchos conceptos de la filosofía tántrika, aunque los rituales, el yoga y las enseñanzas más transgresoras habían sido olvidados. En contraste, del otro lado de la India (en el extremo sur) los rituales y el yoga se habían conservado parcialmente, mientras que las enseñanzas específicas en torno a la Visión tántrika se habían olvidado.

Los estudiantes occidentales de Lakṣman Jū, junto con un puñado de eruditos indios con quienes él mantenía contacto (tales como Rāmeshwar

Jha), comenzaron a alimentar el conocimiento de esta tradición hasta devolverle la salud. Por mucho tiempo, ninguno de ellos se percató de que el shivaísmo Trika gnóstico de Cachemira y el ritualizado Śaiva Siddhānta de Tamiḷ Nāḍu no eran otra cosa que formas atenuadas de exactamente la misma tradición, la antigua religión del tantra shivaíta. Hoy en día, unas cuantas docenas de eruditos trabajan de forma intensa para documentar las prácticas y enseñanzas originales, aunque están seriamente abrumados, ya que cientos de textos clave están aún sin publicar y sin traducir, y de la media docena que ya se ha traducido no existe una sola versión que sea apta para el público en general (quizá la mejor traducción que hay al inglés de una escritura del tantra shivaíta sea *Los Shiva Sutras: el despertar supremo* de Lakṣman Jū. Mi traducción de *Los sutras del reconocimiento* también merece una mención). El estudio del tantra clásico es aún un campo muy reciente, y con una urgente necesidad de nuevos académicos, ¡pongan atención, jóvenes lectores de este libro! Nuestra necesidad de más eruditos dedicados al estudio del tantra shivaíta es enorme.

Académicos del tantra shivaíta

Aunque la escritura académica es con frecuencia árida y difícil, si tus inclinaciones se orientan hacia este ámbito, toma nota del puñado de espléndidos eruditos en el tema del tantra shivaíta que residen en América del Norte: Loriliai Biernacki (Universidad de Colorado); John Nemec (Universidad de Virginia); Shaman Hatley (Universidad de Pensilvania); Gudrun Bühnemann (Universidad de Wisconsin en Madison); Whitney Cox (Universidad de Chicago), y David Peter Lawrence (Universidad de Dakota de Norte). La Universidad de Virginia cuenta no sólo con John Nemec, sino también con David Germano, quien es erudito en las áreas del tantra budista tibetano y el Dzogchen (ver más abajo), lo que convierte a esta institución, junto con la Universidad de Chicago, en el mejor lugar en los Estados Unidos para emprender estudios académicos en torno al tantra.

Sin embargo, tengo la corazonada de que el mundo de los estudios académicos no es aquello que la mayoría de los lectores de este libro buscan, y puedo suponer que estarán más interesados en la práctica y la experiencia de las enseñanzas tántrikas. Si el contenido de esta obra ha logrado cautivarte, es natural que te estés preguntando cómo puedes aprender más, así como quiénes son los mejores maestros contemporáneos de tantra y yoga tántriko.

Neo-tantra

Antes que nada hay que decir que, tal como lo mencioné en la introducción, debemos confrontar el triste hecho de que, al menos en ciertas esferas, la palabra *tantra* ha sido casi completamente separada de su sentido original. Puedo asegurar que cuando *tantra* se utiliza para hablar de la sexualidad y el trabajo de pareja en el contexto de la escena espiritual y alternativa del movimiento "New Age", casi en todos los casos el maestro o taller en cuestión no tienen conexión alguna con la tradición original (si quieres ponerlos a prueba, puedes preguntarles qué tantra [es decir, qué escritura] siguen). Al hacer la distinción entre el tantra "clásico" u "original" de la India, y lo que podríamos llamar "neo-tantra moderno occidental", no pretendo implicar que este último sea inútil o ilegítimo; de hecho puede ayudar a muchas personas a mejorar su calidad de vida. Lo que me gustaría desafiar es la afirmación histórica que algunos de estos maestros hacen en términos de que aquello que enseñan está ligado de alguna forma —cualquiera que ésta sea—a la tradición india y al contenido de estos textos en sánscrito, que en su mayor parte ni siquiera se han publicado.[134] Si lo que sea que estos maestros enseñan resulta ser valioso y efectivo, no es necesario hacer ninguna afirmación histórica, pero de no ser así, ninguna afirmación validará sus enseñanzas.

Encontrar un maestro

Como podemos ver, hay tan sólo unos pocos maestros espirituales capaces de transmitir de manera fidedigna algunas de las enseñanzas y prácticas del tantra shivaíta, y esto es gracias a que ellos mismos las han recibido de un linaje vivo. Es muy cierto que el tantra es aún una tradición viva, aunque también es cierto que lo que ha sobrevivido hasta nuestros días es una forma muy atenuada de la tradición original. Si queremos encontrar sobrevivientes del tantra, debemos buscar no en manuales de sexo, sino en aquellos linajes espirituales contemporáneos que hayan estudiado, practicado y preservado las enseñanzas originales y hayan logrado transmitirlas en occidente en alguna de sus formas. Párrafos abajo incluyo una lista de maestros que pertenecen a estos linajes, misma que elaboré sin seguir ningún orden en particular. No pretendo que esta lista sea tomada como una lista de maestros recomendados, aunque sí considero que estudiar con cualquiera de ellos puede conllevar algún tipo de beneficio. Si llego a tener evidencia de algún linaje que transmita las enseñanzas del TSND del que ahora mismo no esté enterado, lo incluiré en la próxima edición de este libro. Sin embargo, no me hago responsable de ninguna mala experiencia que puedas tener con cualquiera de los maestros que incluyo en la lista. En lo personal, tiendo al escepticismo, y por tu seguridad, te aconsejo que hagas lo mismo. Cada individuo debe decidir por sí mismo con base en su experiencia directa, e ignorar cualquier retórica contenida en la literatura promocional de cualquier organización. Nuestro lema debe ser "la prueba está en el postre", y debemos ser muy honestos con nosotros mismos al momento de evaluar los resultados reales que hayamos obtenido a través de una práctica en particular, y en este sentido lo que resulta difícil es que a cualquier práctica espiritual debes darle oportunidad de surtir efecto, y dependiendo de tu nivel de desarrollo, será difícil asegurar que una práctica determinada *no* te está funcionando si no dejas transcurrir al menos seis meses. No obstante, al ser la psicología humana como es, si ya invertiste un lapso de seis meses en un camino en particular, quizá te convenzas de que sus resultados son mejores de lo que en realidad son, pues te has apegado a este camino y lo has convertido en parte de tu identidad, y por consiguiente no te gustaría sentir que hiciste una elección equivocada. Lo que recomiendo en un caso así es lo siguiente: investiga y usa tu discernimiento para elegir una práctica a través de la cual puedas obtener *algún* beneficio, y luego de un periodo de seis a doce meses toma un descanso de la práctica durante el cual te comprometerás a realizar una reflexión radicalmente honesta en cuanto a qué tan lejos has logrado llegar. Como parte de esta reflexión, y para compensar cualquier tendencia a denigrarte o engrandecerte a ti mismo, debes pedir la opinión de las personas que te rodean, y que puedan apreciar tus cambios. Los cambios positivos deben reflejarse en tu vida diaria, y si no estás obteniendo los resultados que deseas, busca otra práctica u otro maestro.

Cuando estés realizando tu investigación, debes recordar que internet es, en términos generales, la *peor* herramienta que puedas utilizar para obtener información sobre maestros y organizaciones espirituales, y en este sentido no puedo ser más enfático. Internet es, por naturaleza, un lugar en el que en todo momento la desinformación y la información se mezclan en proporciones desconocidas. Incluso Wikipedia, que para ciertos temas constituye una fuente confiable, es tan atroz en lo que concierne a todo lo relacionado con las religiones de la India, que yo incluso prohíbo su uso a mis alumnos universitarios. Por otro lado, a la gente le encanta usar internet para leer sobre escándalos y está llena de historias sobre el mal comportamiento de los gurúes. Aunque algunas de estas historias puedan ser ciertas, no sustituyen a la experiencia de primera mano. La única herramienta que internet ofrece para obtener información relacionada con gurúes que pueda brindar algún beneficio son los videos, pero aquí también debemos recordar que el "campo energético" real de un ser humano sólo puede percibirse en su presencia física, y al contrario de lo que ocurre con maestros que sólo transmiten conocimiento, como puede ser un profesor universitario, el campo energético de un gurú es algo que tiene mucha importancia.

Para poder hacerte una idea sobre un determinado maestro, debes asistir en persona a su *āshram* o centro de meditación (es mejor que evites formarte cualquier prejuicio a partir de historias obtenidas a través de internet); más importante aún, habla con todos los estudiantes de este maestro que puedas, y si encuentras que un buen porcentaje de ellos son personas claras y aterrizadas, capaces de referirse a sus logros y a los cambios que han experimentado sin glorificarlos, estarás ante la mejor evidencia que puedas encontrar de un camino sólido. Tampoco te bases en el uso de la jerga para suponer que estás ante un culto, después de todo, este libro está lleno de palabras en sánscrito. Tu evaluación debe sustentarse en la medida en que los practicantes de dicha comunidad sean capaces de interactuar contigo en una forma cálida, genuina y aterrizada.

Promiscuidad espiritual

En la *Guru-gītā* hay un verso que reza: "Un Dios, una religión, una fe, es la más elevada austeridad. No hay nada más elevado que el gurú." ¿Se supone que debes reunir las enseñanzas de sabiduría y las prácticas de tantos gurúes como te sea posible, para así aumentar tus probabilidades de alcanzar el objetivo? De acuerdo con la visión tradicional, el no tener un "gurú de raíz" incapacita espiritualmente, pues al no tener un bosquejo claro del marco general, no sabrás cómo unir de forma adecuada las piezas que obtengas de distintos maestros. Las personas que van de un gurú a otro no profundizan en ningún sistema, y terminan como el proverbio del hombre que cavó una docena de hoyos de un metro de profundidad y nunca logró encontrar agua, cuando si hubiera cavado un solo pozo de diez metros la hubiera encontrado. Este diletante materialismo espiritual no te ayudará a establecerte con firmeza en el camino. Por el contrario, obtener una transmisión completa por parte de un maestro confiable, quien también te brinde una orientación profunda, te permitirá acudir con otros maestros para desarrollar y potenciar lo que ya has recibido (no porque consideres inadecuado a tu gurú de raíz). Este caso es muy diferente, ya que aquí no estás limitándote a probar distintos caminos, sino buscando alternativas para entender el único camino al que le has entregado el corazón. Desde esta perspectiva, lo que estás haciendo es mirar a todos los gurúes auténticos como formas de tu gurú de raíz.

La excepción a la regla general contra la promiscuidad espiritual aplica cuando los maestros a quienes acudes pertenecen a la misma orden o escuela, utilizan los mismos mantras y se basan en el mismo conjunto de escrituras. Aun en este caso, si quieres tomarte el camino en serio tendrás en algún momento que establecerte con uno y elegirlo como tu gurú de raíz, al menos de acuerdo con la visión tradicional.

MIS MAESTROS

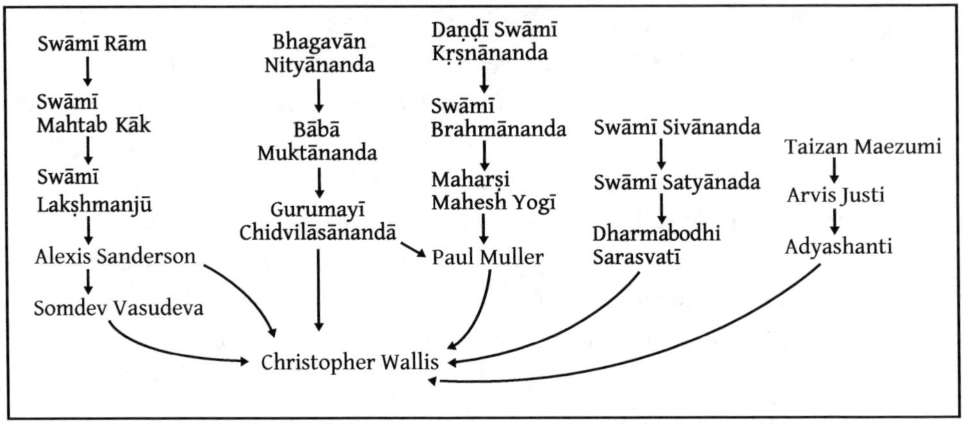

DZOGCHEN: EL YOGA TÁNTRIKO DE LOS *NYINGMAPAS* Y LOS *BÖNPOS*

Sería negligente de mi parte que mientras continuemos la discusión en torno al tema de los gurúes de la práctica no abordemos de nuevo el tema en torno a las similitudes que existen entre el tantra shivaíta no dualista y una de las más notables tradiciones del budismo, el Dzogchen. Si las enseñanzas de este libro han reverberado intensamente en ti, en especial aquellas relacionadas con la escuela de Krama, pero te sientes más atraído hacia la estética y la cultura del budismo que hacia cualquiera de los maestros del Krama, entonces podrás estar muy a gusto con un maestro Dzogchen. Toma en cuenta que el Dzogchen desafía la categorización fácil de ser definido como tantra budista, pues se declara a sí mismo como "más allá del tantra", y al mismo tiempo sostiene visiones que no son tan claramente budistas; esto se debe a que tales visiones son muy cercanas a las del shivaísmo, aunque al mismo tiempo se debe a que las enseñanzas del Dzogchen con frecuencia las imparten adeptos de la otra religión principal del Tíbet, el Bön.

Observemos por un momento la esencia del Dzogchen para que puedas ver sus similitudes. Se dice que el primero en propagar las enseñanzas del Dzogchen en el Tíbet (aproximadamente en el siglo VIII) fue Padma-sambhava, quien llegó proveniente del reino de Uḍḍiyāna.

Este pequeño reino es también, y esto tal vez no sea ninguna coincidencia, el lugar donde nació la tradición del Krama. La escuela Dzogchen, que significa "La Gran Perfección", enseña que todo es Consciencia. La palabra en tibetano es *rigpa*, que se deriva del sánscrito *vidyā* (como en *śuddha-vidyā*), pero su significado es más cercano al sánscrito *cit* o *citi*. *Rigpa* también puede traducirse como percepción, mirar, saber, el Sabedor, presencia pura, vigilia, o la fundamental naturaleza no dualista de la mente. *Rigpa* en ocasiones también se traduce como "mente", lo que puede resultar confuso, sin embargo, no hace falta más que investigar un poco para encontrar que *rigpa* es de hecho el término que los shivaítas no dualistas usan para referirse a la Consciencia *(cit)* o a la Percepción *(saṃvit)*.

La escuela Dzogchen enseña que todos los fenómenos surgen de la consciencia, que no hay otra cosa que consciencia, y que ésta sin embargo está vacía de todo aquello que pueda ser nombrado. Es apertura más allá del concepto. *Rigpa* es absoluta y carece de forma, y no obstante posee cualidades: indestructibilidad concreta, pureza incorruptible, apertura no discriminatoria, claridad perfecta, simpleza profunda, presencia que todo lo abarca e igualdad entre todos los seres; no está condicionada, no se origina a partir de causas ni condiciones, y es dichosa.[135] Todo lo anterior es exactamente igual que en el TSND, y de hecho, yo mismo no he sido capaz de identificar ninguna diferencia significativa entre estas dos escuelas (aunque esto puede deberse a mi relativa ignorancia en lo que respecta al Dzogchen), a pesar de que se supone que pertenecen a dos religiones distintas. Ésta es una evidencia más de que el tantra fue y es un fenómeno espiritual transreligioso.

Aunque no tengo experiencia directa con ninguno de ellos, tal vez quieras dar un vistazo a la siguiente lista de maestros de Dzogchen, a quienes amigos en quienes yo confío tienen en alta estima: Tsoknyi Rinpoche (www.pundarika.org); Tsultrim Allione, una lama nacida en Occidente y ordenada por el Karmapa (www.taramandala.org); Namkhai Norbu, Lopon Trinley Nyima, y Tenzin Wangyal Rinpoche (de la tradición Bön), y B. Alan Wallace (www.alanwallace.org).

Bendición final

Nuestro viaje a través de la filosofía, la historia y la práctica del tantra shivaíta clásico ha terminado. Ojalá que el estudio, la contemplación y la práctica de estas enseñanzas rindan grandes frutos en tu vida, y que ofrezcas esos frutos para el beneficio de todos los seres. ¡Que todos los seres reconozcan su libertad!

sarveṣām svastir bhavatu
Que todos los seres sean bendecidos

sarveṣām śāntir bhavatu
Que todos los seres conozcan la paz

sarveṣām muktir bhavatu
Que todos los seres sean libres

sarveṣām pūrṇaṃ bhavatu
Que todos los seres sean plenos

lokāḥ samastāḥ sukhino bhavantu
¡Que todos los seres en todas partes sean felices!

Hariḥ Oṃ tat sat

Hariḥ Oṃ tat sat

Hariḥ Oṃ tat sat.

Terminado en Aṣṭamī, śukla pakṣa of Śrāvaṇa, Saṃvat 2067
(Agosto 6, 2011)
en Haramara Retreat, Nayarit, México

Guía de pronunciación del sánscrito

Sonidos vocálicos

1 *Letra*	2 *Pronunciación*	3 *Ejemplo en español*	4 *Ejemplo en sánscrito*	5 *Notas*
a	'ah'	Blah	anuttara	No se pronuncia exactamente como en español, pues la boca se cierra un poco y el sonido es más opaco, como si se fuera a pronunciar una "o"
ā	'aah'	Pan	ānanda	Es un sonido cuantitativa y cualitativamente distinto al anterior, ya que tiene el doble de duración y el sonido es más abierto.
i	'i'	Si	icchā	Es como la "i" del español, pero un poco más corta y sentida en el paladar.
ī	'ii'	Viste	īśvara	El mismo sonido que la vocal anterior, pero con el doble de duración.
u	'ú'	Un	unmeṣa	Igual que el sonido "u", pero un poco más corto y sentido en los labios.
ū	'uu'	Muro	ūrmi	El mismo sonido que la vocal anterior, pero con el doble de duración.
ṛ		Cursi	kṛta	La lengua se enrosca levemente hacia atrás, contra el techo del paladar, y se pronuncia el sonido 'ri', con la 'r' fuerte como en la palabra 'roca'. La 'i' es breve y opaca. Esta vocal es marcadamente sentida en el techo del paladar. Éste es un sonido vocálico y no una consonante, por lo que los ejemplos son aproximados, ya que en sánscrito el sonido vocálico puede apreciarse antes, durante y después del elemento "r".

e	'ei'	Ceiba	evam	Es un diptongo que inicia con el sonido de la vocal "e" española y termina con una "i" débil y muy breve, el sonido equivale al de una vocal larga, como lo son ā, ī, ū.
ai	'ai'	Aire, gaita	aiśvarya	Sonido vocálico largo. Es un tipo especial de diptongo formado por la "a" y la "i". La acentuación está levemente cargada hacia la "i".
o	'ou'	Como en catalán Pou, ou	ojas	Diptongo que comienza con una "o" y termina con una "ú" débil y breve. Es una vocal larga.
au	'au'	Australia	auṣadhi	Es un diptongo formado entre la "a" y la "u", la acentuación está levemente cargada hacia la "u"

Modificaciones vocálicas

1	2	3	4	5
Letra	*Pronunciación*	*Ejemplo en español*	*Ejemplo en sánscrito*	*0*
aḥ	'aha'	Maharajá	devaḥ	Esta letra se llama *visarga*, la vocal se repite suavemente al final, precedida por el sonido de la "h" sonora, por ejemplo: devaḥ = devaha, taiḥ = taihi.

Consonantes

Las consonantes velares se articulan en la parte posterior de la garganta.

1	2	3	4	5
Letra	*Pronunciación*	*Ejemplo en español*	*Ejemplo en sánscrito*	*Notas*
ka	"ka"	Kaiser	kanyā	Es una letra sorda no aspirada, lo que quiere decir que no hace resonancia, es seca, y no se exhala al pronunciarla. Es similar al sonido en español, aunque en este caso "a" se articula como si se fuese a pronunciar una "o".
kha		Kate	khaga	Es una letra sorda aspirada, es decir que es sorda, pero al final se emite una leve exhalación para hacer un sonido como una "h" sonora o una "j" entre la "k" y la "a". Requiere práctica, pues en español es poco frecuente.

ga	"ga"	gajo	gaja	Es una letra sonora no aspirada y se pronuncia tal como en español.
gha	"gha"	Ghana	ghaṭa	Es una letra sonora aspirada, su pronunciación es similar a "ga", pero con un sonido como una "h" sonora o una "j" entre la "g" y la "a". Este sonido requiere práctica, ya que en español es poco frecuente.
ṅa	"nga"	mango	gaṅgā	Este sonido nunca inicia una palabra. Es un sonido sonoro nasal.

Palatales: Se articulan con los bordes de la lengua presionando los molares superiores.

1 *Letra*	2 *Pronunciación*	3 *Ejemplo en español*	4 *Ejemplo en sánscrito*	5 *Notas*
ca	'cha'	Brocha	Candra	Es una letra sorda no aspirada, no se pronuncia como en español, sino como "cha". Observa que en este caso "vāc" se pronuncia "vaach".
cha	"chha"	Fichaje	Cheda	Es una letra sorda aspirada. Tiene la misma pronunciación que la letra anterior, pero con una leve exhalación en medio.
ja	"ya"	"yerguen"	Jala	Es una letra sonora no aspirada. Su sonido se parece más al del inglés que al del español, más similar al de una "ye".
jha	"yha"		jhaṭiti	También es una letra sonora aspirada, pero en este caso el sonido lleva una exhalación en medio. Presta atención, ya que no es un sonido usual en español y requiere práctica.
ña	"ña"	niña Pancho	Ājñā Pañca	Es una letra sonora nasal, idéntica a la "ñ" del español. .

Consonantes retroflejas: se articulan llevando la punta de la lengua a apoyarse en los puntos más elevados del paladar. La lengua no necesita enroscarse hacia atrás, sino que apunta más o menos hacia arriba.

1	2	3	4	5
Letra	Pronunciación	Ejemplo en español	Ejemplo en sánscrito	Notas
ṭa			ghaṭa	Es una letra sorda no aspirada, se pronuncia como una "ta", pero llevando la punta de la lengua un poco más hacia atrás.
ṭha			kaṇṭha	Es una letra sorda aspirada. Se pronuncia similar a la anterior, pero haciendo una pequeña exhalación en medio.
ḍa			aṇḍa	Es una letra sonora no aspirada. El sonido es parecido a "da", pero con la punta de la lengua un poco más hacia atrás.
ḍha			ḍhauk	Es la versión aspirada de la letra anterior.
ṇa		Ciernan	kṣaṇa	Es una letra sonora nasal retrofleja. Suena como si tuviera una "r" pequeña antes.

Dentales: este tipo de sonidos se parecen mucho a los de las consonantes en español.

1	2	3	4	5
Letra	*Pronunciación*	*Ejemplo en español*	*Ejemplo en sánscrito*	*Notas*
ta	"ta"	Tango	Tathā	Es una letra sorda no aspirada, similar a la del español.
tha	"tha"	Esther	Ratha	Es una letra sorda aspirada. Su sonido es similar al anterior, pero con una suave exhalación en medio.
da	"da"	Danza	Danta	Es una letra sonora no aspirada, que se pronuncia como en español, pero apoyando más la lengua en la parte posterior de los dientes.

dha	“dha”	Adherir	Dhana	Es una letra sonora aspirada. La pronunciación es similar a la anterior, pero con una suave exhalación en el medio.
na		Nulo	Nayana	Es una letra sonora nasal. Su pronunciación es similar a la del español, pero presionando un poco más la lengua en la parte posterior de los dientes.

Labial

1 *Letra*	2 *Pronunciación*	3 *Ejemplo en español*	4 *Ejemplo en sánscrito*	5 *Notas*
pa		Pulmón	Pūjā	Es una letra sorda no aspirada, su pronunciación es similar a la del español.
pha		Hip-hop	Phala	Es una letra sorda aspirada. Su pronunciación es similar a la anterior, pero con una leve exhalación en el medio.
ba		Banda	bāṇa	Es una letra sonora no aspirada, similar al español.
bha			Bhaya	Es una letra sonora aspirada, similar a la anterior, pero con una suave exhalación en el medio.
ma		Mamá	Mama	Es una letra sonora nasal, que se pronuncia como en español.

Semivocales

1	2	3	4	5

Letra	*Pronunciación*	*Ejemplo en español*	*Ejemplo en sánscrito*	*Notas*
ya		Hielo	yāmala	Es una letra sonora palatal, y se pronuncia más como una "i" latina que como una "ye". El sonido se siente en la región del paladar.
ra		Cara	Hara	Es una letra sonora retrofleja, se pronuncia como la "r" suave en español.
la		Labor	lavaṇa	Es una letra sonora dental. Su sonido es similar al del español.
va		Lava	deva	Es una letra labiodental. Su sonido es similar al del español.
sway		Ruandés	īśvara	Se pronuncia como una "w" sin redondear.

Sibilantes

1	2	3	4	5
Letra	Pronunciación	Ejemplo en español	Ejemplo en sánscrito	Notas
śa	'sha'	Geisha	śakti	Como el sonido de la "sh" en inglés.
ṣa	'sha'	Kosher	doṣa	El sonido es como el de'sha', pero con la lengua enroscada hacia el paladar, aunque sin tocarlo.
sa	"sa"	Sabor	Sakala	Es una letra sorda dental. Se pronuncia similar al español.

Aspiradas

1	2	3	4	5
Letra	Pronunciación	Ejemplo en español	Ejemplo en sánscrito	Notas
ha	"ja"	Bajar	hasta	Es una letra sonora gutural. En sánscrito nunca es muda, se pronuncia como una "j" muy suave, o como la "h" sonora o inglesa.

Conjuntas

1	2	3	4	5
Letra	*Pronunciación*	*Ejemplo en español*	*Ejemplo en sánscrito*	*Notas*
jña	'gnya'		yajña jñāna	En este conjunto de consonantes, la "j" se pronuncia como "gñ" (sólo en este caso)

Apéndice: los versos de inicio del *Tantrāloka*

Bendición para honrar al supremo Corazón

vimala-kalāśrayābhinava-sṛṣṭi-mahā jananī
bharita-tanuś ca pañca-mukha-gupta-rucir janakaḥ |
tad-ubhaya-yāmala-sphurita-bhāva-visarga-mayaṃ
hṛdayam anuttarāmṛta-kulaṃ mama saṃsphuratāt || 1 ||

La Madre es Ella, quien constituye el terreno de toda acción pura, radiante, en una génesis siempre nueva. El padre es Él, quien está lleno (de todas las *śaktis*), y mantiene su luz a través de sus cinco rostros. ¡Que mi corazón, que es uno con la diversa creación que fluye a partir de la fusión de estos dos, encarnando el néctar del Absoluto, resplandezca!

Invocations: a Parā (= *svātantrya-śakti* e *icchā-śakti*)

naumi cit-pratibhāṃ devīṃ parāṃ bhairava-yoginīm |
mātṛ-māna-prameyāṃśa-śūlāmbuja-kṛtāspadām || 2 ||

Alabo a la Diosa Suprema *[Parā Devī]*, la inspiración creativa *[pratibhā]* de la Consciencia, la consorte yóguica de Bhairava, quien la ha hecho morar en el trono del loto y el tridente, cuyas puntas son el conocedor, el conocimiento y lo conocido.

A Aparā (= *kriyā-śakti*)

naumi devīṃ śarīra-sthāṃ nṛtyato bhairavākṛteḥ |
prāvṛṇ-megha-ghana-vyoma-vidyul-lekhā-vilāsinīm || 3 ||

Alabo a la Diosa en el cuerpo del Bhairava danzante, que juega como la veta de un relámpago en un cielo cubierto por nubes de monzón.

A parāparā en la forma del tridente de la sabiduría (= *jñāna-śakti*)

dīpta-jyotiś-chaṭā-pluṣṭa-bheda-bandha-trayaṃ sphurat |
stāj jñāna-śūlaṃ sat-pakṣa-vipakṣotkartana-kṣamam || 4 ||

Que el Tridente de la sabiduría, reluciente mientras masas de luz abrasadora calcinan la triada de ataduras dualistas, sea capaz de cortar con todo aquello que menoscaba la Visión correcta.

A la triada de las diosas

svātantrya-śaktiḥ krama-saṃsisṛkṣā kramātmatā ceti vibhor vibhūtiḥ |
tad eva devī-trayam antar āstām anuttaraṃ me prathayat svarūpam || 5 ||

El Poder de la Autonomía, la Voluntad para emitir la secuencia de la creación, esa secuencia que es [al mismo tiempo] el poder que todo lo abarca *(vibhūti)* del Señor que todo lo abarca *(vibhu)*, y que en sí mismo constituye la triada de las Diosas (Parā etc.), que revelan ante mí su naturaleza máxima. Que logren establecer su hogar dentro.

A Ganesh

tad-devatā-vibhava-bhāvi-mahāmarīci-cakreśvarāyita-nija-sthitir eka eva |
devī-suto Gaṇapatiḥ sphurad indu-kāntiḥ samyak-samucchalayatān mama saṃvid-abdhim || 6 ||

Sólo hay uno cuyo estado natural es el de comportarse como el Señor del Círculo, un gran rayo de luz que manifiesta la majestad de aquella Divinidad: Gaṇapati, el hijo de la Diosa, reluciente con el esplendor de la Luna, que él pueda enaltecer plenamente el océano de mi percepción.

A Macchanda-Nātha, cabeza del linaje de Kaula

rāgāruṇaṃ granthi-bilāvakīrṇaṃ yo jālam ātāna-vitāna-vṛtti |
kalombhitaṃ bāhya-pathe cakāra stān me sa Macchanda-vibhuḥ prasannaḥ || 7 ||

Que el Señor Macchanda, quien hizo la Red, rojo de pasión, estirado y extendido, dispersado con nudos y agujeros, que inicia los poderes inmanentes a lo largo del camino externo, esté complacido conmigo.

Al linaje del gurú

traiyambakābhihita-santati-tāmraparṇī-san-mauktika-prakara-kānti-viśeṣa-bhājaḥ |
pūrve jayanti guravo guru-śāstra-sindhu-kallola-keli-kalanāmala-karṇa-dhārāḥ || 8 ||

Triunfantes son los antiguos maestros del linaje llamado Traiyambaka, quienes comparten la excepcional luminosidad de la hilera de perlas en el río Tāmraparṇī. Ellos son los inmaculados timoneles que comprenden el juego de las poderosas oleadas en el océano de las escrituras del gurú.

Abhinava honra a sus gurúes del Pratyabhijñā

śrī-Somānanda-bodha-śrīmad-Utpala-viniḥsṛtāḥ |
jayanti saṃvid-āmoda-sandarbhā dik-prasarpiṇaḥ || 10

Triunfantes son las composiciones, exquisitamente fragantes de consciencia, propagándose en todas direcciones, brotando tanto del reverendo Utpala como de la mente despierta de su maestro, el reverendo Somānanda.

tad-āsvāda-bharāveśa-baṃhitāṃ mati-ṣaṭpadīm |
guror Laksmaṇaguptasya nāda-saṃmohinīṃ numaḥ || 11
Alabamos la mente de abeja del gurú Lakṣmaṇagupta, su encantadora resonancia, que se intensifica a través de su total inmersión en el disfrute de ese [loto, es decir, su maestro Utpala].

A su Sadguru y la consorte de este

Jayatāj jagad-uddhṛti-kṣamo 'sau bhagavatyā saha śambhunātha ekaḥ |
yad-udīrita-śāsanāṃśubhir me prakaṭo 'yaṃ gahano 'yaṃ śāstra-mārgaḥ || 13 ||

¡Que el excepcional Śambhunātha, junto con su consorte, capaces de rescatar al mundo entero, sean triunfantes! |
Este impenetrable camino de la escritura se volvió claro para mí a través de los rayos de sus amplificadas enseñanzas.

Autoría

śrībhaṭṭanātha-caraṇābja-yugāt tathā
śrībhaṭṭārikāṃghir-yugalād guru-santatir yā |
bodhānya-pāśa-viṣanut-tad-upāsanottha bodhojjvalo'bhinavagupta idaṃ karoti || 16 ||

La transmisión del linaje del gurú, desde los pies de loto del reverendo Bhaṭṭanātha y desde los pies de loto de la reverenda Bhaṭṭārikā (Śambhunātha y su consorte), es el antídoto para el veneno de aquello que [parece] distinto a la Consciencia. En llamas con el despertar que surge de la adoración de ese [linaje-transmisión], Abhinavagupta realiza este trabajo.

Notas

Este libro no presenta sus notas o referencias de la misma forma ni con el mismo rigor que lo haría una obra académica. Si algún académico o estudiante de la tradición desea contactarme para obtener referencias textuales más precisas, intentaré responder a todas sus peticiones. En mi sitio web (hareesh.org) podrás encontrar material mejor referenciado. Por supuesto, cualquier estudiante que esté iniciándose en el estudio del tantra shivaíta debe familiarizarse con el trabajo de Alexis Sanderson, comenzando por sus obras introductorias más fáciles, como "El shivaísmo y las tradiciones tántricas", "Poder y pureza entre los brahmanes de Cachemira" y "Las ponencias de la EPHE [École Practique des Hautes Études], un resumen largo", todos estos textos están disponibles en oxford.academia.edu-alexissanderson.com.

1. Especialmente sus obras *Nada existe que no sea Śiva* y *El secreto de los Siddhas.*
2. Justificaré esta afirmación haciendo referencia a los tres libros que en apariencia la desafían. La obra de Georg Feuerstein *Tantra: el camino del éxtasis* nos presenta una síntesis, no del singular sistema filosófico del tantra clásico, sino de aquellos elementos del tantra que se incorporaron al hinduismo; por consiguiente, este libro debe verse como una buena introducción al tantra hinduista postclásico que prevaleció del siglo XIII en adelante. Como ya lo descubrirás, la filosofía del tantra clásico que se aborda en este libro se relaciona, pero al mismo tiempo es considerablemente distinta. El segundo libro que me viene a la mente es *El shivaísmo de Cachemira: la filosofía central del tantrismo* de Kamalakar Mishra. Esta obra abarca una buena parte de la filosofía tántrika clásica, pero no aborda ni la historia ni el contexto social de la religión en cuyo seno se originó. De esta forma, Mishra perpetúa el malentendido que ha prevalecido por un siglo en cuanto a que esta tradición fue un fenómeno que ocurrió en la región de Cachemira, cuando en realidad, como ya lo veremos, fue un movimiento espiritual que se extendió a todo lo largo de la India (y eventualmente de toda Asia). El tercer libro es *La consciencia lo es*

todo: El yoga del shivaísmo de Cachemira, de Swāmī Shankarānanda, una obra valiosa para los practicantes contemplativos, aunque el mismo autor admite que el hecho de no leer en sánscrito ha limitado su acceso a solo un puñado de traducciones al inglés de textos tántrikos, de las cuales ninguna es realmente buena.

3. En *Veda americano* (2010), Philip Goldberg identifica la siguiente proposición como la doctrina fundamental de la filosofía del Vedānta que se adquirió en los Estados Unidos: "La realidad Máxima es al mismo tiempo trascendente e inmanente, es una y es muchas..." Ésta es una enseñanza clave del tantra, pero de ninguna manera forma parte de la doctrina del Vedānta, con excepción de la altamente sincrética versión del Vedānta que se ha enseñado durante los últimos dos siglos —una versión que está en gran medida influenciada por el tantra. Otra enseñanza que Goldberg coloca en la misma lista y que no pertenece al Vedānta, pero que sí es muy tántrika es: "Los individuos pueden despertar a su naturaleza divina a través de cualquier cantidad de caminos y prácticas. No existe un solo camino que sea adecuado para todo el mundo." Este malentendido, gracias al cual las enseñanzas tántrikas se atribuyen a otras escuelas, está muy extendido.
4. En otras palabras, el tantra budista es en esencia el budismo Mahāyāna que se reestructuró sobre los ejes del shivaísmo tántriko. Esta afirmación está destinada a causar controversia en algunos círculos, y muchos eruditos y practicantes del budismo la negarán de inmediato por el hecho de que los hallazgos académicos que van en contra de lo que está establecido y aceptado siempre son rechazados de inicio, sin importar cuán sólida sea la evidencia que los sustente. No obstante, el profesor Alexis Sanderson ha acumulado una increíble cantidad de evidencia y la ha detallado, principalmente en su obra maestra de 300 páginas "La Era del Śaiva", publicada en *Génesis y desarrollo del tantrismo temprano,* y disponible en su sitio Web. Para obtener una mucho más breve pero importante pieza de evidencia, puedes descargar la ponencia de Sanderson en la colección Gonda, así como el panfleto llamado "¿Qué tan budista es el *Herukābhidhāna-tantra*?" Para los lectores que quieran saber por qué la prioridad histórica (y el predominio) del tantra shivaíta por encima de otras formas del tantra no se hizo del conocimiento general desde antes, la respuesta es que en las generaciones pasadas hubo muchos eruditos del budismo y virtualmente ninguno del shivaísmo.
5. Dicho de otra forma, aunque esto sea una simplificación, los puntos donde el tantra budista articula una filosofía distinta al Mahāyāna tienen una correspon-

dencia cercana con el shivaísmo no dualista, especialmente con la escuela del Krama en su etapa madura (que, como veremos más adelante, dista mucho de la ortodoxia shivaíta congruente con los Vedas). Esta cercana identidad de la filosofía del shivaísmo de extrema izquierda (ya explicaré el término más adelante) con los linajes budistas de Dzogchen y Mahāmudrā será más clara cuando los eruditos hayan hecho una correcta transposición de los términos técnicos relevantes del sánscrito al tibetano y viceversa (el erudito David Germano ha comenzado a trabajar en esta dirección). Como ya lo señalé, con la excepción de las prácticas tántrikas, los académicos no han propuesto todavía una dirección de transmisión para esta filosofía, y por el momento podemos considerar que emergió del medio compartido del pensamiento no dualista en la región de los Himalayas.

6. Esto también puede apreciarse en el hecho de que el Dzogchen no es solamente un fenómeno budista, pues pertenece de igual forma a la religión Bön del Tíbet.
7. José Cabezón, "La disciplina y su Otro: La dialéctica de alteridad en el estudio de la religión".
8. Como ya lo veremos, la extendida noción que prevalece tanto en Occidente como en la India de que el yoga moderno proviene de (o incluso está conectado a) la tradición pre-tántrika de los *Yoga-sūtra* de Patañjali es falsa. Dicho texto no proporciona casi ningún detalle en cuanto a la práctica (con excepción de la meditación concentrativa), contrario a la vasta literatura que la tradición tántrika ofrece en torno a las prácticas yóguicas. Además del resurgimiento de Patañjali en el siglo XX, es posible afirmar que cualquier noción de su pensamiento que podamos encontrar en la tradición de *haṭha-yoga* llegó ahí a través de la transmisión de la tradición tántrika. Más adelante abundaré en este tema.
9. Por desgracia, esto no implica que todas las prácticas efectivas sobrevivan. Las discontinuidades históricas (como la conquista islámica) hicieron que muchas enseñanzas poderosas se perdieran. Esta contracción de la tradición resulta ser particularmente trágica en el caso de la India, ya que sus actitudes culturales en torno a la transmisión de conocimiento por lo general no les permiten aceptar cuando algo se ha perdido. Esto explica por qué en la India moderna no se ha hecho prácticamente ningún esfuerzo por recuperar una de las tradiciones espirituales más extensas, hermosas y efectivas que han existido en la larga historia de esta nación: la del tantra shivaíta.
10. Aunque es cierto que los hoyos negros no entran dentro del espectro visible, su existencia puede probarse a través de las órbitas de estrellas cercanas en un sistema binario, o bien por su radiación de rayos X.

11. Para dar un breve ejemplo, podemos mencionar que Alexis Sanderson, basándose en el modelo de shivaísmo que él mismo desarrolló, predijo que el culto a las diosas debió haber sido parte de la tradición del shivaísmo pre-tántriko, aunque no había evidencia conocida que sustentara tal afirmación. Esta evidencia de hecho salió a la luz en la forma de inscripciones y manuscritos recién descubiertos.
12. Tanoti vipulān arthān tattva-mantra-samanvitān | trāṇaṃ ca kurute yasmāt tantram ity abhidhīyate ||
13. Es decir, mi maestro Somadeva Vasudeva (Universidad de Columbia), quien trajo este pasaje a mi atención.
14. *Sārdhatriśati-kālottara-vṛtti,* p. 5. Esta es necesariamente una paráfrasis, ya que el estilo formal y culturalmente específico del sánscrito impide que haya una traducción literal. Observa que esta definición también puede aplicarse al tantra budista si reemplazamos la palabra "Dios" por "el/los Bodhisattva(s)". El original en sánscrito reza: *tantraṃ ca-parāpara-puruṣārthādhikāriṇāṃ viśiṣṭa-saṃskāra-pratipādana-pūrva[ka]m īśvarārādhanāya niyata-vidhi-niṣedhaṃ tadājñātmakaṃ vākya-jātam.*
15. Con la excepción del *Vijñāna-Bhairava tantra*, que es la única escritura tántrika original de la tradición shivaíta que se encuentra disponible en lengua inglesa, aunque en traducciones no precisamente acertadas. El *Vijñāna-Bhairava* es un texto notable, sin embargo, hay que tomar en cuenta que su contenido es atípico para ser una escritura tántrika. Existen traducciones parciales de otras escrituras, pero son altamente académicas y nada asequibles para el público. Como ejemplos de lo anterior, puedo citar al *Mālinī-vijayottara tantra* (en traducción de S. Vasudeva), el *Kiraṇa tantra* y el *Parākhya tantra* (en traducción de D. Goodall), obras publicadas por la École Française d'Extreme Orient / Institut Français de Pondichéry en la India.
16. Esto, como es evidente, nos sugiere la posibilidad de que exista una versión tántrika de otras religiones, por ejemplo, alguna inflexión tántrika del cristianismo, en la que los mantras y las visualizaciones pertenezcan a formas cristianas de la Deidad. En este sentido, el exjesuita John Dupuche ha comenzado una iniciativa al publicar en fechas recientes su obra *Hacia un tantra cristiano.* Lo anterior es posible porque la práctica tántrika puede concebirse como "una forma de practicar la religión", es decir, una estructura que puede albergar cualquier contenido. Como ya lo veremos en su momento, el contenido es la energía de la Deidad en el sabor en que la evoque la secta en cuestión.
17. De esta lista, las primeras cuatro son religiones nativas de la India. Cada una de ellas recibió su

nombre en honor a su fundador o a su deidad central (es decir, el nombre principal que cada secta utilizaba para referirse a Dios), por lo tanto, los nombres de las religiones se derivan de Śiva, el Buddha, Viṣṇu, y el Jina (también llamado Mahāvīra). De entre estas religiones, la segunda y la cuarta tienen formas ateas y politeístas, mientras que la primera y la tercera tienen formas politeístas y monoteístas, y tanto el shivaísmo como el vaishnavismo forman parte de lo que hoy en día se conoce como "hinduismo". Más adelante daré detalles acerca de esta inapropiada denominación. También hubo otra religión verdaderamente tántrika, que fue la del shāktismo (llamado así en honor a la Diosa o Śakti), misma que aquí abordaré como parte del shivaísmo, aunque más tarde ambas corrientes se desarrollarían como dos formas separadas. El artículo de Shaman Hatley "Mapeando el Cuerpo Esotérico en el Yoga Islámico de Bengala" presenta evidencia de que el tantra se infiltró incluso en el Islam.

18. Este hecho sigue sin ser muy conocido, incluso entre los eruditos, aunque como ya lo mencioné en una nota anterior, el profesor Alexis Sanderson ha presentado, a través de una serie de artículos, evidencia más que suficiente para sustentarlo.
19. Paul Williams y Anthony Tribe, *Pensamiento budista*, pp. 197-202.
20. Esta discusión es forzosamente una simplificación. De hecho, no solo las fuentes europeas, también las musulmanas y chinas usaron el término hindú. Su uso se extendió porque en un inicio se utilizó como una denominación geográfica para referirse a todos los habitantes del área del río Sindhu y el este del mismo. Mientras que hay evidencia de que el término "hindú" comenzó a utilizarse a inicios de los 1600, la palabra "hinduismo" no se usó hasta finales de los 1700, aunque el despectivo reduccionismo de encerrar a todas las tradiciones indias en una sola categoría (por ejemplo "idolatría") comenzó con el uso del primer término. Will Sweetman desarrolló una relevante discusión al respecto, que puedes consultar en www.soas.ac.uk/southasianstudies/keywords/file24805.pdf
21. En la tradición india no se le daba preferencia al sufijo *-ismo* (o su equivalente en sánscrito *-tva)* debido a sus tradiciones religiosas. Sus nombres autóctonos eran Vaidika-dharma, Śaiva-dharma, Śākta-, Vaiṣṇava-, Bauddha- y Jaina-dharma, donde la palabra "dharma" (= religión, código de conducta, estilo de vida) también podía reemplazarse por la palabra "śāsana" (= enseñanza), como en Bauddha-śāsana, las enseñanzas del camino budista. También toma en cuenta que en la India hubo tres religiones no autóctonas, que se dieron en un periodo temprano y estuvieron representadas por pequeños grupos: cristianos, judíos y parsīs o zoroastrianos.

22. No es coincidencia que el primer indio que se sabe que utilizó el término "hinduismo" fue un personaje educado en Occidente y, por lo tanto, occidentalizado. Además (con la mejor de las intenciones), creó una nueva versión "higienizada" de la religión de la India, que recibió la aprobación de sus gobernantes europeos. El nombre de este personaje fue Rammohun Roy (1772-1833), y la nueva secta que creó se llamó Brahmo Samāj.
23. Aquí hablo del shivaísmo clásico, es decir, el que floreció antes de 1300. Después de ese periodo, el shivaísmo comenzó a adaptarse cada vez más al brāhmanismo, lo que dio origen al sincretismo védico-tántriko.
24. Este proceso, que también ha traído consigo una masiva disminución de la complejidad de la cultura religiosa de la India, especialmente en lo que concierne a su dimensión intelectual, ha sido en gran medida el resultado de la pérdida del patrocinio que el Estado proporcionaba a las religiones indias autóctonas; esto quiere decir que las complejas y detalladas enseñanzas y prácticas de las religiones indias se impartían en monasterios, instituciones educativas, así como a través de miles de maestros consagrados de tiempo completo a las mismas, y para que todo esto sucediera era necesario contar con una gran cantidad de recursos. Cuando ocurrió la conquista musulmana del norte de la India (que comenzó alrededor del siglo XIII y se completó en el siglo XVI), estos fondos se evaporaron, lo que derivó en la desaparición total del budismo en la India y en la simplificación y fusión de las tradiciones que quedaron. Fue en realidad la llegada de los "otros", es decir, los musulmanes, lo que creó una identidad hindú específica —los usos tempranos del término "hindú" como forma de auto-designación (que utilizaron los vaiṣṇavas de la parte este de la India en el siglo XVI) fueron para hacer una clara diferenciación del término "musulmán". Esta moderna identidad hindú se centra en la devoción a la cultura del templo y en las reproducciones simplificadas de los ritos del templo en los hogares hindúes.
25. Aunque sería negligente de mi parte no hacer la observación de que, históricamente, si uno quería recibir iniciación tántrika después de haber hecho votos o algún compromiso con cualquier otra tradición religiosa, era necesario someterse primero a un ritual para remover aquella identidad religiosa anterior. Esta ceremonia (denominada *liṅgoddhāra) no* se consideraba necesaria en el caso de que uno hubiese crecido dentro de un contexto religioso en particular, pero sin haber jamás estado comprometido con su práctica (como alguien proveniente de una familia católica que nunca hubiera recibido la confirmación).

26. Encontramos el primer punto realizado en una de las escrituras más tempranas del shivaísmo, el *Niśvāsa-kārikā* (12.161—67), así como el segundo, hecho por los comentaristas tempranos Vāladhārin y Jayaratha. Ver "La Edad del Śaiva" de Sanderson, nota 691.
27. Observa que muchos linajes del tantra shivaíta, en especial aquellos pertenecientes a corrientes dualistas, *no* estaban dispuestos a iniciar a no indios (es decir, gente sin casta). Sin embargo, los linajes que más nos conciernen fueron aquellos que sí estaban dispuestos a iniciar a cualquiera que tuviera un interés constante y sincero.
28. Puedes dar un vistazo a la obra más reciente de Mark Singleton, el primer erudito en identificar con éxito las fuerzas que entraron en juego en la creación del yoga moderno, revelando así que este tuvo en definitiva que haber sido un producto de la globalización, donde el elemento originario de la India fue el *haṭhayoga*. En las décadas de 1920 y 1930, tres hombres realizaron la síntesis fundamental de la disciplina moderna: Kuvalayānanda y Śrī Yogendra, del área del Gran Bombay, y Kṛṣṇamāchārya, de Mysore.
29. Algunos filósofos argumentan que ninguna experiencia es inmediata (es decir, no intermediada), y que todas las experiencias religiosas llegan a nosotros mediadas (moldeadas y determinadas) por el lenguaje y la cultura. Para ponerlo en términos simples, de acuerdo con el punto de vista del tantra shivaíta, el lenguaje moldea nuestra experiencia de la realidad, pero no puede crear una experiencia artificial. El que herramientas como el lenguaje se utilicen para dar pie a una experiencia no las hace inválidas. Aquí las preguntas importantes son: ¿qué aspecto de la realidad deseas experimentar? y ¿cómo quieres experimentar este aspecto? Puedes utilizar el lenguaje divino para acceder a una auténtica experiencia divina. Este punto de vista, que sostiene que las estructuras del lenguaje expresan (a un nivel superficial) las estructuras de la realidad misma, más tarde se arraigaría en la noción tántrika; por lo tanto, no estás en realidad utilizando el lenguaje religioso para *construir* una experiencia de la realidad, sino para *acceder* a un aspecto de la realidad que antes era inaccesible para ti. Finalmente, el shivaísmo argumenta que tu experiencia expresa una realidad *transpersonal* (en vez de, por ejemplo, un espejismo solipsista) por el hecho de que corresponde a una escritura revelada de forma divina.
30. Esta definición está en parte inspirada por la que ofrece David White del tantra como una categoría general en la introducción de su libro *Tantra en práctica:* "El tantra es ese cuerpo de creencias y prácticas el cual, partiendo del principio de que el universo material no es otra cosa que la ma-

nifestación concreta de la energía divina de la deidad que crea y mantiene a ese universo, busca apropiarse de esa energía y canalizarla dentro del microcosmos humano en formas creativas y emancipadoras." De hecho, esta definición solo aplica para el tantra shivaíta no dualista, no para el tantra en general, aunque en su contexto funciona bien, a pesar de ser quizá demasiado amplia. Dicha definición hace énfasis en el tantra como una tecnología ritual que nos permite acceder a la *śakti* (poder divino) y utilizarla para alcanzar los objetivos gemelos del tantra antes mencionados en el texto principal.

31. Aquí estoy parafraseando un notable pasaje de *Las leyes de la forma* de Spencer Brown, del que ya Ken Wilber había hecho mención en su obra temprana.
32. Ātmā prakāśa-vapur eṣa śivaḥ svatantraḥ | svātantrya-narma-rabhasena nijaṃ svarūpam | saṃchādya yat punar api prathayeta pūrṇaṃ.
33. Āajñānaṃ kila bandha-hetur uditaḥ śāstre malaṃ tat smṛtaṃ | pūrṇa-jñāna-kalodaye tad akhilaṃ nirmūlatāṃ gacchati | dhvastāśeṣa-malātma-saṃvid-udaye mokṣaś ca tenāmunā.
34. Por razones que ya abordaremos, la Consciencia no cuenta realmente como una "capa", lo cual explica por qué algunas fuentes le llaman el ser de cuatro capas. Observa que este esquema es similar y al mismo tiempo distinto que el de las "cubiertas" [*kośa*] de la filosofía del Vedānta.
35. Mukhyatvaṃ kartṛtāyās tu bodhasya ca cid-ātmanaḥ / śūnyādau tad-guṇe jñānaṃ tat-samāveśa-lakṣaṇam || Īśvara-pratyabhijñā-kārikā 3.23
36. Para ser más preciso, todas las capas con excepción del Vacío están en constante cambio, pero el inmutable Vacío no puede ser tu identidad máxima porque es totalmente trascendente.
37. Podríamos trazar una línea paralela con la física cuántica, en la cual se dice que un electrón no tiene una ubicación específica como una "onda de probabilidad": si se le mide, el electrón podría estar en cualquier posición de un número determinado de ubicaciones, y su ubicación carece de importancia hasta que se le mide. Aunque la probabilidad es baja, teóricamente es posible que un electrón que en un momento dado esté unido a un átomo dentro de tu cuerpo, se encuentre a cientos de millas al momento siguiente. De la misma forma, aunque cualquier cosa puede surgir del campo infinito de la Consciencia pura que hay dentro, lo más probable es que lo que surja sean formas de pensamiento que sean repeticiones o ligeras variantes de formas de pensamiento previas (lo que se conoce como condicionamiento).
38. En el famoso ensayo del Dr. Oliver Sacks "El hombre que confundió a su mujer con un sombrero" (que figura en su obra del

mismo nombre), podemos ver el extraño resultado de una falla en el proceso a través del cual la mente sintetiza un objeto a partir de varios *ābhāsas* (desde luego que el Dr. Sacks no utilizó este lenguaje, y el lector tendrá que decidir por sí mismo si estoy en lo cierto al identificar de esta forma al desorden neurológico que él describe).

39. Aquí doy el ejemplo de "justicia", aunque desde luego no hay ningún objeto de percepción que sea puramente abstracto, como el concepto de "justicia" en general. Todos los conceptos que los individuos reales utilizan son altamente específicos, como, digamos, el concepto específico de justicia en la mente de Felix Frankfurter al momento de escribir su análisis del caso Sacco-Vanzetti, que fue muy singular tanto para él como para el momento en la historia en que ocurrió. Ese concepto específico de justicia se puede analizar en términos de los distintos *ābhāsas* que lo conforman, aunque puede no funcionar en el caso de un concepto abstracto como "justicia en general", ya que este *en realidad no existe* más que como una construcción lingüística.

40. Aunque esta enseñanza aparece de forma explícita en las fuentes originales, mi entendimiento en torno a ella está influido por lo que escribió el gran meditador Swāmī Anantānanda en su libro *¿Qué hay en mi mente?*, publicado por la Fundación SYDA.

41. Los lectores perspicaces se habrán dado cuenta de que recurro a la expresión "que comúnmente se utiliza", como si hubiese otros *bīja* mantras más esotéricos o más apropiados para los cinco grandes elementos. De hecho, estos existen, y los *bījas* que comúnmente se conocen han resultado ser simplificaciones o incluso interpretaciones erróneas de los mantras tántrikos originales. Esto lo ha confirmado Christopher Tompkins a través de su obra, precursora en este campo, y dejaré que su próxima publicación revele cuáles son los mantras tántrikos de los cinco grandes elementos.

42. Para ser más preciso, la fórmula es Śiva - todos los poderes + *kañcukas* = *jīva.*

43. Traducción de Sanderson.

44. En algunos conteos de los *kañcukas*, el orden de los números 10 y 11 está invertido (*niyati* y después *kāla*). En otros conteos (muy tempranos), estos dos elementos no figuran en lo absoluto, y los primeros tres *kañcukas* son los importantes. El hecho de que nuestras fuentes escriturales no concuerden en todos los aspectos apoya la noción de que estas evolucionaron a partir de las contemplaciones surgidas de la experiencia espiritual de hombres y mujeres reales, y las formas en que cada uno de ellos articuló sus introspecciones —trayéndolas al nivel aproximativo de la palabra hablada— nunca estarán completamente de acuerdo.

45. El texto que sigo aquí es el *Pratyabhijñā-hṛdayam,* el cual difiere de otro texto más temprano, el *Īśvara-pratyabhijñā-kārikā,* en el sentido de que coloca el nivel de aposición equivalente con *Īśvara-tattva* en lugar de *Śuddhavidyā-tattva.* En el esquema de *-hṛdayam* existe una progresión más clara desde el germen embrionario del universo contenido dentro de Sadāśiva, a la aposición equivalente con Īśvara, hasta la expresión plena (como un patrón de energía, sin ser aún materia física) al nivel de Śuddhavidyā.
46. Literalmente: "Él existe en cada esfera, y en todos los objetos de los sentidos, hacia donde sea que uno mire, aquello que no es Dios no se encuentra en ninguna parte." *viṣayeṣu ca sarveṣu indriyārtheṣu ca sthitaḥ | yatra yatra nirūpyeta nāśivaṃ vidyate kvacit* || *Svacchanda-tantra* 4.314 || También podríamos utilizar la traducción común de *śiva,* que es "auspicioso" o "bendito", generando el significado de "nada puede encontrarse que no sea una bendición".
47. En lo que concierne a la tradición del Trika, uno de los ejemplos más importantes de esto es la cosificación de la sencilla frase "yo veo una vasija"; es decir, que debido a que la construcción lingüística contiene tres elementos separados (un agente en primera persona, un verbo que denota el proceso perceptivo que ese agente inició, y un objeto directo relacionado con ese verbo), creemos que estos tres *son* elementos separados: una persona que ve, el acto de ver y el objeto visto. Sin embargo, la reflexión cuidadosa revela que lo que hay es un proceso unificado con tres aspectos. La percepción "vasija" no es más que una vibración en particular dentro de la consciencia, inseparable del observador, quien es a su vez inseparable del proceso por medio del cual se crean los objetos de la consciencia (en este caso, ver). Si realmente hubiera tres objetos separados y distintos, no podrían tener una relación significativa en una manera que pudiera dar pie a ninguna forma válida de conocimiento.
48. El lenguaje de este párrafo (y ciertos puntos a lo largo de toda esta sección) está inspirado en el excelso artículo del erudito italiano Rafaelle Torella llamado "La palabra en el Bṛhad-vimarśinī de Abhinavagupta".
49. *Los aforismos de Śiva,* p. 33.
50. Ocasionalmente ocurre que entramos en el estado de vigilia mientras seguimos ocupando el cuerpo sutil, y nos sucede que nos quedamos paralizados por unos instantes antes de poder llevar la consciencia al cuerpo físico. En Occidente a esto se le conoce como "parálisis del sueño".
51. Si de hacer comparaciones se trata, observa que a Abhinava el teólogo se le puede equiparar con Tomás de Aquino, mientras que a Abhinava el filósofo se le puede comparar con Hegel o Kant, no

solo en relevancia e influencia, también en ciertos elementos de su pensamiento.

52. De "Mandala e identidad Āgámica", p. 170

53. La Orden de Āmardaka = Śaiva Siddhānta está descrita en la siguiente sección de este libro; la Orden de Śrī es un antiguo linaje precursor del Krama, y también se detalla más adelante; la Orden de Tryambaka = Trika; y la Orden del Medio-Tryambaka (o del Tres y medio), que fundó la hija de Tryambaka, es el Kaula Trika, es decir, el Trika que incorporó la tradición espiritual no sectaria del kaulismo, que el Señor Macchanda reveló en la época actual.

54. Gracias al artículo de Sanderson en "La doctrina del Mālinīvijayottaratantra" por este enunciado (p. 295).

55. La traducción es una versión modificada que hizo Sanderson de su obra "Comentario en torno a los versos de apertura del *tantrasāra*".

56. Jayaratha, quien fue comentarista de la obra de Abhinavagupta, añade: "Él quiere decir que en el sistema de Kula o Kaula están prohibidas las cenizas, llevar el cabello en rastas[1], y el resto, como se enseña [en la escritura que dice]: 'Él no debe asociarse en acto, pensamiento o palabra con nadie que porte insignias tales como cabello en rastas y ceniza, el estandarte, los ornamentos [de hueso humano] propios de la observancia del Kāpālika, el tridente y el terrible báculo de cráneo. Esto es porque en este [sistema no dualista] se enseña un método para comprender la identidad con Śiva de forma fácil, sin esfuerzo, incluso cuando uno está inmerso en [la experiencia de] los objetos de los sentidos, tal y como se enseña en [el *Svabodhodaya-mañjarī* de Hrasvanātha]: "Los antiguos enseñaron la cesación [de la consciencia contraída] por medio de la práctica yóguica y el desapego. Pero ahora yo enseño que esta cesación puede llegar sin esfuerzo" (traducción de Sanderson ligeramente modificada). Aquí podemos ver la tensión que la doctrina del No Dualismo Supremo busca resolver.

57. La primera vez que leí este pasaje fue con Somdev Vasudeva y, por lo tanto, mi traducción (como todas las que aparecen en esta sección) se debe a él y al profesor Sanderson.

58. Para aprender más sobre las propiedades físicas de las ondas y los bellos patrones que estas crean cuando se combinan ("interferir" en lenguaje de la física) puedes entrar a http://en.wikipedia.org/wiki/Interference_(wave_propagation). "La interferencia constructiva" es el aspecto de Parā de la Diosa su-

[1] Este peinado, formado por trenzas enmarañadas, recibe su nombre de los rastafaris, sin embargo, no debe asociarse únicamente a esta cultura, ya que muchos grupos étnicos las han utilizado a lo largo de la historia y en distintas partes del mundo. [N. de la T.]

prema, mientras que "la interferencia destructiva" es el aspecto de Kālī. Observa que las zonas oscuras en los patrones de interferencia no representan una falta de energía (*śakti*), sino *el producto de las ondas de energía que se combinan para crear espacio.*

59. Mi entendimiento en torno a esta enseñanza se debe en mayor medida al artículo "Significado en el ritual tántrico" de Sanderson y a la obra inédita de Paul Muller-Ortega en torno a las 12 Kālīs.

60. Para obtener una imagen integral de esta diseminación, sería necesario leer varios cientos de páginas de prosa académica muy densa, incluyendo muchas citas en sánscrito. Sin embargo, yo animo a los lectores dedicados a que consigan "La Era del Śaiva" y "La historia a través del criticismo textual" (ambas muestran cómo el tantra budista se deriva de fuentes shivaítas), así como "Los Lākulas" (sobre las conexiones entre el shivaísmo pre-tántriko y tántriko) y "El Shivaísmo entre los Jemeres" (sobre su propagación en el sureste de Asia, en especial en el reino shivaíta de Angkor Wat). Todos estos documentos están disponibles en alexissanderson.com. También puedes encontrar algunos artículos introductorios de lectura más asequible, como "El Shivaísmo y las tradiciones tántrikas" y "Poder y pureza entre los brahmanes de Cachemira".

61. Aunque cuando provenían de otra religión, tenían que realizar un ritual que les despojase de su (apego a la) identidad religiosa anterior. Toma en cuenta que las personas con antecedentes en el Brāhmanismo no tenían que someterse a ese ritual, lo que muestra que los Śaivas no consideraban al Brāhmanismo como una religión, sino como una cultura (similar a algunas formas del hinduismo de la actualidad).

62. Esta descripción proviene de los artículos de Sanderson "Religión y Estado: Iniciando al monarca en el Śaivismo" y "La forma budista de los mantras".

63. El primer tantra budista completo es el *Mahāvairocanābhisaṃbodhi-tantra,* que data del siglo VII. Las fechas de los textos budistas se pueden determinar a partir de sus traducciones al chino, cosa que no es posible hacer con las fechas de los textos shivaítas. No obstante, la fecha del texto *más temprano del tantra shivaíta*, que data del siglo VI, el *Niśvāsa*, fue determinada por los eruditos más cuidadosos y los sanscritistas más dedicados que hay en el campo.

64. Mañjuśriyamūla-kalpa 47:53-54, traducción de Sanderson, p. 130 de "La Era del Śaiva".

65. Es decir, de acuerdo con los libros de leyes, este tipo de apariencia e indumentaria se reservaba a personas convictas por haber matado a algún sacerdote brāhmín. A quienes cometían estos asesinatos se les obligaba a deambular de esta manera, anunciando su abominable presencia con el ta-

ñido de una campana. No obstante, aunque a estos ascetas Atimārgas se les consideraba inocentes de cualquier delito, adoptaban *por voluntad propia* esta conducta en su búsqueda de trascendencia. Esto resulta especialmente impresionante cuando recordamos que ellos mismos eran brāhmines que optaban por descender en el sistema de castas, y pasar de la posición más respetada en la sociedad a la más baja. En lo personal, considero esto como un acto de valentía sin paralelo.

66. Tuve la fortuna de leer este pasaje en compañía de un magistral erudito, especialista en esta literatura tántrika muy temprana: Dominic Goodall, del Instituto Francés en Pondicherry, en Tamiḷ Nāḍu.

67. Si continuamos haciendo paralelismos con el cristianismo, veremos que los grupos del TSND (tantra Shivaíta No Dualista) son similares a la forma en que podríamos imaginar que hubieran sido los cristianos gnósticos de los siglos II y III, en caso de haber sobrevivido y alcanzado un mayor éxito. En lo personal, me vienen a la mente las enseñanzas no dualistas de estos últimos, su énfasis antiinstitucional en torno a las experiencias místicas personales, el empoderamiento de las mujeres, etcétera.

68. Las complejidades que existieron en cuanto a las relaciones sectarias de los diversos grupos de la corriente de izquierda van más allá de los alcances de este libro. Si bien no es del todo preciso utilizar el término Kaula de forma tan general para abarcar todos los periodos, sí nos permite nombrar y distinguir las corrientes dominantes de la tradición, y también es verdad que "Kaula" puede usarse como sinónimo de Śākta (adorador de la Diosa). Hacia el final del periodo clásico, la palabra Kaula tenía un alcance semántico muy amplio. Mi tendencia personal es decir Kaula cuando quiero enfocarme en la práctica y cultura de la corriente de izquierda, o en el caso del TSND cuando me concentro más en la filosofía, ya que esta trasciende las afiliaciones sectarias (aunque sus autores fundamentales estuvieron todos influenciados por el Kaula, e incluso fueron iniciados en el Kaula).

69. Ver, por ejemplo, el artículo de Sanderson "Poder y pureza entre los brahmanes de Cachemira", pp. 201-202.

70. Varios enunciados en este párrafo son paráfrasis de Sanderson en "El Shivaísmo y las tradiciones tántrikas", p. 680.

71. Puedes visitar www.tantricart.net. Este sitio muestra la obra del (hasta donde sé) último linaje vivo de artistas tántrikos, conformado por miembros del clan Newārī del Valle de Katmandú. Desde mi visión personal, ellos merecen una felicitación por incorporar avances artísticos occidentales (como la perspectiva y la tridimensionalidad) sin arries-

gar en lo más mínimo la naturaleza tradicional de su temática. Uno de los talentosísimos artistas cuya obra figura en el sitio web es Dinesh Shreṣṭha, quien además es maestro de Ekabhūmi Ellik, el artista que participa en este libro.

72. Después de la conquista de Cachemira por el Islam (1339), cuando el shivaísmo perdió su base institucional, la tradición comenzó a contraerse, y el estudio de las escrituras originales fue lentamente desapareciendo, dando como resultado una versión del tantra shivaíta recortada y con un enfoque gnóstico, que se basó en los escritos exegéticos a los que aquí me refiero. Para obtener una explicación más completa de este proceso, puedes consultar "Swāmī Lakshman Joo y su lugar en la tradición de Cachemira".
73. Mi traducción se basa en la de Sanderson en "Exégesis del Śaiva", p. 404.
74. El primer comentario fue traducido por Mark Dyczkowski, el segundo por Swāmī Lakṣman Jū.
75. El último gran gurú cachemiro del shivaísmo, Swāmī Lakṣhman Jū, abandonó su cuerpo en 1991. Sus discípulos occidentales han seguido publicando su obra, que incluye el comentario que realizó en torno a los *Śiva-sūtras* y el *Vijñāna-bhairava*. Estas publicaciones constituyen las mejores traducciones de estas obras que hoy en día se encuentran disponibles.
76. Jaidev Singh realizó y publicó una traducción imperfecta, aunque útil, bajo el título *Un tridente de sabiduría.* Toma en cuenta que otras traducciones de Singh *no* son útiles ni recomendables, y han sido ya superadas por trabajos de calidad muy superior.
77. El conocido académico estadounidense David White quisiera hacernos creer que los yoguis siniestros, buscadores de poder, siempre fueron mayoría y defiende esta tesis en su reciente libro titulado *Yoguis siniestros.* Este libro, al igual que *El beso de la Yoginī,* padece el grave defecto académico llamado "sesgo de confirmación", que sucede cuando una investigación se lleva a cabo con una tesis predeterminada en mente (el método que más tiempo absorbe, pero que es el más preciso, es el de leer una amplia variedad de fuentes sin una idea específica de lo que uno va a encontrar). Como evidencia de que el trabajo de White sufre de la perspectiva distorsionada que causa el sesgo de confirmación, ver la revisión que James Mallinson realizó en fechas recientes en torno a *Yoguis siniestros.*
78. En mayo de 2011 James Mallinson me escribió un correo electrónico donde me decía lo siguiente: "No estoy seguro de que el *Amṛtasiddhi* hubiera sido un texto 'Nāth'. Puede ser que este texto tenga una conexión más cercana con los linajes del [Śaiva] Kālamukha encontrados en Shringeri/Vijayanagara. La deidad tutelar de este último es Virūpākṣa."

79. Es importante mencionar que hubo otra gran rama en la tradición del *haṭha-yoga,* una rama del Vaiṣṇava que guardaba un paralelismo con su contraparte del Śaiva (porque también se basaba en enseñanzas tántrikas que en última instancia derivaban de fuentes shivaítas). La progresión de esta rama va como sigue: el primer texto en enseñar algo con el nombre explícito de *haṭha-yoga* proviene del siglo XIII y es el *Dattātreya-yoga-śāstra* o *Escritura en torno al yoga por el señor Dattātreya.* Se decía que Dattātreya era un *avatāra* (una encarnación de Dios), que tanto los Śaiva Dasnāmīs como los Vaiṣṇavas se adjudicaban, aunque eventualmente esta figura se asociaría más con los segundos. A partir del *Dattātreya-yoga-śāstra* fluyó una serie de tratados de *haṭha-yoga* que fueron copiados a todo lo largo de la India. Las prácticas que se enseñaban en estos textos influyeron en el linaje de Rāmānandī (que sobrevive hasta nuestros días) y también en el linaje de Śrī-vaiṣṇava (una tradición cuyas raíces se encuentran en el Vaiṣṇava tantra. Toma en cuenta que una de las escrituras de este último, que data del siglo XI, el *Vimānārcanākalpa,* constituye el primer texto en enseñar *āsanas* no sentadas). También es importante observar que Śrī Krishnamāchārya, el fundador del yoga moderno de posturas, era miembro del linaje de Śrī-vaiṣṇava. (Ver p. 269 para más información sobre este personaje.)

80. Para ser más preciso, no podemos estar seguros de que la fuente de Gorakṣa sea el *Sārdhatriśati-kālottara,* puesto que otras escrituras tántrikas copiaron y parafrasearon este texto, como el *Svacchanda-tantra.* Lo que Tomppkins ha probado es que el autor de *Los cien versos de Gorakṣa* tuvo a la mano (o al menos en la mente) algunos textos tántrikos mientras escribió esta obra, y que la fuente más temprana de la que se tenga conocimiento para muchas de estas ideas en específico es el *Sārdhatriśati-kālottara.*

81. Para complicar la imagen, hubo otras clasificaciones de la práctica de yoga que fueron más conocidas entre las escrituras tántrikas que el *aṣṭāṅga-yoga,* tales como el *ṣaḍaṅga-yoga,* o yoga de los seis miembros, que también vemos en el *Maitrī Upaniṣad.*

82. En un artículo provocativo y a la vez impecable en su trabajo de investigación, publicado en el *Journal of Indian Philosophy* ("Haṃsamitṭhu: 'El Pātañjalayoga es un sinsentido'"), mi maestro Somdev Vasudeva rastrea las diversas fuentes de los *aṅgas* adicionales que este esquema presenta. La importancia del texto que Haṃsa-mitṭhu escribió en el siglo XVIII es que muestra por un lado que Patañjali era conocido y citado en la India del periodo moderno temprano (antes de que Occidente se interesase en este texto), y por el otro lado, que a las fuentes tántrikas se les

citaba con más frecuencia y en el mismo contexto. Por ejemplo, Haṃsa-miṭṭhu afirma que el valor del yoga de los ocho miembros de Patañjali es el de liberarlo a uno del *karma,* ¡y luego da como evidencia, no los *Yogasūtra,* sino el *Kulārṇava-tantra!* Posteriormente, él presenta el 15-*aṅga* yoga que aquí se cita. Esto nos dice que el *aṣṭāṅga-yoga* no sobrevivió separado del yoga *tántriko que lo había absorbido.*

83. Puedes estudiar los *Yogasūtra* en un formato atractivo a través de las presentaciones que vienen en videos cortos y que están en mi sitio learnyogasutras.com. La interpretación de cada uno de los sūtra se inspira en el tantra, pero sin alejarse demasiado de la intención original de Patañjali.
84. Ver Sanderson, "Swāmī Lakshman Joo y su lugar en la tradición de Cachemira", pp. 118-19.
85. Consultar su revolucionario libro: *El cuerpo del yoga: Los orígenes de la práctica moderna de posturas* de la Oxford University Press.
86. Debido a que la Visión y la práctica deben estar alineadas para que puedan rendir sus frutos, la práctica yóguica no puede unirse de manera arbitraria a cualquier filosofía. Desde una perspectiva tradicional, tenemos entonces que la Visión que se enseña junto con una práctica yóguica debe ser una en la que ambos elementos hayan evolucionado en una conexión orgánica directa.
87. La diferencia entre estos dos términos es que *dāna* se refiere a un donativo regular (por ejemplo, mensual) al templo, āshram o al gurú, mientras que *dakṣiṇā* es una ofrenda económica otorgada a cambio de la enseñanza del gurú o de la realización de alguna ceremonia. Hoy en día estos dos términos son más o menos intercambiables.
88. A continuación, las reglas fundamentales del código de conducta (*samaya*) que los Samayines debían adoptar, utilizando el código *samaya* del Kaula Trika como ejemplo (fuente: *tantrasāra* 13):

1. El iniciado debe ser leal y devoto con todo su ser para con su gurú, las enseñanzas, la forma de la Deidad a la que él o ella estaba ligado/a, y con el mantra correspondiente con el cual él o ella había recibido la iniciación.

2. Él o ella debe alejarse, absteniéndose de emitir juicios, de aquellas personas que se opusieran a estos cuatro (gurú, enseñanzas, deidad y mantra).

3. De la misma forma en que él venera al gurú, también debe venerar a aquellos "hijos" del gurú que hayan sido iniciados antes que él (es decir, los hermanos y hermanas mayores del gurú), su familia a través del vínculo de la sabiduría (*vidyā*). También debía venerar a la familia del gurú, no porque sus miembros poseyeran un estatus especial, sino para rendirle tributo a él.

4. Las mujeres han de ser tratadas con reverencia. El iniciado debe evitar cualquier acción que

le cause sentir desagrado por una mujer.
5. Los nombres de su Deidad, su gurú o su mantra no deben ser pronunciados en conversaciones casuales, y solo deben nombrarse en el contexto de la veneración.
6. El iniciado no debe considerar a nadie en el mundo como superior a sí mismo, con excepción de su gurú.
7. Debe honrar los días lunares en los que se requiera realizar una veneración especial (por ejemplo, los días de luna llena o de luna nueva, así como el octavo y decimocuarto días del ciclo lunar).
8. Si otros miembros de su *kula* (comunidad espiritual) visitan su hogar, *él debe practicar con ellos* poniendo el mejor de sus empeños.
9. Durante su etapa de prueba, debe evitar el contacto social excesivo con seguidores de otras tradiciones; en caso de que se convierta en pupilo de algún maestro de otra tradición, por pura curiosidad de aprender esa doctrina, debe renunciar a ese maestro tan pronto haya completado su instrucción.
10. Debe honrar a los *sadhus* (mendicantes sin hogar), pero no practicar con ellos.
11. Debe renunciar a todas sus inhibiciones, ansiedades y dudas (relacionadas con las diferencias de casta, las leyes de pureza, lo que es apropiado para comer, etcétera).
12. El único templo o lugar de peregrinaje que debe reverenciar es su propio cuerpo.
13. Debe mantener la consciencia de su mantra del Corazón tanto como le sea posible.

89. Ésta es una reproducción casi al pie de la letra de una descripción escrita por mi maestro, el profesor Sanderson, quien se basó en el contenido del *Netra-tantra* (cap. 18), el *Hara-carita-cintāmaṇi* (cap. 31), el *Jayadratha-yāmala* y el *Siddhānta-sāra-paddhati,* uno de los manuales de ritual más importantes de la tradición shivaíta. Ninguna de estas fuentes está publicada en inglés.
90. He leído las fuentes en sánscrito que nos proporcionan esta información, pero debo señalar que mi comprensión aumentó en gran medida gracias a los resúmenes inéditos que profesor Sanderson realizó en torno a la información relevante contenida en el *tantrāloka,* el *Mṛgendra-tantra* y el *Siddhānta-sāra-paddhati.*
91. Esta sección se apega casi al pie de la letra a los escritos inéditos y las conversaciones con el profesor Sanderson, cuya experiencia en el área del ritual shivaíta me sobrepasa por mucho, y gracias a quien sé lo poco que conozco sobre este mundo ritual. Sin embargo, debo señalar que mi conocimiento ha aumentado en fechas recientes gracias al trabajo de mi colega Christopher Tompkins, quien ha estado dedicado a traducir secciones del *Siddhānta-sāra-paddhati,* que también fue una fuente para Sanderson.
92. El sonido y la sensación se le ofrecen a Brahmā, el sabor se le ofrece

a Viṣṇu, la visión y el olor a Rudra, el intelecto y el ego a Īśvara, y la mente a Sadāśiva. Estos son los ocho elementos del óctuple cuerpo sutil que transmigra de una vida a otra.

93. Los Saiddhāntikas dualistas admiten que con frecuencia no se llega a sentir un efecto perceptible cuando el alma se fusiona con Śiva; mientras que los Kaulas no dualistas, o bien los linajes influenciados por el Kaula, afirman que es común que su iniciación detone un fuerte *śaktipāta.*

94. Se ha generado cierta confusión debido al uso que Douglas Brooks le da al término "Rājānaka" para denotar su cuerpo de enseñanzas. No hay ningún linaje documentado que se llame Rājānaka; en las fuentes originales no es más que una palabra que se usaba para llamar a algún erudito tántriko de Cachemira que hubiese recibido el reconocimiento oficial y/o investidura de parte del rey, muy parecido a la caballería en Inglaterra. Con el tiempo, este título se volvió hereditario y hasta el momento no he visto que se utilice en fuentes no cachemiras.

95. En los linajes modernos influenciados por el tantra shivaíta, como el de Siddha Yoga, los conceptos de *śaktipāta* y *dīkṣā* se han fusionado completamente, y de hecho se utiliza la frase *śaktipāt-dīkṣā.*

96. Ver el "Comentario en torno a los versos de apertura del *tantrasāra,*" de Sanderson, p. 84, donde explica que el linaje del gurú debe verse como un solo estado del ser, idéntico con la Deidad, en el cual las identidades individuales son irrelevantes.

97. Debo esta frase a mi amigo Dharmabodhi Sarasvatī, cuya explicación del gurú-yoga logró que cada pieza de todo aquello que había aprendido en torno a este tema por fin embonara en su lugar.

98. Este hecho lo complica el tipo de gurú conocido como *avadhūta,* que existe en perfecta unión con la divinidad, pero al mismo tiempo ignora las leyes del decoro de la sociedad donde vive. Un ejemplo clásico del siglo xx de esto es el de Bhagavān Nityānanda de Gaṇeshpurī.

99. Existe un extraño malentendido entre muchos de los estudiantes con los que he trabajado en cuanto al concepto de amor incondicional. Cuando se les exhorta a cultivar el amor incondicional por todos los seres, en especial por aquellas personas que forman parte de nuestra vida, los estudiantes con frecuencia objetan: "¡Pero entonces abusarán de mí!" o "¡No quiero convertirme en un tapete!" Escuchar todo esto me deja estupefacto, pues sencillamente no hay una razón lógica para suponer que sentir amor incondicional por alguien significa que harás todo lo que esa persona te diga, o que no serás capaz de hacer valer tu propia opinión, o que no podrás mantener tu independencia en ninguna forma. Aunque aún no

alcanzo a comprender por qué los occidentales piensan lo contrario, hay una clara conexión entre esta forma de pensar y el absoluto fiasco en las relaciones gurú-discípulo que hemos visto en la historia reciente, cuando los occidentales han sido los discípulos. Desde la perspectiva tradicional, tú practicas el ver y tratar a tu gurú como a Dios, y mantienes el compromiso a esa práctica sin importar lo que él haga o diga, hasta alcanzar el punto en el que lo abandones si es que has decidido que su conducta entra en conflicto con tus creencias lo suficiente como para que la práctica de gurú-yoga no prospere; entonces lo que haces es irte de su lado y nunca mirar atrás, no pasas años lamentando cuán equivocado estabas y publicándolo en Internet. Te limitas a encontrar a otro gurú cuyo comportamiento no sea obstáculo para el gurú-yoga, y si tienes mucha suerte, los logros de esa persona harán que tu gurú-yoga sea relativamente fácil (aunque nunca es fácil). Después de todo, la única razón por la que el gurú-yoga puede funcionar, sin importar el "nivel" que tenga el gurú, es porque él —al igual que todo el mundo— ¡*es* en realidad Dios! Por último, no hay nada que diga que tengas que hacer la práctica de gurú-yoga, no obstante, para quienes realmente comprenden este medio, resulta uno de los caminos más eficaces hacia la liberación.

100. Para los occidentales, estos tres niveles no son comprensibles a nivel inmediato, pues tienden a dividir el cuerpo humano en una forma distinta. Como ya lo hemos discutido en secciones previas de este libro, la dicotomía occidental de corazón contra mente no opera en el contexto asiático, donde los pensamientos y las emociones están ligados de modo inextricable —en sánscrito, la misma palabra expresa "corazón" y "mente" (por ejemplo, *citta*)—. El centro del corazón-mente también es el lugar del cuerpo sutil y, por lo tanto, algunas veces también se le conoce como el centro "energético". La identificación de estos centros en inglés se vuelve aún más confusa por el hecho de que el centro superior, que aquí se llama "espíritu", es denominado como Mente por algunas fuentes budistas. Tanto "espíritu" como "Mente superior" se refieren a la claridad espaciosa de Consciencia pura.
101. Mark Dyczkowski, *La doctrina de la vibración,* p. 172.
102. TĀ 1.146—7; la traducción sigue a Dyczkowski, *La doctrina de la vibración,* p. 180.
103. Toma en cuenta que Zen —que se deriva del budismo Ch'an, que se deriva en parte del tantra budista— hace énfasis en el *śāmbhava-upāya* hasta el punto en el que a veces excluye por completo a los otros *upāyas*, y ésa es justamente la razón por la que sólo es apropiado y efectivo para un cierto tipo de practicante.

104. El profesor Sanderson mejoró mi traducción de este verso, y la redacción de la última frase es suya.
105. Aquí sostengo el hecho de que todas las historias tienen sus raíces en el condicionamiento, pero toma en cuenta que esto *no* infiere que todos los aspectos individuales de una persona puedan explicarse en términos de la psicología y su historia pasada. De hecho, algunas veces experimentamos lo que puede llamarse miedo, ira o alegría *existencial,* que no se relacionan con nuestra psicología, sino que surgen de forma espontánea, como una expresión natural de consciencia encarnada, que no necesita ser interpretada o explicada. Estas emociones existenciales pueden (o no) ser una manifestación de tu conexión con "el inconsciente colectivo", y en cualquier caso no representan un problema que haya que solucionar.
106. En este contexto, *Nirvikalpa* no significa no tener pensamientos, sino no tomar estos pensamientos, ni siquiera en la más mínima medida, como realidad; como resultado, estos ya no se interponen ni filtran la realidad a quien la experimenta.
107. Tantrāloka 15.269—71a; traducción por Dyczkowski, *La doctrina de la vibración,* p. 192.
108. La última frase, *viśvottīrṇo viśvātmā cāham,* podría utilizarse como un mantra, y también puede traducirse de varias formas, más en específico la segunda palabra, *viśvātmā,* que puede significar "Yo soy uno con el Universo", "Yo encarno al Universo", "Yo soy uno con todas las cosas", "Yo encarno a todas las cosas" o "Yo soy la esencia del Universo". Esto se conecta con la enseñanza contenida en el Śiva-sūtra 1.13, *dṛśyaṃ śarīram*: "Todo lo que es perceptible es mi cuerpo".
109. El profesor Sanderson sugirió esta traducción alternativa; la afirmación es ilusoria por su dualismo implícito.
110. En el pasaje paralelo contenido en el *tantrāloka,* Abhinava realiza un movimiento nada ortodoxo al argumentar que cualquier cosa puede utilizarse para la veneración, siempre y cuando eleve y expanda la consciencia, y no solamente las sustancias prescritas: *Por lo tanto, cualquier cosa en este mundo que evoque a la consciencia elevada, aunque sea en grado mínimo, se vivifica por el hecho de haber recibido la gracia de la consciencia y por ende es apta para la veneración dentro de nuestro sistema. ||164c-5b|| Cualquier cosa que haga que la consciencia sumergida pueda emerger es apta para la ofrenda, porque es este surgimiento de Consciencia al que se le llama dicha [ānanda]. ||167c-8b||*
En esta afirmación se basa su argumento a favor del uso, por parte de practicantes calificados, de fluidos sexuales como objetos de veneración. En el Kaula Trika se considera que estas sustancias son de poder, con propiedades semimágicas, pero Abhinava les

rinde pleitesía porque son producidas solo en estados elevados de consciencia. Y si la sexualidad se ha convertido en una práctica espiritual, como él lo enseña en el capítulo 29, las sustancias que se producen son altamente sagradas y de gran poder, por ende, se ofrecen en devoción divina, no se les tira como productos de deshecho. Si uno no logra ver los fluidos sexuales como algo completamente puro y divino, significa que uno no es un *vīra*, un adepto que está listo para este nivel de práctica. No obstante, esta solo es una aplicación especial de la teoría. De la misma forma, tampoco es ortodoxo (desde la perspectiva de los Śaivas conservadores) sugerir que puedes improvisar en tu *pūjā* y utilizar cualquier cosa que eleve tu consciencia y te proporcione una sensación de sacralidad. Pero ésta es, por supuesto, la norma en una cultura espiritual que no tiene ortodoxia, como por ejemplo la espiritualidad alternativa estadounidense.

111. Mi comprensión de este pasaje en sánscrito se debe a la ayuda del profesor Sanderson.
112. Mi traducción sigue en algunos puntos a la de Sanderson: ver "Visualización de las Deidades del Trika", pp. 74-76.
113. Mark Dyczkowski, *La doctrina de la vibración*, p. 190.
114. La claridad y precisión de esta descripción se deben en buena medida al reciente trabajo académico de Christopher Tompkins, quien se especializa en las prácticas yóguicas del tantra shivaíta. La breve descripción que aquí doy es muy significativa, puesto que ahora puede verse que los materiales relacionados con el hatha-yoga que comúnmente se conocen y que tratan este tópico (y que utilizan la posterior terminología kuṇḍalinī) tienen al tantra shivaíta como su fuente y su antecedente.
115. Mi entendimiento de *uccāra* se debe principalmente al trabajo de Christopher Tompkins y en menor medida al de Richard Davis (ver su obra *Ritual en un universo oscilante*).
116. Debemos tomar en cuenta que las funciones de los cinco *prāṇa-vāyus* tal y como aquí se describen, en el ámbito de la práctica mística del yoga, difieren de las funciones descritas en el contexto de la literatura médica. Aquí, por ejemplo, *samāna* gobierna el equilibrio y la digestión; *udāna* rige la tos, el vómito y el habla; y *vyāna* gobierna la distribución de los nutrientes y el movimiento y la sensación en las extremidades. Los tantras ciertamente conocen las funciones médicas, y estas están ligadas a las funciones místicas en algunas formas, por ejemplo, *udāna* se asocia con el discurso, y el poder del discurso se deriva de *Parā-vāk*, la Diosa de la Suprema Palabra, quien es idéntica a *kuṇḍalinī-śakti*, que las fuentes tempranas identifican de manera unánime como un poder "fonémico" o mántrico. Eventual-

mente, *kuṇḍalinī-śakti* llegó a designar la inteligencia innata de la consciencia encarnada. Sin embargo, debemos tomar en cuenta que ninguna de las fuentes tántrikas describe a *kuṇḍalinī-śakti* como una energía que duerme en la base de la espina. Esta idea, encontrada en las fuentes del *hatha-yoga,* les resultaría absurda a los tántrikas, puesto que si la *kuṇḍalinī* estuviera durmiendo, tú estarías en estado de coma. De acuerdo con las fuentes tántrikas, la *kuṇḍalinī* mora en la coronilla de la cabeza, ya que la Diosa es inseparable de su otra mitad. En la yoga-sādhanā tántrika se la invita a descender al *cakra* relevante (con frecuencia el del corazón, algunas veces el *kanda*), creando una tensión similar a la de una banda elástica que luego puede usarse para catapultar al alma (consciencia individual) hasta el centro más elevado. Este revolucionario descubrimiento académico que hizo Christopher Tompkins era obvio para todos los iniciados en el tantra clásico, pero se había olvidado desde entonces.

117. El primer aprendizaje en torno a *divya-karaṇa* lo obtuve de mi maestro, el Dr. Somdev Vāsudeva (Universidad de Columbia), y en fechas recientes mi conocimiento se ha ampliado aún más gracias a Christopher Tompkins.

118. Me refiero al estiramiento mecánico de la lengua y el seccionamiento del frenillo para poder insertar su punta en la faringe y en la cavidad nasal. Esto se hace para imitar un *kriyā* involuntario (espontáneo) que puede suceder como resultado de la *práctica de kumbhaka* (retención de la respiración), en la cual la lengua se vuelve hacia atrás y entra en la faringe, y el practicante saborea el "néctar divino". Aunque su ocurrencia está bien documentada entre los yogīs (incluso en ocasiones se ha reportado entre los nadadores de larga distancia), no hay todavía un entendimiento científico en cuanto a la forma en que sucede.

119. A Śrī Padmanabh Jaini, uno de mis profesores de posgrado, le gustaba hacer una comparación de la India y Occidente con las siguientes palabras: "en la India todos pueden pensar diferente, siempre y cuando actúen de la misma forma, mientras que en Occidente cada quien es libre de actuar de manera distinta, siempre y cuando todos piensen lo mismo."

120. Sanderson, "Significado en el ritual tántrico", pp. 24-25.

121. Paráfrasis de "Maṇḍala e identidad Āgámica", pp. 171-2 y cita de p. 173.

122. Esto me recuerda a una bella enseñanza de la santa del sūfismo temprano, Rābi'a de Basora. Cuando se la vio recorrer el pueblo llevando una antorcha y un cubo de agua, la gente le comenzó a preguntar por qué, y ella respondió: "¡Quiero incendiar el paraíso y extinguir las llamas del infierno, para que la gente venere a Dios solamente por el hecho ser Dios!"

123. *Tathaikyābhyāsa-niṣṭha-syākr-amād viśvam idaṃ haṭhāt | saṃpūr-ṇa-śivatā-kṣobha-narīnartad iva sphuret ||* 15.151. Mi traducción está desde luego influenciada por Sanderson, ya que sin su ayuda no habría logrado comprender el sentido de la palabra *kṣobha* (que por lo común quiere decir "agitación", y que aquí se traduce como [siguiéndolo a él] "intensa animación").

124. Aquí Abhinava toma una cita del himno 17 del *Śivastotrāvalī,* de Utpaladeva. El hecho de que al parecer él está citando de memoria corrobora mi visión en cuanto a que este pasaje fue dictado durante un estado de exaltación.

125. *Tadetādṛk-pūrṇa-śiva-viśvāveśāya ye 'rcanam | kurvanti te śivā eva tān pūrṇān prati kiṃ phalam ||* Podríamos también traducir *pūrṇa-śiva-viśva* como "el universo como Śiva en plena expansión", de acuerdo con la propuesta de Sanderson. La frase "este estado en el cual ellos entran y se sumergen en la experiencia..." traduce los diversos matices de la palabra *āveśa.*

126. Mi traducción es muy cercana a la de Sanderson, "Exégesis del Śaiva", p. 295. El término *sāhasa-samādhi* es exclusivo del Krama y significa algo así como "una súbita e intensa inmersión en un estado místico de consciencia". Sanderson lo traduce como "el trance de iluminación repentina" o "la inmersión repentina en la pureza dinámica de la consciencia". La palabra *sāhasa* por lo regular quiere decir asalto violento y agresivo (¡!).

127. Originalmente, *mandala* significaba diagrama tántriko temporal de gran escala, utilizado para la meditación y para los rituales de iniciación, y *yantra* significaba diagrama pequeño o símbolo *mágico* para controlar la energía, algunas veces escrito sobre un pergamino y enterrado o colocado en un relicario para protección. Hoy en día ambos términos se utilizan de forma casi intercambiable.

128. Ver "Maṇḍala e identidad Āgámica", p. 170, nota 3. La lista viene en el capítulo 27 del *Tantrāloka.*

129. Adaptado a partir del magisterial manual del siglo XI, el *Somaśambhu-paddhati.* Este libro, escrito por un hombre llamado Somaśambhu, cuyo rango en el shivaísmo era equivalente al de un arzobispo, fue traducido al francés por la ya fallecida Hélène Brunner.

130. Para más información en este tema, ver las primeras páginas del "Comentario en torno a los versos de apertura del *tantrasāra*", de Sanderson, especialmente la nota número 7, y también la página 174 de "Maṇḍala e identidad Āgámica".

131. Hay un rito sexual registrado en la literatura, pero es de un carácter muy distinto, al que se le conoce como la "La observancia al filo de la navaja", que está registrado en el capítulo 39 del *Brahmayāmala*. En este rito, un asceta Śākta Śaiva, que en otra instancia habría sido célibe y mendicante, obtiene los favores de una bella chica "deseosa de buen sexo", a quien le da tantas

joyas como puede pagar, y con quien sostiene relaciones todos los días por un periodo de uno a seis meses *sin eyacular,* con el fin de obtener poderes especiales a través de este hercúleo esfuerzo, del que se dice ser una práctica "difícil incluso para los dioses". Si accidentalmente eyacula (por ejemplo, durante la noche o porque la chica lo incita), debe repetir su mantra 10,000 veces; sí lo hace a propósito, debe comenzar todo el proceso desde el principio. Claramente, esto tampoco guarda parecido alguno con el "sexo tántrico" estadounidense, aunque abstenerse de eyacular también aparece como un tópico dentro de esta corriente, y es posible que provenga de la influencia de la llamada "sexualidad taoísta", que enseñaron Mantak Chia y otros más, pero no del conocimiento del *Brahmayāmala,* que ni siquiera se ha publicado.

132. La gente que esté familiarizada con la literatura popular sobre el tantra habrá escuchado algo sobre "cinco emes", en lugar de tres. Esto se debe a que el tantra postclásico de la India oriental es más conocido que el tantra clásico de los Himalayas. Los bengalíes, al ser grandes amantes del pescado, añadieron *matsya* a la lista, pero entonces les hizo falta un quinto elemento, porque el cuatro no es un número sagrado, por lo que buscaron alternativas y añadieron granos *mudrā* fritos, a pesar del hecho de que no constituyen una sustancia transgresora. Todo esto ha llevado a especulaciones cómicas, formuladas por académicos occidentales mal informados, como por ejemplo, que quizá al grano en cuestión le crecía un hongo alucinógeno (¡!).

133. *Manuṣya-jātir ekaiva... na jātir vihitā tatra varṇam vāpi sitādikam, yoni-liṅgodbhavāḥ sarve jīva ekaḥ samaḥ sthitaḥ. Tatra sarvagato Devo dṛśyate jñāna-cakṣuṣā.*

134. Algunos maestros del neo-tantra estadounidense se han familiarizado con uno o dos de los textos publicados, como el *Vijñāna-Bhairava tantra,* y los utilizan en su enseñanza. Si bien la intención de conectarse con la tradición original es encomiable, en mi opinión no hay nada que sustituya el involucrarse de manera exhaustiva y continua con el estudio de un amplio rango de fuentes primarias y material que han publicado consumados eruditos en torno a la filosofía y el desarrollo de las tradiciones tántrikas. Desde mi visión, sólo por medio de un compromiso de esa naturaleza es que un maestro puede tener la certeza de ser un representante calificado de una antigua tradición, especialmente cuando esta tradición está enraizada en una matriz cultural tan diversa, como lo fue la India medieval.

135. Ver *Integridad ilimitada: El Bön Dzogchen y la lógica de lo no conceptual.* Para más información en torno al Dzogchen, en especial en la forma en que se interpretó dentro del Bön, consultar a Namkhai Norbu, Samten Karmay, Per Kvaerne y David Snellgrove.

BIBLIOGRAFÍA

Libros

Alper, Harvey (ed.), *Mantra*, SUNY Press, 1989. (También publicado como *Understanding Mantras*)

Anantānanda, Swāmī, *What's on My Mind?: Becoming Inspired with New Perception*, SYDA Foundation, 1996.

Bailly, Constantina Rhodes, *Śaiva Devotional Songs of Kashmir: A Translation and Study of Utpaladeva's Śivastotrāvali*, SUNY Press, 1987.

Brooks, Douglas, *The Secret of the Three Cities*, University of Chicago Press, 1990.

Davis, Richard, *Ritual in an Oscillating Universe*, Princeton University Press, 1991.

Dyczkowski, Mark, *The Aphorisms of Śiva: The Śivasūtra with Bhāskara's Commentary*, SUNY Press, 1992.

___, *The Doctrine of Vibration: An Analysis of the Doctrines and Practices of Kashmir Shaivism*, SUNY Press, 1987.

___, *A Journey in the World of the tantras*, Indica, 2004.

___, *The Stanzas on Vibration*, SUNY Press, 1992.

Figueroa, Óscar, *El arte de desdecir. Inefabilidad y hermenéutica en India antigua*, El Colegio de México, 2015.

___, *Tantra y sexo. Antología de fuentes clásicas*, Kairós, 2021.

___ y Elsa Cross, *Guirnalda de himnos a Śiva*, estudio y traducción de *Śivastotrāvalī* de Utpaladeva, Universidad Nacional Autónoma de México, 2022.

Isayeva, Natalia, *From Early Vedanta to Kashmir Shaivism*, SUNY, 1995.

James, William, *The Varieties of Religious Experience: A Study in Human Nature*, Penguin, 1982. Disponible en: http://openlibrary.org/books/OL6359268M/The_varieties_of_religious_experience

Klein, Anne Carolyn y Geshe Tenzin Wangyal Rinpoche, *Unbounded Wholeness: Dzogchen, Bon, and the Logic of the Nonconceptual*, Oxford University Press, 2006.

Lakṣman Joo, Swāmī, *Shiva Sutras: The Supreme Awakening*, AuthorHouse, 2007.

___, *Vijñāna-bhairava: The Practice of Centring Awareness*, Indica, 2007.

Mishra, Kamalakar, *Kashmir Shaivism: the Central Philosophy of tantrism*, Rudra Press, 1993.

Muktānanda, Swāmī, *Nothing Exists That is Not Śiva*, SYDA Foundation, 1997.

Muñoz, Adrián. *Radiografía del hathayoga,* El Colegio de México, 2016.
___ y Gabriel Martino, *Historia mínima del yoga,* El Colegio de México, 2019.
Padoux, André, *El tantra. La tradición hindú,* prólogo de Raffaele Torella, traducción de Miguel Portillo, Kairós, 2011.
___ y Lilian Silburn, *La lumière sur les tantras: chapitres 1 à 5 du tantrāloka,* Collège de France, 1998.
Pujol, Óscar (traducción, introducción y comentarios), *Yogasūtra. Los aforismos del yoga,* Kairós, 2016.
Shankarānanda, Swāmī, *Consciousness is Everything: The Yoga of Kashmir Shaivism,* Shaktipat Press, 2003.
Singh, Jaideva, *A Trident of Wisdom,* SUNY Press, 1989.
___, *Los Siva Sutras: El yoga del reconocimiento de la identidad con el Ser Supremo,* traducción de Pedro A. Soriano Ortega, Fundación Genesian, 2000.
Singleton, Mark, *El cuerpo del yoga: los orígenes de la práctica postural moderna,* Kairós, 2019.
Torella, Raffaele, *The Īśvarapratyabhijñākārikā of Utpaladeva with the author's vṛtti,* Motilal Banarsidass, 2002.
Vijñāna Bhairava Tantra, traducción, estudio preliminar y comentarios de Óscar Figueroa, Kairós, 2017.
Watson, Alex, *The Self's Awareness of Itself: Bhaṭṭa Rāmakaṇṭha's Arguments against the Buddhist Doctrine of No-self,* De Nobili, 2006.
White, David (ed.), *Tantra in Practice,* Princeton University Press, 2000.
Williams, Paul y Anthony Tribe, *Buddhist Thought,* Routledge, 2000.

Artículos

A. Aspect, P. Grangier, y G. Roger, "Experimental Realization of Einstein-Podolsky-Rosen-Bohm Gedankenexperiment: A New Violation of Bell's Inequalities", *Physical Review Letters,* 49:2, 1982.
Brunner, Hélène, "Ātmārthapūjā versus Parārthapūjā in the Śaiva Tradition", en T. Goudriaan (ed.), *The Sanskrit Tradition and tantrism.* Brill, 1990.
Cabezón, José, "The Discipline and Its Other: The Dialectic of Alterity in the Study of Religion", *Journal of the American Academy of Religion,* 74:1, 2006.
Davis, Richard, "Becoming a Śiva, and Acting as One, in Śaiva Worship", en T. Goudriaan (ed.), *Ritual and Speculation in Early tantrism. Studies in Honour of André Padoux,* SUNY Press, 1992.
Hatley, Shaman, "Mapping the Esoteric Body in the Islamic Yoga of Bengal", *History of Religions,* 46, 2007.
Heilijgers-Seelen, Dory, "The Doctrine of the Ṣaṭcakra According to the Kubjikāmata", en T. Goudriaan (ed.), *The Sanskrit Tradition and tantrism,* Brill, 1990.
Mallinson, James, "Haṭhayoga," en *The Brill Encyclopedia of Hinduism.* [En impresión]

Martínez Ruiz, Xicoténcatl (estudio introductorio y traducción del sánscrito al español), "Śiva-sūtra", *Estudios de Asia y África* 135, 1: 141-157, 2008.

Muñoz, Adrián (traducción del sánscrito, presentación y notas), "El Kāma-kalā-vilāsa". *Estudios de Asia y África* 125, 3: 725-736, 2004.

___ (introducción, traducción del sánscrito y notas), "La Tripurā-tāpinī-upaniṣad". *Estudios de Asia y África* 134, 3: 691-707, 2007.

___, "Avatares tántricos de Rama", *Humania del Sur* 6: 95-114, 2009.

Muller, Paul, "Tantric Meditation: Vocalic Beginnings", en T. Goudriaan (ed.), *Ritual and Speculation in Early tantrism. Studies in Honour of André Padoux*, SUNY Press, 1992.

___, "'Tarko Yogāṅgam Uttamam': On Subtle Knowledge and the Refinement of Thought in Abhinvagupta's Liberative tantric Method", en Knut Jacobsen (ed.), *Theory and Practice of Yoga*, Brill, 2005.

Sanderson, Alexis. [Todos los artículos, a excepción de "The Śaiva Exegesis of Kashmir", se encuentran en alexissanderson.com]

___, "Purity and Power among the Brahmans of Kashmir", en M. Carrithers, S. Collins y S. Lukes (eds.), *The Category of the Person: Anthropology, Philosophy, History*, Cambridge University Press, 1985.

___, "Maṇḍala and Aagamic Identity in the Trika of Kashmir", en A. Padoux (ed.), *Mantras et Diagrammes Rituelles dans l'Hindouisme*, Éditions du Centre National de la Recherche Scientifique, 1986.

___, "Saivism and the Tantric Traditions", en S. Sutherland, L. Houlden, P. Clarke y F. Hardy (eds.), *The World's Religions*, Routledge and Kegan Paul, 1988. Reeditado como F. Hardy (ed.), *The World's Religions: The Religions of Asia*, Routledge and Kegan Paul, 1990.

___, "The Visualization of the Deities of the Trika", en A. Padoux (ed.), *L'Image Divine: Culte et Méditation dans l'Hindouisme*, Éditions du Centre National de la Recherche Scientifique, 1990.

___, "The Doctrine of the Mālinīvijayottaratantra", en T. Goudriaan (ed.), *Ritual and Speculation in Early tantrism. Studies in Honour of André Padoux*, SUNY Press, 1992.

___, "Meaning in Tantric Ritual", en A.-M. Blondeau y K. Schipper (eds.), *Essais sur le Rituel III: Colloque du Centenaire de la Section des Sciences religieuses de l'École Pratique des Hautes Études*, Peeters, 1995.

___, "A Commentary on the Opening Verses of the *Tantrasāra* of Abhinavagupta", en S. Das y E. Fürlinger (eds.), *Sāmarasya: Studies in Indian Arts, Philosophy, and Interreligious Dialogue in Honour of Bettina Bäumer*, D.K. Printworld, 2005.

___, "The Lākulas: New Evidence of a System Intermediate between Pāñcārthika Pāśupatism and Gamic Śaivism", *Indian Philosophical Annual*, 24 (2003-2005).

___, "Swami Lakshman Joo and His Place in the Kashmirian Śaiva Tradition", en B. Bäumer y S. Kumar (eds.), *Samvidullāsaḥ*, D.K. Printworld, 2007.

___, "The Śaiva Exegesis of Kashmir", en D. Goodall y A. Padoux (eds.), *Mélanges tantriques à la mémoire d'Hélène Brunner / tantric Studies in Memory of Hélène Brunner*, Institut français d'Indologie / École française d'Extrême-Orient, 2007.

___, "The Śaiva Age", en S. Einoo (ed.), *Genesis and Development of tantrism*, Institute of Oriental Culture, University of Tokyo, 2009.

Torella, Rafaelle, "The Kañcukas in the Śaiva and Vaisnava tantric Tradition: A Few Considerations Between Theology and Grammar", en G. Oberhammer (ed.), *Studies in Hinduism II, Miscellanea to the Phenomenon of the tantras*, VÖAW, 1998.

Vasudeva, Somdev, "Haṃsamiṭṭhu: 'Pātañjalayoga is Nonsense'", *Journal of Indian Philosophy*, 2011.

Bibliografía de ilustradores

Beer, Robert, *The Encyclopedia of Tibetan Symbols and Motifs*, Shambhala, 1999.

Bühnemann, Gudrun, *Mandalas and Yantras in the Hindu Tradition*, DK Printworld, 2007.

Dehejia, Vidya y Thomas B. Coburn, *Devi: The Great Goddess: Female Divinity in South Asian Art*, Smithsonian Institution y Mapin Publishing and Prestel Verlag, 1999.

Huntington, Susan, *The "Pala-Sena" Schools of Sculpture*, Brill, 1984.

Jackson, Janice y David Jackson, *Tibetan Thangka Painting: Methods & Materials*, Snow Lion Publications, 1984. (2a. ed., 2006)

Jansen, Eva Rudy, *The Book of Hindu Imagery: Gods, Manifestations and Their Meaning*, New Age Books, 2005.

Johari, Harish, *Tools for tantra*, Destiny Books, 1988.

Khanna, Madhu y Ajit Mookerjee, *Yantra: The tantric Symbol of Cosmic Unity*, Inner Traditions, 2003

Kossak, Steven M. y Jane Casey Singer, *Sacred Visions: Early Paintings from Central Tibet*, Metropolitan Museum of Art, 1999.

Pal, Pratapaditya. *A Collecting Odyssey: The Alsdorf Collection of Indian and East Asian Art*, The Art Institute of Chicago, 1997.

Rhie, Marilyn M. y Robert Thurman, *Wisdom and Compassion: The Sacred Art of Tibet* (edición ampliada), Harry N. Abrams, 2000.

Sakya, Jnan B., *Short Description of Gods, Goddesses and Ritual Objects of Buddhism and Hinduism in Nepal*, Handicraft Association of Nepal / Subhash Printing Press, 1989.

ÍNDICE ANALÍTICO

Christopher D. Wallis (Hareesh)
entró en contacto con la espiritualidad de la India a la edad de seis años, y se inició en la práctica de la meditación a los dieciséis. A sus veinte años se embarcó en un viaje alrededor del mundo, durante el cual experimentó una inspiración interna por estudiar, enseñar y practicar la espiritualidad india como su propósito de vida.

Hareesh es un académico muy reconocido, con una maestría en Filosofía, especializado en Religiones Clásicas de la India por la Universidad de Oxford, y en años recientes obtuvo el grado de doctor en sánscrito por la Universidad de California en Berkeley. Ha recibido educación yóguica tradicional en *ashrams* en la India, Tailandia y Nueva York. Hareesh imparte cursos de meditación, filosofía del yoga, sánscrito y canto alrededor del mundo. Es fundador de Tantrika Institute for Studies in the Tantrik Arts and Sciences, tantrikainstitute.org.

La enseñanza de Christopher logra equilibrar la precisión con la accesibilidad, la profundidad con la claridad, y la integridad intelectual con una inspiración que expande el corazón.